청제국의 몰락과 서양상인

이화양행

지은이

로버트 블레이크(Robert Blake)

1968년부터 1987년까지 퀸스칼리지 옥스퍼드대학교(Queen's College Oxford) 교수로 재직했고, 1971년부터 1987년까지 옥스퍼드대학교 부총장을 역임했다. 10년간 국가 전기 사전의 편집장을 맡으면서 많은 저서를 남겼다.

옮긴이

김경아(金敬娥, Kim Kyung-a)

동의대학교 중어중문학과 졸업. 부산대학교 대학원 중국문학 전공 석사 졸업. 중국사회과학원(中國社會科學院) 고대문학 전공 박사 졸업. 현재 부경대학교 인문사회과학연구소 HK연구교수. 논문 및 저서로는 「19세기 남중국해 해적과 관군의 전투 기록−袁永綸의『靖海氛記』를 중심으로」(2021), 「중국의 여해적 정일수(鄭一嫂)와 해상권력의 구축」(2022), 「종교중국화 정책에 따른 이슬람 종교교육의 방향과 전망」(2022), 『시진핑시대 종교중국화 공정』(공저, 2021)이 있고, 번역서로는『제주 최초의 인문지리지−지영록』(공역, 2021) 등이 있다.

오준일(吳俊日, Oh Jun-il)

경북대학교 영어영문학과 졸업. 서울대학교 대학원 영어학 전공 석사 졸업. 미국 텍사스주립대학교 대학원 영어교육학 박사 졸업. 현재 부경대학교 영어영문학부 교수. 한국영어교육학회 회장 역임. 역서 및 편저로는『영어독해교육론』(편저, 1996), 『외국어평가』(공역, 2006), 『유능한 언어교사 되기』(공역, 2010), 『제2언어 평가 길라잡이』(공역, 2016), 『외국어교육 접근 방법과 교수법』(공역, 2017) 등이 있으며, 초등학교, 중학교, 그리고 고등학교 국정 및 검인정 영어 교과서를 다수 집필하였다.

청제국의 몰락과 서양상인 이화양행

초판인쇄 2022년 12월 15일 **초판발행** 2022년 12월 25일

지은이 로버트 블레이크 **옮긴이** 김경아·오준일 **펴낸곳** 소명출판 **출판등록** 제1998-000017호

주소 06641 서울시 서초구 사임당로14길 15 서광빌딩 2층

전화 02-585-7840 **팩스** 02-585-7848 **전자우편** somyungbooks@daum.net **홈페이지** www.somyong.co.kr

값 38,000원 ⓒ소명출판, 2022

ISBN 979-11-5905-680-2 93910

이 책은 2017년 대한민국 교육부와 한국연구재단의 지원을 받아 수행된 연구임(NRF-2017S1A6A3A01079869).

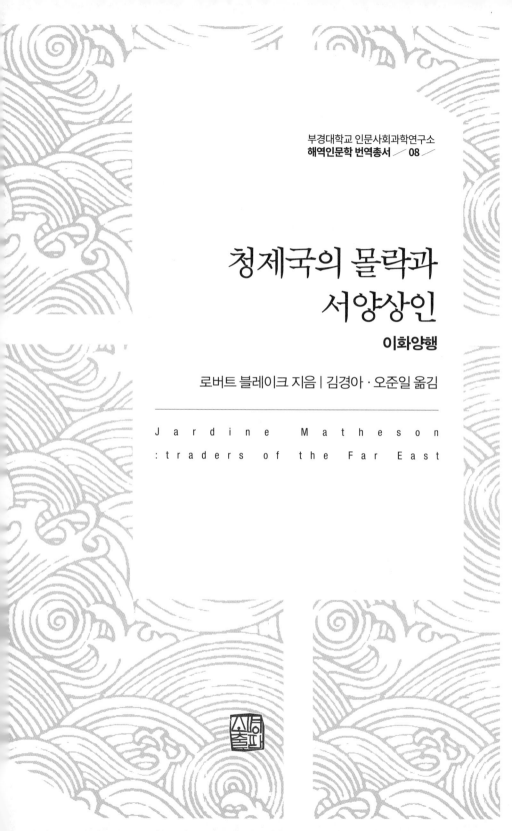

부경대학교 인문사회과학연구소
해역인문학 번역총서 / 08

청제국의 몰락과
서양상인

이화양행

로버트 블레이크 지음 | 김경아 · 오준일 옮김

Jardine Matheson
:traders of the Far East

발간사

　부경대학교 인문사회과학연구소와 해양인문학연구소는 해양수산 교육과 연구의 중심이라는 대학의 전통과 해양수도 부산의 지역 인프라를 바탕으로 바다를 중심으로 하는 인간 삶에 대한 총체적 연구를 지향해왔다. 바다와 인간의 관계에서 볼 때, 아주 오랫동안 인간은 육지를 근거지로 살아왔던 탓에 바다가 인간의 인식 속에 자리잡게 된 것은 시간적으로 길지 않았다. 특히 이전 연근해에서의 어업활동이나 교류가 아니라 인간이 원양을 가로질러 항해하게 되면서 바다는 본격적으로 인식의 대상을 넘어서 연구의 대상이 되었다. 그래서 현재까지 바다에 대한 연구는 주로 과학기술이나 해양산업 분야의 몫이었다. 하지만 인간이 육지만큼이나 빈번히 바다를 건너 이동하게 되면서 바다는 육상의 실크로드처럼 지구적 규모의 '바닷길 네트워크'를 형성하게 되었다. 그리고 이 해상실크로드를 따라 사람, 물자, 사상, 종교, 정보, 동식물, 심지어 병균까지 교환하게 되었다.

　이제 바다는 육지만큼이나 인간의 활동 속에 빠질 수 없는 대상이다. 바다와 인간의 관계를 인문학적으로 점검하는 학문은 아직 정립되지 못했지만, 근대 이후 바다의 강력한 적이 인간이 된 지금 소위 '바다의 인문학'을 수립해야 할 시점에 이르렀다. 하지만 바다의 인문학은 소위 '해양문화'가 지닌 성격을 규정하는 데서 시작하기보다 더 현실적인 인문학적 문제에서 출발해야 한다. 그것은 한반도 주변의 바다를 둘러싼 동북아 국제 관계에서부터 국가, 사회, 개인 일상의 각 층위에서 심화되고 있는 갈등과 모순들 때문이다. 이것은 근대 이후 본격화된 바닷길 네트워크를 통해서 대두되었다. 곧 이질적 성격의 인간 집단과 문화가 접촉, 갈등, 교섭해 오면서 동양과 서양, 내셔널과 트랜스내셔널, 중앙과 지방의 대립 등이 해역海域 세계를 중심으로 발생했던 것이다.

다시 말해 해역 내에서 인간이 교류하며 만들어내는 사회문화와 그 변용을 그 해역의 역사라 할 수 있으며, 그 과정의 축적이 현재의 상황으로 나타난다고 할 수 있다. 따라서 해역의 관점에서 동북아를 고찰한다는 것은 동북아 현상의 역사적 과정을 규명하고, 접촉과 교섭의 경험을 발굴, 분석하여 갈등의 해결 방식을 모색토록 하며, 향후 우리가 나아가야 할 방향을 제시해주는 하나의 방법이라고 할 수 있다. 개방성, 외향성, 교류성, 공존성 등을 해양문화의 특징으로 설정하여 이를 인문학적 자산으로 상정하고 또 외화하는 바다의 인문학을 추구하면서도, 바다와 육역陸域의 결절 지점이며 동시에 동북아 지역 갈등의 현장이기도 한 해역을 연구의 대상으로 삼아 실제적으로 현재의 갈등과 대립을 해소하는 방안을 강구하고, 나아가 바다와 인간의 관계를 새롭게 규정하는 '해역인문학'을 정립할 필요성이 여기에 있다.

이러한 인식하에 본 사업단은 바다로 둘러싸인 육역들의 느슨한 이음을 해역으로 상정하고, 황해와 동해, 동중국해가 모여 태평양과 이어지는 지점을 중심으로 동북아해역의 역사적 형성 과정과 그 의의를 모색하는 '동북아해역과 인문 네트워크의 역동성 연구'를 제안한다. 이를 통해 우리는 첫째, 육역의 개별 국가 단위로 논의되어 온 세계를 해역이라는 관점에서 다르게 사유하고 구상할 수 있는 학문적 방법과 둘째, 동북아 현상의 역사적 맥락과 그 과정에서 축적된 경험을 발판으로 현재의 문제를 해결하고 향후의 방향성을 제시하는 실천적 논의를 도출하고자 한다.

부경대 인문한국플러스사업단이 추구하는 소위 '(동북아)해역인문학'
은 새로운 학문을 창안하는 일이다. '해역인문학총서' 시리즈는 이와 관
련된 연구 성과를 집약해서 보여줄 것이고, 또 이 총서의 권수가 늘어가
면서 해역인문학은 그 모습을 드러낼 수 있을 것으로 기대한다. 끝으로
해역인문학총서가 인간과 사회를 다루는 학문인 인문학의 발전에 기여
할 수 있는 하나의 씨앗이 되기를 희망한다.

부경대 인문한국플러스사업단 단장 손동주

서문

1980년, 나는 자딘메시슨의 회장 헨리 케직Henry Keswick의 요청으로 중국의 문호개방에 깊숙히 관여한 이 놀라운 기업의 역사를 쓰는 작업에 착수했다. 자딘, JM, 혹은 JM사라는 다양한 명칭으로 불리는 자딘메시슨은 1830년대 이후로 중국의 문호 개방에 핵심적이자 매우 논란이 되는 역할을 담당했다. 나의 초기 연구관심사는 19세기와 20세기 영국의 정치사와 그 일대기였으나, 늘 영국의 경제력이 저 멀리 떨어진 이국 땅에 미치는 영향에 매료되었다. 나는 로디지아Rhodesia, 짐바브웨에 관한 나의 역사서에서 영국이 미친 영향의 한 측면을 살펴보기도 했다. 비록 비교 상황이 다르고, 남부 아프리카에는 마지막 비유럽 제국인 중국과 비교할만한 것이 없다는 차이가 있긴 하지만, 양자 모두 상당히 비슷한 문제들이 개입되어 있었다. 현격한 기술적 차이, 상호 몰이해, 서양의 오만과 탐욕, 난공불락일 것이라는 현지인의 환상 등이 비슷했다. 그래서인지 나는 요청받은 주제에 호기심을 느꼈고, 기꺼이 헨리 케직의 요청을 받아들였다.

내가 이전에 알지 못했던 세계를 탐구하는 것은 매우 흥미로운 작업이었다. 나는 절대적인 기준에서 자딘메시슨사가 여러 경쟁사에 비해 얼마나 성공적으로 사업을 했는지를 개략적으로 보여주고자 노력하면서도, 재정 거래의 사소한 세부 사항은 다루지 않으려고 애썼다. 자딘메시슨사가 처한 폭넓은 역사적 맥락을 늘 염두에 두었고, 회사가 중요한 역할을 담당한 중국과 영국 사이의 관계를 분석하였다. 그러므로 이 책은 아마도 특정 회사의 역사를 기록한 책에서 흔히 볼 수 있는 것 이상의 역사 이야기가 더 많이 포함되어 있을 것이다.

우리는 책에서 자딘메시슨이 공산혁명으로 인해 중국 본토에서 축출된 1949년까지만 다루기로 합의했다. 회사는 본사가 위치한 홍콩에서 활동을 지속했고, 홍콩에서 번창하고 크게 성공했다. 하지만 지난 50년간 회사에 관한 내용이 아무리 흥미롭다 하더라도, 사업상 기밀과 여전히 생존해 있는 사람들, 그리고 그들의 가족을 보호할 필요가 있었다. 그래서 우리는 회사의 역사에서 특정 시기만을 다루고, 1949년 이후의 부흥에 관한 서술은 미래의 역사가에게 맡기자는 데 합의했다.

나는 홍콩과 런던에서 자딘메시슨의 구성원들, 특히 작고한 존 케직 경Sir. John Keswick과 그의 형 윌리엄 경Sir. William, 헨리 케직과 제레미 브라운Jeremy Brown과의 면담이 도움이 되었는데 이에 감사드리고 싶다. 또한 회사의 기록물을 감독하고, 회사 역사의 다양한 측면에 관한 유용한 글을 집필한 바 있는 고 앨런 리드Alan Reid에게도 감사드린다. 이 책을 집필할 때 매우 중요한 정보 출처는 『엉겅퀴와 옥The Thistle and the Jade』이었는데, 1982년 회사 창립 150주년을 기념하기 위해 회사가 발간한, 멋진 그림들이 삽입된 수필집이다. 마지막으로, 엄청난 인내심을 가지고 회사의 매우 복잡한 초기 거래 계좌들을 분석해 주신 영국왕립포병대의 고 더글러스 위더즈Douglas Withers 소장에게도 감사드린다. 만일 그가 아니었다면 이 책의 매우 중요한 부분을 완성할 수 없었을 것이다.

로버트 블레이크Robert Blake

차례

제1장
중국과의 무역

자딘메시슨Jardine Matheson&Co.은 1832년 7월 1일 중국 광저우廣州에 설립되었다. 앨런 리드Alan Reid는 계보의 측면에서 볼 때 이 회사는 '스코틀랜드 낚싯대의 릴이 복잡하게 왔다 갔다 하는 것처럼 보이는'[1] 일련의 혼란스러운 동업 관계에서 탄생했다고 말했다. 이 동업 관계의 시작은 1787년으로 거슬러 올라간다. 윌리엄 자딘William Jardine 박사는 1802년 처음 광둥에 왔는데, 당시 그는 동인도회사에 고용된 18세의 화물선 소속 의사ship doctor에 불과했다. 1825년, 그가 먼저 자딘메시슨의 전신인 매그니악사Magniac&Co.의 동업자가 되었고, 그로부터 3년 후 제임스 메시슨James Matheson이 합류했다. 자딘메시슨은 중국과 무역한 그 어떤

---

1 Maggie Keswick(ed), *The Thistle and the Jade*, 1982, p.14.

영국계, 유럽계 혹은 미국계 기업보다 더 오랫동안 존재해왔다. 자단메시슨은 1842년 중국이 난징조약으로 대외무역의 문호를 개방하기 이전에 설립해 지금까지 살아남은 유일한 외국 회사이자, 중국의 대외 개방과정에 매우 중요한 역할을 담당한 회사였다. 1842년 이전 외국인이 사업할 수 있도록 유일하게 허락된 도시인 광저우에 기반을 두었지만, 얼마 지나지 않아 영국에 할양된 식민지 홍콩으로 기반을 옮겼다. 이때부터 이 회사는 홍콩과 불가분의 관계에 놓이게 되었다. 이 회사의 구성원이 아닌 어떤 사람이 내게 '자단메시슨이 바로 홍콩이다'라고 주장한 적이 있다. 이는 다소 과장된 말이지만 또한 충분히 수긍이 가는 말이기도 하다. 1949년까지 중국 전역에 지점을 두었던 자단메시슨은 19세기 대부분과 20세기에 걸쳐 홍콩에서 가장 중요하고도 유명한 기업이다. 1997년 홍콩의 통치권이 중국으로 넘어갔지만, 1984년의 협약이 존중된다면 자단메시슨은 홍콩의 중요한 부분으로 계속 남을 것이고, 21세기 상당한 기간 중국 본토에서도 새로운 역할을 담당할 수 있을 것이다.

자단메시슨의 역사는 새롭게 산업화한 서구 세계가 오래된 문명, 즉 자급자족으로 스스로 만족하고, 외세에 매우 배타적이며, 다른 문화에 비해 자신의 문화가 우월하다고 확신하는 중국 문명에 어떤 영향을 미쳤는지를 보여주고 있다. 자단메시슨의 역사를 기술하려면 반드시 서구 세계가 '개방'시키려 노력했던 중국 세계를 묘사하는 것에서 시작해야 한다. 내가 강조하고 싶은 것은 청제국이 외세에 의해 문호를 조금이라도 '개방'하는 것을 절대 원하지 않았다는 점이다. 18세기에 유럽인들이 맞닥뜨린 중국 통치계급은 오만하고, 의심 많으며 지극히 보수적이었다. 어쩌면 해안 지역의 상인과 선원들은 다른 관점을 가졌을 수도 있

지만, 그들은 조정에 전혀 영향력
을 행사하지 못했다.

중국이 인정할만한 국가가 된
것은 기원전 221년으로 거슬러 올
라가는데, 차이나China라는 국가명
의 유래가 된 진秦, Qin 왕조가 전국
시대의 여러 나라를 하나의 제국으
로 통일했다. 그 이후, 중국이 분열
되고 와해된 여러 시기가 있었는
데, 304~449년의 5호16국 시대나,
907~979년의 5대10국 시대가 그
예에 해당한다. 중국의 마지막 분

윌리엄 자딘. 그의 사무실에는 의자 하나만 있어서, 사업차
방문한 손님은 모두 서서 간단히 용무만 이야기해야 했다.

열 시기는 1916~1928년의 군벌할거 시대인데, 나라 전체를 뒤흔들 정
도로 영향을 미쳤고, 그 후 마오쩌둥毛澤東 정부가 세워진 이유를 상당 부
분 설명해준다. 제국 시대와 공화국 시기의 흥망성쇠의 배후에는 두 가
지 밀접하게 연결된 개념이 숨어 있다. 하나는 인종적으로, 문화적으로,
지리적으로, 그리고 기후적으로 다양한 큰 규모의 국가는 권위적인 중
앙정부에 의해서만 통일된 단위로 유지될 수 있다는 것이다. 다른 하나
는 중국인 조상을 둔 후손은 그가 어디에 거주하든지 모두 중국이라는
모국에 속한다고 고집하는 국수주의인데, 중국 지도자들이 타이완에 집
착하는 이유와 홍콩의 주권이 절대 협상의 대상이 될 수 없는 이유가 여
기에 해당한다. 이 두 가지 개념은 반란, 무정부 상태, 외국의 정복 및 내
전이 간헐적으로 있었음에도 불구하고, 중국인들이 왜 항상 통일을 추

구하는 강렬한 욕망을 가졌는지를 설명해준다.

이 책에서 왕조의 연이은 흥망성쇠를 추적할 필요는 없다. 중국의 많은 왕조가 이민족에 의해 건립되었다는 점은 주목할 가치가 있다. 하지만 독자들이 이를 이상하게 여길 필요가 없는 것이, 영국도 1066년 이래 영국 가문에 의해 통치된 적이 없기 때문이다. 중국의 문화와 문명은 로마제국 시대의 영국이나 그리스의 문화나 문명과 마찬가지로, 외국 침입자들을 동화시키는 대단한 능력을 갖추고 있었다는 점에 그리 놀랄 필요가 없다. 북쪽과 서쪽의 '오랑캐들'은 금방 중국 본토인보다 더 중국적으로 변했다. 가령, 몽골 칭기즈 칸Ghengis Khan의 손자인 정복자 쿠빌라이 칸Kublai Khan은 중국어를 제대로 구사할 줄 몰랐지만, 그의 후손들은 완전히 중국화되었다. 영국에서는 조지 1세George I와 조지 3세George III 사이에 이와 유사한 과정이 일어났다.

18세기의 마지막 몇 해 동안 서구의 무역상들이 본 중국문명은 그 어떤 유럽 문명보다 훨씬 오래된 것이었다. 오직 이집트만이 중국보다 조금 더 긴 역사를 갖고 있을 뿐이다. 중국 문명은 아주 오래되었을 뿐만 아니라 또 매우 고립되어 있었다. 엄청나게 큰 건조한 땅덩어리로 격리된 중국은 유럽문화의 영향으로부터 거의 차단되어 있었다. 중국의 입장에서 보면 오히려 유럽이야말로 진정한 문명인인 자신들로부터 완전히 차단되어 있다고 생각했다. 중국은 '중심 왕국中原'이었고, '중심'은 세계의 중심부를 뜻했다. 중국 밖의 모든 사람은 '오랑캐들'로 간주되었다. 그리고 중원은 하늘로부터 천명天命을 부여받은 황제가 통치하는 곳이었다. 왕조가 전복될 때마다 발생하는 모순은 편리한 허구로 풀어나갔다. 통치에 적합한 자들에게만 통치의 천명이 주어졌으므로, 정복자나 경쟁자에 의해 물러난 황제는 원래 통치하기에 적합하지 않은 자로 간주되었다. 이는 존 해링턴 경Sir. John Harrington의 유명한 2행시가 담고 있는 의미와 정확히 대조를 이룬다.

반역은 결코 흥하지 않는다. 그 이유는 무엇인가?
만약 반역이 흥한다면 아무도 그것을 반역이라고 부르지 않기 때문이다.

중국은 수백 년에 걸쳐서 다른 어느 곳에서도 유례를 찾기 힘든 독특한 사회 질서를 발달시켰다. 국가 존속의 핵심은 조정에 의한 통치, 즉, 고급 관료 정치였다. 고급 관료들은 기원전 6세기에 태어난 현인 공자의 원칙과 글을 토대로 하는 엄격한 과거시험을 통해 선발되었는데, 후대에 전해진 공자의 원칙은 전통, 복종, 의무, 계급제도, 그리고 선한 질서를 강조했다. 이 관료들은 엘리트 중의 엘리트였다. 이론상으로 기회는 모든 사람에게 개방되어 있지만, 실제로 고위 관료는 유럽 역사가들이 소위 '신사계급紳士階級, gentry'이라고 잘못 번역해 이해한 부류에서 선발되었다. 이 '신사계급'이란 단어는 영어가 가지는 뜻과 구분되어야 한다. 중국에서 '신사계급'은 전통적인 고전 학문을 다루는 시험들을 통과한 사람을 지칭한다. 그들은 여러 가지 특혜와 면책 특권을 누렸다. 그들은 지주일 수도 있고, 그렇지 않을 수도 있다. 그들은 상급 관리에게 가르침이나 도움을 제공하는 책무를 맡거나, 판관이나 세리와 같은 직책을 맡을 수도 있었다. 그들은 인구의 대부분을 차지하는 농민과 엄격하게 구별되었다. 농민은 전체 인구의 85% 정도를 차지했고, 땅을 경작해 생계를 유지했다. '신사계급'은 전체 인구의 2%로 추정하며, 1800

년을 기준으로 볼 때 전체 인구 4억 중 8백만 명 정도가 이 계층에 속했을 것이다.

과거제도는 당나라唐, 618~907까지 거슬러 올라가지만, 그 기원은 훨씬 더 오래되었다. 흔히 영국의 공무원 제도와 잘못 비교되는 이 제도는 정권이 여러 차례 바뀌어도 왕조의 기본적인 통일을 지탱해주었다. 비록 '신사계급'에서 선발하긴 했지만 공자의 사상에 능통한 관리들은 자신들의 출신 계층에 대해 특별한 의무감을 느끼지 않았다. 이들은 18세기 영국이나 막부시대 일본의 관리와 달랐다. 그들은 다르면서도 더 높은 세계로 진입한 사람들로 황제의 신하였으며, 그들이 가진 도덕적 신망, 물질적 특혜, 그리고 사회적 지위는 그들의 신분을 왕족 바로 아래에 올려놓았다. 그들은 출신 지역의 관직을 맡거나, 그들이 관리로 파견된 지역의 토지를 소유하는 것이 금지되었는데, 이는 부당한 편파적 처신을 방지하기 위한 것이었다. 그들의 친척은 동일한 행정부처에서 관직을 가질 수 없었다. 하지만 실제로 이러한 조치 중 어느 것도 부패나 '외압'을 미리 차단할 수는 없었다. 중국이 유럽의 충돌을 맞닥뜨렸을 때 관리의 탐욕과 부패는 이미 사회에 만연해 있었다. 이는 관리의 봉록이 너무 적었기에 강압적 착취나 뇌물, '선물'을 받아야만 그나마 체면 있는 생활을 유지할 수 있었기 때문이다. 그리고 그들은 내부의 반대나 외부로부터의 압력을 용인하는 모든 행위가 정부에 큰 손해를 입힐 것이라고 믿었다. 이러한 믿음이 그들의 관점에서는 타당할 수도 있겠지만, 이러한 신념 때문에 공자의 가르침에 능통한 관리들은 혁신에 대해 적대적이었고 전통을 고수하려 했다. 아마 인류 역사상 이보다 더 보수적이고 더 오래 지속된 통치 계급은 없을 것이다.

중국을 통합시키는 또 다른 중요한 요인은 문자였다. 거의 모든 나라들이 표음문자를 채택했지만, 중국은 오늘날까지 상형문자를 유지해 오고 있다. 만약 중국이 표음문자로 언어 표기방식을 변경했다면, 그렇지 않아도 유지하기 어려운 남북 통일이라는 중요한 문제에 영향을 끼쳤을 것이다. 중국에서 널리 사용하는 두 언어는 북방의 베이징어와 남방의 광둥어인데, 두 언어는 서로 소통할 수 없을 정도로 말이 다르지만 글을 쓰는 데 사용하는 문자는 동일하다. 이처럼 오랜 문자 형태를 유지한 결과, 중국인은 4,000여 개의 한자를 학습해야 했다. 특히 중국 어린이에게는 힘든 일이겠지만 이는 중국의 응집력을 위해 치러야 할 대가일지도 모른다.

어떤 역사적 시점에서도 중국의 인구는 다른 나라와 비교해서 항상 매우 많았고, 이는 줄곧 중국이 직면한 가장 심각한 문제 중 하나였다. 중국의 인구는 1400년경에 8,000만, 1600년경은 그 두 배, 그리고 1850년경은 약 4억 3천만 정도로 추정한다. 전체 인구의 80퍼센트가 작은 땅을 경작하는 농민인 농업 중심의 국가에서, 식량 수요에 대한 백성들의 부담은 중국 역사에서 반복적으로 나타나는 특징이었다. 이러한 부담은 큰 홍수와 기근, 혹은 반역이나 이민족의 침략으로 인한 끔찍한 전쟁으로 인해 이따금 '완화되었다'(이렇게 표현해도 된다면)고 말할 수 있다. 예를 들어, 13세기 말 몽고의 침입은 약 3,000만 명의 목숨을 앗아갔는데, 이 수치는 전체 인구의 25%를 넘는 것이다. 17세기 만주족이 산해관山海關을 넘어 중원으로 내려오면서 약 2,500만 명이 죽었다. 태평천국의 난은 14년 동안 지속되었고 1864년에야 비로소 진압되었는데, 그 기간 발생한 사상자 수가 제1차 세계대전 참전국 전체의 사망자 수보다 많았다.

게다가 이 수치는 중국 내 자연재해로 인한 사망자 수는 포함하지 않은 것이다. 하지만 하늘이 내린 재앙과 인간이 불러온 화도 인구 증가 속도에 비하면 그리 대수롭지 않은 일이었다.

인구 문제는 19세기 초반 유럽인들에게도 매우 걱정스러운 것이었다. 이는 맬서스Malthus의 암울한 예측이나 디즈레일리Disraeli의 소설 『시빌Sybil』 1845에 잘 나타나는데, 소설의 등장인물 중 한 명은 다음과 같이 말한다.

> 난 매년 30만 명 이상의 이방인이 이 섬에 오는 것을 말하는 겁니다. 당신은 어떻게 이들을 먹여 살릴 겁니까? 당신은 어떻게 이들에게 주택을 제공할 겁니까? 이들은 푸줏간의 고기를 포기했는데, 빵도 포기해야 합니까? (…중략…) 고트인, 서고트인, 롬바르드족, 그리고 훈족과 같은 야만 국가들을 침공해서 우리 인구가 얼마가 증가했는지 알고 계십니까?

맬서스의 비관적 예언은 서구에서 실제로 실현되지 않았다. 18세기 중반 영국에서 시작해 서부 유럽과 동부 유럽으로 점진적으로 퍼져나간 농업 및 산업혁명으로 인해 상황이 바뀌었기 때문이다. 다만 동부 유럽에서는 상황의 변화가 더 천천히 일어났고, 완전하게 일어나지는 않았다. 새로운 농업기술 덕분에 농지의 생산성이 크게 향상되었고, 산업화로 인해 생산된 공산품을 전 세계의 식량 또는 다른 일용품과 교환하는 것이 가능해졌다. 유럽의 식량 공급은 인구 증가 속도를 추월해버렸다. 따라서 19세기 유럽, 미국, 남양주오세아니아의 생활 수준은 전례 없이 향상되었다.

하지만, 중국에서는 이와 견줄 만한 혁명이 일어나지 않았다. 중국인이 과학과 기술을 무시했다는 말이 아니다. 그들은 유럽보다 훨씬 앞서서 종이, 인쇄술, 화약, 유리, 자기 나침판, 청동과 철 주조 등 많은 것들을 발명했고, 특히 유목 생활을 하는 북부 이민족의 침략을 막기 위한 군사적 목적으로 2,240km에 걸쳐 세운 만리장성은 놀라운 업적이었다. 만리장성은 지금까지도 세계에서 가장 경이로운 구조물 중 하나로 남아 있다. 하지만 어떤 이유에서인지 유럽에서 일어났던 도약 같은 돌파구가 중국에서는 일어나지 않았다. 매우 이른 시기에 중국인은 다른 나라보다 우수한 손수레를 발명했지만, 그 뒤를 잇는 후속 작업이 없었다. 그들은 새로운 기술을 발명했지만 이를 한 걸음 더 나아가 활용하지 못했다. 인구의 과잉은 중국인을 힘들게 압박했고, 그들은 겨우 허기를 채우는 정도에 만족할 수밖에 없었다. 맬서스의 이론이 유럽과 북미에는 적용되지 못했지만, 현대 중국과 근대 아프리카에는 매우 적절했다.

여러 문명 간의 차이점은 단순하게 설명하기 쉽지 않다. 중국이 세계의 유산, 즉 도예·자기·비단 그림·청동·조각·서예·문학 등에서 이룬 모든 기여에도 불구하고, 중국문화가 이상스러울 만큼 화석화된 채 남아있었다는 점이 다소 의외일 수 있다. 중국에는 유럽 대부분의 도시보다 더 큰 도시들이 존재했다. 하지만 유럽의 지적 활기와 전통을 향한 도전을 북돋웠던 시민의 자유가 중국 도시들의 특징이 되었던 적은 단 한 번도 없었다. 중국에는 훌륭하고 부유하며 귀족적인 세계가 있었지만, 브리지워터의 커낼 공작the 'Canal Duke' of Bridgewater,[2] 노퍽의 코크Coke of Norfolk,[3] 혹은 순무 톤젠드Turnip Townshend[4] 같은 인물들이 없었다. 모

---

2 [역주] 브리지워터의 운하 건설을 가능케 한 영국 귀족 프랜시스 에거튼(Francis Egerton, 1736~1803)에게 붙여진 별명이다.

든 국가는 엘리트 계층에 의해 지배된다. 군주제, 과두제, 민주제, 자본주의, 공산주의 혹은 다른 어떤 정부 체제도 마찬가지다. 영국의 엘리트 계층은 예외적으로 자유주의자였는데, 그들은 영국을 혁신적 실행과 새로운 생각이 발달한 다원주의적 개방 사회로 이끌었다. 이러한 조건들이 도약을 보장하지는 않았지만, 그것이 가능하도록 만들었다. 이는 중국의 관료체제와 커다란 차이가 있었다. 노펔의 코크는 분명히 평균적인 농장 노동자와는 상당한 거리가 있었지만, 중국의 엘리트 계층은 그들이 계수하고 세금을 부과한 농민과 훨씬 동떨어져 있었고, 더 배타적이고, 더 완고했으며, 그 어떤 지역의 유사 계층보다 더 변화에 적대적이었다. 통일과 연속성이라는 주요 목표를 달성하는 데 성공하고, '오랑캐들'을 중국문화로 흡수하는 데 성공한 중국의 역사가 바로 이처럼 넓게 퍼진 보수주의를 낳았을지도 모른다. 이유가 무엇이었든 결국 중국의 기술은 유럽보다 훨씬 뒤처지게 되었다. 과거시험은 권력, 부, 그리고 무엇보다도 높은 신분으로 가는 지름길이었다. 문인 계층인 공자에 정통한 학자들은 상인, 기술자, 전문가, 심지어 더 위험하게도 군인까지 업신여겼다. 중국이 유럽 열강과 군사적으로 충돌했을 때 중국 황제가 패배할 것이 거의 확실했다.

자딘메시슨의 창립자 윌리엄 자딘이 1802년 처음 광둥에 도착했을 때 중국은 마지막 왕조가 통치하고 있었다. 청 왕조는 1650년 베이징을 침입해 정복하고 명나라 황제를 몰아낸 북부의 만주족이었다. 그들의

---

3 [역주] 노펔 지역에서 농업혁명을 이끈 영국 정치가 토머스 코크(Thomas Coke, 1754~1842)에게 붙여진 별명이다.
4 [역주] 순무 재배의 혁신을 이룬 영국 정치가이자 외교가 찰스 톤젠드(Charles Townshend, 1674~1738)에게 붙여진 별명이다.

첫 위대한 지배자는 강희제康熙帝였는데, 그는 1662년부터 1722년까지 무려 60년간 중국을 통치했다. 그의 위대함은 동시대 인물이자 지구 반대편에 있던 루이 14세와 비교할 수 있다. 과거의 북부 침략자들과 마찬가지로 그는 자기가 정복한 문화를 매우 존중한 사람이었다. 그는 자신의 군대가 파괴했던 베이징을 중국의 전통적인 방식으로 재건했다. J.M. 로버츠J.M. Roberts 박사의 말을 빌리자면, '그것은 마치 베르사유 궁전이 고딕 양식으로 세워지고, 런던이 대화재[5] 이후 영국 고딕 말기의 양식인 수직식으로 재건되었던 것과 흡사'했다. 청 왕조는 명대의 제도를 그대로 계승했고, 과거를 통해 인재를 등용했으며, 치발령薙髮令[6]을 반포했다. 이는 유럽 방문자들을 놀라게 만들었다. 하지만 한인들은 만주족의 통치를 완전히 받아들이지 않았는데, 특히 남방의 저항이 심했다. 19세기 초 정세가 악화되자 여전히 이민족으로 여겨지던 청 왕조는 점차 비난받기 시작했다.

유럽이 처음 중국과 충돌했을 때, 청 왕조는 사회 및 경제가 장기적인 침체로 접어들기 시작한 쇠락기였다. 쇠락의 원인은 유럽의 영향이 아니라 오랫동안 축적된 내부적 요인에 기인한 것이었다. 즉, 인구의 급증이 자급자족 능력에 압박을 가했고, 농민은 작은 농지에서 나는 농작물로 겨우 연명할 정도였는데, 경작지는 아무리 늘린다 해도 확장할 수 있는 여지가 별로 없었다. 이러한 형세는 과거에도 그러했다. 전체 인구의 80%를 차지하는 농민의 생활이 나날이 빈곤해졌고, 게다가 1770년부

---

5 J.M. Roberts, *History of the World*, 1976, p.442.
6 [역주] 치발령은 변발령이라고도 불린다. 만주족은 전통적으로 앞 머리카락을 밀고 뒤만 남겨 땋는 변발(辮髮)을 했는데, 중원 정복 후 한족에게 변발령을 내려 자신들과 같은 머리매무새를 할 것을 강요했다. 이 정책은 강남지역을 중심으로 한 한족의 맹렬한 반발과 저항을 불러왔다.

터 1780년 사이에 기근과 반란이 끊이지 않았으며, '삼합회' 같은 비밀 결사대의 성장과 천년왕국파의 출현 등도 있었다. 이러한 정세의 악화는 훗날 유럽 무역상에게 중요한 결과를 야기했지만, 그들이 당시의 상황을 알아차리지 못한 것은 어쩌면 당연한 것이었다. 존 페어뱅크John Fairbank 교수가 훌륭한 수필[7]에서 묘사했듯이, 유럽인은 이 '오래되고 위대한 세계 제국 중 마지막 제국'의 절대다수를 차지한 농민과 접촉한 적이 없었기 때문이었다. 만약 접촉이 있었다 하더라도 유럽인은 아마 청 왕조가 그랬듯 정세 악화의 이유를 알아차리지 못했을 것이다. 실제로 청 왕조는 천명을 부여받았고, 자만하고 자기만족에 빠져 있었으며, 다른 나라들이 자신들에게 조공을 바친다고 자부하고 있었다.

1795년 매카트니 경Lord Macartney이 유명한 임무—비록 실패로 끝났지만—로 베이징에 갔을 때, 영국의 사절단은 완강히 거절당했다. 그는 양국의 외교단이 평등한 위치에 있어야 하고, 무역의 자유를 보장해 줄 것을 요구했다. 청 황제는 어떤 요구도 수용할 이유가 없었다. 외세를 혐오하는 수도는 다른 나라들을 너무나 하찮게 여겼으므로, 이곳에 영국의 외무부와 같은 기구를 설치할 필요를 느끼지 않았다. 중국은 무역에 있어서 사실상 자급자족하고 있었다. 매카트니 경은 황제가 답신에서 '황량한 바다로 고립된 당신의 외롭고 외딴 섬'이라고 지칭했던 곳으로 되돌아가야 했다. 조지 3세George III는 건륭황제가 '인사차 사절단을 보내 자세를 낮추고 충성을 보인 것'이라 한 말을 들었으나, 이는 결코 영국 국왕이나 매카트니 경이 받으리라고 기대했던 답이 아니었다. 1816년 애

---

7 Maggie Keswick(ed), op. cit., p.244.

머스트 경Lord Amherst의 방문단도 마찬가지로 경멸적인 대우를 받았다.

하지만 중국의 획일적인 태도에는 약점이 도사리고 있었다. 페어뱅크 교수는 "중국이 농업 중심의 관료체계를 가지고 있었으나, '해양중국'이라 부를 만한 부차적인 전통도 공존하고 있었다. 상하이 남쪽의 연해 지역에는 해상 무역으로 생계를 유지하는 상인들이 있었고, 상선을 약탈해 먹고 사는 해적도 있었다"[8]는 점을 지적하였다. 자딘메시슨의 역할을 평가할 때 이러한 부차적인 중국 세계가 매우 중요하다. 중국 해안의 무역 규모는 매우 컸다. 18세기 말, 이러한 해안 무역에 고용된 범선이 약만 척에 달했다고 한다. 다음은 페어뱅크 교수가 한 말이다.

서구인들이 말하는 소위 범선 무역은 17~18세기 중국의 해안에서 번창한 사업이었다. 북단의 무역 지점은 나가사키까지 확장했는데, 당시 중국인과 네덜란드인만 허용된 이곳에서 은밀히 일본과 무역했다. 다른 한 무리는 남쪽으로 스페인 지배하의 마닐라까지 무역 지점을 확장했는데 스페인 통치자들은 중국 범선이 운송해온 비단이 필요했으므로, 자신들의 상선을 서쪽으로 스페인이 통치하던 멕시코로 보내 은으로 바꾸어 돌아왔다. 또 다른 무리는 중국 상품을 가득 실은 범선을 말레이반도와 동인도 군도의 각 항구까지 운송해 방콕에서 생산한 쌀을 사서 광둥으로 돌아왔고, 이로써 중국 남부의 쌀수요를 충족시켰다.

중국 본토의 호수, 강, 운하에는 상당한 규모의 수상 무역이 늘 존재

---

8 Ibid., p.244.

했지만, 이러한 무역은 청나라 고위 관리들의 관료주의와 강탈에 노출되어 있었다. 해안 및 외국 운송은 표면적으로 고위 관리의 관리 아래 있었다. 하지만 실제로 해상 무역에 대한 통제는 훨씬 약했는데, 이는 광둥에서 발생한 일련의 사건으로 명확히 드러난다. 해양 중국은 유럽 무역상의 사업 대상이었으나, 그들은 광대한 중국의 농민 계층에 대해 전혀 알지 못했고, 설령 흥미를 가졌다 하더라도 그들에 대해 이해하지 못했을 것이다. 왜냐하면 당시 외국인은 중국 국내 여행이 금지되어 있었기 때문이다. 유럽인은 중국의 관료체계에 대해 전혀 알지 못한 채 종종 조롱과 멸시의 시선으로 바라보았다. 광둥에서 조정의 관리는 터무니없고 억압적인 금지령을 선포하는 무리로 인식되었다. 그리고 그들이 선포하는 금지령은 세상과 단절된 먼 북방에 있는 조정에서 정중한 언어로 포장되어 하달되었다.

반면에 중국의 상인과 선장들을 이해하기는 쉬웠다. 왜냐하면 그들이 추구하는 목표와 필요로 하는 것이 유럽인과 동일했기 때문인데, 예를 들어 항로 안내서, 창고, 대부금, 낮은 세금, 상업적 신용 등이었다. 유럽인은 중국의 언어를 이해할 수는 없었지만 중국의 이러한 부분을 이해할 수는 있었다. 하지만 언어소통이 확실히 문제이기는 했다. 1830년대 광둥에 거주하던 유럽인 중 광둥어를 구사할 줄 아는 이는 겨우 2명뿐이었다.

먼 곳에서 와서 중국과 최초로 무역한 사람은 아랍인이었다. 그들을 뒤이어 파시교도Parsees가 왔다. 간혹 '인도의 유대인'이라고 불리는 이들은 조로아스터교를 신봉하는 페르시아인의 후손이었고, 8세기 중반에 회교도가 페르시아를 정복하자 이주하기 시작했다. 뭄바이Mumbai[9]에 중심 본거지를 둔 이들에게는 본국에서 쫓겨난 소수 민족에게 흔히 특징적으로 나타나는 끈기, 결단력, 그리고 상업적 영리함이 있었다. 이들 중 한 명이 자딘메시슨의 일에 많이 관여하게 되었다. 1600년 이후 외국인이 관여한 중국 무역은 주로 유럽인이 설립한 회사를 통해 이루어졌다. 그중 가장 중요한 곳이 영국의 동인도회사였는데 소위 '영예로운 동인도회사'라고 불렸다. 윌리엄 자딘이 고용되어 일하기 시작했을 때, 동인도회사는 여전히 희망봉 동쪽의 모든 영국 무역에 대한 독점권을 가지고 있었고, 영국의 행정 및 입법의 통제하에 인도를 다스렸다. 비록 동인도회사의 불가사의하고 정의하기 어려운 독점현상이 있었으나, '시대 정신' 혹은 '여론 분위기'는 모두 이런 현상과 상반되었다. 적어도 영국의 분위기는 그랬다. 특히 스코틀랜드는 동방무역에 종사하는 자유무역상이 많았기에, 아담 스미스Adam Smith의 자유방임이론에 따라 무역에서의 독점을 반대했다. 정부가 승인한 독점권은 폐지되었다가, 1945~1951년 노동당 행정부가 들어서자 부활했고, 현재는 다시 사라지는 추세이다.

동인도회사는 18세기가 끝나는 25년 동안 줄곧 공격받았다. 이 회사를 다시 설립하는 문제가 1813년에 거론되었다. 회사는 20년간 다시 영업하게 되지만 인도 무역 독점권이 철폐되고, 중국 무역 독점권만 유지할 수 있었다. 1833년 8월 28일 이 독점권마저 의회의 법령으로 취소되고, 1834년 4월 21일부터 정식으로 시행되었다. 1856년 인도 폭동 이후 영국 정부의 직접 통치로 대체되자 이때부터 영국 동인도회사의 독점이 정식으로 종결되었다.

---

9 [역주] 영국 식민지 시대에 영국인들은 인도의 뭄바이를 봄베이(Bombay)로 바꾸었다. 1995년 원래의 명칭인 뭄바이로 변경했다.

이러한 상황에서 중국무역은 결코 쉬운 일이 아니었는데, 이에 대해서는 다음 장에서 자세히 기술하겠다. 여기서 무역은 베이징에서 멀리 떨어진 광저우廣州라는 한 도시에 국한된다. 이곳에서의 무역은 불편과 강탈을 위해 세심하게 설계된 갖가지 복잡한 규정으로 제약을 가하면서도, '오랑캐'를 완전히 몰아내지는 않았다. 중국 정부는 이들의 돈을 원했지, 이들을 받아들이기를 원한 것이 아니었다. 그렇다면 유럽인이 이처럼 우호적이지도 않고 비타협적인 나라와 불편한 무역을 하려 한 이유는 무엇일까? 다른 나라에서 얻을 수 없고 오직 중국에서만 얻을 수 있는 것이 무엇일까? 유럽이 원한 물품은 두 가지였다. 하나는 비단이었다. 수백 년 동안 유럽에서는 중국의 비단에 대한 수요가 있었는데, 이는 로마제국과 한漢 왕조 시대까지 거슬러 올라간다. 다른 하나는 최근에 수요가 발생한 차茶였다. '테이ᵗᵃʸ'라고 발음되는 차는 18세기 초 영

광저우에서 영국 상품을 판매하는 모습

국에서 유행했는데, 당시 커피는 그저 의례에서만 쓰는 음료였다. 알렉산더 포프Alexander Pope는 앤 여왕Queen Anne에 대해 다음과 같이 언급하였다.

3개의 영토가 복종하는 위대한 앤
그녀는 때때로 왕실 고문의 조언을 구하기도 했고, 때때로 차를 원하기도 했다.

인도가 19세기 후반 여러 종류의 차로 경쟁에 뛰어들기 전까지, 중국은 차를 재배하던 유일한 국가였다. 1783년 영국은 600만 파운드1파운드=약 0.45킬로그램의 차를 수입했는데, 그해의 관세가 100%였다. 이듬해 관세가 12.5%로 내려가자 수입량이 1,500만 파운드에 달하게 된다. 하지만 나폴레옹 전쟁으로 인한 급격한 세금 인상으로 관세 경감 조치가 파기되었다. 하지만 높은 세율에도 불구하고 1830년대 초 영국과 아일랜드는 여전히 약 3,000만 파운드의 차를 소비했다. 10년 전 평균 차 가격이 1파운드에 5~6실링1실링=0.05파운드이었다. 이든 경Sir. F. Eden은 『가난한 자들의 나라The State of Poor』1797에서 차를 '중국의 해로운 농산품'이라고 묘사했지만, 사실 당시 노동자계급도 매주 9~18실링 정도는 쓸 수 있었고, 1830년의 상황 역시 마찬가지였다. 차는 수입품 중 사치품으로 분류되었다. 비단 역시 마찬가지였다. 사치품과 필수품을 명확하게 구분할 수 있을지 모르겠지만, 사치품 무역의 정치적 결과는 필수품 무역이 초래한 정치적 결과만큼 중요할 수 있다. 더구나 차는 영국 정부의 예산에서 중요한 요소였다. 차에 매긴 관세 300만 파운드가 국고에 귀속되었는데, 이 액수는 영국 해군을 운영하는 데 필요한 경비의 절반에 해당했다. 재무장관이 이러한 수입 없이 국가를 지탱하기란 마치 현대의 재무장관이 담배나 술에 매기는 세금 없이 국가를 지탱하는 것만큼 힘들었을 것이다.

아무리 간접적이고 복잡하더라도 외국과의 모든 무역은 국가들 사이의 원자재, 제조품, 그리고 서비스의 교환에 균형을 유지하는 데 달려 있다. 중국은 의사소통 체계가 빈약했고, 1인당 소득 수준이 매우 낮았으며, 경제적으로 간신히 자족하는 수준이었다. 그리고 그 지배층은 무역에 반감을 가지고 있었다. 서구, 특히 영국이 당면한 문제는 중국인들이 비단, 차와 교환을 원할만한 물품을 찾는 일이었다. 이 물품을 찾는 데 오랜 시간이 걸렸다. 영국의 주요 수출 품목인 양털과 면제품은 이 목적에 적절하지 않았다. 북부의 혹독한 추위 속에서 사는 부유층은 모피나 비단옷을 입었고, 농민들은 지역에서 생산된 면을 덧대어 옷을 입는 나라에서 모직물은 그다지 쓸모가 없었다. 인도산 원면에 대한 수요가 없는 것은 아니었으나, 중국의 광활한 목화밭의 수확량에 따라 가격이 요동쳤으므로 인도산 원면에 의존하기는 어려웠다. 보석이 박힌 시계, 장난감, 주크박스는 어느 정도 시장성이 있었다. 특히 주크박스는 관리들이 좋아했다. 주크박스는 플리트가Fleet Street에 위치한 금세공 가게 제임스 콕스James Cox's에서 만들었는데, 중국에서는 이것을 '노래하는 기계'라고 불렀다. 하지만 이러한 제품들이 무역 금액의 균형을 잡는 데 기여한 바는 미미했다. 중국 세관 책임자였던 로버트 하트Robert Hart는 1890년대 '중국인은 세계 최고의 식량인 쌀, 최고의 음료인 차, 최고의 의류인 면·비단·모피가 있고, 셀 수 없이 많은 토산품을 가지고 있으므로, 다른 곳에서 한 푼어치도 살 필요가 없다'라고 썼다. 하지만 국가 경제에 해를 입힐 수 있는 금화나 은화, 혹은 금덩어리나 은덩어리의 수출 이외에 어떤 해결책이 모색되어야 한다는 분위기가 상업 세계에 스며있었다. 1800년경부터 해결책이 나타나기 시작했다. 그것은 바로 인도에서 재배한 아편이었다. 아편은 금수품禁輸品이었으므로, 중국인들의 아편 수요를 만족시키기는 어려웠다. 이 덕분에 아시아와 무역하는 유럽 및 미국기업이 부를 축적할 수 있었고, 당연히 더 많은 수의 중국 상인도 부를 축적하게 되었다. 중국 본토의 일부 무역상이 외국 무역상만큼 아편으로 성공하였다는 점을 결코 잊어서는 안 된다.

제2장
광저우의 무역제도

외국 상인의 중국 내 무역 여건은 매우 독특했다. 소위 '광저우의 무역제도'는 1760년까지 거슬러 올라간다. 황제 강희제康熙帝[1]는 너무나 자신만만해서 일부 제약을 두긴 했지만, 1685년 국내 대부분의 항구를 외국인에게 개방했다. 그의 동기는 아담 스미스의 원리가 작동하리라는 식견 있는 기대감이 아니라, 세금, 관세, 징발, 강탈을 통해 제국의 재정 수입을 보충하려고 한 것이었다. 얼마 지나지 않아서 그는 자신의 조치가 너무 지나쳤고, 무분별한 자유주의의 위험이 그로 인한 이득보다 크다는 점을 깨달았다. 그래서 무역항을 샤먼, 마카오, 광저우 세 곳으로 제한했다. 첫 번째 샤먼廈門, 영어명 Amoy, 중국 푸젠성 남부 도시은 원래 스페인 사

---

1   [역주] 강희제(康熙帝, 1654~1722)는 청의 제4대 황제이다.

3킬로미터에 달하는 포르투갈령 마카오 반도의 경관

람에게 통상이 허용된 항구였으나, 1800년이 되었을 때 스페인 선박은 더 이상 이곳을 왕래하지 않았다.[2] 두 번째 마카오는 1557년부터 포르투갈인 정착촌이 있던 곳이었다. 마지막 중요한 광저우는 '8조 금례八條禁例' 1760년 제정, 1780년 수정에 따라 지정된 유일한 화물 운송항이었다. 광저우에서의 생활은 결코 만족스럽지 않았다. 지켜야 할 규정이 많아 사람을 짜증나게 했고, 질병이 만연했으며, 일 년의 대부분이 숨 막힐 정도로 덥고 습했다. 하지만 현명한 거래를 한다면 엄청난 돈을 벌 수 있는 곳이기도 했다.

18세기 내내 대중무역對中貿易을 장악했던 기관은 동인도회사였고, 그 기세는 19세기 초에도 수그러들지 않았다. 1715년이 되었을 때 동인도회사는 광저우에서 꽤 자리를 잡았다. 우리가 살펴본 것처럼 동인도회

---

2 스페인 상선을 통하는 것보다 '정크선'이라고 불리는 중국 배들이 더 저렴하게 필리핀에 물건을 보내거나 물건을 받아올 수 있었다.

사는 영국인이 희망봉과 마젤란해협 사이에서 주도하는 모든 무역에 대한 독점권을 가졌다. 용선 계약은 회사에 막대한 권력을 주었고, 회사가 영국에서 미치는 사회적, 경제적 파급효과는 너무나 광범위했기에 버크Burke[3]는 '동인도회사가 곤궁에 처했다고 말하는 것은 영국이 곤궁에 처했다고 말하는 것과 같다'고 말했다. 동인도회사는 독점권을 일부분 완화했다. 가령 '동인도회사 선박East Indiamen'에 승선한 직원에게 일정량의 '특별 허가' 화물을 직원 명의의 계좌로 옮겨 개인 무역을 할 수 있도록 허가해, 각자의 능력에 따라 장사할 수 있도록 했다. 윌리엄 자던 박사도 동인도회사 선박인 브런즈윅호Brunswick의 외과 의사가 되었을 때 이러한 면허 제도를 활용해 사업가의 길로 들어섰다. 그는 일련의 항해에서 훌륭한 장사수완을 발휘했고, 1817년에는 회사를 떠나 개인무역상이 되었다.

개인무역상의 출현으로 동인도회사의 독점권은 중요한 변화를 맞이한다. 1787년 이후, 소위 '대행업자Houses of Agency'라 불린 개인무역상이 인도에서 영업하도록 허용한 것은 런던 대영은행 이사회의 뜻에 맞았다. 1790년까지 개인무역상이 만든 15개 회사가 콜카타에 기반을 두고 있었고, '항각무역港脚貿易, Country Trade'[4]이라고 불리는 사업을 했다. 항각무역이란 명칭의 유래는 불분명하지만, 주로 인도 내 혹은 인도의 동쪽 지역에서 이루어지는 무역을 지칭했다. 개인무역상들은 영국 제조

---

3 [역주] 에드먼드 버크(Edmund Burke, 1729~1797)는 아일랜드 출신의 영국의 정치가, 철학자이다.
4 [역주] 중국에서는 아편전쟁 이전 동인도회사 소속의 개인 상인, 혹은 동인도회사 소속은 아니지만 광저우에서 무역에 종사하는 영국 혹은 인도 상인을 지칭하는 용어로 사용한다. 이들을 '항각상인'이라 칭하고, 이들이 하는 무역을 '항각무역'이라 한다.

상과 해외투자자를 대신해 각종 업무, 즉 은행 업무, 보험, 그리고 인디고 재배를 위한 투자 대금을 대주는 등의 업무를 대행했는데, 이것은 동인도회사의 복잡한 수지 균형을 맞추는 데 도움이 되었다. 광저우의 개인무역상들은 이러한 대행업자들과 밀접한 관계에 있었고, 개인무역상끼리 서로 비슷한 동업관계를 형성하고 있었다. 동인도회사는 이들에 대해 양면적인 태도를 취했다. 동인도회사 이사회는 가급적 광저우에서 개인무역상과 경쟁하는 것을 피하려 했다. 하지만 다른 한편으로는 항각무역이 갈수록 중요해졌다. 특히 동인도회사의 입장에서 아편 무역은 중국 법령을 위반하는 것이어서 자칫 차 독점무역에 문제를 일으킬 수 있었기에 드러내놓고 거래할 수 없었다. 동인도회사는 '항각무역선'이 화물을 싣고 중국에 왔다가 신속히 차를 포함해 살 수 있는 물품을 싣고 귀국하는 것이 가장 이상적이라 생각했다. 사실상 상선 화물관리인으로 구성된 특별위원회[5]는 광저우에서의 무역을 규제하는 기구였는데, 이런저런 핑계로 광저우나 마카오에 머무는 개인무역상들을 못 본 척했다. 1770년까지 상당히 많은 화물관리인이 광저우에 있었다. 1780년 영국인을 추방할 법적 권한이 있는 동인도회사가 개인 무역상들을 추방했다. 1783년에는 영국 국적의 개인무역상 단 한 명만 이곳에 남게 되었는데, 그의 이름은 존 헨리 콕스John Henry Cox였다.

콕스는 추방된 사람들과 달랐다. 그의 부친 제임스James는 중국 공행公行[6]

---

5 원래 'sobre cargo'는 포르투갈어로 화물관리인을 지칭하며, 상선에 승선한 관리로서 화물을 관리하고 항해의 상업적 거래를 처리하는 직원을 지칭했다. 훗날 이 단어는 상인이 외국에서 할 일들을 처리하는 대행자라는 광범위한 의미를 가지게 되었다. 1770년부터 동인도회사는 더 이상 화물관리인이 선박과 함께 귀국하지 않고, 매년 무역을 맡는 공동 책임자로 광저우에 남도록 요구했다. 일반적으로 12명이었는데, 이들 중 4명은 아이러니하게도 항각상인에 의해 '선택받은 자들'이라고 불렸으며, 이들은 회사의 업무를 관리했다.

의 상인들에게 '음악이 나오는 기계'를 판매했는데, 이들은 동인도회사와의 거래를 허가받은 유일한 상행商行조직이었다. 제임스와 클러큰웰Clerkenwell 출신의 프랜시스 매그니악Francis Magniac은 이 기계의 주요 공급상이었다. 제임스가 사망하자, 콕스는 아버지의 사업 대금 회수를 위해 광저우에 머물도록 허가받았다. 광저우의 많은 중개상이 파산했기 때문에 그는 대금을 물품으로 대신 지불받는 경우가 잦았고, 그로 인해 스스로 무역상이 되는 데 작은 진전을 이루게 되었다. 1787년 콕스는 대니얼 빌Daniel Beale과 동업을 시작했다. 빌은 프러시아의 영사로 외교면책권을 획득해 광저우에서 동인도회사의 거부권을 피할 수 있었다. 콕스와 빌은 계보상 자딘메시슨의 창업자들인데, 이들보다 앞서 많은 동업자들이 있었다. 동인도회사는 콕스를 가까스로 몰아냈지만, 감히 빌을 건드리지는 못했다. 빌은 나중에 외교적 전략을 써서, 1780년 오스트리아 영사로 광저우에 부임한 존 리드John Reid와 동업 관계를 형성했다. 콕스는 1791년 스웨덴 해군 군관의 신분으로 광저우로 돌아왔다. 특별위원회가 콕스의 상륙 허가를 거부하려 하자, 그는 곧바로 프로이센 국기를 내걸었다. 그 해 콕스가 사망하자, 대니얼의 형제인 토마스 빌Thomas Beale이 프러시아 영사의 비서관을 자칭하며 그의 뒤를 이었다.

영사의 신분을 자칭하는 전략은 당시 매우 보편적이었다. 제임즈 메시슨James Matheson은 덴마크 서류를 내밀었다. 자딘메시슨의 경쟁사를 설립한 토마스 덴트Thomas Dent는 사르디니아 왕국의 영사였고, 그의 동업자인 W.S.데이비드슨W.S. Davidson은 한술 더 떠 중국에 있을 때는 자신

6　Michael Greenberg, *British Trade and the Opening of China 1800-1842*, 1951, pp.13~14.

을 포르투갈인이라고 하고, 다른 곳에서는 영국인이라고 주장했다. 스웨덴, 시칠리아, 제노바, 하노버, 심지어 거의 사라진 폴란드 왕국의 보호 아래에서 활동하는 상인도 있었다. 동인도회사는 마침내 포기했다. 대행업자로 사업을 하려던 회사의 시도는 완전히 실패했고, 1800년 직전에 포기를 선언했다. 사실상 스코틀랜드 출신인 '잉글랜드 개인무역상' 없이 무역하기 힘들었고, 그 외 파시교도조상이 페르시아계 조로아스터교도인 사람 역시 항각무역에서 중요한 역할을 하고 있었다.

　동인도회사의 개인무역상에 대한 의존도는 역사가 마이클 그린버그 Michael Greenberg의 1828년도 수치 분석에 잘 나타나 있다.[7] 10만 달러 단위로 반올림해서 영국의 대중 수출은 2,300만 달러였는데,[8] 그중 450만 달러를 동인도회사가 담당했고, 1,580만 달러를 개인무역상이 담당했다. 회사의 수출 품목 중 절반 정도는 서방 제품으로 영국산 모직품이 대부분을 차지했고, 나머지 절반은 동방 제품으로 인도산 생면生綿[9]이 대부분을 차지했다. 개인무역상을 통해 중국에 수입된 물품은 1,120만 달러어치의 아편과 250만 달러어치의 생면이었고, 나머지는 다른 아시아 지역의 제품과 소량의 유럽 제품이었다. 영국이 중국으로부터 수입한 물품은 총 1,810만 달러어치였고, 그중 절반이 넘는 금액이 개인무역상에 의한 것이었다. 동인도회사가 담당한 부분은 850만 달러였고, 대부분 차였다. 개인무역상을 통해 수입된 960만 달러 중 610만 달러가 은이었다. 다음으로 큰 규모를 차지한 물품은 비단으로 110만 달러에 달

7　Ibid., pp.13~14.
8　단위는 스페인 달러이며, 스페인 1달러는 4~5실링의 가치가 있었다.
9　[역주] 가공하지 않은 면화.

34　청제국의 몰락과 서양 상인

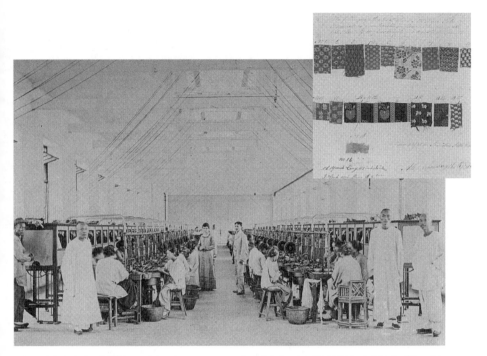

(좌) : 상하이 이화소사(繰絲) 공장의 모습　(우) : 1866년 자딘메시슨이 주문한 '중국 비단 문양 샘플 모음'

했다. 은의 대부분은 동인도회사의 광저우 금고로 보내졌고, 개인무역
상은 은값으로 인도나 런던에 있는 본사 명의로 된 어음을 발급받았다.
중영무역에서 아편밀매의 중요성은 다음에서 자세히 살펴볼 것이다.[10]

　수치와 사람은 다른 문제이다. 광저우무역제도는 실제로 어땠을까?
이는 사실 전적으로 인도를 근거로 삼은 것이었다. 영국 정치가 로버트
클라이브Robert Clive와 워런 헤이스팅스Warren Hastings 시대 이후로 점진
적으로 통합되던 인도 대륙에 대한 영국의 정치적 지배는 대중무역의
기틀을 잡는 데 중요한 요인이었다. '디와니diwani'라고 불리는 현물을
통한 지출, 처음에는 양귀비 재배, 그리고 나중에는 아편 완제품 생산에

10　Michael Greenberg, op. cit., pp.13~14.

대한 독점권, 생면으로 천을 만드는 과정에 대한 효과적인 통제, 초석 saltpetre에 대한 독점권 등, 이 모든 것이 수출 무역에 기여했고, 영국의 차 수입은 이러한 수출에 의존했다. 게다가 중국과 무역하던 인도의 개인 회사 대부분이 동인도회사의 독점권에도 불구하고 영업을 하도록 허용된, 오래되고 어느 정도 자리를 잡은 동인도회사 대행업자의 분파들이었다.

중국으로 가서 큰돈을 벌 뜻이 있는 젊은 모험가라면 배를 타고 먼저 뭄바이나 콜카타로 가게 되어 있었다.[11] 거기서부터는 동인도회사의 상선이나 항각무역을 위한 배를 타고, 여름의 남서 계절풍의 도움을 받아 싱가포르를 지나 9월에 광둥만에 도착했다. 배는 아마도 마카오와 가까운 정박지인 타이파Taypa에 기항해, 주강珠江을 거슬러 올라갈 배의 선장을 태우게 될 것이다. 1815년 이전 그의 배에 아편을 싣고 있었다면, 분명히 며칠간 머무르면서 그곳에 배치된 배 중 하나로 아편을 옮겨 실었을 것이다. 1815년까지 마카오는 주요 아편 시장이었다.

마카오는 광둥만의 서쪽 끝자락의 좁은 지협에 위치하고, 홍콩으로부터 서쪽으로 64킬로미터 정도 떨어져 있다. 마카오는 이미 오래전에 쇠퇴했으나 낭만적인 분위기가 있었다. 마카오는 1557년부터 포르투갈의 거류지였고 그곳에서 포르투갈인은 임차인처럼 살았다. 그들의 거주 여부는 전적으로 황제의 결정에 달려 있었다. 마카오는 중국의 법이 적용되었고, 중국인이 그곳의 행정을 때로는 엄격하게 때로는 느슨하게 감독하였다. 1849년 이후에야 비로소 포르투갈 정부가 이곳의 실질적인

---

11 윌리엄 자딘(William Jardine)은 예외적으로 1802년에 배를 타고 자바를 통해 곧장 광저우로 갔다.

통치권을 가지게 되었다. 마카오의 상업은 이미 쇠퇴해 있었고, 한때 대단했던 포르투갈의 해상 제국은 쇠약해졌으며, 마카오가 누렸던 번영은 1842년 홍콩이 영국에 양도되면서 완전히 사라질 운명이었다. 그럼에도 불구하고 마카오는 여전히 아주 매력적인 곳이었다. 동양의 나폴리로 묘사되는 마카오는 넓게 구부러진 만에 위치한다. 프라야 그란데 Praya Grande 해변에 분홍색, 푸른색, 흰색으로 칠해진 우아한 바로크풍의 집들이 늘어서 있는 넓은 산책로는 외항外港을 바라보고 있다. 근사한 교회당과 건물들이 있었고, 언제나 조용히, 그러나 의심에 찬 눈초리로 중국의 이름 모를 푸른 언덕을 내려다보는 몬테 요새Monte Fort에서 멋진 경치를 감상할 수 있었다. 영국식 교회와 묘지공원을 보노라면, 과거 광저우의 자유무역상들이 이곳 마카오에서 휴식하거나 산책하고, 무역철 9~3월이 끝나 시원한 바람을 즐기기 시작했을 때를 상상할 수 있다. 오늘날과 과거 여러 해 동안 마카오는 재정적으로는 도박으로 지탱되는 큰 어촌에 지나지 않았다. 홍콩의 중국인들은 주말이면 이곳으로 몰려와, 속임수를 적발하기 위해 숨겨진 카메라가 감시하는 무시무시한 고층 카지노에서 밤새 도박하면서 이틀을 보낸다. 외부인에게 이처럼 광적인 도박꾼들의 모습은 마치 아편 소굴에 관한 묘사를 읽는 것만큼이나 우울함을 느끼게 한다. 하지만 마카오는 여전히 한번은 방문해볼 가치가 있다. 아마도 마카오의 좁은 길거리와 전시된 이상한 상품들이 중국 정부의 현대화 정신과 홍콩의 하늘을 찌르는 실리주의로 인해 이제는 말살되어버린 '옛 중국'의 마지막 흔적일 것이기 때문이다.

이제 우리의 여행자는 광둥강현재는 주강에서 배를 타고, 일반적으로 '보그Bogue, 중국명 虎門'라고 불리는 보카 티그리스Bocca Tigris해협을 통과할 것이다. 이 해협은 방향을 돌릴 수 없어서 완전히 무용지물인 고정 대포를 갖춘 요새들에 의해 방어되었다. 그의 배는 광저우에서 21킬로미터 정도 떨어져 있으며, 가장 최근에 외국 선박의 기항이 허용된 황푸黃埔, Whampoa에 닻을 내릴 것이다. 그곳에서 밝은색으로 칠해진 범선, 진수대, 큰 배에 딸린 작은 배 등이 엄청나게 많은, 멋지고 그림처럼 아름다운 광경을 보게 될 것이다. 어떤 선박에는 파란색 재킷을 입고 밀짚모자를 쓴 영국 선원이 타고 있고, 어떤 선박에는 흰옷을 입고 터번을 쓴 인도 선원이 타고 있으며, 또 어떤 선박에는 자색 옷을 입은 말레이 선원이 타고 있을 것이다. 무역이 한창일 때는 상선이 거의 5킬로미터나 길게 늘어서거나, 3천여 명의 선원들이 승선하기도 한다. 선원들은 한 번에 몇 명씩만 해안에 상륙해, 소위 대나무 마을Bamboo Town에 있는 기루와 술집에 가도록 허용되었다. 이들은 술집에서 독주, 비소, 담배, 그리고 당류를 즐기면서 인사불성이 되도록 흥청거렸다. 동인도회사 함대의 지휘관은 황푸의 모든 영국 선박을 책임지고 있었다. 각 배에는 광저우로 화물을 싣고 갈 작은 배가 달려 있었다. 일출과 일몰이 되면 배의 악대가 한 시간가량 음악을 연주하곤 했다. 광저우에서 이러한 음악 연출은 성공할 수 없었다. 왜냐하면 중국인들은 유럽풍의 음악을 즐겨 듣지 않았기 때문이었다.

다음 단계는 광저우로 가는 짧은 여정이었다. 외국 상인의 활동은 주강의 북쪽에 위치한 좁고 붐비는 지역으로 제한되었다. 이 지역은 대략 가로 300야드1야드=91.4미터, 세로 200야드 정도의 크기였다. 여기에는 13개의 '회관'이 있었는데, 강에서부터 50~200야드 정도 떨어진 좁고 긴 건물들이었다. '회관factory'이라는 단어는 이 표현의 현대적 의미와 아무 관련이 없다. 이 말은 대행인을 뜻하는 포르투갈어 단어인 'feiter'에서 유래한 것으로, 무역이 이루어지는 상관商館을 의미한다. 강에서 이 건물들을 바라보면 마치 단일 건물처럼 보이지만, 실제로 각 '회관'은 잘 정돈된 독립된 집으로 구성되어 있었고, 그 집들은 안쪽의 뜰을 둘러 싸고 있었다. 이 회관들은 200야드 정도 길게 늘어서 있었다. 대체로 각 회관의 1층에는 창고, 사무실, 안전 금고, 재무 업무 공간이 있고, 2층에는 넓은 식당, 응접실, 침실이 있는데, 일부 회관은 3층이 있어서 응접실과 침실을 그곳에 배치했다.

회관의 정면과 강 사이에 적하모험임차 보행로Respondentia Walk[12]라고 불리는 개방된 비포장 공간이 있었고, 이곳에는 온갖 종류의 행상인, 거지, 성가시게 구는 사람들이 모여들었다. 회관의 정면에는 북쪽으로 세 개의 좁은 골목길이 있고, 동서로 이어지는 13행가13行街, Thirteen Factory Street가 있어 회관들과 구분되었다. 세 갈래 좁은 골목 중 가장 악명 높은 곳은 제일 동쪽에 있는 술집으로 영국관과 인접해 있었다. 황푸원칙적으로 단 2회의 방문만 허용에서 흥청망청 즐기다 돌아온 영국 선원들은 종종 이곳에서 대나무마을에서 마셨던 것과 똑같은 독주를 미친 듯 마셔댔다. 1880년 여전히 많은 회관이 그곳에 정착했던 유럽 회사들의 이름을 달고 있었지만, 영국관, 미국관, 네덜란드관, 그리고 프랑스관 등 4개 회관만이 이름에 걸맞는 규모를 유지했다. 다른 회관보다 두 배나 크고 장엄한 신영국관은 동인도회사가 차지하고 있었다. 회사는 매년 2만파운드

---

12 '적하보험대차 채권'(광저우의 화주들이 수출 화물을 구매하고 선박을 전세 낼 목적으로 광저우의 화주에게 허용된 대부금)으로 송금하기 위해서 광저우의 무역상들이 초기에 사용하던 방식. 변제는 대부금의 담보인 화물이 상륙한 후 며칠 내 인도에서 이루어졌다(Michael Greenberg, op. cit., p.158).

1830년대 런던의 롬바드 스트리트(Lombard Street)와 콘힐(Cornhill)의 풍경. 메시슨사는 지금까지도 이곳에 자리하고 있다.

의 임대료를 공행公行에 지급했는데, 이 공행은 행상行商 혹은 행行, Hongist13이나 중국 현지상인Mandarin Merchants이라고 불렸다. 이들은 야만인서양인과의 무역 독점권을 확보한 중국인이었다. 1830년대 자딘메시슨중국명 이화양행(怡和洋行)은 회관들이 들어선 지역의 동쪽 계만溪灣에 위치했는데, 이 계만을 사이에 두고 신영국관과 네덜란드관이 서로 분리되어 있었다.14 자딘메시슨이 있던 회관은 소계관小溪館, Creek Factory이었는데, 이는 주강으로 흘러 들어가며 회관 구역의 동쪽 경계를 구분 짓던 악취 나는 작은 개울에서 따온 것이다.

중국 행상의 일부는 엄청난 돈을 벌었고, 다른 일부는 파산하거나 파

---

13 'Hong'은 중국어 'Hang(行)'에서 온 말로 상회, 즉 회사를 뜻한다.
14 [역주] 이화양행은 영어로 Creek Factory로 알려졌고, 소계관(小溪館)이라고도 한다. 신영국관(新英國館)은 영어로 British Factory(혹은 New English Factory)라고 불렸다.

산하기 일보 직전이었다. 관부로부터 여러 가지 압력과 뇌물수수를 강요받았기 때문에 모든 행상이 이 일을 즐겁게 한 것은 아니었다. 중국에서 광저우보다 더 부패한 도시는 없었다. 외국 상인과 직접적으로 관계가 있는 것은 광둥 순무와 양광 총독이었다. 양광 총독의 관아는 광저우에 있었다. 광저우에 관한 사무는 이 두 사람이 함께 협력해 처리했다. 군부는 보통 '타타르 제너럴Tartar General'이라고 불린 장군이 장악하고 있었다. 위의 두 관리는 한족이었으나, 군부 책임자는 항상 만주족으로 대개 황제의 친척이었다. 이 외에도 외국 상인에게 가장 중요한 존재는 '호포Hoppo,[15] 戶部[16]'라 불린 월해관감독粤海關監督이었다. 그 역시 만주족으로 황실의 일원이었는데, 그의 임무는 황제를 도와 중국과 외국 상인들로부터 세금을 쥐어 짜내고, 이와 동시에 자기 자신을 위해 한몫 단단히 챙기는 것이었다. 행상은 반드시 양상洋商, 서양 상인이 법에 복종하고 상도를 지키도록 보증해야 했다. 회관과 관리 사이의 모든 의사소통은 청원의 형태로 이루어져야 했다. 이 규칙은 외국인의 열등한 지위를 강조했고, 그들과 당황스러운 직접적인 거래도 피할 수 있도록 해주었다.

원칙적으로 회관의 상인은 계절풍의 제약 때문에 무역철인 9월부터 3월까지만 회관에 머무를 수 있었다. 여름의 남서 계절풍은 여러 물품과 은괴를 실은 동인도회사의 선박과 다른 선박들이 남중국해를 올라갈 수 있도록 해주었고, 봄의 북동 계절풍은 차를 싣고 역방향으로 귀국하는

---

15 [역주] 'Hoppo'는 호부(戶部)를 지칭하는 피진영어(pidgin English)이다. 피진영어는 중국인과 외국인이 의사소통을 위해 사용한 것으로, 주로 근대 시기에 많이 사용되었다.
16 중국어 'Hwai Kwan Pu'에서 변이된 말이다. 이처럼 조금 익살스러운 함축은 '피진영어'로 알려진 바보스런 언어와 잘 맞으며, 피진영어는 해를 거듭하면서 황푸와 광저우에서 의사소통 수단이 되었고, 영국인이 중국인에 대해 조금 건방진 태도를 가지는 원인이 되었다. 남아프리카 공화국에서 쓰이는 혼합어인 Kitchen Kaffir와 비교해 보라.

선박의 항해를 도와주었다. 무역철이 끝나면 외국인은 마카오로 향해야만 했다. 이러한 규정은 피하려면 피할 수도 있었지만, 대부분의 외국인은 광저우의 습한 더위보다는 시원하고 건강에 좋은 마카오의 여름 기후를 더 선호했다.

마카오의 또 다른 이점은 섹스였다. 광저우의 이상한 제약 중 하나가 외국인은 아내, 딸, 첩 등 어떤 여자도 광저우로 데리고 들어올 수 없다는 것이었다. 이 제약은 엄격히 시행되었고, 피할 수 없는 규정이었다.[17] 이런 제약을 제외하면, 생활을 즐겁게 해주는 모든 것이 그곳에 있었다. 음식과 술은 풍부했다. 동인도회사의 환대를 실감 나게 묘사한 글을 보면 30개의 식탁이 펼쳐진 저녁 연회에서 각 손님의 뒤에는 중국인 하인이 서 있고, 악단의 연주가 어우러지며, 스페인산 백포도주, 포르투갈산 백포도주와 적포도주, 프랑스산 적포도주를 마시며 다양한 음식들이 나오는 식사가 제공되었다고 한다. 동인도회사는 4,000권의 책을 소장한 도서관도 가지고 있었다. 연회에 포도주와 음악이 있었지만, 여자들은 없었다. 물 위에 떠 있는 화방花舫, 기루의 기능을 하던 배은 외국인 출입 금지였는데, 위험을 무릅쓴 사람들은 결국 후회하거나, 목숨을 잃기도 했다. 화방의 여자를 데리고 회관으로 갔는지는 알 수 없으나, 이러한 행동이 발각될 경우 당국에 의해 엄격하게 처벌되었다. 관부에서는 '만일 외국인이 감히 어린 소년들을 하인으로 고용해 이들의 도움으로 비밀리에 화방

---

17 이러한 규정이 어떤 사람들에게는 장점이었다. 마카오와 홍콩에서 유명한 풍경 화가인 조지 치너리(George Chinnery)는 콜카타에서 아주 가증스러운 여자와 결혼했다가 아내에게서 도망쳤다. 그녀가 그를 찾아갈 것이라고 협박했을 때, 그는 '나는 괜찮다. 중국 조정이 여성이 이곳으로 와서 우리를 귀찮게 하는 것을 금지하고 있으니 이 얼마나 훌륭한 하늘의 뜻인가'라고 말하면서 재빨리 광저우로 달아나버렸다.

에 가서 술을 마시고 기녀와 함께 밤을 보내거나, 어두운 틈을 타서 중국 기녀를 회관에 출입시킨다면 순시원, 경비원, 그리고 경관이 이들을 체포한다'는 율령을 내렸다.[18] 하지만 마카오에서는 이런 것들이 아무런 문제가 되지 않았다. 아내와 가족을 동반한 유럽 상인은 마카오에 정착할 수 있었고, 광저우에서의 무역 기간이 끝나면 마카오로 되돌아왔다. 단신으로 머나먼 아시아로 온 많은 수의 유럽 상인은 포르투갈 혹은 중국인 정부를 두었다. 마카오에 거주하는 포르투갈 여성의 수가 남성에 비해 2배 반이나 많았던 것도 이러한 현상을 조장했다.[19] 자딘메시슨이 가졌던 호의적인 규정 중 하나는 바로 사망한 직원의 재산 수탁을 책임졌고, 이들의 서자庶子에게 이른바 '연금'을 지급해 구휼한 것이다.

광저우의 여건은 그다지 우호적이지 않았다. 30피트 높이의 성벽으로 둘러싸인 도시는 금단의 땅이었다. 원칙적으로 내지內地로 나가는 것이 금지되지는 않았으나, 악취 나고 혼잡한 교외를 통과해야 했기에 선뜻 나서려는 사람이 없었다. 외국 상인은 한 달에 세 번 회관의 맞은편에 있는 호난섬Honan Island의 진가화원陳家花園이나 공원에 갈 수 있었다. 하지만 반드시 해지기 전에 돌아와야 하고 술에 취하면 안 되며, 절대 중국 현지인과 대화해서는 안 되었다. 외국 상인이 중국어를 배우는 것도 허용되지 않았다. 고용할 수 있는 하인의 수는 제한되었고, 하인을 포함해 사공, 수로 안내원, 대행인 등을 고용하기 위해서는 허가를 받아야만 했다. 사업을 하려면 반드시 '통사通事, 통역을 맡아보던 관리'를 고용해야 했는데, 이

---

18 G.J. Yorke, *The Princely House,* unpublished typescript(미출간 자료), 1937, p.15.
19 1830년 남성 인구는 1,000명이 겨우 넘었지만, 여성 인구는 거의 2,700명에 달했다.

들은 영어를 거의 할 줄 몰랐고, 어떤 경우는 한문조차 제대로 이해하지 못하는 사람도 있었다. 전함이 주강을 거슬러 올라오는 것은 절대 허락되지 않고, 한 무더기의 복잡한 규정이 황푸와 광저우를 오가는 소형 선박들을 속박했다. 관세와 화물세에 관한 엄청나게 복잡한 규정들이 있었으나, 그중 가장 절망적인 것은 하급 관리들이 이런저런 트집을 잡아 끝없이 시간을 끄는 것이었다.

공행 소속의 상인은 법적으로 유일하게 외국인과의 무역을 허가받은 사람이었다. 공행은 절대로 13곳을 넘어선 적이 없었고, 적게는 4곳 밖에 없을 때도 있었다. 그들은 느슨한 연합체로 이루어졌는데, 합동으로 거래하지 않고 개별적으로 무역했다. 1824년 자산이 2,600만 달러에 달한 공행의 리더 '호관浩官, Howqua'[20]처럼 엄청난 부를 축적한 상인도 몇몇 있었지만, 대부분은 자금이 부족했고 심지어 파산하는 경우도 자주 발생했다. 하지만 어려움에 처한 상인에게는 외국과의 무역에 부과한 3퍼센트의 과세로 만든 '공소기금公所基金, Consoo Fund'[21]이 있었다. 그래서 광저우의 외국 상인이 중국 상인에게 지불을 불이행할 경우, 공행이 이 '공소기금'으로 대금을 지급했다. 이는 극도로 불안정했던 당시 무역상황을 고려하면 광저우에서만 누릴 수 있는 이점이었다. 1830년부터 1833년까지 발생한 콜카타 대붕괴와 비교해 보면, 콜카타에는 이런 안전망이 없었다. 주요 무역소는 대략 1,500만 달러의 규모로 파산했고, 이들

---

20 [역주] Howqua는 오병감이 운영했던 상회명 '浩官'을 광저우 발음 그대로 표기한 것이다. 서양에서는 오병감이라는 이름보다 Howqua로 더 잘 알려져 있다. 오병감(伍秉鑒, 1769~1843)은 광저우 출생으로 자는 성지(成之), 호는 평호(平湖)이다. 청대 광저우 13행의 리더였다. 2001년 미국 『월스트리트저널』 아시아판에서 천년 이래 세계 부자 50인 중 한 명으로 선정되었다.
21 [역주] Consoo Fund의 Consoo는 公所의 음역이다. 이것은 공행에서 필요한 공용기금을 의미하며, '行佣', 혹은 '行用'이라고도 한다.

과 함께 영국의 많은 무역소들이 파산했다.[22] 반면, 중국 조정은 자신들이 거래하는 외국 상인이 정상적인 영업을 할 수 있도록 공행이 책임져야 한다고 여겼다. 그래서 공행은 외국 선박과 상인의 '안전'을 '보장'해야만 했다. 하지만 현실은 달랐다. 동인도회사는 규정을 준수하면서 오직 행상行商, Hongist과 거래했으나, 영국 개인무역자들은 공행의 법적 독점권에도 불구하고 공행에 소속되지 않은 '점상店商'들과 무역했다. 여러 무역 품목 중 아편의 수입 규모가 끊임없이 증가했다. 실제 화물은 광저우에서 멀리 떨어진 곳에 두었고, 밀수 또한 별도의 장소에서 진행되었으나, 자금처리와 매매는 광저우에서 이루어졌다. 1827년에 출간된 영문 간행물 『캔톤 레지스터Canton Register』는 최신 가십이나 상업 정보가 실렸는데, 여기에 아편 판매가격도 주기적으로 실렸다.

광저우의 영국 무역상이 생각하는 향후 무역 전망은 명확히 양분되었다. 마카오 주재 동인도회사 특별위원회는 차무역을 독점할 수만 있다면 반드시 쌍방의 평화를 위해 노력할 것이었다. 만일 영국의 개인무역상이 '강경파'라면, 이들은 '온건파'에 속했다. 영국의 개인무역상은 중국이 대영무역을 전면 개방해야 한다는 생각을 점점 굳히게 되었고, 큰돈을 벌 기회라 생각했다. 하지만 훗날 결과적으로는 그것이 과대평가였음을 알게 되었고, 중국 정부와 적절한 외교 관계를 수립하는 것을 매우 중요하게 여기게 되었다. 그들은 이미 오래전부터 중국 관료 계층의 태도에 분노하고 있었다.

중국 관료의 태도가 서양인을 아주 짜증나게 만든 것은 분명하다. 중

---

22 Michael Greenberg, op. cit, pp.69~70.

국인은 대외무역을 황제가 외국에 베푸는 은택으로 간주했다. 그들은 야만인이 중국에서 활동할 수 있도록 자비를 베풀었고, 이는 더할 나위 없는 은덕이었다. 만약 조건이 마음에 들지 않는 야만인은 떠나면 되었다. 하지만 야만인들은 내무부內務府 혹은 호부戶部가 전체 중국 무역의 3분의 1에 해당하는 엄청난 세수를 광저우에서 거둬들인다는 점을 충분히 알고 있었다. 특히 월해관감독세관은 내무부에 세수 납부를 책임져야 했는데, 3년의 재임기간 동안 황제와 호부를 모두 만족시키면서 자신의 몫도 챙겨야 했다. 하지만 또 너무 과도하게 세수를 쥐어짜서 광저우의 무역이 쇠퇴하거나 사라진다면 이에 대한 책임도 져야 했다. 이렇게 되면 내무부와 호부의 공식적 세입에 재앙이 되기 때문이다. 과세를 극대화하는 것과 야만인을 모조리 몰아내는 것 사이에서 적절하게 처신하기란 쉽지 않은 일이었다. 이는 관부의 권위와 외교 수완이 함께 필요했다.

대중무역에서 아편의 중요성은 한 가지 간단한 통계수치로 명확히 알수 있다. 1800년과 1810년 사이에 중국은 대외무역으로 약 2,600만 달러의 흑자를 냈는데, 1828년과 1836년 사이에는 약 3,800만 달러의 적자를 냈다.[23] 이처럼 놀라운 반전을 야기한 것이 바로 아편 수입이었다. 영국이 중국으로부터 차를 수입하는 비용은 인도산 생면, 은괴 등의 물품 수출로 충당되었는데, 이제는 여기에 더해서 아편 수출로도 충당되었다. 이는 중국의 흑자 규모를 줄이는 수준을 넘어 적자를 초래했으며, 이 적자를 메우기 위해 중국은 은괴를 지불해야만 했다. 일찍이 1799년부터 청 조정은 아편의 판매와 흡입을 금지해왔지만, 중원中原의 다른

---

23 여기서 달러는 스페인 달러이며, 가치의 변동을 고려할 때 영국 화폐 기준으로는 4~5실링에 달했다.

칙령들처럼 이는 효과적으로 집행되어야 할 법이라기보다는 도덕적 훈계로 간주되었다. 아마도 이와 유사한 예로 제1차 세계대전과 제2차 세계대전 사이에 발효된 미국의 금주령을 들 수 있을 것이다. 그러나 만일 아편 판매가 다른 상품 거래만큼 쉽고 간단했다면 그렇게 쉬쉬할 필요가 없었을 것이다. 혹자는 관련 법령을 완전히 무시해도 됐다고 말하기도 하는데, 이는 완전히 잘못된 것이다. 아편 상인들은 중국 조정이 간헐적으로 취한 조치들에 자주 불만을 표시했다. 이러한 금령이 비록 성가시기는 했으나, 1880년 이후 놀랄 만큼 증가한 아편 수입을 막을 수 없었다.

근본적으로 금수품禁輸品 판매 수치를 신뢰하긴 힘들다. 이런 수치는 대개 높게 산출되기보다는 과소평가될 가능성이 높다. 1800~1821년 아편 거래는 평균 총 4,500건건당 63.5킬로그램이었는데, 1821~1822년부터는 거래가 급격하게 증가하기 시작한다. 그 이후 10년 동안 아편 거래는 평균 10,000건에 달한다. 그리고 인도에서의 생산과 관련된 이유로 제1차 아편전쟁을 야기한 아편단속이 있기 직전인 1831~1832년에는 19,000건, 1838~1839년에는 40,000건으로 폭증한다.

소위 이 '양약洋藥'이 주로 재배된 곳은 인도였는데, 양귀비는 벵골Bengal에서 재배되었다. '파트나Patna'산과 '베나레스Benares'산이라고 부르는 두 종을 선호했다. 동인도회사가 판매와 제조의 독점권을 가졌다. 그들은 매우 효율적으로 판매와 제조를 관리했지만, 품질이 낮은 '말와Malwa'산 아편은 통제할 수 없었다. 이 아편은 동인도회사의 영향력이 미치지 않는 인도 자치주에서 재배되었기 때문이다. 결국에는 '말와'산이 주류를 이루게 되었고, 높은 가격을 유지하기 위해 벵골에서의 생산을 제한한 동인도회사의 정책은 큰 타격을 입었다.

10월에 파종한 아편이 시장에 나올 때까지 약 18~24개월 정도의 시간이 걸린다. 예를 들어, 1826년 가을에 아편을 파종하면, 1827년 2~4월에 수확하고, 5~9월에 공장에서 6인치짜리 덩어리로 만들어서, 11월 초부터 여러 선단이 차례로 강을 따라 콜카타로 운송했다. 가장 빠른 경매는 크리스마스 직후에 열렸고, 늦게는 1828년 7월까지 계속되었다. 그러므로 아편의 '생산라인'은 항상 진행 중이었다고 말할 수 있다.

아편 독점권은 수익성이 매우 높았다. 1830년대에는 아편이 동인도회사 전체 수입의 약 7분의 1을 차지했다. 인도의 대중對中 아편 수출은 영국이 중국으로부터 차를 수입하는 데 중요한 역할을 했다. 그리고 차 관세가 영국 정부 수입의 약 10퍼센트를 차지했다는 점을 기억한다면, 두 나라뿐만 아니라 양귀비를 파종하고 수확한 뱅골의 소작인 '리오츠ryots'에 이르기까지 아편 거래가 얼마나 지대한 관심사였는지 쉽게 알 수 있을 것이다. 이러한 매커니즘은 오직 아편으로만 유지될 수 있는 것이었다. 중국이 유일하게 수입하기 원했던 물품이 면화였지만, 1819년 이후로 면화시장은 불황을 맞았다. 1823년 중국이 수입한 아편의 가치가 처음으로 면화의 수입 가격을 넘어섰고, 이런 양상은 이후에도 계속 유지되었다.[24]

아편 중독이 위험하고 해로울 수 있다는 점을 영국에서 잘 알고 있었지만, 아편 무역 문제점의 심각성을 널리 알리지 못한 데는 몇 가지 이유가 있었다. 첫째로, 영국 본토에서 아편을 구입하고 사용하는 것은 완

---

24 Michael Greenberg, op. cit, p.106.

전히 합법이었다. 공개적인 매물로 나온 아편은 누구나 살 수 있었다. 1830년 9,980킬로그램의 아편이 수입되었는데, 이는 약 150건의 거래 량에 해당한다. 물론 위에서 인용된 중국의 수치보다는 훨씬 낮지만, 중국 인구는 영국 인구의 25배에 달했으니, 이 비율을 감안한다면 영국의 아편 수입은 3,750건에 해당하는 규모였다. 실제로 당시 중국에서 이루어진 평균 10,000건에 비해 훨씬 적지만 그렇다고 엄청나게 적지는 않았다. 1860년 영국은 600건의 거래에서 39,920킬로그램의 아편을 수입한 것으로 추정된다.[25] 만일 양국을 비교하려면 각각의 사회구조, 1인당 소득, 교통수단의 결여, 그리고 그 외 다양한 요인을 고려해야 한다. 그럼에도 불구하고 중국에서 아편 거래를 하는 영국인이나 스코틀랜드인은 영국의 상황에 비추어 특별히 죄의식을 느끼지 않았을 것이다.

영국에서 아편은 유아나 아동을 진정시키기 위한 약으로 고프리 약 Godfrey's Cordial, 바틀리 진정제Bartley's Sedative Solution, 베일리 엄마표 진정 시럽Mother Bailey's Quieting Syrup 등과 같은 제품에 넣어 복용하거나, 소화불량, 치통, 숙취, 알코올 중독, 통풍 등과 같은 다양한 증세를 겪는 성인의 통증 완화용으로 복용하기도 했다. 아편 사용의 역사는 매우 길다. 처음에 양귀비는 이집트와 소아시아에서 재배되었고, 고대 문헌에도 아편에 관한 언급을 자주 볼 수 있다. 아편을 복용하는 방법은 여러 가지이다. 19세기 초반 유럽에서 가장 보편적인 복용 형태는 액체인 아편제 阿偏劑였는데, 아편을 '팅크tincture'라고 부르는 알코올에 녹인 것이었다.[26]

---

25 Alethea Hayter, *Opium and the Romantic Imagination*, 1968, p.34. 이 흥미로운 책은 다음 장들에서 다룰 내용의 인용 출처이자, 책의 주제 전체를 명확하게 조망하는 개론서이다.

26 드 퀸시에게는 실례가 되겠지만 '아편 복용자'는 이상하게도 호도하는 표현이다. 중독을 특별한 정신의학적 문제로 간주하도록 만든 유명한 *Confessions*의 저자인 드 퀸시는 아편제를 마시

아편제는 비교적 약한 복합물이었고, 담뱃대로 흡입하는 방식보다 훨씬 덜 해로웠다. 동양식 복용 방법은 담뱃대로 아편을 흡입하는 것이었는데, 이는 중국에서 거의 보편적으로 사용하는 방식이었다. 아편 흡입 방식이 아편제보다 훨씬 더 직접적이고 해로웠지만, 당시 영국에서는 이런 방식이 거의 알려지지 않았고, 또 매우 드물었다.

물론 다수는 아니었지만, 아편제를 매일 복용하고도 오래 사는 사람도 있었다. 노예제도를 반대한 위대한 복음 운동가 윌리엄 윌버포스William Wilberforce가 적절한 사례에 해당할 것이다. 그는 인생의 마지막 45년 동안 아편제를 매일 복용했고, 74세에 사망했다. 드 퀸시De Quincey의 유명한 작품이 출간되기 전, 그리고 그 이후 한동안 일반적으로 아편제는 술과 비슷하다고 생각했다. 아편이나 술 중 어느 한 가지를 많이 복용한다면 자신이 망가질 수 있다고 생각하는 사람도 있겠지만, 그렇다고 아편과 술을 금지할 이유는 없었다.[27] 현재의 우리는 술이 아편보다 훨씬 덜 위험하다는 사실을 알고 있다. 술은 심지어 가장 약한 마약보다도 인체에서 훨씬 더 빨리 배설된다. 물론 과하게 섭취하면 분명 해롭겠지만 술의 영향은 더 느리고 덜 파괴적이다. 하지만 이러한 사실은 19세기 초에는 알려지지 않았고, 대부분의 영국 사람은 아편을 아편제로 복용하는 것과 담뱃대로 피우는 것의 차이를 제대로 이해하지 못했다.

당시 중국 내 아편 중독의 심각성에 대한 정확한 통계수치는 없다. 1836년 유럽의 추정치에 따르면, 중국에서 1,250만 명이 아편을 피웠

는 사람이었다.

27 왓슨(Watson) 박사의 주의를 받았지만 셜록 홈즈(Sherlock Holmes)는 이따금 아편을 복용했다. 코난 도일(Conan Doyle)은 아편이 당시에 비난받는 약물이었다면 자신의 소설에 이런 모습을 묘사하지 않았을 것이다. 아편제에 대한 비난은 훨씬 뒤, 즉 1891년부터 시작되었다.

다고 한다. 조너선 스펜스Jonathan Spence는 1880년대 후반 약 1,500만 명의 중국인이 아편을 피웠을 것으로 추정했다.[28] 중요한 점은 일반적으로 아편 중독이 대도시에 집중되어 있었다는 것이다. 특히, 아편을 피우려면 돈과 시간이 필요했으므로, 아편중독은 상류 계층에 만연했다. 중국 소작농은 아편을 구매할 경제적 여력이 전혀 없었다. 따라서 아편은 제국의 통치권을 장악한 엘리트 계층을 잠식하고 있었다. 조정 관리의 20퍼센트, 아문衙門 관리의 80퍼센트가 아편을 흡입하고 있었다. 군부에서도 아편이 만연했는데, 이는 두 차례의 아편전쟁에서 중국이 압도적인 패배를 당한 요인 중 하나이기도 했다. 조정은 국가의 엘리트 계층을 신체적으로, 도덕적으로, 그리고 경제적으로 부패하도록 만드는 해악이 퍼져나가는 데 두려움을 느낄 이유를 충분히 가지고 있었다. 조정은 여러 차례 교지를 내려 아편 거래를 불법으로 금하는 칙령을 발표했으나, 법망을 피해 가려 마음을 먹는다면 결코 어려운 일이 아니었다. 아편 무역상은 아편전쟁이 일어나기 전까지 광저우 바깥에서 아편을 거래했는데, 처음에는 마카오로 장소를 옮겼다가 그 후에는 황푸로 바꿨으며, 아편전쟁이 발발했을 때는 후먼虎門 밖의 린틴섬Lintin Island에서 조심스럽게 아편을 거래했다.

1832년 자딘메시슨이 설립될 때까지 아편 거래는 스코틀랜드인, 영국인, 미국인, 그리고 파시상인에게 많은 돈을 안겨 주었다. 아편 거래는 인도에는 직접적으로, 영국에는 간접적으로 큰 수입을 가져다주었다. 벵골과 인도 번왕국Princely States의 농부는 아편 거래에 의존했고, 일

---

28 *Cambridge History of China* 10권, 1부, p.178. F. Wakeham과 C. Grant(공동 편저), *Conflict and Control in late Imperial China*(1973)의 '청나라의 아편 흡입'에서 인용했다.

부 지역의 농토는 양귀비를 재배한다는 이유로 4배가 뛰기도 했다. 중국 본토에서는 아편 브로커, 상인, 그리고 밀수업자가 엄청난 이득을 올렸다. 필연적으로 생길 수밖에 없는 뇌물은 상급 관리의 주머니를 채워주었다. 심지어 조정도 개입되었다는 풍문이 돌았다. 황제 본인은 몰랐겠지만, 그 역시 수혜자였다. 광저우 밖에서 이루어진 불법적인 아편 거래가 없었다면 월해관감독이 광저우에서 이루어지는 합법적인 무역으로 거둬 바치는 관세의 상납액이 더 적었을 것이다. 왜냐하면 아편 수입이야말로 세수의 주요 수입원이었기 때문이다. 하지만 아편은 무역금지 품목이었기 때문에 안정적이지 못했다. 아편 무역이 번영할수록 사업은 더 불안정해졌다.

제3장
윌리엄 자딘과 제임스 메시슨

윌리엄 자딘은 1784년 2월 24일 스코틀랜드의 덤프리스셔Dumfriesshie 로크메이븐Lochmaben 인근의 브로드홀름Broadholm 농장에서 태어났다.[1] 앤드루 자딘Andrew Jardine의 넷째 자녀이자 둘째 아들이었던 윌리엄은 겨우 9살이었을 때 아버지를 여의었다. 에든버러Edinburgh의 의대에서 교육받는 동안 그를 지원해준 것은 형 데이비드David였다. 그는 평생 형의 도움에 깊이 고마워했다. 이는 가족의 유대감을 보여주는 좋은 예로, 그가 부유하게 되었을 때 추구한 가치이기도 했다. 윌리엄 자딘은 결혼하지 않았으나 조카와 사촌들에게 매우 관대했다. 그가 왜 의학을 택했는지는 알 수 없다. 그저 1800년과 1801년에 다양한 의학 과목을 등록했고, 1802

---

[1] 자딘과 그의 항해에 관해서는 A.R. Williamson 선장이 집필하고 자딘메시슨이 1975년 개인적으로 출판한 *Eastern Traders*의 pp.51~147에 근거했다.

년 3월 2일 어린 나이인 18세에 에든버러에 소재한 왕립의과대학the Royal College of Surgeons에서 졸업장을 획득한 것으로 알려졌다. 그가 왜 동인도회사가 아시아 무역을 위해 전세 낸 상선의 의사ship doctor가 되었는지도 알 수 없다. 우리가 아는 것이라고는 그가 의사 자격을 갖추었고, 어떤 경로를 통했는지 알 수 없지만 가장 경험이 풍부한 경영주 중 한 명이었던 토마스 뉴트Thomas Newte와 접촉하자마자 런던으로 왔다는 것이다. 당시 토마스 뉴트는 1793년 중국 무역을 위해 떠날 1,200톤급 선박 브런즈윅호Brunswick에서 근무할 선박의사의 조수를 구하고 있었다. 3월 15일 자딘은 2개월의 급료로 5파운드를 미리 받는다는 영수증에 서명했다. 비록 많은 액수는 아니었지만, 엄청나게 좋은 기회를 포함하고 있었다.

3월 30일 브런즈윅호는 닻을 달고 다른 두 척의 배와 함께 중국을 향한 긴 항해를 시작했다. 수년 만에 처음으로 해군 호위대가 필요하지 않았다. 1801년 아미앵조약the Treaty of Amiens으로 프랑스와의 전쟁을 잠시 멈추었기 때문이다. 배의 키에 결함이 발생한 브런즈윅호는 선박 수리를 위해 브라질의 한 항구에 기항했다. 그곳에서부터 8월 7일까지 순조롭게 항해해 자바Java와 수마트라Sumatra를 가르는 순다해협Sunda Strait의 안제르 로드Anjer Road까지 나아갔다. 신선한 음식과 물을 싣기 위해 4일간 머무른 후, 다시 항해를 시작해 곧 중국해the China Sea로 들어갔다. 남서 계절풍의 도움으로 9월 4일 마카오 근처에 도달했고, 3일 후에는 황푸Whampoa에 정박했다.

배 세 척의 선장들은 그곳에 머무르면서 광저우에서의 거래를 준비했는데, 그중 특혜화물privileged tonnage이야말로 그들의 진정한 수입원이었다. 한 선장은 광저우로 가는 항해에 56톤, 귀국할 때 38톤을 실었는데,

평균 이윤이 약 6,000파운드오늘날 가치로 환산하면 10만파운드 이상로 추정된다. 선박 의사는 3톤의 중량을 할당받았고, 조수는 2톤을 할당받았다. 자딘이 자신에게 할당된 화물을 어떻게 운용했는지 알 수 없지만, 영리한 사람이라면 큰 기회를 만들기에 충분했다. 선박의사는 회관 지역에 임시 거처를 배정받았고, 나름의 무리를 지어 함께 먹고 마셨다. 젊은 자딘은 첫 번째 항해였으니 아마도 브런즈윅호에 머물며 선원의 건강을 돌봤을 것이다. 당시 황푸의 위생 수준은 심각하게 나빴기 때문이다. 그래도 여가를 활용해 광저우를 둘러보거나, 현지의 주요 인사를 만날 기회도 누렸을 것이다. 주요 인사 중 한 명은 경험이 풍부했던 의사 토마스 위딩Thomas Weeding이었고, 다른 한 명은 리드 빌사Reid, Beale&Co.와 동업하던 찰스 매그니악Charles Magniac이었다. 리드 빌사는 소계관小溪館 건물을 차지하고 있었다. 그로부터 몇 년 내, 자딘은 위딩·매그니악 두 사람과 중요한 거래를 하게 된다.

자딘이 처음 중국에 머문 기간은 약 6주였다. 1802년 11월 29일, 브런즈윅호는 차를 가득 싣고 황푸를 떠나 린틴Lintin으로 향했고, 다른 배들과 합류한 후 마카오로 갔다. 마카오에서 수로안내인을 내려준 후, 북동 계절풍을 타고 중국해를 가로질러 귀국했다. 12월 19일 브런즈윅호는 순다해협Sunda Strait을 벗어났고, 1803년 2월 1일에 희망봉을 돌았으며, 14일 후에는 세인트 헬레나St. Helena에 닻을 내렸다. 이곳에서 주력함 HMS 로드니호Rodney가 선단을 본국으로 호송했다. 당시 영국과 프랑스의 정세가 일촉즉발의 상황이어서 만반의 대비를 할 수밖에 없었다. 다행히 별다른 문제가 발생하지 않았다. 브런즈윅호는 1803년 4월 25일 그레이브젠드Gravesend 인근의 그린하이드Greenhithe 위에 있는 롱

리치Long Reach에 닻을 내렸다. 항해는 총 13개월 11일이 소요되었다.

자딘은 이후 10개월 동안 바다를 떠나 휴식을 즐겼고, 가을에 전임자의 뒤를 이어 브런즈윅호의 의사로 승진한다. 전임 의사가 퇴임하면서 아마 조수에 대해 좋게 보고한 덕분인 듯하다. 브런즈윅호는 훗날 왕립 버크셔 연대Royal Bershires라고 불리는 왕립기마포병 66연대the 66th Regiment of the King's Troops를 태우고 실론Ceylon[2]으로 가야 했다. 브런즈윅호는 세 척의 군 수송선 중 하나였고, 5척의 중인中印무역선과 함께 해군의 호위 아래 1804년 2월 26일 항해를 시작했는데, 이는 자딘이 겪었던 항해 중 가장 위험한 것이었다. 그는 동인도회사 상선의 복잡한 계층 체계에서 신분 상승을 이루었고, 그에 따라 고급 선실, 하인, 그리고 후갑판의 바람이 불어오는 쪽에서 산책할 권리를 얻었다.[3] 7월 17일 군 수송선은 66연대를 트링코말리Trincomalee[4]에 내려주고, 인도 남부의 마드라스Madras[5]로 향했다. 그곳에서 생면을 가득 싣고 다시 해군의 호위 아래 중국으로 향했다. 그들은 중국해에서 강력한 태풍을 만났다. 다행히 한 척의 배도 잃지는 않았으나, 며칠 후 10월 13일 브런즈윅호가 주강에서 좌초된다. 곧 위험을 넘기고 다시 배가 움직였기에, 당시에는 별다른 이상징후를 발견하지 못했다.

화물을 하역하고 차를 가득 실은 브런즈윅호는 영국으로 가는 8척의 동인도회사 상선과 인도로 가는 7척의 항각선港脚船[6]과 함께 1805년 1월

---

2 [역주] 실론은 현재의 스리랑카이다.
3 A.R. Williamson, *Eastern Traders*, 1975, p.64.
4 [역주] 스리랑카 북동부의 항구도시이다.
5 [역주] 인도 타밀나두 주, 벵골만 연안에 위치한 도시로 현재는 첸나이(Chennai)라고 부른다.
6 [역주] 동인도회사 소속이 아닌 개인 선박들로 영어로는 'Country ships'라고 불렸다.

8일 중국을 떠나 해군의 보호 아래 다시 항해에 나섰다.

브런즈윅호에 물이 새기 시작했다. 주강에서 입은 손상이 생각보다 심했던 것이다. 브런즈윅호는 페낭Penang7에서 영국으로 향하는 대신 뭄바이에 기항할 수밖에 없었다. 차茶 화물은 하역해 다른 동인도회사 상선에 실어 영국으로 운송했다. 브런즈윅호는 배 수리를 마친 후 생면을 싣고 다시 광저우로 향했고, 새롭게 찻잎을 가득 실었다. 당시 광저우로 가는 승객 중 잼세치 지집호이Jamsetjee Jejeebhoy8라는 파시상인이 있었는데, 훗날 자딘은 그와 안면을 익혀 함께 거래하게 되는데, 몇 차례를 제외하면 상당히 긴밀한 동업 관계를 맺게 된다. 원래는 해군의 호위를 받으며 출항하게 되어 있었으나, 브런즈윅호의 선장 제임스 루도빅 그랜트James Ludovic Grant가 선대가 집결하기 전인 7월 1일에 출발해버린다. 그의 입장에서는 수입 생면이 쏟아져 시장 가격을 떨어뜨리기 전에 서둘러 광저우에 도착하려 한 것이었지만, 결과적으로 7월 11일, 스리랑카의 갈Galle에서 리느와Linois 사령관이 지휘하는 두 척의 프랑스 군함에 체포되었고, 배를 넘겨줄 수밖에 없었다.

자딘은 선원들과 함께 전쟁 포로가 되었다. 선원 대부분은 프랑스 사령관의 기함인 머렝고호Marengo로 옮겨졌지만 자딘은 브런즈윅호에 남겨졌다. 그리고 브런즈윅호는 머렝고호의 위협 아래 강제로 희망봉을 향해 갔다. 당시 아미앵조약에 따라 희망봉을 네덜란드공화국으로 되돌려 주었는데, 네덜란드는 프랑스의 동맹이었다. 8월 29일 두 선박이 사

이먼만Simon's Bay에 도착했을 때, 마침 남아프리카는 한겨울이었다. 브런즈윅호는 폭풍으로 인해 닻이 끊어져 해안에 좌초되었다. 선원은 모두 구조되었으나, 배는 완전히 망가졌다. 자딘과 나머지 선원들은 케이프타운Cape Town으로 이송되었다. 리느와 사령관은 그들의 가석방을 허락하고, 중립국 미국의 배를 타고 영국으로 돌아갈 수 있도록 했다. 그들이 세인트 헬레나를 경유할 때, 우연히 인도 총독 마퀴스 웰즐리Marquess Wellesley 후작이 승선한 HMS 하우호Howe를 만났고, 그 배를 타고 영국으로 돌아왔다. 마퀴스 웰즐리는 그 유명한 웰링턴 공작의 형이었다. 트라팔가Trafalgar 해전[9]이 발발한 지 석 달도 채 되지 않은 1806년 1월 말, 윌리엄 자딘은 귀국해 템스강에 당도했다. 회사의 규정에 따르면 어떤 이유든 선박이 소실되면 선원의 모든 급료를 몰수하게 되어 있었다. 당시 급료는 화물을 근거로 책정했는데, 화물이 없으므로 급료도 줄 수 없다는 것이었다. 하지만, 실제로는 이 규정을 그렇게 가혹하게 적용하지 않았다. 선급금의 반환을 요구하지도 않았고, 정상을 참작한 수당이 지급되기도 했다. 자딘은 급료 중 40파운드를 받지 못했지만, 그에게 할당된 특혜화물이 다른 배에 실려 뭄바이에서 영국으로 운송되었다. 그리고 항해 중 선원을 치료할 때마다 1인당 10실링을 받았는데, 그 금액이 총 175파운드에 달했다.

그 이후 자딘 박사가 참여한 항해에 대해서는 자세히 기술하지 않겠다. 관심 있는 독자는 윌리엄슨 선장의 흥미로운 책을 참고하길 바란다. 그는 훗날 다섯 차례의 모험을 더 하게 되는데, 그중 네 번은 전쟁 중의

---

9 [역주] 1805년 영국 해군과 프랑스 및 스페인 연합 함대가 트라팔가곶(Trafalgar Bay)에서 벌인 전투이다.

항해였음을 밝혀둔다. 트라팔가 해전과 영국의 희망봉 재탈환 이후 프랑스 해군은 힘을 잃었다. 최악의 항해는 1809년이었다. 당시 린틴에서 황푸에 이르는 항선은 위험천만했는데, 2천 척의 중국 범선으로 이루어진 해적 선대가 주강 입구를 수시로 급습했기 때문이다. 무역철에 중국 배를 타고 광저우로 되돌아가는 것이 불가능해지자 마카오에 있던 유럽인들이 유일하게 의지하고 보호받을 수 있는 대상은 무장한 동인도회사 상선밖에 없었다. 일부 사람들은 해적에 대해 어렴풋이 낭만적이고 흥미진진한 연상을 할 수도 있다. 하지만 실제로 중국해에서 벌어진 일을 듣게 되면 이런 생각이 말끔히 사라질 것이다. 해적은 잔인한 살인마였고, 이들은 약탈한 배에 타고 있던 모든 사람을 난도질하거나 상어 먹이로 바다에 던져버렸다. 그들은 목격자를 살려두는 모험을 하지 않았다. 해적의 정체가 탄로 나는 것은 곧 죽음을 의미했기 때문이었다. 해적의 존재는 동서관계에서 아이러니였다. 중국 관부가 전력으로 소탕하려 했던 해적의 약탈대상이 바로 중국의 법률을 어기고 아편을 밀매하는 유럽 선박이었기 때문이다. 물론 객관적으로 말해서 합법적인 무역선과 불법적인 무역선을 구분하기는 쉽지 않다. 이는 대중對中무역사에서 주객이 전도된 유일한 괴현상은 아니었다. 예를 들어 당시 영국 상인들은 끊임없이 '중국 관리의 박해'를 제기했는데, 이는 흡사 오늘날 길거리 마약상이 '경찰의 박해'를 언급하는 것과 유사했다.

자딘이 의사 신분으로 했던 마지막 항해는 1816~1817년이었다. 그가 광저우에 도착한 시기는 우연히도 애머스트 경Lord Amherst이 베이징에서의 임무에 실패하고 돌아온 때와 일치한다. 그는 분명 임무에 실패한 사절단과 만났을 것이고, 이 일은 청 조정과의 외교 협상이 아무 소용 없다는 그 자신의 신념을 확인시켜주었을 것이다. 자딘이 승선했던 동인도회사의 윈드햄호Windham는 여느 때처럼 세인트 헬레나를 경유해 귀국했는데, 당시 세인트 헬레나는 놀랍게도 영국 정부의 통치를 받지 않고 동인도회사의 지배를 받았으며, 심지어 나폴레옹이 잠시 그곳에 머무는 것조차 동인도회사의 허락을 구해야 했다. 상륙한 모든 사람이 이 비범한 인물, 즉 나폴레옹과 만날 수 있기를 바랐다. 윈드햄호의 선장도 그랬겠지만 자딘은 롱우드Longwood의 뜰을 서성이는 위대한 인물을 보는 것만으로 만족했을 것이다.

사실 우리는 여기에 대해서 모르며, 윌리엄 자딘의 일생에서 흥미로웠을 많은 부분에 대해 잘 알지 못한다. 그는 일기를 쓰지 않았고, 설령 썼다 하더라도 현재까지 전하는 것이 없다. 우리가 모르는 수많은 공백 중 가장 흥미로운 부분은 그가 어떻게 항해를 통해 부를 축적했는가 하는 것이다. 그가 이룩한 부의 정확한 규모를 알 수 없지만, 그의 부가 상당했음은 틀림없다. 1817년, 33세가 되던 해 자딘은 선박의사란 직업을 버리고 상업에 투신했다. 이것이 큰 변화는 아니었다. 처음 선박의사가 되었을 때부터 관심사의 절반은 무역에 있었기 때문이다. 이것은 의사로서 자딘의 능력을 비하하기 위한 말이 아니다. 적어도 우리는 브런즈윅호의 전임 의사가 그에게 매우 좋은 인상을 받았다는 사실을 알고 있다. 여기서 지적하고 싶은 점은 중인무역선원이 배를 그만두는 유일한 이유는 바로 개인 무역을 통해 돈을 벌기 위해서란 것이다.

자딘은 1817년 5월 25일 선박의사의 신분으로 마지막 항해를 마쳤다. 그는 런던에 주거지를 구하고, 토마스 위딩과 모종의 협력 관계를 맺었다. 그는 1802년 광저우에서 동인도회사 소속 선박의사 토마스 위딩을 만났다. 토마스 위딩은 의사직을 퇴임한 후, 1805년 런던에 정착했다. 사실 자딘은 잠시 그를 대신해 선박의사로 일한 적이 있었다. 위딩은 훗날 자딘의 런던 중개상으로 활동하면서 그가 가지고 온 화물의 판매를 책임지며, 자딘에게 세계의 가장 큰 금융 중심지인 런던에서의 은행 업무 및 상업 거래의 관행과 기회에 대해 성심껏 조언했다. 1818년 8월, 위딩은 동인도회사 측에 자신이 인도 주재 중개상이 필요하니 윌리엄 자딘을 파견하도록 허락해 달라고 요청했으나, 결과적으로 거절 당했다. 자유상인신탁증서Free Merchants' Indentures를 받으려면 동인도회사 이사의 추천이 필요했는데, 자딘은 추천을 받지 못했기 때문이다. 하지만 이 문제는 곧 해결되었다. 신임 이사로 온 존 손힐John Thornhill이 자딘을 추천했고, 자딘이 되자, 자딘과 위딩은 뭄바이의 파시교도 프램지 코와스지Framjee Cowasjee에게 필요한 신탁증서를 정식으로 교부받았다. 11월와 합작으로 사라호Sarah를 건조하는 데 동의했다. 이 기간 자딘은 뭄바이로 가서 사업을 시작한다. 자딘은 과거 여러 차례 항해 경험이 있긴 했으나, 뭄바이에 간 것은 단 한 번뿐이었다. 1819년 가을, 그는 뭄바이에 체류했고, 그곳에서 잼세치 지집호이와 재회했다. 이듬해 봄, 그는 처음으로 제임스 메시슨을 만났다. 그들이 유명한 동업 관계를 형성하기 몇 년 전이었다.

런던을 떠나기 전 윌리엄 자딘은 기꺼이 맏누나의 아들 앤드루 존스톤Andrew Johnstone이 자신의 전철을 따라 동인도회사에서 소수였던 '전속 선박'의 전담 의사가 될 수 있도록 도왔다. 이런 선박에 탑승한 고급 선원들은 우수한 엘리트였다. 앤드루 존스톤은 1830년대 중반 잠시 광저우에서 삼촌의 동업자로 있었지만, 충분히 먹고 살만해서인지 일찍

제임스 메시슨. 자딘에 비해 쾌활하고 지식도 풍부했다. 중국에서 발행한 영자신문 『캔톤 레지스터(*Canton Register*)』의 발행인으로 추정된다.

그만두었다. 그는 삼촌과 마찬가지로 미혼으로 지냈으나, '말과 여자에 상당한 애착이 있는' 것으로 평판이 나 있었다.[10]

조카와 사촌의 품행이 단정하고 분별력 있고 근면하기만 하다면, 자딘은 그들을 매우 아꼈다. 그가 존스톤에게 쓴 편지 중 한 조카를 돕겠다는 내용이 있는데, '그가 좋은 젊은이로 자신의 농장을 가지는 게 마땅하지만 (…중략…) 그러나 나의 지원이 프랭크Frank 개인의 발전을 위한 것이라면 자칫 그를 바보로 만들 수 있으니, 그를 돕는 문제는 가문 전체의 이익을 놓고 고려해야 할 것이다'라고 썼다. 자딘은 스코틀랜드의 덤프리스Dumfries에 있는 앤드루 존스톤에게도 동일한 서신을 보냈다.

내가 사치와 나태를 매우 싫어한다는 점을 너는 알고 있을 것이다. 네가 이 점을 너의 어린 사촌들에게 분명히 해두었으리라 믿는다. 아무리 나와 가까운 친척이라고 하더라도 게으르고 방탕한 자들을 돕는 데 결코 동의할 수 없다. 하지만 신중하게 처신하고 근면한 친척은 누구라도 합당하게 도와줄 준비가 되어 있다.[11]

---

10 Maggie Keswick(ed.), *The Thistle and the Jade*, 1982, p.22.
11 자딘메시슨 문서(이하 JM문서라고 함), *Private Letter Book*(이하 *PLB*라고 칭한다) 1권, 7호,

윌리엄 자딘의 서신을 보면 19세기 초반 직업윤리를 특징짓는 진지함, 정직, 그리고 높은 수준의 사업 기준이 드러난다. 이러한 직업윤리는 영국 전역에서도 관찰되지만, 상대적 빈곤으로 인해 자수성가의 열망이 높았던 스코틀랜드에서 두드러지게 나타난다. 이따금 윌리엄 자딘은 약간 지루한 유머를 구사하기도 했다. 같은 달에 윌리엄 자딘이 런던에 있는 F.핼리버튼F. Halliburton이라는 친구에게 보낸 서신에 다음과 같이 썼다. "자네의 결혼 계획이 성공한 것을 축하하네. 자네가 나에게 부탁한 아름다운 일하는 기계의 구매는 잠시 보류하도록 하지. 자네가 그 여인으로부터 결혼 동의를 얻고 자네의 교묘한 방식으로 그녀의 마음을 사로잡은 후, 교구 목사의 축사 몇 마디까지 더해지기 전까지 말이야." 때때로 자딘은 날카롭게 광저우 상업계를 비판했는데, 특히 그는 동인도회사 마카오 주재 특별위원회[12]를 못마땅히 여겼다. 그럼에도 불구하고 그의 서신 대부분은 사무적이고 무미건조했다. 그는 사업상 자신을 실망시킨 친구는 매우 날카롭게 대했다. 예를 들어 1833년 1월, 광저우에서 뭄바이에 있던 잼세치 지집호이에게 쓴 서신에 다음과 같은 내용이 있다.

우리는 당신의 회계에 대해 이미 서신에서 많은 이야기를 나누었습니다. 제가 다시 이 일을 거론하는 것은 결코 태도를 바꾸어서가 아니라 당신이 회사로 발송한 제27호 서신에 대해 우리가 몹시 불쾌하게 여기기 때문입니다. 게

1830.3.
12 [역주] 동인도회사가 광저우에서 무역에 대한 독점권을 행사하던 당시 광저우에서의 무역을 감독하던 기관으로 영국 정부가 임명한 인물들로 구성되었다.

다가 당신이 이번 무역 시즌 송금에 관여했던 모든 지시는 우리가 침해의 선택a choice of evils[13]을 할 수밖에 없도록 만들었습니다. 이 일에 대한 당신의 생각이 어떻든 간에 (…중략…) 우리는 이 모든 과정에서 줄곧 당신의 이익을 고려해 왔으며, 우리가 그렇게 행동한 데 대해서 우리를 인정할지 여부는 당신의 자유로운 감정에 맡겨두겠습니다.[14]

이 서신에서 논란이 되는 사항이 무엇인지 제대로 파악하기 어렵고, 아마도 불가능할 것이며, 전혀 흥미로운 일도 아닐 것이다. 하지만 광저우의 외국인 집단 거주지라는 '닫혀 있고, 작고, 제한된'[15] 여건에서는 자딘처럼 신중하고 냉철한 인물도 쉽게 화를 낼 수 있다는 점을 어렵지 않게 상상할 수 있다.

자딘이 위딩 및 프램지 코와스지와 동업한 문제로 되돌아가보자. 1820 ~1822년의 무역 거래나 사라호에 대해서는 거의 알려진 바가 없다. 그러나 1822년 그가 광저우에 근거지를 두고 무역 시즌이 아닐 때에는 마카오에서 시간을 보내기로 결심한 것은 분명했다. 회관 지역에서 지내던 첫해, 그는 첫 아편 거래로 보이는 사업에서 말와산 아편 649상자를 81만 3천 달러에 판매했다. 1824년 즈음, 자딘의 사업은 광저우에서 꽤 자리를 잡았다. 광저우 최고의 아편 거래 회사 찰스매그니악사의 찰스매그니악이 병에 걸렸을 때, 자딘은 찰스의 동생 홀링워스 매그니악Holling-

---

13 [역주] 형법에서 사용되는 용어로서 어떤 사람이 더 큰 해로운 일을 피하기 위해서 덜 해로운 일을 선택할 때 면책을 받을 수 있다는 뜻이다.
14 JM문서, 2권, 100호, 1833년 1월.
15 [역주] 세익스피어(Shakespeare)의 비극 〈맥베스(Macbeth)〉의 3막에 나오는 대사 중 일부이다.

worth Magniac이 런던에서 돌아올 때까지 사업 운영을 맡아달라는 부탁을 받았다. 찰스는 영국으로 귀국한 뒤 곧 사망했다. 찰스의 건강이 나빠지기 시작하기 전까지 찰스 매그니악사는 매우 성공적으로 운영되었다. 하지만 홀링워스는 영국으로 돌아가기를 간절히 원했고, 1827년 귀국해 버렸다. 지금은 매그니악사Magniac&Co.로 불리는 이 회사가 윌리엄 자딘에게 동업을 제안한 것은 1825년이었다. 당시로서는 매우 자연스러운 조치였고, 자딘에게는 놓칠 수 없는 기회였다.

자딘은 이 제안을 즉시 받아들였다. 그는 뭄바이를 잠시 방문해 자신의 일을 정리했다. 8월 12일 광저우로 되돌아와 소계관小溪館에 거처를 마련했다. 그들의 동업 결정은 1825년 7월에 발표했다. 자딘은 12년 후 은퇴해 영국으로 귀국할 때까지 이곳에 본거지를 두었다. 은퇴 무렵, 그는 거부가 되어 있었다. 새로운 동업자로서 할 일이 너무 많았고, 밤늦게까지 일할 때도 자주 있었다. 그는 사업을 할 때 공손하되 신속해야 한다고 믿었다. 그래서 그의 광저우 사무실에는 방문객들이 와서 수다 떠는 일이 없도록 의자를 두지 않았다는 설도 있다. 그는 강경한 성격의 소유자였다. 중국인은 외국인을 멸시해 별명으로 부르는 것을 좋아했는데, 자딘의 별명은 '완고한 늙은 쥐'였다. 이 별명은 어떤 사건 이후 퍼진 것이다. 당시 자딘이 광저우 성문에서 서류를 제출하고 있을 때, 누군가가 뒤에서 그의 머리를 대나무 막대기로 때렸다. 하지만 자딘은 한 번도 뒤돌아보지 않았다고 한다. 이 사건은 그의 사업 성향을 상징한다고 할 수 있다.

제임스 메시슨은 1796년 스코틀랜드 서덜랜드Sutherland 레어그Lairg에서 태어났다. 그는 로스 크로마티Ross and Cromarty[16]의 남서쪽 귀퉁이에 있는 로하쉬Lochalsh와 아타데일Attadale의 전통적인 계보를 중시하는 메시슨 가문의 비非장남 계보 출신이었다. 메시슨 가문은 동인도회사와 연고가 있었다. 19세기 스코틀랜드의 미묘한 사회계층에서 메시슨이 자딘보다 조금 더 잘 나가는 가문 출신이었다. 1820년대 메시슨은 특별위원회에 속한 사람들과 동등한 위치에서 광저우에서 사업할 수 있는 유일한 개인무역상이었다. 신분이 높은 사람과 낮은 사람이 늘 잘 지내는 것은 아니었다. 그들은 세계가 달랐고, 어느 정도는 지금도 그러하다. 다행히 메시슨과 자딘은 동업하던 내내 행복한 관계를 유지했다. 그들의 의견이 달랐던 적이 없었다는 것이 아니라, 의견 차이가 오래 지속되지 않았다는 말이다. 당시는 의사의 지위가 사회적으로 높지 않았고, 나이도 더 많았으나, 자딘은 자신보다 가문이 좋고 세련된 메시슨에게 자기비하나 적개심을 내보이지 않았다.

메시슨은 에든버러대학에서 교육받았는데, 이 대학은 글래스고Glasgow대학과 더불어 영국에서 가장 우수한 교육기관 중 하나였다. 그때까지만 해도 옥스퍼드대학이나 케임브리지대학은 뒤처져 있었다. 그 뒤 메시슨은 런던으로 갔고, 가문의 영향력 덕분에 1815년 자딘보다 훨씬 어린 나이에 동인도회사로부터 자유상인신탁증서를 발급받았다. 그는 콜카타에 있는 삼촌의 매킨토시사Mackintosh&Co.에 합류했으나 성공하지 못했다. 그의 젊은 혈기가 고용주를 화나게 한 듯하다. 어떤 이유인지 모르지만 1818년 그는 콜카타에서 버림받았고, 그해 7월 동인도회사 상선의 전직 사무장 로버트 테일러Robert Taylor를 만났다. 테일러는 보험과 관련

---

16 [역주] 스코틀랜드 하일랜드(고지대 지방) 및 군도 일대를 가리키는 지명이다.

된 비공식 동업을 위해 메시슨에게 광저우로 가자고 설득했다. 1819년 그들은 아편 거래에 관여했다. 아편 거래는 너무 복잡해 여기서 자세히 기술하기 힘든데, 메시슨이 거의 파산 지경에 내몰렸다는 정도만 말해두 겠다. 나이가 훨씬 많았던 테일러는 1820년 8월 4일 사망한다. 메시슨 의 사업은 혼란에 빠졌고, 많은 부채가 생겼다. 그는 재정적 참사에 직면 했으나, 아편 가격이 갑작스럽게 상승하면서 위기를 벗어났다. 그는 높 은 가격에 위탁화물을 팔았다. 이 과정에서 겪었던 가슴 졸이는 모험 덕 에 그 뒤로는 항상 조심했다. 1821년 그는 마카오에 '근사한 집'을 소유 했고, 콜카타에 소재한 M.라루레타사M. Larruleta&Co.와 연고가 있는 스페 인 출신의 자비에르 이리사리Xavier Yrissari와 무역을 시작했다. 광저우의 덴마크 영사직을 획득한 메시슨은 이 무렵부터 성공의 길에 접어들기 시 작했다. 그는 영사로서 동인도회사의 규정을 적용받지 않았고, 1821년 7월 이리사리의 동업자가 되어 성공가도를 달리게 되었다. 6월 19일 그 는 다음과 같이 썼다. '나는 어젯밤 마카오에 온 이리사리를 환영하는 즐 거움을 누렸다. 이런 즐거움에 더할 것이 있다면, 그것은 우리의 입지를 더욱 공고하게 만들어 내가 가졌던 낙관적 전망을 훨씬 뛰어넘는 큰 규 모의 사업으로 확장하는 것이다.'[17] 이리사리와의 동업은 메시슨의 인생 에 전환점이 되었고, 그때부터 그는 결코 뒤돌아보지 않았다.

　메시슨은 분명 자기가 살던 현대 세계가 가진 제반 문제에 대해 생각 하는 사람이었다. 그는 폭넓게 독서했고, 과학, 법 및 경제학을 공부했 으며, 아담 스미스의 열렬한 신봉자였다. 그리고 정치 평론가이기도 했

---

17 G.J. Yorke, *The Princely House*(미출간 자료), 1937년경, p.114.

다. 그는 1836년에 「중국 무역의 현 상황과 미래 전망Present Position and Future Prospects of Trade in China」이라는 소논문을 집필했고, 이 글에서 명료하게 학문적인 용어를 써서 서구의 무역 입장을 진술했다. 이 글에서 그는 중국의 환심을 사려고 하지 않았고, 중국의 정책을 중국인들의 '놀라울 정도의 우둔함, 탐욕, 자만, 그리고 고집'으로 간주했다. 1827년 그는 『켄톤 레지스터Canton Register』를 발행했다. 이 간행물은 주로 뉴스와 가십을 실었고, 상인들이 뻔뻔하게 아편의 현 시세를 공시하는 데도 유용하게 활용되었다. 중국어를 읽을 수 있는 영국인의 숫자만큼 영어를 읽을 수 있는 중국인의 숫자가 적었음이 분명하다. 그러니 이 출판물이 끼쳤던 피해는 그다지 크지 않았을 것이다. 그럼에도 불구하고 메시슨은 대부분의 동료들보다 중국문화에 더 많은 관심을 가지고 있었다. 그는 모리슨Morrisson이 집필한 『중국어문법Grammar of the Chinese Language』과 세 권의 중국어 사전을 구입했다. 자딘과 마찬가지로 그는 자신의 친척들에게 관대했다. 다만 집안에 도움이 될 만한 다른 상업적 연줄이 있었기 때문에 자딘 만큼 보살펴야 할 친척이 많지 않았다.

메시슨은 중국 중개상에 의존하지 않고 직접 중국 연해에서 아편 무역을 한 초기의 상인이었다. 1822년 첫 번째 아편 붐이 가라앉자, 방글라데시 시장을 장악하려고 애썼던 이리사리사Yrissari&Co.가 큰 위기에 봉착했다. 재고는 많았지만, 평소 고객층의 구매가 없었다. 그러자 메시슨은 중국 중개상에 의존하지 않고 중국 해안에서 직접 판매를 통해 돌파구를 마련할 수 있는지 시험해보기로 했다. 1823년 6월, 메시슨은 사촌 존 맥케이John McKay가 지휘하는 200톤급 쌍돛대 범선 산 세바스티안호San Sebastian를 타고 스페인 깃발의 보호 아래 동쪽으로 항해했다.

처음에 그는 스페인 무역을 위해 마련된 샤먼항에 잠시 입항했다. 하지만 관방 항구에서 금수품인 아편을 하역하기가 마땅치 않았다. 그래서 산 세바스티안호는 해안을 따라 취안저우泉州까지 올라갔다. 그곳에서 메시슨은 8만 달러어치의 아편을 판매한다. 놀랄만한 성공은 아니었지만, 같은 해 가을 또 한차례 항해를 하도록 용기를 북돋울 만큼은 되었다. 메시슨은 132,000달러를 벌었는데, 이는 올바른 판단이었다기보다는 운이었다. 산 세바스티안호는 폭풍으로 인해 취안저우까지 가지 못하고, 그로부터 48킬로미터 떨어진 항만으로 피신해야 했다. 운 좋게도 그곳은 지역 아편 중심지였고, 그로 인해 아편 판매가 번창했다. 하지만 그의 성공은 오래 지속되지 않았다. 특히 덴트사Dent&Co.를 포함한 다른 회사들이 뒤이어 아편 시장에 진출하자 메시슨이 대표로 있던 이리사리사는 곧 철수했다. 몇 년 후, 그와 자딘은 큰 규모로 해안 무역을 부활시켰지만, 그때는 이미 상황이 변해 있었다.

1826년 10월 이리사리가 콜카타에서 사망한다. 그는 유서에 '우리가 [광둥에서] 함께 하는 동안 그의 훌륭한 성품으로 인해 혜택을 많이 누렸으니, 나의 존경의 표시로 그가 필요한 것을 구입하도록 500달러를 남겼다'고 했다.[18] 이렇게 메시슨은 두 번째 동업자를 잃었다. 그는 이리사리의 일을 정리하기 위해 콜카타로 가야 했다. 1827년 3월 초, 그는 회사의 고객에게 회사의 일상적인 업무를 그의 조카 알렉산더 메시슨Alexander Matheson을 포함한 두 명의 직원이 담당할 것이고, 회사의 전반적인 사업은 윌리엄 자딘이 책임지게 될 것이라고 통보했다. 9월 광저우로 돌아

---

18 G.J. Yorke, *The Princely House*(미출간 자료), 1937년경, p.124.

온 후 회사명을 메시슨사$^{Matheson\&Co.}$로 개명한다고 발표했지만, 그다지 오래 가지 못했다. 이리사리가 사망하자 그의 이름이 회사명에서 사라진 것처럼 은퇴와 부적격성[19]으로 인해 광저우 최대 회사라 자부했던 매그니악 구성원도 매그니악사에서 사라졌다. 그리고 두 번째 규모였던 자딘메시슨은 훗날 덴트사의 중국명인 보순양행寶順洋行과 적대관계에 놓이게 된다. 서로를 잘 알고 신뢰했던 두 사람이 각자의 회사와 동업자를 잃은 후 동맹을 결심한 것은 전혀 놀랍지 않다. 1828년 초 메시슨은 여전히 매그니악사로 불리던 회사에 합류했다. 그는 6만 달러를 투자했다.[20]

매그니악 기家의 일을 마무리하는 데 4년이 걸렸다. 이때까지 홀링워스가 동업자로 남아 있었으니 회사명을 바꾸기가 여러모로 어색했을 것이다. 하지만 1832년 6월 30일 매그니악사는 마침내 문을 닫고, 바로 다음 날 자딘메시슨이란 이름으로 광저우에서 다시 문을 열었다. 이것이 자딘메시슨사가 공식 출범한 날짜이다.[21] 하지만 실제로 회사는 1828년 초에 탄생했고, 그 이후부터 줄곧 존재해왔다고 말하는 게 더 적절할 것이다.

---

19 또 다른 동업자인 대니얼 매그니악(Daniel Magniac)은 마카오에서 혼혈 여성과 결혼함으로써 당시의 규약을 어겼다. 그는 연금을 받고 강제 퇴직하고, 귀국 조치를 당했다.
20 A.R. Williamson, op. cit., p.143.
21 대문자로 시작하는 회사(Firm)는 자딘메시슨이 제2차 세계대전까지 구두(口頭)로 알려진 명칭이다.

제4장
해안 무역

　우리는 앞장에서 19세기의 마지막 수십 년간 아편 거래가 크게 늘었다는 점을 살펴보았다. 벵골산 아편과 인도 토후국土侯國[1] 간의 아편 경쟁이 가격 하락, 소비 증가, 그리고 과거 어느 때보다 많은 수요를 초래했다. 로버트 테일러Robert Taylor는 1819년 '아편은 금과 같다', '나는 언제든 아편을 팔 수 있다'[2]라고 썼다. 하지만 1819년과 1839년 사이 중국의 아편 수입량의 엄청난 증가는 갑작스럽고 놀라운 가격 변동이 수반되었다. 아편 거래는 매우 투기성이 높은 사업이고, 이 거래의 전반적인 과정에는 예기치 않은 일시적 위기들이 찾아왔다. 이러한 위기는 거래와 관계된 사람들의 파멸을 초래할 수도 있었다. 1819년 파트나산 아편

1　[역주] 인도가 독립하기 전, 영국의 보호 아래 있던 562개의 반(半)독립국을 말한다.
2　Michael Greenberg, *British Trade and Opening of China 1800-1842*, 1951, p.118.

은 한 상자에 1,170달러에 구매할 수 있었다. 매그니악사는 구할 수 있는 모든 아편을 사들였고, 곧 시장을 지배하게 되었다. 1820년 2월 아편 가격이 2,500달러에 달했다. 이후 매그니악사는 아편을 모두 팔아치웠다. 곧이어 중국 고위 관리들의 새로운 '박해'가 아편 가격의 폭락을 야기했기 때문에 미리 아편을 전량 매각한 것은 현명한 처사였다. 1822년 파트나산 아편 가격이 2,000달러를 밑돌았지만, 그해 8월에 다시 가격이 치솟아 2,500달러를 넘었고, 거의 3,000달러까지도 받을 수 있었다. 한편, 이리사리사가 막 시장을 지배하려 시도할 때, 공식적인 아편 반대 운동이 시작되었다. 그리고 불경기가 뒤따랐다. 1823년 9월쯤 파트나산 아편 가격이 1,420달러까지 떨어졌다. 자딘메시슨을 파멸로부터 구할 수 있는 것은 동부 해안에서의 아편 판매 항해뿐이었다.

이러한 급격한 가격 변동은 중국 정부의 간헐적인 법 집행으로 인해 발생했다. 중국의 고위 관리들이 상당히 부패하긴 했지만, 그럼에도 아편 거래상들이 할 수 있는 일에는 어느 정도의 제한이 있었다. 예를 들어, 1820년 덴트사의 W.S.데이비드슨W.S. Davidson은 회사의 아편 선박을 황푸에서 철수시키라는 명을 받는데, '아무리 많은 돈을 써도 그 명령을 되돌릴 수는 없었다'.[3] 그해 여름 광둥 순무와 호부가 칙령을 반포해 행상行商들[4]에게 책임지고 외국선박의 아편 은닉 여부를 수색하고, 그들이 '보증'했던 외국상인에 대해 책임질 것을 명했다. 더 최악은 토파즈호Topaz 사건인데, 관부가 기습 수색을 통해 토파즈호에서 아편을 발견했다. 1821년 7월 마카오의 아시Asee라는 아편 상인이 사소한 죄목으로 투옥된다. 아시

---

3 Ibid., p.120. 로버트 테일러의 *Letter Books* 중 1820년 4월 26일 자 서신 인용.
4 [역주] 조정으로부터 외국인과 무역할 수 있는 면허를 받은 중국 상인을 일컫는다.

는 자신을 투옥한 관리에게 보복하기 위해 그동안 중국 고위 관리에게 바쳐오던 뇌물 기록 장부를 베이징으로 보내버린다. 평소와 달리 조정은 이 사건에 열성을 쏟았고, 그러자 행상들은 아편을 부분 화물[5]로만 적재한 선박의 '보증'조차 거절한다. 찰스 매그니악Charles Magniac은 이 사건을 '우리가 기억하는 최악의 박해'라고 명명했다. 메시슨은 중국 당국이 구체적으로 지명한 네 척의 배 중 세 척과 관련 있었다. 그는 황푸를 떠나 보그[6] 밖 린틴섬에 배들을 정박시키는 것이 현명하다고 판단했다.

분명히 황푸는 더 이상 최적의 장소가 아니었다. 문제는 이 '약품the drug'을 환적하기에 안전한 본거지를 찾는 것이었다. 이 문제에 대해 많은 논쟁이 있었다. 포르투갈 사람들은 마카오를 선호했는데, 그들은 이미 그곳에서 인도 식민지 항구로부터 들여온 상당한 양의 말와산 아편을 거래하고 있었기 때문이다. 포르투갈 선박은 주강을 거슬러 상류로 올라가는 것이 허락되지 않았기 때문에 아편을 황푸로 직접 운송할 수 없었다. 앞에서 살펴보았듯이, 포르투갈인은 중국 정부의 임차인에 불과했고, 중국의 고위 관리들은 언제든지 아편 거래를 단속할 수 있었다. 1822년 마카오에서 일어난 반란은 1년이 지나서야 진압되었다. 다시 공권력을 장악한 관리는 마카오를 아편 거래의 유일한 본거지로 만들기를 원해, 모든 아편 상자에 대한 관세 부과를 건의했다. 이 조치는 매년 약 20만 달러를 거둬들여, '중국의 고위 관리들에게 뇌물을 주고, 그들을 늘 만족스럽게 만들 수 있을 것'이었다.[7] 메시슨은 이 제안에 강하게

---

5 [역주] 부분 화물은 한 화주가 선박 전체를 통째로 빌려서 싣는 화물이 아니라, 여러 화주가 조금씩 선적하는 화물을 일컫는다.
6 [역주] 보그(Bogue)는 주강(Pearl River) 삼각주의 좁은 해협으로 보카 티그리스(Bocca Tigris, 虎門)라고도 불린다.

반대하며 다음과 같이 썼다.

포르투갈 거주지가 중국 조정에 의존하는 것을 보면 이 계획을 실행하는 데 넘을 수 없는 장벽이 있을 것으로 판단됩니다. 지금까지는 아편 소비자가 중국 관리의 수탈에 굴복하고 싶지 않을 경우, 광저우와 린틴의 시장에 의존할 수 있었습니다. 그러나 만일 포르투갈인이 제안하고 기대하는 것처럼 모든 아편을 중국 관리들이 손안에 넣고 주무를 수 있는 범위 안으로 몰아넣는다면, 중국 관리들의 탐욕이 어느 정도의 수준까지 커질지 예측하기 어렵습니다.[8]

다른 문제들도 있었다. 아편 공급은 풍부했다. 공급이 부족했다면 상인들이 연합해 시장을 독점해 가격을 강요하는 게 쉬웠을 것이다. 하지만 아편은 과잉 공급되었고, '우리의 목적은 가능한 다양한 경로를 통해 공급을 분산시킴으로써 소비를 촉진하는 것이다. 그러니 제안된 연합이 부정적인 영향을 끼칠 것이 명백하다'.[9] 이것뿐만이 아니었다. 마카오 행정부는 터무니없이 돈으로 좌우되었다. 유일한 판사는 지역주민 중에서 선출했는데, 1825년 당시에는 선박의사가 바로 판사였다. '이 판사가 법률에 대해 많이 안다고 생각할 수 없었다.' 정의를 확보하려는 희망을 조금이라도 가지려면 멀리 떨어져 있는 포르투갈 정부의 영향력을 이용하는 것이 필수적이었다. 메시슨의 변호사는 자기가 맡은 한 사건에서 외압으로 인해 입장을 바꿔, 오히려 상대측을 변호하기도 했다. 이는 '포

---

7 G.J. Yorke, *The Princely House*(미출간 자료), 1937년경, p.144(출처 : JM문서, 이리사리사, *Letter Books*, 1823.4.26).
8 Ibid., p.144(출처 : JM문서, 이리사리사, *Letter Books*, 1824.4.29).
9 Ibid.

르투갈 법에 따르면 추방이라는 벌을 받을 수도 있는 범죄였지만, 마카오에서는 총독과 그 아래 관리들이 모두 묵인하는 범죄'에 해당했다. 메시슨이 고용한 두 번째 변호사는 법정 모독이라는 날조된 혐의로 투옥되었다. 나중에 알게 된 사실은 당시 판사가 메시슨이 소송을 제기한 피고들 중 한 명의 처남이었다는 것이다. 결국 메시슨은 포기하고 소송을 취하했다. 자딘은 마카오 당국의 '행정원칙이 현지의 외국인에게 재산을 보장받고 있다는 신뢰를 갖지 못하도록 운영'된다는 것을 뼈저리게 깨달았다. 마카오를 중간기지로 활용하는 것은 명확히 절망적이었다.

그렇다면 어떤 대안들이 있었을까? 완전히 중국의 관할 밖에 있는 싱가포르나 마닐라 같은 항구를 이용하는 방안이 진지하게 고려되었다. 둘 다 중국의 관할 밖에 있다는 장점을 가질 뿐만 아니라 보관료, 보험료, 그리고 초과 정박 요금이 낮다는 이점이 있었다. 하지만 거리가 너무 멀어, 10월과 3월 사이 북동 계절풍을 이용해 중국 해안을 올라갈 수 있는 왕복 선단을 유지하는 것이 쉽지 않았다. 메시슨이 직접 해안 아편 거래 중심지와 거래하는 방안도 완전히 성공적이지는 않았다. 결국 중국 관할이 야기하는 문제점에도 불구하고 중국항을 선택하는 쪽으로 결정이 났다. 포모사Formosa, 현재의 타이완와 아모이Amoy, 현재의 샤먼10도 고려했지만, 결국에는 린틴섬伶仃島을 선택했다. 린틴섬은 주강 어귀에 위치하며, '외로운 손톱solitary nail'이라는 의미이다. 약 610미터 높이의 산으로 이루어졌는데, 보그 요새에서 남동쪽으로 약 40킬로미터, 마카오에서 북동쪽으로 약 32킬로미터 떨어져 있다. 이 섬은 이론적으로는 중국 고위 관리

---

10 [역주] 중국 푸젠성에 속하는 항구도시로 대만해협을 바라보고 있다.

의 지배를 받았다. 하지만 실제로는 메시슨이 썼듯이, '우리는 중국 관리가 이 섬을 통제한다는 것에 대해 전혀 우려할 것이 없다고 생각한다. 유일한 위험은 조직화된 해적뿐이다. 하지만 몇 년간 주강에 해적이 전혀 출몰하지 않았다'.[11] 물론 린틴섬이 불리한 점도 있었다. 지형적으로 태풍 시즌에 전혀 보호받을 수 없었다. 서너 척의 무장한 대형 선박이 외해를 향해 훤히 트인 정박지에 닻을 내렸을 때, 그로 인해 필요한 보험료와 보관 비용이 컸다. 그 외 비슷한 정박지, 예를 들어 마카오에서 조금 떨어진 진싱먼金星門, Kumingmoon이나 훗날의 홍콩 같은 곳도 있었다. 하지만 제1차 아편전쟁 때까지는 여러 위험에도 불구하고 린틴섬이 중요한 중간기지 역할을 했다. 거기서 화물은 '승천하는 용scrambling dragons, 扒龍' 혹은 '빠른 게fast crabs, 快蟹'라고 부르는 작은 배에 환적했다. 이 작은 배들의 명칭은 사나운 탕카Tanka[12] 사공이 젓는 40개 혹은 50개의 노가 장착된 배를 지칭하는 중국어를 영어로 번역한 것이다. 이 사공들은 싸우거나 뇌물을 주면서 주강을 타고 내륙으로 올라가, 폭력배나 삼합회가 운영하는 육지의 유통 지점에 도달했다.[13]

'린틴 시스템Lintin System'이 1820년대 대중무역의 성격을 바꾼 유일한 현상은 아니었다. 더 중요한 요소는 무역의 주요 물품 공급원이 변화한 것이었다. 벵골산베나레스와 파트나 아편 제품 거래에서 동인도회사가 누

---

11 Michael Greenberg, op. cit., 1951, pp.122~123.
12 [역주] 'Tanka'는 '蜑家'를 영어로 음역한 것으로, 배를 집으로 삼아 살아가는 어민들을 통칭한다. 활동 지역에 따라 민족과 언어가 달라서 부르는 명칭이 다양한데, 광동 연해에서 거주하고 활동하던 이들을 '수상인(水上人)', 혹은 '어민(漁民)'이라 부르기도 한다.
13 *Cambridge History of China* 10권, 2부, p.172.

리던 독점권이 무너졌다. 모방, 탐욕, 그리고 경쟁으로 고무된 인도의 번왕국[14] 통치자들이 자신들의 고유한 브랜드인 말와산 양귀비를 더 많이 수확하기 시작했다. 동인도회사는 관할권이 없었기 때문에 양귀비의 재배나 생산을 금지하거나 통제할 수 없었다. 동인도회사는 정책적으로 아편 가격을 높게 유지하기 위해서 파트나와 베나레스 인근에 있는 두 공장의 생산을 제한해왔다. 이제는 동인도회사도 아편 가격을 더 이상 유지할 수 없었다. 대량생산과 저가수출은 동인도회사의 독점을 붕괴시켰고, 시장에는 번왕국의 저렴한 아편이 넘쳐났다. 그 결과 대량의 아편이 중국으로 유입되었고, 1830년에서 1840년 사이 아편 수입량은 두 배로 증가했다.[15] 주강 입구의 전통적 판로로 감당하기에는 역부족이었다.

이러한 문제 때문에 직접 중국 해안으로 아편을 운수하는 새로운 무역 방식을 모색하게 되었다. 이 방법은 메시슨이 1823년 시도한 적이 있었으나, 당시에는 그다지 성공하지 못했다. 한두 차례의 소규모 시도 후, 자딘은 텐진天津과 그 너머로 가는 항해를 위해 쾌속 범선 실프호Sylph를 전세 내어 1832년 가을에 큰 모험을 감행하기로 결정한다. 이 지역에서 직접 무역을 하려면 피진영어Pidgin English로는 충분하지 않았다. 중국어를 능숙하게 구사하는 사람이 반드시 필요했다. 자딘은 중국 무역의 초기 역사에서 두각을 나타내리라 전혀 예상치 못한 사람을 한 명 골랐다. 그가 바로 루터교의 의료 선교사 칼 프레드릭 아우구스투스 귀츨라프Karl

---

14 [역주] 영국령 인도 제국에서 영국 정부가 직할 통치하지 않고 각 지역의 제후를 군주로 삼아 다스린 소규모 군주국들이다.

15 *Cambridge History of China* 10권, 2부, p.31.

Frederick August Gutzlaff였다.[16] 그는 프로이센(포메라니아)[17] 혈통이었고, 확고한 친영 인사로서 연이어 세 번이나 영국 여자와 결혼했으며, 가장 어려운 중국 방언 중 하나인 푸젠성 방언을 포함해 다른 몇 개 지역 방언들도 빠르고 유창하게 구사할 줄 아는 사람이었다. 그보다 더 나은 통역관은 없었다. 상업적 교류가 '이교도 중국인'에게 진정한 종교를 전해줄 최선의 길이라고 믿었던 사람은 비단 귀츨라프만이 아니었다. 다만 어떤 종류의 교류를 하는지가 관건이었는데, 아편 판매가 이 목적에 적합한 유일한 거래라는 사실은 명백했다. 자딘은 다음과 같이 기록했다.

우리는 주로 아편 무역에 의존한다는 점을 당신에게 숨김없이 말할 수 있습니다. 많은 사람이 이것을 부도덕한 무역이라고 여기지만, 우리는 당신이 그로 인해 대의를 잃지 않기를 바랍니다. 어떤 선박이라도 운행 비용을 감당하기 위해서는 이러한 무역이 절대적으로 필요하기 때문입니다. 우리는 당신이 당신을 필요로 하는 장소에서 통역하는 것에 반대하지 않으리라 믿습니다. (…중략…) 현재 중국 해안의 무역상황에서 다른 어떤 화물도 개인무역상이 이처럼 돈이 드는 원정에 참여하도록 유도할 만큼 충분한 이윤을 내지 못한다는 사실을 당신도 잘 알고 있을 것입니다. 우리가 알아본 바에 따르면, 아편이 중국 해안 당국의 탐욕을 만족시킬 가능성이 있는 유일한 품목으로 보입니다. 이윤은 힘든 일도 마다하지 않게 만들고, 덧붙이자면 여기 참여한 사람들에게

---

16 1803~1851. *Cambridge History of China* 10권, 1976, 1부, p.549 참조. 그는 제1차 아편전쟁 동안 통역사로 활동하였고, 나중에 추산(동중국해의 섬)의 '치안관사'로, 후에는 홍콩 영국 정부의 중국 사무관으로 일했다. 그의 조카사위인 해리 파키스(Harry Parkes)는 제2차 아편전쟁에서 중요한 역할을 수행했다.
17 [역주] 유럽 중북부, 발트해 남쪽 연안에 위치한 지방이다.

일어날 수 있는 위험을 매우 실질적으로 가볍게 만들어 줍니다.

자딘은 매우 조심스럽게 글을 이어가면서 '이윤'에 관해 다음과 같이
강조한다.

이만큼 말씀드렸으니, 우리는 당신을 이 원정을 위한 외과의사 겸 통역사로
초빙하고 싶습니다. 당신이 이 역할을 수행해 주신다면 기꺼이 보답할 것이
고, 이 원정이 많은 이윤을 남길수록 훗날 당신이 품은 원대한 이상을 추구하
고 우리도 깊이 관심이 있는 당신의 성공을 이루는 데 유용하게 쓰일 금액을
지급할 수 있다는 말을 덧붙이고 싶습니다.[18]

귀츨라프는 분명히 몇 가지 의구심을 품었지만, '다른 사람과 많이 상
담하고, 내적 갈등을 겪은 후, 나는 실프호에 승선했다. (…중략…) 1832
년 10월 20일 (…중략…) 그 배는 강한 북동 계절풍을 맞으며 북쪽으로
항해했고, 목적지인 톈진과 만주滿洲[19] 타타르지역에 당도하기 전 매우
거친 날씨를 만났다.'[20] 11월부터 12월까지 중국의 북부지역에 가본 사
람이라면 누구나 상상할 수 있듯이, 항해는 매우 힘든 경험이었다. 추위
는 매서웠고 폭풍은 거칠었다. 그들은 톈진에 도착했지만, 북쪽에서 불
어오는 강풍 때문에 감히 항구 밖의 정박소에 닻을 내릴 엄두도 내지 못

---

18 G.J. Yorke, op. cit., pp.173~174(출처 : JM문서에 포함된 윌리엄 자딘의 1832년 10월 서신
초안). Maurice Collis, *Foreign Mud*, 1946, p.82(출처 : 동일한 서신 초안)도 참조하기 바람.
19 [역주] 오늘날 중국의 동북지역(랴오둥(遼東), 지린(吉林), 헤이룽장(黑龍江))을 포괄해서 가
리키는 말이다.
20 Gutzlaff, *Journal of Three Voyages along the Coast of China*, 1834. 이 인용문과 이후의 인용
문들은 이 일지에서 나온 것이다. G.J. Yorke, op. cit., pp.174~176도 참조 바람.

했다. 그들은 떠나기로 마음먹었다. '그러므로 우리는 바람을 피해 진저우錦州[21]와 만리장성으로 갔다. 우리가 고풍스런 만리장성을 볼 때 경험하게 될 즐거움을 기대하는 동안, 우리에게 전혀 알려지지 않은 모래톱을 만나게 되었다.' 해도海圖에 표시되지 않은 바다를 항해할 때면 종종 이러한 위험을 만나기 마련이다. '다음 날 아침에 모진 북풍이 캄차카 빙원에서 만을 따라 불어왔다. 수위가 내려갔고, 배는 가로로 넘어졌다. 추위 탓에 인도인 선원들은 아무 일도 할 수 없었다.' 배는 안팎으로 완전히 얼음으로 뒤덮였고, 인도인 선원 중 한 명은 동사했다.

우리가 거룻배 몇 척을 빌리려고 애쓰며 해변에 있는 동안, 하나님의 개입으로 배는 곤경에서 벗어났다. 하나님은 남풍을 보내어 더 많은 바닷물이 모래톱 쪽으로 오도록 하셨다. 하나님의 이름을 영원히 찬양하리라. (…중략…) 몇 시간 동안 고생한 후, 우리는 닻을 올리는 데 성공했고, 이 암울한 지역에 신속히 작별을 고했다. (…중략…) 나는 만주 타타르 지역이 (선교) 사업에 매우 희망적인 곳이라고 여기며, 조만간 어떤 선교 단체의 주목을 받게 되기를 겸허히 소망했다.

돌아가는 길에 그들은 상하이, 그리고 항저우의 항구도시 자푸진Chapu, 乍浦鎭에 기항했고, 저우산군도舟山群島와 푸젠 해안에서 물품을 거래했다. 그리고 1833년 4월 29일 린틴으로 돌아왔다. 이 항해는 6개월이 소요되었다. 귀츨라프는 다음과 같이 결론지었다.

---

21 [역주] 랴오닝성의 항구도시이다.

우리의 상업적 관계는 현재 해안에서의 무역을 지속적으로 유지할만한 토대 위에 있다.[22] 우리는 이것이 궁극적으로는 복음 전파로 나아갈 것이라고 희망한다. 복음 전파를 위한 많은 문이 열려 있다. 사람들의 욕구를 충족시키려면 수백만 권의 성경과 소책자가 필요할 것이다. 하나님의 은총은 이미 국가의 경계를 허물어뜨리셨고, 사업의 성공으로 이 일을 계속할 수 있을 것이다. 우리는 중국의 수백만 명을 구원할 영원히 복 받으신 구세주를 우러러본다. 그의 약속의 신실하심 가운데 우리는 전반적인 개종의 영광스러운 날을 고대하고, 이 위대한 일을 앞당기는 데 기꺼이 최선을 다할 것이다.

항해에 관한 귀츨라프의 설명 속에는 '아편' 혹은 '마약'이라는 단어는 단 한 차례도 언급되지 않는다. 사실 이 항해에서는 돈을 벌지 못했지만,[23] 그 후 이루어진 항해에서는 매우 수지가 맞았다. 당시 성경과 아편 상자의 조합은 오늘날 보이는 것처럼 터무니없이 위선적인 것은 아니었다. 윌리엄 자딘이 '당신이 품은 원대한 이상과 우리도 깊이 관심이 있는 당신의 성공'을 언급했을 때 조롱 투로 글을 쓴 것이 아니다. 그는 중국이 기독교와 무역이라는 위대한 서구의 영향을 받아들인다면 더 나은 나라가 될 것이고, 무역이 중국 내 기독교의 발판을 마련해 줄 것이라고 확신했다. 귀츨라프의 경우 선교사가 무역에 종사하는 것이 매우 이례적이긴 했으나, 우리는 그가 중국어를 유창하게 구사할 줄 아는 매우 독특한 이력의 선교사라는 점을 기억해야 한다. 설령 그의 동료가 원

---

22 여기서 '무역'은 물론 아편을 일컫는다.
23 G.J. Yorke, op. cit., p.176에서 인용. 1833년 6월 13일 자 *Private Letter Book*에 포함된 항목을 보면 그런 것으로 보인다. 귀츨라프가 회사에 보낸 개인 진술은 남아 있지 않다.

한다 하더라도 그가 한 일을 대신할 수 있는 사람은 거의 없었을 것이다. 일반적인 선교사의 태도는 1878년 처음 출간된 물리Moule 부주교의 베스트셀러에 잘 요약되어 있다. 그는 이 책에서 1860년 베이징조약과 이 조약 때문에 제2차 아편전쟁 이후 황제가 마지못해 아편을 합법화한 것을 다음과 같이 언급했다.

> 전쟁을 일으킨 강력한 요인인 아편! 중국을 개방시킨 전쟁! 광활한 모든 성에서 복음을 필요로 하는 중국! 기독교 선교사들은 그들이 저항해야 할 아편 무역을 통해 중국 조정에 진입하는 데 동의할 수 있을까? 예민한 사람은 분명 이러한 모순된 생각들을 자주 떠올릴 것이다. 하지만 정답은 꽤 단순해 보인다. 사랑이 넘치는 자비로운 하나님은 악으로부터 선을 이끌어내는 것을 언제나 기뻐하신다. 그리고 기독교 선교사들은 하나님의 자비를 나누어주는 존재가 되기를 감히 주저하지 않을 것이다.[24]

선교사들이 귀츨라프처럼 행동하고 악한 일을 하여, 그것으로부터 하나님이 기쁘신 마음으로 선을 이끌어내는 과정을 묵인하거나, 심지어 도와주어야 하는지에 대해서는 아마 분명히 답할 수 없을 것이다. 하지만 적어도 '아편'에 대해 이중적인 태도를 가진 경건하고 훌륭한 사람들이 있었던 것은 분명해 보인다. 우리는 아편이 영국에서 금지되지 않았고, 1831년까지만 해도 아편 무역이 상원과 하원의 인가를 얻었다는 사

---

[24] Archdeacon Moule, *The Story of the Cheh-Kiang Mission*, 1878. 믿을 수 없을 만큼 지겨운 책이지만 4판까지 출판되었고, 마지막 판은 1891년에 출간되었다. 체강(Cheh-Kiang)은 상해 바로 남쪽에 있는 중국의 주이다.

실을 기억해야 한다.

실프호의 항해는 금전적으로 성공하지 못했으나, 이후 자딘이 승인한 두 차례의 항해는 이전보다 장거리가 아니었음에도 많은 이익을 남겼다. 제임스 인스James Innes는 광저우의 한 세관에 고의로 불을 질러 명성을 얻은 사람이다. 그는 화물 관리인으로 382톤급 쌍돛대 범선 자메시나호 Jamesina를 타고, 1832년 11월 8일 취안저우泉州, Chinchew와 푸저우福州, Foochow에 당도했다. 그리고 거기서 많은 양의 아편을 팔아 이윤을 남겼다. 아편 가격은 린틴에서 유통하던 것보다 상자당 70~100달러 더 높았다. 자딘메시슨은 가능한 한 직원들에게 좋은 조건을 제공하는 배려를 보였다. 꽤 성격이 강해 '대지주'라 불린 인스는 항해를 하면서 적은 일지에 다음과 같이 기록했다.

나는 분별력과 돈이 가져다줄 수 있는 모든 자원을 누리고 있다. 나는 큰 사업을 하는 사람이라면 마땅히 직원의 기분을 북돋우고 자유롭게 생각하고 행동할 수 있도록 그들에게 완벽한 안락함을 제공하는 것이 현명하다고 생각한다. 이전에 나는 결코 이러한 원칙이 실현되는 것을 경험하지 못했다. (…중략…) 만약 메시슨 씨가 누더기를 입던 50여 명의 인도인 선원이 지금 완벽하게 따뜻하게 차려입고 있은 것을 보았다면, 근사한 의복을 제공하기 위해 노력했던 그의 모든 수고가 보답받는 느낌을 받을 것이다. 심지어 네 명의 영국인 선원도 건지 셔츠[25]를 제공받아 입었다.

---

25 [역주] 건지(Guernsey)는 특수방수 처리된 진청색 털실로 짠 스웨터로 뱃사람들이 주로 입었다.

11월 29일 취안저우灣泉州灣에서 인스는 '두 명의 중국인 하인에게 아편 거래상 28인의 명단을 주면서 거래를 주선하라고 시켰다'. 약간의 자만심을 보이며, 그는 다음과 같이 첨언했다.

만일 믿을만한 원칙이 없는 상태라면 일반적으로 성공 여부는 얼마나 신중하게 행동하는가에 달려있다. 이 원칙이 여기 적용된다면, 내가 이곳에 와서 익숙한(5개월 동안 알고 지냈던) 고객들과 무역한 것이야말로 이에 해당한다. 어제 저녁, 2명의 밀매업자가 와서 격렬한 가격 협상을 벌였고, 오늘 상자 당 870달러의 가격[26]에 36상자를 사 갔다. 그들이 채 떠나기도 전에 두 척의 배가 다가오더니, 동일한 가격으로 40상자를 사 갔다. 모두 베나레스 산 아편이었다.

앞선 항해에서 태풍은 그에게 '죽음을 마주할 기회'를 주었으나, 이번에는 '사업의 성공'뿐 아니라 '안락과 사치'를 누릴 수 있었다. 그는 이어서 다음과 같이 썼다.

우리는 어제 성 안드레아의 날St. Andrew's Day을 매우 즐겁게 보냈다. 선장실에서 연 만찬에 참석한 5명은 신기하게도 모두 스코틀랜드인이었고, 더 이상한 것은 그중에서 네 명이 같은 군[27] 출신이었다.

12월 2일　　기분 좋게 물건을 운송하며 하루를 보냈다. 성경을 읽거나 일

---

26 이 가격은 약 174파운드에 해당하며, 린틴에서의 가격보다 50파운드 정도 높은 것이다. Maurice Collis, *Foreign Mud*, 1946, p.88.
27 [역주] 스코틀랜드의 행정 단위로 스코틀랜드는 30여 개의 군으로 이루어져 있다.

기를 쓸 시간은 없었다.

12월 5일   여전히 기분 좋게 물건을 운송했다. 오늘 몇 척의 밀수선이 우리 옆으로 왔을 때, 중국 관방의 산판선舢板船[28] 몇 척이 우리 주위를 한두 차례 맴돌았다. (…중략…) 그들은 우리를 귀찮게 하지 않았다. 아편선이 부근에서 자유롭게 왔다 갔다 했다.

이어서 그는 자신의 거래 방법을 다음과 같이 기술했다.

우리 출납원들은 지치지도 않고 눈에 불을 켠 채 달러를 확인했고, 해가 지고 무게를 재는 회식 선실에 저울들이 설치되었을 때, 나는 선실을 환하게 밝히고 문을 열어놓은 채 아편 꾸러미를 저울에서 내려 버넷Burnett 씨와 함께 기록을 시작했다. 버넷 씨는 저울들 옆에 서 있었고, 출납원 올리오Olio가 무게를 쟀다. 보통 정오까지 작업이 계속되었다. 그러다 보면 중 신분의 고하와 귀천의 구분 없이 중국인들이 하나씩 찾아왔다. 어떤 거상巨商은 긴 소파 위에 누워 하인의 시중을 받았는데, 그들의 손에는 모두 담뱃대가 들려 있었다. 어떤 이는 탁자 위에 주판을 놓고 장부를 계산했고, 어떤 이는 손짓발짓으로 흥정을 하거나, 혹은 모리슨Morrison[29]이 쓴 간단한 중국어 자휘, 어법을 사용해 장사하거나 금을 꺼내 거래하기도 했다. 저녁이 되면 우리는 한 두 차례씩 신분의 구분 없이 모두에게 마라스키노Mareskino 체리 술이나 호프만Hoffman 맥주를 제공했다.

---

28 [역주] 산판선(舢板船)은 중국 남방의 전통적인 수상운수 교통수단으로 배 밑바닥이 평평하고 낮은 목선이다. 원래는 3개의 목판으로 만든 간단한 배라서 '삼판(三板)'이라고 불렀다. 주로 타이완, 홍콩, 중국 광동 주강삼각주 등의 어촌에서 사용한다.

29 [역주] 모리슨은 스코틀랜드 출신의 중국 선교사로 최초의 영어-중국어 사전을 집필한 사람이다.

보통 자정 전에 무리는 잔뜩 몸을 웅크리고 카펫이 깔린 바닥에 누워서 잤다. 나는 잠자리에 들기 전 버넷 씨와 함께 입출금을 비교했다. (…중략…) 그후, 모든 중국인들을 밖으로 쫓아버리고 창문을 활짝 열어 신선한 공기가 들어오도록 환기시켰다. 그리고 5분 정도 산책을 하고 나의 잠자리인 해먹으로 올라갔다.

인스는 당시의 유럽인들처럼 중국인을 열등한 종족으로 간주했다. 하지만, 그는 '비록 선실에 값비싼 물건들이 가득했지만 아주 사소한 것도 잃어버린 적이 없었다'라고 하면서 중국인들이 정직하다는 점을 인정했다. 인스의 이전 항해는 꽤 불운했다. 그렇다고 이번 항해가 순조로웠다고 생각하지도 않았다. 해안의 항로는 대체로 개척되지 않았고, 겨울 날씨는 거칠고 예측이 어려웠다. 때때로 눈보라가 사정없이 휘날리고 혹독한 추위가 찾아왔는데, '메시슨 씨가 내게 가져오라고 권했던 걸이형 램프 덕분에 선실의 온도가 훨씬 따뜻해졌다. 창문을 모두 닫고 걸이형 램프를 한 시간 정도 켜두면, 금새 추위에서 벗어나 편안한 온도가 되었다'. 12월 24일 취안저우만에서 배가 갑작스럽게 폭풍을 만났는데, 이 폭풍은 날이 새자 '태풍의 진면모를 드러냈다'. 자메시나호^{Jamesina}의 가장 무거운 닻을 220미터 정도 깊이로 내리고 폭풍을 견뎌내었다. 가시거리가 매우 짧았다. 비는 끊임없이 내렸고, 날씨는 '뼈가 시릴만큼 추웠다'. 이런 악천후가 1월 4일까지 지속되었다. 그 이후 일시적 고요함이 찾아왔고, 온도는 섭씨 16도까지 올라갔다. 다시 며칠간 폭풍이 이어졌으나, 1월 10일에는 '밝은 햇살이 돌아왔고, 바람도 거의 불지 않았으며, 바다는 호수처럼 고요했다. 거의 한 달 가까이 지속되던 매서운 바람이 사라졌다. 갑판에서 하루 종일 빈둥거리며 시간을 보내는 것이 엄청난 기쁨이었다'. 남은 항해 동안에도 비슷한 변화가 찾아왔다. 1월 26일 자메시나호는 푸저우에 닻을 내리고 훌륭하게 사업을 했다. '기후는 이제 쾌적하다. 나는 어제 하루 대부분을 해변에서 멋진 곳을 보며 빈둥거렸다.' 그는 다음과 같이 글을 이어나갔다.

우리가 지금까지 본 중국의 어느 지역도 이곳의 산업을 능가하지 않는다. 가장 낮은 계층의 사람도 솜으로 채운 옷을 잘 차려 입었고, 고위 관리는 모피를 입고 있다. 이제 우리에게 필요한 것은 통역사이다. 통역을 할 만한 사람이라고는 나의 심부름꾼 소년밖에 없는데, 그는 푸젠성 방언을 구사할 수 없었다. 만일 귀츨라프 같은 통역사가 있다면 사흘간 1,000달러를 주더라도 썼을 것이다.

2월 5일 자메시나호는 푸저우를 떠났고, 마지막 아편을 판매한 후에 북동 계절풍이 불기 전 해안을 따라 내려왔다. 바람을 맞으며 해안을 거슬러 올라가는 것과는 매우 다른 항해였다. 쾌속 범선은 엿새 뒤 린틴에 닻을 내렸다.

지금까지 일기에서 발췌한 인용문은 중국 해안을 올라가는 한 아편 선박의 항해를 세련되지는 않지만 생생히 묘사하고 있다. 아마도 이 항해에서 겪은 어려움은 여러 차례의 항해에서 겪었던 것과 특별히 다르지 않았을 것이다. 요즈음 기준으로 보면 소형에 해당하는 이 선박이 겪은 위험은 매우 컸을 것이다. 수중에 있는 해도海圖는 전혀 믿을 수 없고, 기후는 극도로 험난했다. 등대나 항해 표지도 없었고, 강풍 경보나 일기 예보도 없었다. 이렇게 알려지지 않은 바다를 항해하고 아편 거래상을 다루고, 또 중국의 고위 관리를 피해 항해하려면 수완, 용기, 기술, 탐욕 등을 적절히 잘 조합해야 했다. 비록 자메시나호의 경우 중국의 고위 관리를 그다지 효과적으로 피한 것 같지 않지만 말이다.

항해 중인 회사 선박과 린턴이나 광저우 본사 사이의 통신은 생각만큼 어렵지 않았다. 중국 범선이 우편물을 전해주었고, 자딘은 쾌속 범선이 린턴에 도착하기 훨씬 전에 자메시나호의 성공을 보고받았다. 성공적인 항해에 고무된 자딘은 또 다른 선박 존 비가호John Biggar를 보냈는데, 이 배 또한 사업을 성공적으로 수행했다. 이 배는 아모이샤먼와 그 인근 지역에서 59,000달러어치의 아편을 판매한 후, 1833년 초 되돌아왔다. 그해 후반, 선장 맥케이McKay가 귀츨라프 박사의 통역 도움을 받아 동일한 선박을 운행했다. 취안저우만의 중국 수군이 그들을 혼내주겠다고 협박한 것으로 보이지만, 훌륭한 귀츨라프 박사가 신속하게 대처했다. 맥케이 선장은 회사에 다음과 같이 썼다.

귀츨라프 박사는 이런 경우 으레 그랬듯이 가장 멋진 옷을 차려입고 그들을 찾아갔습니다. 이때 깊은 인상을 줄 수 있도록 멋지게 장식한 배 두 척을 끌고 갔습니다. 그는 중국인들에게 즉시 떠나갈 것을 요구했고, 앞으로 우리 인근에 배를 정박한다면 부서 버리겠다고 겁을 주었습니다. 그들은 날이 어두워 실수로 그곳에 닻을 내렸다고 말하며 즉시 떠났고, 우리는 그들을 다시 보지 못했습니다. (…중략…) 어떤 중국 상인이 찾아와서 아편 40상자를 거래가를 지급하고 구입했습니다. 그는 물건을 15일 안에 팔아치울 수 있다고 했습니다. (…중략…) 우리는 그를 도와 22상자를 하역했고, 하선장에서 조금 떨어진 그 나이 든 상인의 집 앞까지 아편 상자를 안전하게 운반해 주었습니다.[30]

그 이후 쓴 맥케이의 서신[31]에는 취안저우만이 이상적인 정박지가 아니라고 적혀 있다. 왜냐하면 아편용 쾌속선이 너무 눈에 띄어 중국 관리가 아편 밀수를 묵인하기 힘들었기 때문이다. 해안의 특성상 눈에 띄지 않는 것이 불가능했다. 하지만 그럼에도 불구하고 항해는 매우 성공적이었다. 맥케이는 214,000달러어치의 보물을 싣고 되돌아왔으며, '비록 중국의 고위 관리들이 우리가 10년 전 린틴에서 겪었던 동일한 어려운 상황을 만들어낼 수도 있지만, 취안저우에서의 무역 기반을 확보한 것'으로 간주했다.[32]

지금까지 당시의 기록에서 충분한 자료를 발췌해 인용했으므로, 1830년대 아편을 중국으로 몰래 운송하는 데 따른 위험, 고통, 즐거움, 그리고 이윤에 대해 어느 정도 감을 잡았을 것이다. 다른 항해에서도 아마 동일한 경험을 했을 것이다. 이러한 초기 몇 건의 성공적인 항해로 인해 윌리엄 자딘은 고민 끝에 더 큰 규모로, 그리고 체계적으로 사업을 하기로 결심한다. 1833년 영국 의회의 칙령이 1년 뒤 발효되면 동인도회사의 중국 무역독점권이 끝난다는 사실은 이미 알려져 있었다. 이는 경쟁이 시작될 것이라는 신호탄이었다. 윌리엄 자딘은 새로운 쾌속 범선을 건조할 필요가 있다고 생각했고, 1831년 3월 10일에 다음과 같이 기록했다.

우리는 동인도회사의 독점권 만료 이후, 이윤을 따지지 않고 본국으로 송금하기 위해 온갖 종류의 투기꾼들이 너도나도 아편 거래에 뛰어들 것이라고 생

---

30 G.J. Yorke, op. cit., p.179(출처 : McKay가 자딘메시슨에 보낸 1833년 8월 6일 자 서신).
31 Ibid., p.179(출처 : McKay가 자딘메시슨에 보낸 1833년 8월 말의 서신).
32 Ibid., p.180(출처 : McKay가 자딘메시슨에 보낸 1833년 9월 14일 자 서신).

각한다. 그러므로 우리가 대규모로, 그리고 정보 측면에서 경쟁자들을 앞서
는 확실한 토대에서 사업을 하지 않고, 그저 옛날 방식을 고수해 사업을 한다
면 결코 유익하지 않을 것이다.[33]

속도가 곧 성공의 관건이었다. 자딘은 자신의 지식과 자원을 최대한
활용했다. 두 척의 쾌속 범선이 그 예이다.[34] 1829년 인도에서 건조된 레
드 로버호Red Rover는 유명한 미국 사략선[35] 볼티모어 쾌속 범선 프린스
드 뇌샤텔호Prince de Neufchatel를 모델로 건조되었다. 프린스 드 뇌샤텔호
는 1812년 나폴레옹 전쟁 기간 많은 상선을 약탈했고, 마침내 1814년 12

1829년 쾌속 범선 '레드 로버호(Red Rover)'는 계절풍에 맞서 사계절 항해가 가능하도록 건조되었
는데, 과연 명불허전이었다.

---

33 Ibid., p.140(자딘의 *PLB*, 1831년 3월 10일 자 서신 인용).
34 Alan Reid가 *The Thistle and the Jade*, p.132에서 말하는 쾌속 범선은 뉴잉글랜드속어로 새롭
　게 디자인되고 볼티모어에서 건조된 빠른 사략선에 처음으로 적용된 용어였다. 이 용어는 많은
　다양한 장비를 갖춘 쾌속 항해 선박을 지칭하는 일반적인 용어가 되었다.
35 [역주] 공해상의 적국 상선을 공격하거나 그 진로를 방해하는 선박이다.

월 28일 세 척의 영국 소형군함의 추격을 받아 뉴펀들랜드Newfoundland[36] 인근에서 투항했다. 배는 영국 뎁퍼드Deptford의 드라이 독dry-dock으로 이송되었고, 배에 관한 모든 수치와 세부 사항이 하나하나 기록되었다. 그 후 해군 장교 출신의 상선 선장 윌리엄 클리프턴William Clifton 소유로 넘어갔다. 윌리엄 클리프턴은 1825년 동인도회사에서 근무를 시작했고 개인 무역 선박을 지휘한 경험이 있었다.[37] 그는 현존하는 어떤 선박도 북동 계절풍을 거슬러 북쪽으로 항해할 수 없지만, 볼티모어 모델로 디자인한 선박은 가능할 것이라는 결론에 도달했다. 만약 그렇다면, 콜카타와 광둥만을 한 해에 세 차례 왕복하는 것이 가능했다. 그는 인도 총독인 윌리엄 벤팅크 경Lord William Bentinck의 후원을 얻어냈는데, 당시 총독은 새로운 항해 일정이 대중 수출, 특히 아편 수출에 대한 수요를 자극해 인도 정부의 수입에 크게 도움이 될 것이라는 점을 알고 있었다.

총독 부인이 레드 로버호로 명명한 쾌속 범선은 세 개의 돛대가 있는 점을 제외하면 프린스 드 뇌샤텔호와 똑같았다. 이 배는 박수갈채와 13발의 축포가 터지는 가운데 1829년 12월 12일에 진수되었다. 배의 무게는 254톤이었고, 길이는 30미터나 되었다. 1월 4일 클리프턴 선장은 후글리강Hooghly River[38] 어귀의 샌드헤즈Sandheads[39]에서 수로 안내원을 내려주고, 계절풍에 맞서 항해를 계속한 끝에 2월 17일 마카오에 당도했다. 10일 후 그는 주강 어귀에서 되돌아가 항해를 시작했고 4월 1일

---

36 [역주] 캐나다 동해안의 섬이다.
37 Captain A.R. Williamson, *Eastern Traders*(개인 출판), 1975, pp.187~192. 클리프턴과 레드로버호에 관한 설명은 이 자료에 근거하였다.
38 [역주] 벵골만에 위치하여 콜카타로 올라갈 수 있는 강이다.
39 [역주] 후글리강 어귀에 있으며, 바다와 모래갯벌이 72킬로미터나 이어진 곳이다.

(좌) : 윌리엄 클리프턴 선장. 도전정신이 강했던 그는 '레드 로버호'를 건조했고, 첫 소유주이기도 했다.
(우) : 클리프턴 선장이 '레드 로버호'용으로 특별제작한 식기 세트. 수없이 거친 파도를 겪고도 식기와 다구 세트가 놀랍도록 잘 보존되어 있다.

샌드헤즈에서 수로 안내인을 다시 태웠다. 그는 86일 만에 왕복 항해를 마무리했다. 1830년 말 이전에 두 차례 더 왕복 항해를 했으니, 그의 판단이 옳았음이 충분히 입증되었다. 1831년 그는 또 한 차례의 항해를 목적으로 되돌아왔다. 네 번째 왕복 항해를 마치고 봄에 콜카타에 도착하자마자, 그는 동인도회사 이사회가 감사의 표시로 주는 10,000파운드를 윌리엄 벤팅크 경으로부터 전달받았다. 그는 선박에 대한 소유권 절반을 가지고 있었고, 나머지 절반은 콜카타가 가지고 있었다. 광둥에서 처음 레드 로버호의 중개인 역할을 한 것은 덴트사였는데, 자딘메시슨이 덴트사의 강력한 라이벌이었으니, 클리프턴도 당연히 윌리엄 자딘을 알고 있었다. 1833년 초 클리프턴은 자딘메시슨이 콜카타의 지분을 사들이도록 제안했고, 거래는 성공적으로 이루어졌다. 4만 파운드 정도를 번 클리프턴은 1836년 은퇴하고 자신의 지분을 회사에 매각하기로 결심했다. 이제 회사가 선박의 유일한 소유자가 되었다. 레드 로버호는 증기선 시대에 이르기까지 오랫동안 항해를 지속했다. 1853년 7월 콜카타를 출발한 것이 이 배의 마지막 항해였다. 그 이후 이 배는 목격되지 않았다. 아마도 그달에 벵골만에 몰아친 예기치 않은 폭풍우 때문에 모든 선원과 함께 침몰한 것이 틀림없다.[40]

증기선이 범선을 대체하리라는 것은 예견된 것이었다. 제임스 메시슨은 일찍이 1829년부터 증기선에 관심을 가졌다. 매킨토시사Mackintosh&Co.는 벌써 콜카타항에 둘 특수 증기예인선 포브스호Forbes의 건조를 발주한 상태였다. 이 배는 무게 302톤에 60마력 엔진 두 개로 추진되었다. 배는 1829년 1월 콜카타에서 진수進水했다. 콜카타를 방문했을 때 메시슨은 이 예인선을 빌려 자메시나호를 콜카타에서 중국으로 예인할 생각을 품었다. 그는 포브스호가 한 달 안에 샌드헤즈에서 린틴까지 갈 수 있다는 데 1,000달러를 걸었다. 하지만 포브스호는 출발부터 조짐이 좋지 않았다. 후글리강의 모래톱에 걸린 것이다. 1829년 3월 14일 두 번째 시도가 이루어졌다. 포브스호는 130톤의 석탄을 싣고, 자메시나호는 원래 실었던 840상자의 아편 외, 52톤의 석탄을 추가로 실었다. 하지만 여전히 석탄량이 부족했고, 4월 12일이 되자 4일 분량의 석탄만 남아 두 배는 그곳에서 헤어졌다. 포브스호는 항해를 계속했고, 마지막에는 바람에 의지해 4월 19일 린틴에 도착했다. 자메시나호는 이틀 후에 도착했다. 메시

---

40 Captain A.R. Williamson, *Eastern Traders*(개인 출판), 1975, p.192.

슨은 내기에 졌다. 하지만 이러한 차질에도 불구하고 자메시나호는 새로운 아편을 싣고 도착한 그해의 첫 쌍돛대 범선이 되었다.[41] 자딘은 이번 항해를 위해 10,000달러의 운임청구서를 지불했고, 포브스호에 환어음 화물을 선적시켜 보냈는데, 만일 한 달 안에 콜카타항에 도착한다면 액면가의 0.5%를 운임비로 지불할 것이었다. 예인선의 선장 헨더슨Henderson은 이러한 항해 일정을 가까스로 달성해 조기 화물 양도 대가로 5,000달러를 벌었다. 그 과정에서 많은 어려움을 겪었는데, 그중 가장 큰 어려움은 광둥 석탄의 품질이 낮은 것이었다. '석탄 중 소량은 품질이 좋았지만, 훨씬 많은 양이 그저 돌에 불과했다. 광둥에서 싣고 올 때 개방된 선박에서 습기에 젖었기 때문에 석탄을 말리기 전에는 잘 타지도 않았다.'

이 시기, 증기선이 범선보다 우세한 점은 계절풍을 거슬러 올라갈 수 있다는 것이었다. 하지만 볼티모어형 쾌속범선의 출현으로 이러한 장점마저 사라질 위기에 놓여 있었다. 쾌속범선은 가격이 저렴할 뿐만 아니라 속도도 소형 증기선만큼 빨랐다. 헨더슨 선장은 클리프턴 선장 때문에 기분이 상했다. 그가 경쟁자를 폄훼한 것은 놀랄 일이 아니다. 헨더슨 선장은 자딘에게 보낸 서신에서 클리프턴 선장을 '자신의 채비에 대해 시끄럽게 자랑해대고 호언장담을 좋아하는 소인배'라고 묘사했다.[42] 자딘은 세 개의 돛대가 있는 251톤 규모의 또 다른 쾌속 범선인 실프호Sylph를 건조하기로 결정했다. 1832년 귀츨라프 박사는 바로 이 배를 타고 선교사 최초로 아편 무역에 동행했다. 1839년 제1차 아편전쟁이 발발하기 전 26마력 엔진을 장착한 소형 증기선 '자딘호Jardine'가 한 차례

---

41 G.J. Yorke, op. cit., pp.189~190.
42 Ibid., p.192(*PLB*의 1830년 8월 11일 자 서신 인용).

더 항해했다. 이 선박은 원래 광저우와 마카오 간 무역 왕래를 강화하기 위한 것이었다. 1835년 9월 자딘호가 보그를 지날 때 보그의 해군사령관이 자딘호의 우수성을 증명하기 위해 본인이 승선한 전투용 범선의 예인을 허락했다. 하지만 곧 총독의 칙령으로 '증기선'이 주강을 오가는 것이 금지되었다. 싱가포르와 말라카[43] 사이의 운항을 위해 선박을 팔려는 노력도 실패했다. 앨런 리드Alan Reid의 말에 따르면, '중개업자들이 "현재까지 가장 대단한 증기선"을 판매하려는 열성적인 홍보에도 불구하고, 엔진룸에 화재가 발생하면서 증기선 시범 운행이 원하는 대로 되지 않아, 잠재적인 구매자들에게 좋은 인상을 주지 못했다'.[44] 결국 자딘호의 엔진은 제거되어 제당공장의 동력으로 사용되었고, 자딘호는 원래대로 린틴에서 중요치 않은 용도의 항해 임무를 맡게 되었다.

반드시 언급해야 할 두 번째 쾌속선은 페어리호Fairy이다. 이 배는 레드 로버호보다 작았는데 무게는 161톤이고, 길이는 23.5미터였다. 일반적으로, 250~300톤급 선박은 콜카타와 중국 사이의 운항을 위한 것이었고, 이보다 작은 150~200톤급 선박은 린틴과 취안저우만 사이를 운항했다. 하지만 이 구분이 엄격한 것은 아니었다. 앞에서 살펴보았듯이, 실프호는 해안을 따라 북쪽으로 항해했고, 무게가 251톤이었다. 자딘메시슨 전용으로 건조된 최초의 쾌속인 페어리호는 광저우와 인도를 오가며 자딘메시슨를 위해 최대한 신속하게 인도의 각 고객과 대리상 간의 비즈니스 정보를 획득했다. 자딘은 항상 세부 사항에 신경 써서 늘

---

43 [역주] 말레이 반도 서해안 남부에 위치해, 동서 해양 교통의 요충인 말라카해협에 면하는 항구도시이다.

44 Maggie Keswick(ed.), op. cit., p.138.

세심한 지시를 내렸다. 배는 125~140톤으로 구릿빛을 띠고 돛과 작은 삼각 돛대 두 벌을 갖추고 있었다. 그는 다음과 같이 글을 이어갔다.

만일 가능하다면 우리는 캡스턴[45]과 다른 기계들로 작동하는 길고 큰 노를 갖기를 희망한다. 그러면 말라카해협을 항해할 때 유용할 것이다. 선실은 다른 기능을 방해하지 않는 선에서 최대한 편안함을 주도록 지어야 하고, 특히 환기와 쾌적함의 문제는 반드시 주의를 기울여야 한다. 배에는 신식 화장실이 있어야 하고, 크게 중요하지는 않지만 샤워시설도 있으면 좋을 것이다. 값비싼 내부 시설은 필요하지 않다. 우리에게 필요한 승무원은 스코틀랜드 출신의 방향을 잘 잡는 항해사 두 명, 목수 한 명, 그리고 나쁜 습관이 없는 선원 다섯 명으로 이들은 반드시 서로 사이가 좋고, 향후 배에서 일정 기한 동안 근무하는 데 동의한 사람들이어야 한다.[46]

하지만 모든 요구 조건이 충족된 것은 아니었다. 선박 건조회사는 배가 폭풍이 몰아치는 바다에서 계절풍을 거슬러 북쪽으로 항해하려면 최소한 160톤 정도는 되어야 한다고 고집했다. 길고 큰 노를 사용할 수 없었고, 최상의 화장실은 제대로 작동했지만 물 끓이는 주전자를 포함한 '최상의' 많은 다른 물품과 시설물이 제대로 작동하지 않거나 쉽게 작동하지 않았다. 이 배의 첫 해안 항해 때 탑승한 '대지주' 인스는 '새로운 발명품들을 배에 새로 설치할 때는 반드시 이것을 만든 사람을 함께 태워야 한다는 교훈을 얻었다'라고 썼다.[47] 하지만 페어리호가 보기에 아

---

45 [역주] 닻 등을 감아올리는 장치이다.
46 G.J. Yorke, op. cit., p.181(*PLB*의 1833년 3월 26일 자 서신 인용).

름답고 조종하기 편한 멋진 소형선이라는데 모두 의견이 일치했다. 이 배의 첫 항해는 1833년 6월 20일 리버풀을 출발로 시작되었고, 11월 27일 린틴에 정박했다. 배에는 옷감처럼 표준크기로 판매되는 물품을 가득 실었고, 광저우로 가는 승객도 한 명 승선했다. 바로 자딘의 조카 앤드류 존스톤Andrew Johnston으로 훗날 회사의 동업자가 된 사람이었다.

페어리호는 이제 더 이상 원래의 임무를 수행하는 데 필요하지 않았다. 앞에서 살펴보았듯이, 페어리호가 건조되는 동안 회사는 레드 로버호의 지분 절반을 획득했다. 레드 로버호는 페어리호보다 두 배 더 빠르고 무게도 더 나갔기 때문에 콜카타와 중국 사이의 왕복 항해에 적합했다. 페어리호는 회사의 새로운 프로젝트, 즉 취안저우만에서의 '판매' 혹은 '공급' 선박인 커널 영호Colonel Young를 주둔시키는 일을 도왔다. 커널 영호에는 화물 관리인이자 통역사 귀츨라프 박사가 타고 있었다. 각 '판매' 선박에 아편을 배달하고, 린틴에서 다른 화물과 아편 상인이 지불한 은자bullion48를 실어 올 '운행' 선박이 한 척 이상 필요했다. 페어리호는 이 목적에 이상적으로 적합했으나 엉뚱한 암초를 만나게 되었다. 영국에서 출발해 항해한 선원들이 자딘이 요구한 수준의 능력을 가졌는지는 알 수 없지만, 겨울의 매서운 강풍, 여름의 태풍, 그리고 중국 해안에 출몰하는 해적에 관한 무서운 이야기 때문에 린틴에서 용기를 잃은 것으로 보인다. 이 항해의 화물 관리인이자 1년 전 자메시나호의 항해 일지를 썼던 인스는 '품행이 단정한 사람들이 이런 일을 포기할 만

---

47 Ibid., p.184.
48 [역주] bullion은 금, 은과 같은 동전 생산에 사용되는 벌크 금속을 말한다. 본문에서 중국의 아편상인이 지불한 대금이므로 당시 청나라에서 화폐처럼 사용되던 은자로 번역했다.

큰 바보처럼 행동하는 것을 보니 놀랍다'라고 하면서 선원들을 경멸했다. 이는 페어리호의 운명을 고려할 때 그리 놀랄 일은 아니었다. 선원의 모집과정은 힘들었고, 인스는 서로 다른 언어를 사용한 탓에 의사소통이 제대로 되지 않던 작업 선원들을 신랄하게 평했다. 하지만, 그럼에도 불구하고 항해는 성공적이었다. 페어리호는 많은 양의 브랜디, 스페인산 백포도주와 맥주를 커널 영호에 전달한 후, 25만 달러어치의 물품을 싣고 귀환했다. 인스는 몇 개의 골동품에 대해 기록했다. 그가 타이산台山, Tysam[49] 인근의 주후저우촌朱斛洲村, Chupchow에 갔을 때, 지역의 한 담배판매상의 초대를 받았다. '그곳에는 여러 종류의 담뱃대, 긴 의자 등이 마련되어 있었고, 나에게 한 대 피우라고 권유했지만 거절했다.' 이 유럽인은 자신에게 이득을 안겨주는 탐닉에 발을 담그거나 빠져들지 않으려 한 것으로 보인다. 인스는 '정치 경제학자들은 다양한 품목의 가격을 기록하는 것을 좋아한다. 그래서 나는 두 가지의 물건 가격을 푸저우福州와 비교해 보겠다'라고 적었다. 그는 주후저우에서 여자 한 명을 3달러에 살 수 있는데, 이는 푸저우의 3배이다. 반면에 거세한 소 한 마리는 7달러에 살 수 있는데, 이는 푸저우의 3분의 1밖에 되지 않는다고 했다. 아마도 수요와 공급의 법칙에 따른 것이겠지만, 인스는 가격 격차의 이유를 상세히 설명하지 않았다. 인스가 두 지역에서 여자를 샀었는지 알 수 없지만, 그럴 개연성은 낮아 보인다.

　페어리호는 계속 운행되다가, 1836년 7만 달러어치의 화물을 싣고 돌아오는 길에 가라앉는 참사가 일어났다. 6명의 마닐라 선원이 선장을

---

49 [역주] 광둥성에 위치한 산으로 주강삼각주의 서쪽에 위치한다. 외국어로 Toishan이라고도 한다.

살해했다. 1등과 2등 항해사가 모든 승선원을 범선에 적재된 대형 보트에 태워 내보낸 뒤, 배를 루손[50] 해안까지 몰고 가 침몰시켰다. 하지만 그들은 훔친 금괴를 마닐라에서 처리할 만큼 어리석었고, 곧 회사의 중개상에게 발견되었다. 그들은 정식으로 재판에 회부되어 유죄 선고를 받고 살인죄로 처형당했다.

동인도회사의 독점권이 만료될 즈음, 자딘메시슨은 규칙적이고 이윤이 높은 해안 무역을 확고히 했다. 회사는 점차 다양한 형태의 배들을 건조하거나 전세 냈고, 제1차 아편전쟁이 발발했을 때는 12척 규모의 선단을 갖추고 있었다. 1830년대 후반 인도 아편의 수입이 두 배로 늘었다. 1833~1834년 대략 2만 상자의 아편이 수입되었고, 1838~1839년 4만 상자가 수입되었다. 물론 자딘메시슨이 광저우에서 아편을 거래하는 유일한 회사는 아니었다. 강력한 경쟁사인 덴트는 자딘메시슨만큼 크지는 않았지만, 꽤 큰 규모를 거래하고 있었다. 이 두 회사의 관계는 그다지 좋지 않았지만, 그렇다고 이들이 아편 거래에 관여한 유일한 회사도 아니었다. 1836년 두 회사는 서로를 향한 반감을 억누르고, 함께 취안저우 중국 고위 관리와 거래를 시도하기도 했다. 그들은 중국 관리에게 '두 회사 이외의 모든 회사를 배제'한다는 조건으로 매년 2만 달러를 지불할 것을 제안했다. 자딘은 커널 영호의 선장에게 '이 제안이 많은 이윤을 낼 것입니다. 제가 가장 걱정하는 것은 너무 많은 회사가 이 무역에 뛰어들어 중국 조정을 불쾌하게 만들면 그 분노가 무역상과 선원에게 향할 수 있다는 것입니다. 또 다른 걱정은 각 회사 간 경쟁이 치

---

50 [역주] 루손섬은 필리핀 북부에 있는 필리핀에서 가장 큰 섬이다.

열해져 그로 인해 가격이 큰 폭으로 하락하는 것입니다'라고 썼다.[51] 덴트사와의 협정이 가격 측면에서는 도움이 될 수 있었지만, 중국 당국에 대한 문제는 쉬운 해결책이 없었다. 이런 상황에서 공동 독점권을 위한 협상이 실패했다. 만일 자딘의 걱정대로 회사들이 모두 아편 무역에 뛰어든다면, 결국 위기 상황으로 내몰릴 수 있었다. 하지만, 그럼에도 불구하고 자딘메시슨은 동인도회사의 독점권 종료와 아편수입량의 지속적 증가에 필연적으로 수반될 여러 문제를 다루는 데 있어서 다른 회사보다 유리한 위치에 있었다.

---

51 Michael Greenberg, op. cit., p.141.

제5장
네이피어 사건

자딘메시슨의 설립과 동인도회사의 독점권 만료 사이에는 겨우 2년의 간격이 있다. 1813년 동인도회사의 독점권이 20년 연장되었지만, 이 기간이 끝나면 재연장될 가능성은 없었다. 독점권폐지 법령이 1834년 4월 21일부터 시행되었다. 사실 독점권이 이미 희석된 상황이어서 생각만큼 갑작스러운 변화는 아니었다. 하지만 동인도회사는 여전히 관행처럼 개인무역상에게 차 수입을 대행하도록 해주었고, 항각상인을 인도와 중국의 금융자본의 파이프라인으로 이용했다. 이 시대는 자유무역을 숭상했고 동인도회사의 독점 체제에도 비영국 출신 상인을 광저우 무역에서 배제할 방법이 없었다. 오히려 광저우에서 사업하던 영국 회사들이 제대로 활개치지 못하고 있었다. 이런 상황은 비영국 출신 상인, 특히 새뮤얼 러셀사Samuel Russell&Co.[1] 같은 미국 회사에 큰 도움이 되었다. 동인도회사는 독점권폐지에 속수무책이었고, 주주들은 이미 에드먼드 버크Edmund Burke[2] 시대의 권력자들이 아니었다. 그렇다고 그들이 아무것도 가지지 않은 것은 아니었다. 동인도회사는 여전히 인도를 지배하고 있었고, 회사의 지배력이 미치지 않는 인도의 번왕국을 제외하면, 여전히 인도산 아편에 대한 독점권을 장악하고 있었다. 차에 대해 신경을 쓰지 않은 점에 대해 언급해 둘 필요가 있다. 역사가 모리스 콜리스Maurice Collis[3]는 '동인도회사는 확실히 아편 판매로 이익을 얻었다. 그들이 지배하는 콜카타에서의 아편거래는 위험 부담이나 간접비 걱정이 없었지만, 런던으로 향하는 차 화물은 반드시 광저우에서 막대한 경비를 들여야 했고, 중국과 영국을 오가는 무역 선박의 안전을 보장해야 했다'[4]라고 했다.

윌리엄 자딘 박사는 훨씬 이전부터 광저우 개인 무역상의 리더에 해당하는 인물이었다. 그는 영국 정부가 중국 당국에 강경노선을 취하지 않는다면 영국의 대중무역이 절대 번성하지 못할 것이라고 확신했다. 그는 분란이 일어나는 것을 원하지 않았고 무역에 관한 간섭을 두려워하는 동인도회사 마카오 주재 특별위원회와 끊임없이 대립각을 세웠다. 그는 또한 경쟁사이자 자신의 이름을 딴 회사를 세운 랜스롯 덴트Launcelot Dent가 이끄는 소수의 개인무역상과도 다른 견해를 가졌다. 덴트는 동인도회사의 견해를 공유했고, '온건파' 경향을 보였다. 비록 시간이 걸

---

1 [역주] 새뮤얼 러셀사(Samuel Russell&Co.)는 중국에서 기창양행(旗昌洋行)으로 불린다.
2 [역주] 에드먼드 버크(Edmund Burke, 1729~1797)는 아일랜드 더블린 출신의 영국 정치가이자 철학가이며, 1766년부터 1794년까지 영국 하원의원을 지냈다.
3 [역주] 모리스 콜리스(Maurice Collis, 1889~1973)는 대영 제국 시절 버마의 행정관이었다.
4 Maurice Collis, *Foreign Mud*, 1946, p.107.

리고 희비극적 실수들이 있었지만, 결국 사태는 자딘과 메시슨이 원하는 방향으로 풀려나갔다.

특별위원회의 소멸은 그들이 성공으로 나아가는 첫걸음이었다. 영국 무역상과 중국 광저우 당국 사이의 중재자 역할을 하던 동인도회사를 대체하려면 무언가 조치가 필요했다. 당시 영국의 외무장관이던 파머스턴Palmerston은 깊이 생각하지도 않고 중국 조정의 독특한 관습을 이해하지도 못한 상태에서 영국 정부의 대표자를 파견하기로 결정했다. 그의 관점에서 볼 때 이것은 합리적인 조치였다. 동인도회사의 통치는 이제 인도 반도에 한정되었고, 광저우는 공백상태가 되었다. 분명히 중개자의 역할을 수행할 상공회의소를 세우는 것이 가능했을 것이다. 하지만 영국 무역상들은 이러한 기구가 특별위원회보다 더 큰 힘을 가지지 못할 것임을 알고 있었다.

1833년 12월호 『중국총보Chinese Repository』에 이러한 상황을 설명하는 강력한 기사 한 편이 게재되었다. 이 기사는 훗날 자딘이 표명한 입장과 꽤 비슷한 점이 있어서, 그가 작성한 것으로 추정되기도 한다.[5] 이 글의 핵심은 동인도회사가 100년 동안 맞섰으나 실패한 8개 규정Eight Regulations이 1,500년 전 아랍상인에게 적용했던 것과 유사하고, 동인도회사의 조처는 굴종적인 소심함을 보여준다는 것이었다. 기고자는 동인도회사의 선박 레디 휴스호Lady Hughes의 포병과 관련된 1784년의 잊지 못할 사건을 주저 없이 언급했다. 그 포병은 축포를 발사하면서 실수로 배 옆에 있던 중국인 선원을 사망케 했다. 중국의 '목숨은 목숨으로 갚는다殺人償命'

---

5 Ibid., pp.107~111.

는 율령에 따라 중국 조정은 포병을 넘겨주지 않으면 모든 무역을 중단하 겠다고 협박했다. 동인도회사는 수치스러울 정도로 비겁하게 포병을 중 국 조정에 인계했다. 비공개 재판을 받은 후, 젊은 포병은 교수형에 처해 졌다. 이 사건은 사람들에게 결코 잊혀지지 않았다. 기고자는 영국 정부 의 대표가 특별위원회 의장을 대신하고, 권한을 이임받은 대표가 강경한 태도로 중국 관방과 교섭해 나서야 한다고 주장했다. 중국 규정에 외국의 무역 대표가 관부와 왕래하려면 반드시 공행을 거치도록 명시하고 있어, 그들이 중국 관리와 접촉하기 위해서는 상당한 어려움이 있었다. 기고자 는 이런 황당무계한 의례 절차가 존재해서는 안 되고, 영국의 경제력이 큰 만큼 이런 제재를 그대로 수용해서는 안 되며, "우리의 자본, 제조업, 방직업 모두 '우리가 판매자를 찾도록 협조해주기만 한다면 그 양이 얼 마가 됐든 모두 공급가능하다'고 아우성치고 있다".[6]

전쟁을 원하는 사람은 없다. 기고자는 전쟁이 중국 국내의 혁명을 야 기할 것이고, 이는 모든 동란이 그러하듯 상업에 위기를 가져올 것이라 여겼다. 하지만 그럼에도 전쟁의 위협은 필요하다고 생각했다. "잘 알려 진 대로, 타타르지역의 만주 왕조는 겉으로는 평온해 보이지만 실질적 으로는 어두운 파도가 몰아치는 거센 바다 위에 있는 것과 같다. 왕조의 존위는 오롯이 권위에 복종하는 백성에게 달려있고, 이 사실을 잘 알고 있는 조정은 분란을 일으킬 수 있는 어떠한 요소도 극도로 싫어한다."[7] 중국은 영국의 지배력, 즉 해군력을 존중했다. 현재 필요한 것은 가끔 무력을 행사하는 것이 아니라, 광저우에서 멀리 떨어진 북방의 항구로

<hr />

6   Ibid., pp.109~110 인용.
7   Ibid., p.110.

가서, 수도 베이징을 향해 1만 명의 군사를 파병하는 것이다. "새 대표의 요구에 따라 중국은 무역을 개방해야만 한다. (…중략…) 과거 대사관들의 양심적인 태도는 완전히 버려야 한다."[8] 1832년 2월 29일 윌리엄 자딘은 다음과 같이 기록했다.

공행公行 상인으로부터 부당하게 돈을 갈취당하는 현재의 방식이 그대로 존재한다면 영국은 대중무역 개방으로부터 어떠한 이득도 얻지 못할 것이다. 우리가 중국인을 다룰 규정을 확립해야만 현재 제한적으로 이루어지는 대중무역을 유리한 방향으로 확장시킬 수 있다. 우리는 공평한 무역을 위한 협정을 요구할 권리가 있고, 이곳에 거주하는 우리는 그것을 원한다. 하지만 고국에 있는 우리의 동지들은 우리와 다른 의견을 가지고 있어 걱정된다.[9]

중국과 유럽 사이에는 매우 큰 이념적 간극이 있었다. 외국 무역상은 중국 조정의 묵인하에 존재했다. 이들과 거래하는 중국 무역상은 돈을 많이 벌 수도 있고 그렇지 않을 수도 있었지만, 그들은 무자비하게 자신들의 '돈을 갈취하는' 고위 관리에게 복종할 수밖에 없는 의심스러운 피지배층이었다. 영국 상인들이 어떻게 하면 이처럼 교묘하고도 부패한 관료주의 제도를 뚫고, 아담 스미스의 원리로 제어되는 새로운 세계를 정립할 수 있을까? 광저우의 외상外商들은 영국 정부가 파견한 특별위원회 의장을 대신할 수석상무감독에게 희망을 걸었다. 파머스턴은 유명한 로가리듬 발명자의 후손인 머키스톤Merchiston의 네이피어 경Lord Napier을

---

8 Ibid., p.111.
9 JM문서, *PLB*, 1832년 2월 29일 자. G.J. Yorke, op. cit., p.167.

임명했다. 네이피어 경은 스코틀랜드 사람이므로, 그의 임명은 국경 북쪽, 즉 스코틀랜드 출신의 영국 무역상들에게는 분명 도움이 되었다. 해군 장교 출신인 네이피어 경은 은퇴 후 자신의 사유지에서 모범적인 지주 노릇을 하고 있었다. 그는 당시 48세로 비록 선박과 양떼에 대해서는 많이 알았지만, 중국에 대해서는 전혀 아는 바가 없었다. 영국 정부는 그의 귀족 계보를 장점으로 여겼으나, 베이징이나 광저우에 있는 관부에게는 아무런 의미가 없었다. 실제로 중국 관부는 야만족의 계급체계를 전혀 알지 못했다.

게다가 외교 관례protocol라는 중요한 문제가 있었다. 중국에서 외교 관례는 매우 중요했다. 네이피어 경은 마카오 주재 특별위원회의 의장과 달리 대반大班, taipan[10]출신이 아니었다. 그는 영국 정부가 임명한 관리로 동인도회사 출신의 2등, 3등 감독관의 보좌를 받았다. 네이피어 경은 자신이 영국 여왕을 대표해 파견된 것이라 믿었으나, 엄격히 말하면 그의 지위는 식민지 총독에 가까웠다. 특별위원회 의장보다 더 영국 대표자에 가까웠던 그의 지위는 훗날 영국 정부와 중국 제국 사이의 관계 정립에 논란을 불러일으켰다. 중국의 지배자인 천자天子, the Son of Heaven는 다른 어떤 나라도 독립된 주권 국가로 인정하지 않았다. 중국의 황제는 수천 년간 자급자족이 낳은 비현실적인 몽상의 세계에 갇혀, 모든 나라를 속국으로 간주하거나, 간주하는 체하였다. 중국의 입장에서는 제한된 규모의 중국 공행을 통해 외국무역상이나 그 대표에게 조금 양보한다고 해도 전혀 불리할 것이 없었다. 그들의 양보는 언제든지 수정하거

---

10 [역주] taipan은 '大班'을 영어로 음역한 것이다. 19세기에서 20세기 초 중국 혹은 홍콩에서 활동했던 외국 상인을 지칭한다. 현재의 기업 고위층에 해당한다.

나 취소할 수 있었다. 하지만 조공을 바치는 존재가 아닌 외국 강국의 특사를 다루는 것은 완전히 다른 문제였다. 만일 네이피어 경이 부유한 무역상이고, 또 부유한 무역상처럼 행동했다면 아무런 문제도 없었을 것이다.

네이피어가 중국에 도착하기 전 이상한 사건이 있었다. 만약 그가 이 것을 미리 알았더라면 곧 당면하게 될 중국식 관료 풍토에 대한 마음의 준비를 했을 수도 있다. 1834년 5월 2일, 양광 총독 노곤盧坤이 알려지지 않은 이유로 동인도회사의 회관[11]의 방문을 통보해 '비공식' 연회를 열 기로 결정했고, 이 일을 공행에 알렸다. 동인도회사가 떠난 뒤 회관은 개인무역상을 위한 호텔과 사무실로 개조해 사용되었으나, 동인도회사 의 하인 일부는 여전히 그곳에 머무르고 있었다. 아마 그들 중 한 명이 『중국총보Chinese Repository』에 글을 기고했을 수 있다. 『외국땅Foreign Mud』에 이 기고문에 기초한 흥미로운 묘사가 등장한다.[12]

양광 총독을 영접하기 위한 준비는 공행의 영수領袖이자 가장 부유한 오 병감伍秉鑑, 영어명 Howqua[13]이 맡았으나, 진정한 주인은 '야만인'이었다. 방 문은 아침으로 예정되어 있었다. 중국의 관례에 따라 주 응접실에 의자 가 배치되었는데, 한 개는 남쪽[14]을 향하고 두 개는 동쪽을, 그리고 다른 두 개는 서쪽을 향하도록 했다. 방문은 오전 9시로 예정되어 있었으나 중

---

11 [역주] the East India Company's factory를 중국에서는 회관(會館) 혹은 이관(夷館)이라 불렀다.
12 Maurice Collis, op. cit., pp.115~119.
13 [역주] 중국 광저우 13행의 영수인 오병감(伍秉鑑, 1769~1843)은 서양에서는 'Howqua'로 알려졌다. 그의 상호명이 '호관(浩官)'이었는데, 이를 영어로 음역해 'Howqua'라 불렀다.
14 중국에서는 관직이 가장 높은 사람이 항상 남쪽을 향하여 앉는데, 이는 남쪽이 좋은 징조를 나 타내는 방향으로 간주되기 때문이다.

1835년 경 조지 치너리(George Chinnery)가 그린
광저우 13행의 행수 오병감(伍秉鉴)

국의 고위 관리는 자신보다 낮은 지위의 사람을 방문할 경우 겸손하게 시간에 맞추어 도착하는 법이 없었다. 그렇게 하면 체면이 깎인다고 생각했기 때문이다. 처음 나타난 고관은 광저우의 장군이었는데, 시종들의 긴 행렬 사이로 8명의 하인이 든 가마를 타고, 오후 1시에 도착했다. 그는 양광 총독을 기다리면서 오병감을 불러 이야기를 나누었다. 이어서 만주족 도통道統이 도착했고, 네 사람[15]이 앉아서 담소를 나누었다. 원래라면 양광 총독이 도착하기 전에 광둥 순무가 와야 했으나, 전임 순무가 파직당하고 후임이 아직 부임하지 않은 상태였다. 마침내 양광 총독이 오후 3시에 가마를 타고 도착했는데, 그는 광저우 장군과 품계가 동일했기에 비슷한 기세로 하인들을 거느리고 등장했다. 서로 높은 자리에 앉지 않겠다고 한동안 허식을 부린 후, 총독은 호스트로서 남쪽을 향한 의자에 착석하는 데 동의했다. 그는 광저우 장군을 자신의 왼쪽에 앉게 했는데, 이 자리가 중국에서는 두 번째로 높은 자리였다. 이어 다섯 명이 다른 사람들은 무시한 채 자유롭게 담소를 나누었다. 이어 공행들이 첫 음식으로 연와탕燕窩湯을 내오자, 다섯 명의 고관들은 식당으

---

15 [역주] 이 부분은 작가가 빠트려 기록했다. *Foreign Mud*의 원서에 따르면, 그 후 월해관감독과 또 다른 도통이 도착한다. 이들을 합치면 4명이 된다.

로 자리를 옮겨 풍성한 식사를 즐겼다. 식사가 끝나자, 그들은 유럽인 호스트들에게 한마디의 말도 건네지 않고 떠나버렸다. 그 이후 감사의 메시지도 보내지 않았다.

이는 영국인의 입장에서는 치욕적인 경험이 분명했다. 하지만 이것은 2~3년 후 신임 월해관감독이 취한 행동보다는 오히려 덜 고통스러웠다. 월해관감독은 상술한 특이했던 '비공식' 방문을 제외하고는 회관을 찾은 적이 없었다. 그가 있어 직접 회관을 공식 방문하는 것은 전례에 없는 일이어서 어떤 목적이었는지는 전혀 알 수 없다. 영국 무역상들은 그를 위해 최고의 은 식기에 풍성한 정찬으로 아침 식사를 대접했다. 그는 통역관, 막우幕友, 그리고 하인들의 시중을 받으며 풍성한 음식이 차려진 식탁의 상석에 앉았다. 영국 무역상들은 그의 왼편에 병풍을 쳐서 공간을 분리한 곳에 줄 서서 지켜보아야 했다. 소고기, 가금류, 햄, 플럼 푸딩 등의 요리가 차례로 그의 앞에 차려졌다. 그는 각 요리를 찬찬히 살펴보고는 지겨운 듯 손사래를 쳤고 음식은 입에 대지도 않았다. 호스트들은 점점 참을성을 잃기 시작했다. 몇 사람은 조용히 자리를 빠져나갔다. 마침내 그가 차를 가져오라고 명하더니, 한 모금 마시고는 가버렸다.[16] 쌍방의 간극을 메우기 실로 힘들었다.

네이피어 경이 파머스턴으로부터 받은 지시는 분명치 않고 모호했다. 아마도 영국의 외무장관은 다음에 무엇을 해야 할지 잘 몰랐을 것이다. 장관의 지시 문서는 마치 그가 생각을 말로 중얼거린 것과 비슷했다. 중국의 다른 지역으로 무역범위를 확장하려면 네이피어가 베이징과 직접

---

16 Maurice Collis, op. cit., pp.59~61. C.T. Downing, *The Fan-Qui in China in 1836-1837* (1838)에 근거함.

적인 소통 채널을 만드는 것이 바람직했다. 하지만 그는 반드시 '무역확장을 성급하게 시도하느라 중국 조정의 공포심을 일깨우거나 그들의 편협한 마음을 상하게 해서 기존의 무역 기회마저도 위험에 빠뜨리지 않게 하려면, 특별한 주의와 세심한 배려가 절대적으로 필요하다는 점'[17]을 염두에 두어야 했다. 하지만 이러한 유화적인 명령에도 불구하고, 파머스턴은 '영국 왕실이 중국 총독에게 보내는 편지를 통해 그대가 광저우에 도착한다는 점을 공표할 것'이라는 내용을 덧붙였다. 이는 분명 문제를 야기할 수 있는 행동이었다.

수백 년 동안 이어져 내려온 중국 관리와 외국인 간의 접촉 금지 규율을 깨는 유일한 방법은 무력이나 무력을 사용한 위협이었지만, 세 명의 감독관은 사전에 군사적 지원을 요구해서는 안 되고, 중국 정부와의 기존 관계를 위험에 빠뜨려서는 안 된다는 특별 당부를 받은 터였다. 중국에 대해 잘 알았던 소수의 사람들이 볼 때, '야만인의 눈'외국 사절단을 묘사하는 이상한 문구의 번역에 해당하는 표현이 쓴 편지는 어떤 상황에서도 양광 총독이나 고위 관리가 직접 개봉하지 않을 것이 분명했다. 이들의 편지를 개봉한다는 것은 중국의 관료 세계를 지배하던 모든 규정을 어기는 셈이었다. 편지의 개봉은 황제의 분노를 사고, 출세길이 막히는 것을 의미했다. 그러니 편지는 읽지 않은 채 반송될 것이 분명했다.

파머스턴이 지시한 내용에는 이처럼 피할 수 없는 거절을 당할 경우 어떻게 처신해야 할지에 대한 구체적 지침이 없었다. 하지만 영국인 대부분이 그러했듯, 외무장관 역시 중국에 대해 무지했다. 그는 6년 뒤에

---

17 Gerald Graham, *The China Station : War and Diplomacy 1830-1860*, 1978, pp.48~49.

도 현명해지지 않았다. 그는 '중국인은 세계의 다른 사람들처럼 합리적이다. 비록 의복은 서로 다르지만, 의복을 벗으면 동일한 형태가 드러날 것이며, 신체 구조도 거의 다르지 않다'라고 말했다.[18] 해부학적으로는 그의 말이 맞겠지만, 파머스턴의 이러한 태도는 나중에 스스로도 깨닫게 되었듯이, 당시의 정치적, 심리적 상황과 맞지 않았다.

만일 중국의 관례를 준수했다면, 네이피어는 마카오에서 조용히 지시를 기다리면서 공행을 통해 양광 총독에게 쓰는 청원서 형태의 전갈을 보내, 외교 사절단이 총독과의 협상을 개시하기 위한 허락을 구한다고 알려야 했다. 양광 총독은 청원서를 받으면 그 청원서를 베이징조정으로 올리게 되어 있다. 만일 황제가 성은을 베푼다면 외국사절단은 순종을 약속하고 법률을 준수할 것을 맹세한 후, 임시로 광저우에 거주할 수 있다는 허가절대 광저우에 거주할 권리가 아님를 얻을 수 있을 것이다. 황제가 홍패紅牌, Red Mandate를 마카오로 보내면, 사절단은 그제서야 여행을 계속할 수 있었다. 이러한 절차는 1793년 매카트니Macartney가 외교 임무를 맡았을 때는 지켜졌지만, 1816년 애머스트 경Lord Amherst의 경우에는 지켜지지 않았다. 사실 이 두 차례의 노력 모두 실패로 끝났지만, 황제는 전자보다 후자에 더 기분이 상했다. 이러한 절차는 매우 느리다는 단점이 있었고, 네이피어가 절차를 생략한 이유도 그중 하나였을 것이다. 하지만 네이피어에게는 다른 이유도 있었다. 외무장관으로부터 받은 지시가 여러 측면에서 불명확하고 모호했지만 한 가지는 꽤 명확했다. 즉, 광저우에 도착하면 서신으로 양광 총독과 직접 접촉하라는 것이었다.

---

18 Gerald Graham, op. cit., pp.9~10.

7월 15일 네이피어는 아내와 딸들을 데리고 마카오에 도착한다. 그는 관행을 깨기로 결심하고 새로운 무역 준비를 알리기 위해 동인도회사의 호화주택이 아닌 자딘메시슨의 사택에 머물렀다. 그는 파머스턴의 지시에 따라 동인도회사 출신이자 특별위원회의 위원을 역임한 존 데이비스John Davis와 조지 로빈슨 경Sir. George Robinson 등을 고문으로 두었고, 존 데이비스에게는 2등 감독관, 그리고 조지 로빈슨 경에게는 3등 감독관의 직책을 맡겼다. 영국 해군의 엘리엇Elliot 선장이 보그 내 모든 선박과 선원을 통솔하는 최고 수행원의 역할을 맡았다. 그리고 아스텔Astell이 비서로 임명되었다. 네이피어는 자신의 중국 비서 겸 통역관으로 목사 로버트 모리슨Robert Morrison 박사를 초빙했는데, 그는 당시 유명한 선교사이자 탁월한 중국 전문가였다. 모리슨은 선교사로는 크게 성공하지 못했다. 긴 선교 생활 중 개종시킨 사람이 겨우 10명에 불과했다. 하지만 그는 중국어에 있어서는 탁월한 권위자였다. 영국 사절단이 광저우에 도착하고 얼마 지나지 않아 모리슨이 노환으로 사망한 것은 상당한 불행이었다. 만약 그가 더 오래 살았다면, 네이피어가 실수를 피할 수 있도록 설득했을 것이다. 외무장관이 동인도회사 출신을 네이피어의 2등과 3등 감독관으로 임명한 것은 장관 자신이 현재 급진 정책[19]에 찬성하지 않는다는 점을 명확히 한 것이다. 지금까지 동인도회사의 태도는 전체적으로 가능한 한 충돌 국면을 피하는 것이었다. 데이비스와 로빈슨이 무력 시위를 찬성하는 방향으로 조언해 줄 가능성은 매우 낮았다. 그들은 네이피어가 양광 총독과 직접 협상하라는 파머스턴의 지시를 따를

---

19 [역주] 침략이나 합병 등을 강조하는 외국 영토에 대한 야심을 가진 대외 정책을 일컫는다.

경우 마주칠 난관을 틀림없이 경고했을 것이다. 하지만 네이피어는 단념하지 않았다. 7월 23일 마카오를 떠나 앞서 타고 왔던 호위함 안드로마케호Andromache에 올라, 오후에 보그에 도착했다. 다음날 정오에 전원 소형선으로 갈아타고 계속해서 광저우를 향해 거슬러 올라갔다. 14시간이나 걸리는 지겨운 여정 끝에 7월 25일 새벽 2시 광저우에 상륙했고, 윌리엄 자딘의 안내를 받아 영국 회관으로 갔다. 그리고 임무를 수행하는 동안 그곳에 머물렀다.

네이피어가 마카오에 도착했다는 소식이 곧 양광 총독에게 전해졌다. 총독은 7월 21일 외국 무역상의 일거수일투족을 책임지는 공행들에게 훈령訓令을 내려, 앞서 기술한 절차를 위반하고 제멋대로 광저우로 들어올 수 없음을 '야만인의 눈the Barbarian Eye'에게 경고하도록 명했다. 공행

대표단이 즉시 내환內環 수로를 따라 마카오로 향했지만, 이미 늦어버렸다. 안드로마케호는 외환外環 수로를 따라 벌써 보그를 향해 가고 있었다. 어쩌면 네이피어는 훈령을 받았더라도 무시했을지 모른다. 네이피어가 광저우에 도착한 다음날, 오병감과 공행 중 두 번째로 중요한 인물 노문한盧文翰, 영어명 Mowqua[20]이 회관으로 가서 훈령을 전달했다. 네이피어는 예절을 갖추었지만 확고한 태도를 보였다. 그는 자신이 새로운 무역 제도를 시작하기 위해 왔다고 말했다. 공행들은 기분이 상해 돌아갔는데, 앞으로 큰 문제가 생기리라는 것을 알고 있었다. 광저우에서 이런 상황이 발생하면 재수 없는 것은 그들이었다. 원칙적으로 야만인의 불복종은 공행들이 책임져야 했기 때문이다. 그날 밤, 네이피어는 윌리엄 자딘과 저녁식사를 함께 했다.

7월 27일 네이피어는 모리슨 박사에게 자신의 편지를 번역하게 하고, 비서인 아스텔에게 번역한 편지를 성문城門[21]으로 가져가게 했다. 그 자체로 봤을 때는 전례가 없는 행동은 아니었다. 중국 관리들은 청원서에 중국 상인들이 봐서는 안 될 비밀 내용이 포함된 경우, 공행을 통해 청원서를 보낼 수 없다는 점을 인정했다. 하지만 이런 경우는 매우 드물었고, 내용이야 어찌 되었든 봉투에 '서신'이 아니라 '청원서'라고 적어야 했다. 몇 명의 공행과 동행한 아스텔은 정식으로 성문으로 갔다. 그가 15분 정도 기다렸을 때, 한 고위 관리가 나타나 편지를 보고는 상급자가 곧 도착할 것이라고 말했다. 그리고 한 시간이 흘렀다. 야만인을 훈계하

---

20 [역주] 노문한(盧文翰)은 '광저우13행' 중 광리행(廣利行)을 운영했다. 상호명이 '무관(茂官)'이라서 외국인들에게는 'Mowqua'로 알려졌다.
21 [역주] 외국인들이 중국 당국에 청원할 사항이 있을 때 청원문을 제출하는 곳으로 광저우에 설치되어 있었다.

려는 의도가 분명했다. 이는 틀림없이 불쾌한 경험이었을 것이다. 7~8월 광저우의 기후는 습기가 많고 찌는 듯 더웠다. 외국인을 혐오하는 사람들이 곧 몰려들어 말과 행동으로 적개심을 드러냈다. 또 한 시간이 지나자 고위 관리 일행이 왔는데, 첫 번째 경우와 같은 핑계를 대면서 편지를 받지 않고 떠나버렸다.

공행은 아스텔에게 청원서를 자신들에게 맡기라고 설득했지만, 아스텔은 그들에게 청원서를 맡기면 비밀이 전부 새 나갈 것이라는 것을 알았다. 이때 직책이 더 높은 관리가 나타났다. 그는 겸손하게 편지를 쳐다보았지만 만지려고는 하지 않았다. 그는 '서신'이라는 단어를 보자마자 극도의 놀라움을 나타냈는데, 아마도 그런 척했을 수도 있다. 이런 편지를 받는다는 것은 절대 있을 수 없는 일이며, 치명적인 실수가 될 수 있었다. 광저우 장군의 부장副將이 뒤따라왔는데, 그도 편지를 받으려 하지 않았다. 그러자 호관 오병감이 끼어들어 부장과 이야기를 나눈 후, 그와 부장이 함께 '청원서'를 받은 후 양광 총독에게 올릴 것을 건의했다. 아스텔은 이것이 얼핏 타당한 것처럼 보이지만 실제로는 그렇지 않다는 것을 알았다. 많은 사람이 오병감의 손에 서신이 전해진 것을 목격한다면, 이것은 외국인은 공행을 거쳐 청원해야 한다는 규정을 수용한 것처럼 해석될 수 있었다. 그렇게 되면 심각하게 체면을 잃게 될 것이었다. 사태는 경색국면에 접어들었고, 결국 아스텔은 개봉되지 않은 편지를 들고 영국 회관으로 되돌아갔다.

양광 총독은 네이피어가 하루속히 마카오로 떠나게 만들기 위해 공행을 압박하기로 마음 먹었다. 그는 감독관 네이피어가 떠날 때까지 공행들을 쥐어짜기로 했다. 공행을 훈계하는 훈령에 쓰인 '네이피어律勞卑'의 한자 이름은 두 가지 뜻으로 해석할 수 있다. 하나는 영어의 음역이고, 다른 하나는 '아주 하찮다'는 뜻이다. 이 한자는 모리슨이 양광 총독에게 보낸 미개봉 편지에서 쓴 네이피어의 한자 이름이 아니었다. 모리슨은 7월 29일 면담을 요청하는 오병감의 편지를 번역할 때, 두 한자 이름의 차이를 금세 알아챘다. 불쾌한 뜻을 담은 동일한 한자 이름이 그 편지에도 사용되었고, 그는 이 사실을 네이피어에게 알려줄 수밖에 없었다. 도대체 왜 오병감이 이렇게 무례한 짓을 했는지 알기 어렵다. 비교적 가능성이 있는 해석은 오병감이 네이피어의 이름을 쓸 때 양광 총독의 훈령에서 그대로 베껴썼다는 것이다. 이유가 무엇이든지 간에, 이 사건은 네이피어의 마음을 더 불쾌하게 만들었고, 양광 총독이 '청원서' 문제에 대해 절대 양보하지 않을 것이라는 오병감의 전언은 그를 더 화나게 만들었다.

네이피어는 자신의 주목적을 달성하는 데 실패했다. 양광 총독은 그의 편지를 보려고 하지 않았다. 하지만 양광 총독도 네이피어가 자신의 명령을 따르도록 하는 데 성공하지는 못했다. 당연히 광저우 당국은 직접 소통의 방식을 취하지 않았다. 관례에 따르면 천조대신은 외국인과 사적으로 서신을 통하면 안 된다고 적시되어 있고, 그렇게 하면 위엄을 잃게 된다고 했다. 그래서 양광 총독은 공행에게 계속 훈령을 하달해 '야만인의 눈'이 광저우를 떠나도록 설득하라고 압박했다. 공행들은 당연히 최고 감독관에게 훈령을 보여주기를 원했다. 하지만 네이피어는 양측이 왕래하지 않는 게임에서 이제 그만 내려오리라 결심했다. 7월 31일 오병감이 3개의 훈령을 가지고 영국 회관에 도착했다. 훈령은 뒤로 갈수록 어조가 거칠어졌고, 마지막은 추방 명령으로 최고조에 달했다. 훈련에 '이것은 명령이다. 이 명령으로 인해 불안에 떨라. 벌벌 떨라 These are orders. Tremble hereat! Intensely tremble'고 적혀 있었다. 네이피어는 오병감이 이 훈련을 읽지 못하게 했다. 오병감은 부득이 8월의 기후는 마카오가 더 낫다고 완곡하게 말할 수밖에 없었다. 하지만 해결책이 없지 않았다. 그것은 공행이 그 훈련을 자딘에게 보여주는 것이었다. 자딘이라면 훈련의 내용을 네이피어에게 전달할 것이라고 확신했기 때문이었다. 공행은 훈련을 자딘에게 보여주었고, 자딘은 그 내용을 네이피어에게 전달했다. 하지만 네이피어의 반응은 그들이 원하거나 기대했던 것이 아니었다.

자딘의 태도는 네이피어가 광저우에 도착하기 전, 그가 런던에 있는 동료 토마스 위딩에게 1834년 6월에 보낸 편지에 명확히 드러난다.

네이피어 경의 임명은 (…중략…) 여기와 마카오에서 큰 화제가 되었습니다. (…중략…) 이곳 당국은 감독관을 받아들일지 아직 결정하지 않았습니다. 그들은 크게 불안해하며 기다리고 있고, 많은 부분은 네이피어가 어떻게 행동하느냐에 달려 있습니다. 그들은 아마 처음에는 공행을 네이피어에게 보낼 것입니다. 저는 네이피어가 예절 바르게 행동하되, 절대 그들이 사업에 관한 어떤 말도 하지 못하도록 만들기를 바랍니다. 양광 총독 등은 아마 이 일을 곧장 베이징에 보고할 것입니다. 만일 일이 그렇게 흘러간다면, 최고 감독관은 그가 타고 온 군함에 황해를 거슬러 북상항 준비를 하라고 명하고, 자금성의 천자에게 우리의 불만과 호소를 청원하고 보상과 개선을 요구해야 할 것입니다. 이 모든 일을 남자답게 해낸다면, 저는 그 후에 벌어질 일을 책임지고 수습할 것입니다. 그렇게 하면 도움이 될 일만 있지, 결코 해가 되지는 않을 겁니다.[22]

자딘이 급진 정책을 강력하게 옹호하긴 했지만, 군함을 황해로 보내는 것은 극단적인 조치였고, 하물며 네이피어에게는 이런 행동을 취할 권한이 전혀 없었다. 8월에 자딘은 맨체스터에 있는 존 맥비카John MaVicar에게 다음과 같은 편지를 썼다.

『중국총보Chinese Repository』[23]에서 보셨겠지만, 영국의 대중무역이 잠시 중단되고 화물선의 입항이 거절되었지만, 현재까지 중국 관방에서 무역 중단을 명하는 공식 훈령이 내려오지 않았습니다.

허튼소리는 모두 걷어치우고 핵심적인 문제는 이것입니다. 네이피어 경이 직접 양광 총독에게 서신을 보낼 것이냐, 아니면 특별위원회가 그랬던 것처럼 공행을 통해 총독에게 청원서를 보낼 것이냐?

네이피어 경이 거절의 입장을 철회하지 않으니, 양광 총독은 무역을 영구히 중단할 수 있다는 것으로 네이피어가 잘못을 인정하도록 협박하고 있습니다. 우리는 중국 당국이 지시한 대로 두려움에 떨면서 결과를 기다리고 있습니다.

마지막 문장은 분명히 풍자의 뜻을 담고 있다. 중국의 모든 훈령에는 그것의 준수 여부를 떠나 그 말미에는 위에서 영어로 번역한 상투어로 마무리하기 때문이다. 자딘은 다음과 같이 서신을 이어갔다.

영국은 이 일에 대한 처리가 서투르고, 네이피어 경은 충분한 권한을 갖고

22 JM문서, *PLB*, 1834.6, 3장, p.127.
23 [역주] 1827년 11월 8일 광저우에서 발행한 영자신문이다. 중국어로 『廣州紀錄報』, 『廣東紀錄報』, 혹은 『廣州紀事報』로 번역한다. 1839년 마카오로 옮기면서 『澳門雜錄』으로 명칭을 변경했고, 1843년 홍콩으로 옮기면서 『香港紀錄報』로 명칭을 변경했다.

있지 않아 우려됩니다. 네이피어에 관한 이야기가 베이징에 전달되는 것이 좋은 결과를 낳을 수도 있지만, 저는 이곳의 관부가 자신들의 권리와 공금 유용기회 등을 포기할 것이라고 기대하지 않습니다.

우리는 동인도회사의 재정 운영에 대해 상당히 놀랐으며, 당신과 같은 개인 무역상과 중개인들이 무엇 때문에 침묵을 지키는지 알고서 정말 당황했습니다. 보아하니, 이것은 매우 귀찮은 일이 될 것 같습니다.[24]

아마도 마지막 단락은 동인도회사에 맞설만한 자유무역 움직임이 없다는 점을 언급한 것 같다. 곧 네이피어는 마카오 주재 특별위원회에서 살아남은 사람들보다 광저우에 거주하던 스코틀랜드 동족의 충고에 더 많이 의지하게 되었다. 윌리엄 자딘과 제임스 메시슨에게는 분명한 정책 방향이 있었다. 그들은 무력이나 무력 사용의 협박 없이 중국이 세계 시장에 문호를 개방하게 만들 방법이 없다고 생각했다. 자딘은 네이피어가 영국 정부로부터 적절한 지지를 받지 않고 있기 때문에, 광저우의 현상황을 고려한다면 불쾌한 거절을 견뎌야 한다는 사실을 깨달았다. 하지만 이것은 전략적 후퇴에 해당했다. 결국은 영국 정부가 개입할 것이고, 만일 모욕을 당한다면 영국 정부의 개입을 찬성할 여론이 형성될 것이었다. 문제는 어떤 이슈로 영국 정부가 개입하느냐였다. 마약 밀매는 그다지 좋은 선택이 아니었다. 하지만 자딘메시슨은 다른 영국 회사에 비해 광저우 무역을 차단하겠다는 양광 총독의 협박을 잘 견딜 수 있는 상황이었다. 이 이슈를 둘러싸고 주로 광저우에서 무역하는 사람들

---

24 JM문서, *PLB*, 1834.8, p.125.

과 자딘메시슨처럼 보그의 외해外海에서 아편을 거래하고 중국 정부의 통제가 효과적으로 미치지 않는 영역에서 활동하는 사람들 간에 알력이 있었다. 전자는 광저우 무역이 중단되면 큰 타격을 입지만, 후자는 무역이 중단되더라도 큰 어려움 없이 견딜 수 있었다.

광저우 무역상을 이 두 부류로 명확히 구분하기는 힘들다. 예를 들어 덴트사는 보그 외해에서 얻는 이익이 자딘메시슨 다음으로 많았지만, 그들은 '온건파'의 대표주자였다. 물론 랜슬롯 덴트와 윌리엄 자딘 사이에는 깊은 개인적 적대감이 있었다. 아마 정치성향도 어느 정도 역할을 했을 것이다. 덴트는 토리당원이었고, 윌리엄 자딘과 제임스 메시슨은 반대편이었으며, 반대편의 두 사람은 훗날 휘그당의 기치를 내걸고 잇달아 애쉬버튼Ashburton을 대표하는 의원에 당선되었다. 전반적으로 그들의 정당은 스코틀랜드와 북부의 자유무역 지지자들의 후원을 받았으며 무력시위를 선호하는 경향을 보였다. 반면에, 토리당은 더 조심스럽고 무력시위를 주저했다. 이는 부분적으로 폭스Fox의 1784년 인도법안[25]이 실패한 후 줄곧 토리당의 튼튼한 중심점 역할을 하던 동인도회사의 전통에 영향을 받은 것이었다. 이런 갈등은 최고 감독관이 다루어야 할 복잡한 문제들을 더욱 어렵게 만들었다. 모든 증거를 고려할 때, 최고 감독관은 자딘의 견해 쪽으로 입장을 선회한 것으로 짐작된다. 8월 9일 그가 급하게 보낸 편지는 낙관적이었고 전쟁여부를 결정하지 않은 상태였다. 하지만 8월 14일 자딘에게 훈령의 의미를 전달받은 후, 다른 관점을 가진 편지를 보냈다. 양광 총독이 하달한 훈령은 자딘이 예상한

---

25 [역주] 영국의 Charles James Fox 의원이 런던의 독립적인 위원단이 인도를 통치하도록 하는 법안을 제출했다.

대로였으나, 로젠크란츠Rosencrantz와 길던스턴Guildenstern처럼 당시 광저우에서 빼놓을 수 없는 인물이었던 오병감과 노문한의 기대와는 상당한 차이가 있었다. 이 훈령은 광저우에 머무르기로 한 네이피어의 결심을 바꾸지 못했을 뿐만 아니라, 오히려 더 굳게 만들었다. 이는 대표단의 명예가 달린 문제였다. 그는 영국 외무부가 '너무 비열해 동정과 조소를 가지고 볼 수밖에 없는 우둔한 중국정부'에게 최후통첩을 하도록 압박했다. 무력은 쉽게 효력을 낼 것이다. '인도병이 아니라 확실한 부대를 태운 서너 척의 호위함이나 쌍돛대 범선들이 아주 짧은 시간 내에 사태를 해결할 것이다.'[26] 네이피어는 자신의 추방을 명했지만, 너무나 나약해 사태 해결을 위해 아무 일도 하지 못하는 중국 조정을 비웃었다. '중국인 혹은 다른 나라 사람이 영국에 상륙한다고 가정해 보라. 국회는 결코 중국정부가 나에게 했던 것처럼 하지 않을 것이며, 그 외국인이 영국 땅에서 '지체'하도록 내버려두지 않을 것이다.'[27]

광저우는 영국 영토가 아니었다. 양광 총독은 반드시 네이피어를 제거해야 했다. 결국은 네이피어에게 해볼 테면 해보라고 으름장을 놓아야 하겠지만, 양광 총독은 가능한 한 조용하고 원만하게 이 사태를 처리하고 싶어했다. 소동이 발생한다면 조정이 그의 능력을 의심할 것이므로, 그는 조정의 주의를 끄는 일을 절대로 하고 싶어 하지 않았다. 이미 대간臺諫[28]의 세 관리가 그를 방문한 것만으로도 충분히 괴로웠다. 그들은 월해관감독세관 고발 사건을 조사하러 왔었다. 설령 총독 자신과 관련

---

26 Maurice Collis, op. cit., p.142 인용.
27 Ibid., p.142 인용.
28 [역주] 관리를 감찰하고 임금에게 간언하던 기관을 이른다.

한 일이라도 대간의 조사를 막을 수 없었고, 이는 광저우의 모든 고관도 마찬가지였다. 양광 총독은 결국 이들을 황금으로 매수했는데, 뇌물 금액이 금 시장가격을 4퍼센트나 상승시킬 만큼 엄청났다. 하지만 그들은 여전히 베이징으로 돌아가지 않았고, 상황이 안정되었다고 할 수 없었다.

그동안 네이피어는 낙관적으로 변했다. 그가 타고 온 호위함 안드로마케호는 중국해를 순항한 후 보그의 외해 찬비穿鼻섬에 닻을 내렸다. 또 다른 호위함 이모진호Imogene가 안드로마케호와 합류했다. 이 두 척의 호위함이 우연히 함께 있게 된 상황이 그의 입지를 견고하게 만들었다. 그는 베이징의 관리들을 통해 조정과 직접 접촉할 수 있으리라 낙관했다. 하지만 이는 헛된 희망이었다. 오병관과 노문한이 네이피어에게 만일 그가 원한다면 양광 총독이 현지 지부知府인 세 명의 고위 관리를 파견해 방문하겠다는 뜻을 전했다. 네이피어의 기분이 고조되었다. 그는 중국 관리를 직접 본 적이 한 번도 없었다. 아마 군함의 출현이 효과를 본 것인지도 모른다. 방문은 다음 날 오전 11시, 즉 8월 23일로 정해졌다. 결과적으로 이 만남은 성공 반, 실패 반이었다.

당일 오전 아침 일찍부터 관부의 하인들이 가마를 메고 왔고, 관리들은 중앙 홀에 자리 잡았다. 세 명의 고위 관리는 남쪽을 향해 앉고, 공행들은 고위 관리들과 직각이 되게 동서 두 줄로 마주해 앉을 예정이었다. 이들 고위 관리 중 한 명은 조지 4세King George IV의 초상화를 등지고 앉고, 얼핏 네이피어와 그의 관리들은 서 있게 한 것으로 보인다. 네이피어가 격노한 것은 당연했다. 이처럼 계산된 모욕은 참을 수 없었다. 그는 즉시 좌석의 재배치를 명했다. 이제는 네이피어가 탁자를 앞에 두고 남쪽을 향해 앉고, 양 옆에 각각 중국 관리가 앉도록 했다. 그를 마주보며 북쪽을 향해서는 비서 아스텔이 있고, 아스텔 양옆에 세 번째 고위 관리와 2등 감독관인 데이비스가 자리 잡게 되었다. 그 누구도 왕을 등지고 앉아서는 안 되었다. 공행들은 대형 초상화를 마주 보며 한 줄로 앉도록 했다. 오병감과 노문한은 중국 관리가 도착하기 전 미리 당도했다. 이는 결코 어려운 일이 아닌 것이, 어차피 관리들은 두 시간 뒤에나 도착하기 때문이다. 오병감과 노문한이 자리배치를 보고 네이피어에게 간청했으나 무시당했다. 네이피어는 완강했고 화가 나 있었으며, 관리들이 늦게 도착했기에 기분이 나아지지 않았다. 사실 고위 관리들은 윗사람이 아랫사람을 대할 때 처신하는 중국 관례에 따랐을 뿐이었다.

고위 관리들이 속으로 어떤 생각을 했는지 모르지만 변경된 좌석 배치에 전혀 당황한 기색을 내비치지 않았다. 네이피어가 먼저 그들의 지각을 나무란 이후에 논의가 시작되었다. 형식적으로는 예의를 갖추고 우호적이었으나, 내용면에서는 서로 타협하지 않았다. 중국 관리는 서신을 받지 않으려 했고, 네이피어도 편지의 내용을 구두로 전달하려 하지 않았다. 포도주를 마시고 서로 미소를 지어 보이고, 목례도 하고, 예의도 지켰으나, 회담은 여전히 교착상태에 있었다. 네이피어는 어쩌면 자신이 1~2점 더 획득해 이겼다고 착각했을 수도 있다. 만약 그가 정말 그렇게 생각했다면 그건 크나큰 착각이었다.

네이피어의 다음 단계는 처참했다. 네이피어는 다수의 유럽인들처럼 광저우 사람들이 자신의 견해를 밖으로 밝히지는 않지만 자유무역에 찬성하고 있고, 조정의 독재로 인해 자유무역을 하지 못한다고 믿었다. 공행은 당연히 이러한 견해를 견지하고 장려했지만, 이들이 광저우인을 대표한다고 볼 수는 없었다. 이때 네이피어는 열병으로 아팠으나 자신의 입장을 밀어붙여, '무지하고 완고하다'고 여겨지는 양광 총독의 정책을 공격하고, 무역 중단 조치에 유감을 표명하는 포고문을 거리 모퉁이에 8월 26일 자로 붙이게 했다. 총독이 격노할 만했다. 총독은 8월 28일 자로 실제로 서명하지는 않았지만, 일반적으로 훈령에 쓰는 정교하면서도 동시에 예절을 갖춘 완곡한 언어를 버린 반박 포고문을 승인한다.

'아주 하찮은'(즉 네이피어)이라는 이름을 가진 무법의 외국 노예가 사사로이 공지를 발표했다. 우리는 이처럼 야만적인 개가 어떻게 안하무인 격으로 스스로를 '야만인의 눈'이라 칭하는지 알 수 없다. (…중략…) 백성을 선동해 법을 어기고 조정의 명을 거역하는 것은 중죄에 해당하며, 반드시 국법으로 처리해야 한다. 왕명을 받아내 그를 참수형에 처하고 그 머리를 매달아 야만인의 풍습에 경고할 것이다.

9월 2일 양광 총독은 훈령을 공표한다. 8월 16일부터 부분적으로 중단된 무역이 이제는 네이피어가 떠날 때까지 완전히 중단될 것이었다. 양광 총독이 왜 관련자들의 동요를 무릅쓰고 공식적으로 네이피어의 으름장에 맞서려고 결심했는지 알 수 없다. 우리는 그가 더 일찍 행동을 취하지 않은 점이 놀라울 뿐이다. 이는 허장성세였을 것이나, 네이피어는 저항할 수 있는 위치에 있지 않았다. 공행과 자딘을 통해 전달되던 과거와 달리, 새 훈령은 회관의 문 위에 게시되었다. 9월 4일 저녁 식사를 하는 동안 이 소식이 네이피어에게 전해졌다. 그는 안드로마케호와 이모진호를 찬비에서 황푸로 이동할 것을 명령했다. 만일 보그의 요새에서 저지당한다면 경우에 따라 무력을 사용하되, 반드시 상대방이 선제공격을 한 후에 대응공격을 하라고 명했다. 이러한 결정은 누군가의 충고를 듣고 내린 결정이었을 것이다. 분명히 자딘은 만류하지 않았을 것이다. 네이피어는 파머스턴으로부터 긴급 상황에 해군력을 동원할 수 있는 권한을 받았지만, 이 사태가 긴급 상황에 해당한다고 정당화하기는 어려웠다. 네이피어는 그의 동료와 영국 무역상이 목숨의 위협을 받았다고 믿었을 것이다. 하지만 그의 가장 가까운 자문역인 자딘은 이것을 위협으로 느끼지 않았을 것이다. 어떤 영국인 거주자도 광저우에서 상해를 입은 적이 없었고, 그들의 상품이나 보물이 도난당하거나 압수당한 적도 없었다. 중국 군대가 개입하는 경우는 오직 광저우의 폭도로부터 외국 무역상을 보호할 때뿐이었다. 외세와의 충돌사건에서 고통받는 사람은 항상 중국 무역상이거나 그들과 거래하는 하층민이었다. 자딘이 원한 것은 일관성 있는 정책이었으나 그로 인해 영국의 모든 무역상이 철수해야 하는 상황이 되었다. 영국 군함이 도착했다는 것은 양광 총독이 훈령을 포기하거나, 네이피어가 추방돼야 함을 의미했다. 이것은 영국에게 좌절에 가까운 일이 될 것이며, 결국에는 여론을 바꾸어 중국에 대규모 원정대를 파견해 중국이 서방에 무역문호를 개방하도록 만들 것이었다.

친절하지 못한 듯이 보이겠지만, 소위 네이피어의 '실패'에 관한 나머지 이야기는 간단히 기술하겠다. 한동안 발포했으나, 사상자는 거의 없었다. 전함은 보그를 강제로 개방하고 황푸로 향했다. 양광 총독이 해협의 양쪽 끝에서 길을 차단해 전함을 옴짝달싹 못하게 했다. 하지만 총독은 그의 전략적 이점을 무리하게 밀어붙이지 않는 것이 신중한 행동이라고 여겼다. 이제 네이피어는 떠날 수밖에 없었다. 그는 아마도 말라리아로 인한 고열로 몇 주간 계속 아팠을 것이다. 광저우는 연중 이맘때면 밤에도 실내 온도가 섭씨 30도까지 올라갔으므로, 그의 몸 상태가 어떠했을지 충분히 짐작할 수 있다. 양광 총독은 네이피어가 전함을 타고 떠나도록 허락하지 않았고, 중국인 안내원을 태운 중국 선박을 이용하도록 고집했다. 이 여정은 7일이나 걸렸는데, 중국 선박은 밤이면 끊임없이 징을 쳐대고 폭죽을 터트리는 바람에 끔찍했다.[29] 가는 길에 들리는 기항지마다 관료적 절차 때문에 오래 지체되었다. 마침내 네이피어는 9월 26일 마카오에서 아내와 세 딸과 합류했지만, 이미 지치고 매우 병약한 상태였다. 그리고 2주 후 그는 세상을 떠났다.

---

29 [역주] 중국 뱃사람들은 자신들이 모시는 바다신에게 무사귀환을 바라는 제사를 지냈다. 징과 폭죽소리는 배에서 신에게 제사지내며 축원하는 과정에서 발생한 것이다.

제6장
황제의 개입

되돌아보면 1834년 해군 전함과 보그 요새 사이에 오간 포격 사건은 아편전쟁의 시발점이었다. 하지만 상황이 극도로 악화한 것은 그로부터 5년이 지난 후였고, 중국의 황제가 유럽 무역상이 원한 조건의 대부분을 억지로 수용하게 된 것은 또 그로부터 3년 후의 일이었다. 1843년 즈음 자딘메시슨은 이미 주요 목표를 달성했다. 만약 회사가 번영하지 못했다면, 그건 회사의 잘못이지, 중국의 제약 때문이 아니었다.

네이피어의 희비극 사건 이후, 설득과 외교가 아무런 쓸모가 없다는 점이 명백해졌다. 그럼 광저우의 외국 무역상들은 어떤 방향으로 가기를 원했을까? 그들은 아편 밀매로 이미 엄청난 이윤을 남기고 있었다. 그렇다면 그들을 성공하도록 만들어준 중국 조정과 다투어 얻을 수 있는 게 많았을까? 이상하게도 대답은 '그렇다'이다. 아편 무역은 당시 영국에서 많은 비판을 받았고, 영국 정부가 할 수 있는 일이라고는 기껏해야 영국은 아편 무역에 간섭하거나 지원할 권한을 갖고 있지 않다고 공개적으로 선언하는 것뿐이었다. 영국 무역상들이 부정한 돈벌이를 마냥 즐겁게 한 것은 아니다. 그때까지 무역상들에게 큰 이윤을 남겨준 노예무역은 매우 나쁜 무역이었고, 결국 여론으로 인해 폐지되었다. 유사한 여론이 아편 거래에도 영향을 미칠 가능성을 배제할 수 없었다. 멜버른 경Lord Melbourne이 '이 놀라운 도덕성'이라고 명명한 여론은 사그라들지 않고 더 강해지고 있었다. 자딘메시슨도 이 여론에 영향을 받을 수밖에 없었고, 몇 년 내에 메시슨은 양심을 이유로 아편 사업에서 손을 뗐다.[1]

청 조정이 무능하고 부패했으나, 아편 무역의 한계는 유럽의 무역상들도 인식하고 있었다. 아편 무역은 불법이었고 이는 부인할 수 없는 사실이었다. 조만간 청 조정이 누구도 심각하게 받아들이지 않는 거창한 훈령을 발표하는 대신 실질적인 법을 집행하기로 결정할 수도 있었다. 이러한 두려움은 충분히 납득할 만했다. 고려해야 할 다른 사항도 있었다. '아편'이 얼마나 막대한 불안정한 이윤을 남겨주든지 간에, 중국이 합법적 무역을 막는 장벽을 낮추거나 없앤다면 그로부터 얻는 이윤이 훨씬 크지 않을까? 이 점에 있어 광저우의 무역상들은 너무 낙관적이었다. 그들을 막는 중국의 제약들이 사라지면 진출할 수 있으리라 기대한 인구 4억 명의 거대한 잠재적 시장은 그들의 예상보다 훨씬 침투하기 어려웠다. 하지만 그것은 미래의 문제였다. 당면한 과제는 제약에 대한 돌파구를 마련하는 것이었다. 난제는 그 돌파구를 전쟁이나 전쟁의 위

---

1 Maggie Keswick(ed), *The Thistle and the Jade*, 1982, p.28.

협으로만 마련할 수 있다는 것이었다. 어떤 영국 행정부도 선박이나 부대를 전쟁 원정대로 보내기를 원치 않았다. 중국산 차 수입이 원만하게 지속되어 영국 국고의 건전한 수입원이 되는 한, 비평가들은 중국 원정을 두고 분명히 아편 로비에 굴복한 결과라고 '치부'할 것이 분명했다. 영국의 정계는 중국산 차의 규칙적인 수입이 아편의 규칙적인 수출에 달려 있다는 점에 대해 우려하지 않았다. 얄궂게도, 자딘메시슨 같은 회사들의 불법 아편 판매의 성공은 영국 정부가 중국 조정에 합법적인 대외무역 개방을 요구하기 힘들게 만들었다. 결국 이 문제를 의도치 않게 해결한 장본인은 바로 중국의 황제[2]였다.

급진 정책에 찬성하는 네이피어의 공문서들은 그의 사후에야 영국 외무부에 도착했는데, 정계에 어떤 반응도 일으키지 못했다. 네이피어가 공문서의 수신자로 생각했던 휘그당 정부는 1834년 11월에 사퇴했는데, 실제로는 윌리엄 4세에 의해 해산되었다. 이어서 보수당 소수정부가 짧게 1835년 4월까지 집권했다. 보수당의 웰링턴 공작Duke of Wellington이 외무장관에 임명되는데, 그는 파머스턴보다 더 행동에 주저하는 경향을 보였다. 제임스 메시슨은 네이피어 부인과 딸들을 영국으로 귀환하는 항해에 동행했고, 외교부를 방문해 적극적인 외교정책을 펼치도록 압박할 작정이었다. 그는 자신의 입장을 뒷받침해줄 청원서도 가지고 갔는데, 영국 국왕에게 보내는 것으로 1834년 광저우 무역상 64인의 서명이 있었다. 청원서에는 불행한 인물, 즉 네이피어가 당한 모욕적인 대우와 영국을 모욕한 데 대한 배상을 얻어내기 위해서 네이피어의 후임으로 군

---

2 [역주] 중국 청나라 제8대 황제인 선종(宣宗, 1782~1850)을 말한다. 재위 기간은 1820년~1850년이고, 연호로 도광(道光)을 사용해 도광제라고도 칭한다.

사적 권한과 충분한 무력 지원을 받을 수 있는 자를 임명해 줄 것을 촉구하는 내용이 담겨 있었다.

네이피어 '사건'의 전반적인 세부사항은 3월까지 영국 정부에 도달하지 않은 상태였다. 그 사이 메시슨이 영국에 도착해 외무부를 방문했고, 웰링턴 공작은 메시슨을 차갑게 맞이했다. 유명한 토리당의 군인이자 귀족인 웰링턴이 쾌활하고 언변 좋고 스코틀랜드 억양을 쓰는 벼락부자이자 모험가를 어떤 태도로 대했을지 쉽게 상상할 수 있을 것이다. 게다가 웰링턴 공작의 입장에서 메시슨은 그의 동족 절대다수가 그러하듯 정치적으로 잘못된 입장에 서있는 사람이었다. 이 면담에 대해서는 메시슨의 기록만 남아 있다. 메시슨은 자딘에게 쓴 서신에 웰링턴 공작이 '냉혈한으로 (…중략…) 복종과 굴복을 격렬하게 옹호하는 인물'이라고 썼다.[3] 하지만 정당이 바뀐다 해도 별로 도움이 되지 않았다. 파머스턴이 외무부로 복귀한 후, 메시슨은 자딘에게 보낸 날짜 미상의 편지에 다음과 같이 적었다.

자딘, 사람들은 이 멋진 나라에서 너무나 안락하고 원하는 모든 것이 있는 것에 완전히 만족해 있습니다. 그들은 시장을 포함해 국내의 일들이 제대로 돌아가는 한, 우리 같은 이방인을 고려하지 않을 것입니다. 그러니 무역 중단이나 무역상과 선박 소유주의 경제적 손실이 발생하기 전까지, 이곳 사람들은 그 어떤 동정도 하지 않을 겁니다. 당신이 중국에서 어떤 희생을 치르든, 그리

---

3   Maurice Collis, *Foreign Mud*, 1946, p.124 인용. 또한 Gerald Graham, *The China Station : War and Diplomacy 1830-1860*, 1978, p.69 각주9에도 나오는데, Graham은 *Chang, Hsin-Pao, Commissioner Lin and the Opium War*, 1964, pp.83~84에서 인용.

고 어떤 방식으로 일하든, 중국에서 일을 조용하게 처리할수록 여기서 얻을 수 있는 동정은 더 적어질 겁니다. 파머스턴 경은 아무 조치도 취할 생각이 없습니다.[4]

웰링턴 공작이 네이피어 사건에 관한 전반적인 보고서를 받은 후 3월 24일에 적은 간단한 메모에서 그는 이 상황을 '지금 우리에게 요구되는 것은 우리가 가진 것에 대한 기쁨을 잃지 않는 것이다'라고 요약했다. 하지만 공작 역시 속으로는 다른 생각도 재고한 것으로 보인다. 이는 그가 동일한 메모에 '특히 최근의 사태를 고려할 때, 무역이 정상적으로 이루어지기까지 감독관은 거대한 전함과 이보다 작은 전함을 언제든지 부를 수 있어야 한다'라고 쓴 내용에서 알 수 있다.[5]

파머스턴은 1835년 4월부터 1841년 9월까지 6년간 휘그당 출신의 외무장관으로 재임했다. 제임스 메시슨의 판단에도 불구하고, 파머스턴은 조심스럽긴 했지만 적어도 웰링턴보다는 광저우 무역상의 주장에 더 동정적이었다. 그는 자랑스럽게 드러내는 태도를 좋아했고, '무력 외교'를 싫어하지 않았다. 선거에서 승리하기 위해 토리당은 지주계급과 이들의 권익에 의존했는데, 지주계급은 자유무역에 대해 전혀 열성적이지 않았고, 중국에 대해 아는 바도 전혀 없었다. 반면에, 휘그당은 '옥수수밭'이 아니라 '목화밭'에 의존하고 있었다. 그들은 인도처럼 중국에도 수출 시장이 있다고 믿는 영국 북부와 스코틀랜드의 제조업자, 그리고

---

4 G.J. Yorke, op. cit., pp.218~219에서 인용.
5 외교 각서, 1835년 3월 24일 자, 외무부, 17/8. 부분적으로 Maurice Collis, op. cit., p.184, 그리고 부분적으로 Gerald Graham, 『중국 사업소－전쟁과 외교 1830~1860(*The China Station : War and Diplomacy 1830-1860*)』, 1978, p.66에서 인용.

상인의 압력에 민감했다(1835년 선거 결과, 1832년 당시 다수당인 휘그당의 의석 수가 크게 줄어들었으나, 여전히 상대 당인 토리당보다 100석을 더 차지했다). 1837년 선거에서는 휘그당이 토리당보다 겨우 30석을 더 얻었다. 스코틀랜드를 포함한 북부지역의 지지가 없다면 휘그당은 소수당으로 전락할 수 있었다. 제2차 아편전쟁을 분석할 때 항상 영국의 선거 상황을 무시해서는 안 된다. 윌리엄 자딘과 제임스 메시슨은 휘그당원이었다. 아무래도 파머스턴이 외무부를 차지한 토리당 인사보다 두 사람의 의견에 귀 기울일 가능성이 더 높았다.

그러는 사이에 광저우의 상황은 정체되었다. 네이피어의 후임으로 처음에는 존 프랜시스 데이비스John Francis Davis가 왔는데, 그는 6개월 후 사임했다. 다음 후임으로 조지 로빈슨 경Sir. George Robinson이 왔다. 이 후임자들은 명확한 지시를 받기 전까지 아무 일도 하지 않는 데 만족했다. 그들은 마카오에 살며 높은 급료를 받았고, 가끔 선박 관련 서류에 서명하는 일을 했다. 광저우 무역상들의 상황은 동인도회사 아래 있을 때보다 더 나빠졌다. 이제 공행과 협상할 무역 대표자도 없었다. 메시슨이 첫 소장을 지낸 상공회의소가 결성되었으나, 그의 회사와 덴트사 사이에 불거진 불화로 효과적인 역할을 하지 못했다. 소문에 따르면 두 회사의 불화는 1830년 콜카타에 소재한 회사들이 겪은 실패와 관련 있다고 한다. 프로이센에서 생산한 인디고가 만족스럽고 훨씬 저렴한 대체재로 사용될 수 있다는 소문이 나면서 인디고 가격이 폭락했는데, 위에서 말한 실패는 이로 인한 결과였다. 파머사Palmer&Co.는 규모가 큰 인디고 무역상 중 하나였는데, 자딘메시슨과 덴트사의 거래처였다. 파머사가 망했다는 소식은 자딘의 쾌속 범선이 먼저 전해준 것으로 보인다. 자딘은 이 소식을 혼자만 알고, 자신의 손실을 줄이기 위해 급히 재고를 처분했다. 그는 이 소식을 심각한 타격을 받을 덴트에게 전달하지 않았다. 덴트는 결코 자딘을 용서하지 않았다.[6] 네이피어 사태 동안 자딘은 덴트가 중국 당국과 계략을 꾸며 최고 감독관에 맞서도록 조종했다고 믿었다. 네이피어의 사망 후, 1834년 10월 자딘은 토머스 위딩에게 다음과 같이 적었다.

> 귀하는 은밀한 화법과 암시가 이곳의 누군가를 향해 있음을 발견하게 될 것입니다. 그들은 암암리에 네이피어 경이 하는 일을 반대해 갖은 방법을 동원해 중국의 대항을 유도했는데, 예를 들어 호관오병감이 네이피어 경의 권한, 지위 등을 잘못 보고했을 수도 있습니다. 이 일은 결코 입증할 수는 없습니다. 하지만 호관오병감과 모관노문한이 나눈 여러 차례의 대화에서 이것이 사실이라고 믿을 만한 이유를 발견했습니다.[7]

1867년 덴트사가 파산한 후, 회사의 서류들이 모두 사라졌기 때문에 자딘의 비난이 정당했는지 확실히 알 수 없다. 하지만 네이피어가 선호하고 자딘이 지지한 급진 정책에 대한 덴트의 견해를 고려할 때, 아마도 자딘의 비난이 정당했을 것이라고 추측된다.

---

6 Michael Greenberg, *British Trade and the Opening of China 1800-1842*, 1951, p.167 각주2.

7 JM문서, *PLB*, 1834.10, p.165. '어떤 사람'은 분명히 덴트이다. '언급'은 자딘이 발행하는 신문인 *Canton Register*에 실린 어떤 글에서 나온 것일 수 있으며, 이 글은 덴트의 개입을 암시하고, 덴트사가 발행하는 간행물인 *Canton Press*와의 말투가 험한 논쟁을 낳았다. G.J. Yorke, op. cit., p.220.

최고 감독관으로 부임한 후임자 두 명의 무관심은 1836년까지 이어졌다. 중국 군대 때문에 안전하지 않다고 생각한 로빈슨 경은 마카오를 떠났고, 1835년 11월에는 마약 밀수의 본거지인 린틴섬에서 조금 떨어진 선박에서 살았다. 광저우 무역상이 할 수 있는 일이라고는 영국 정부에 청원서, 진정서, 팸플릿, 긴 서신 등을 수없이 보내는 것뿐이었다. 한결같은 요지는 마카오보다 덜 위험한 영업 기지를 한 곳, 가능한 한 곳 이상을 확보할 필요가 있다는 것이었다. 샤먼, 닝보, 저우산 혹은 홍콩이 제안되었다. 파머스턴은 아마도 귀츨라프의『현재 대중관계에 관한 에세이Essay on the Present State of Our Relations with China』나 1832년 귀츨라프를 데리고 해안을 따라 웨이하이威海까지 올라가 탐험한 해밀턴 린제이 Hamilton Linsay가 쓴 팸플릿을 읽었을 것이다. 이 두 글은 강한 어조로 강경노선을 지지했다. 파머스턴은 아무 조치도 취하지 않는 데 찬동한 조지 로빈슨 경의 장황한 편지들 때문에 짜증이 났던 것으로 보인다. 1836년 6월 그는 조지 로빈슨 경을 해고하고, 위원회의 젊은 구성원이었던 찰스 엘리엇Charles Elliot을 임명하기로 결정했다. 로빈슨은 12월에 은퇴했고, 엘리엇이 그의 뒤를 이었다.

엘리엇은 네이피어처럼 해군 장교였고, 스코틀랜드의 휘그당 귀족 출신이었다. 그는 작위와 유산을 물려받을 핏줄은 아니었지만, 그의 인적 네트워크는 훨씬 더 영향력 있었다. 그의 부친인 휴 엘리엇 경Sir. Hugh Elliot은 제1대 민토 백작Earl of Minto의 동생이었고, 직업 외교관 출신으로 일찍이 인도 마드라스Madras[8] 시장을 역임했다. 제2대 민토 백작인 그의

---

8 [역주] 인도 타밀나두 주, 벵골만 연안에 위치한 도시로 현재는 첸나이라고 불리고 있다.

사촌 형은 1835년부터 1841년까지 해군 장관을 지냈고, 그의 딸은 당시 영국의 유명한 정치가이자 훗날 영국 수상의 자리에 오르는 존 러셀 경Lord John Russell과 결혼했다. 민토 경의 남동생인 조지 엘리엇 해군 소장은 1837년부터 1840년까지 케이프타운 기지의 총사령관이었고, 나중에 아편전쟁에서 해군을 책임지게 된다. 찰스 엘리엇은 지적인 사람이었지만 자부심이 강하고, 완고하며, 비현실적인 인물이었다. 『타임즈 The Times』는 그를 '그럴듯한 사과 가게도 운영하기에 부적합한'[9] 사람이라고 묘사했는데, 이 말이 너무 가혹할 수도 있지만 그는 분명 충동적이고 판단력이 부족한 사람이었다. 아무도 그를 예측하지 못했고, 중국 당국이 양국의 관계를 혼란에 빠뜨릴 중요한 결정을 내린 시점에 임명되었기 때문에 운이 나쁘기도 했다. 중국 황제가 마침내 아편 거래를 중단시키고, 실질적인 법집행을 결정하게 된 것이다.

베이징淸 朝廷 조정은 두 가지 이유로 동요했다. 첫째는 점차 많은 아편이 유입되면서 백성들의 건강, 효율성, 도덕성에 악영향을 미친다는 사실이 드러났다. 물론 전체 인구로 따지만 겨우 2퍼센트 정도에 불과했으나, 중국 정부가 의존하는 엘리트 계층에서 아편의 영향을 받는 비중이 훨씬 높았다. 아편이 지배 계층의 신체와 정신을 좀먹어가고 있었다. 황제에게 아편 거래 중단을 청하는 진정서를 올린 고위 관료들은 '절금파絕禁派, Moralists'[10]로 알려져 있다. 그들의 해결책은 아편 거래를 완전히 없애는 것이었다.

---

9 Ernest Bevin이 실제로 사용한 문구는 '쇠고등 매점(a whelk stall)'이었다.
10 [역주] 영어원문에서는 아편 무역에 대한 생각이 달랐던 두 부류의 관리를 'Moralists'와 'legalist'로 표현했다. 중국과 한국의 역사학에서 이들을 '절금파(絕禁派)'와 '이금파(弛禁派)'로 분류하므로, 그 기준을 따랐다.

두 번째 이유는 경제적 논쟁에 근거한 것이다. 아편 수입의 비용을 지불하기 위해 대량의 '원보元寶, sycee'[11]라 불리는 은괴가 외국으로 빠져나갔고, 이는 백은과 함께 통용화폐로 쓰던 구리 화폐의 가치를 떨어뜨리는 연쇄작용을 가져왔다. 중국은 두 금속을 통화로 사용하고 있었다. 이 통화 제도에 따르면 동전 1,000개로 백은 1냥을 바꿀 수 있었는데, 1838년에는 태환율이 폭등해 1,650문文으로 올랐다. 실제로 1 : 1,000의 태환율이 중국의 역대 왕조에 걸쳐 현실화된 적은 없었다. 이 비율은 단지 정부가 회계를 처리할 때 필요했을 뿐이다. 조정도 실제 태환율이 유동적이라는 것을 알고 있었고, 관방의 정책은 최대한 법정 태환율에 근접하도록 노력하는 것이었다. 18세기 태환율의 변동은 오르락 내리락 한다는 점을 잘 알고 있었다. 그럼에도 불구하고 이 비율을 법적 기준에 상당히 근접하도록 유지하는 것이 공식적인 정책이었다. 18세기에는 태환율이 750~900 사이를 유지했으나, 1808년에 1,000에 도달했다. 그 이후 동전의 가치는 줄곧 하락했다.

실제로, 이 비율의 하락은 은 수출과 아무런 관계가 없었다. 이것은 윈난성雲南省 구리광산의 동 생산량이 줄어들어서 관부가 순도가 떨어지는 주화를 만들 수밖에 없었다는 사실로 충분히 설명된다. 화폐순도의 절하는 관방이 1800년부터 1830년까지 연간 더 많은 수량을 주조하게 만들었고, 그 양은 18세기 초와 비교하면 무려 8배에 달한다. 악화惡貨가 양화良貨를 구축驅逐하므로, 은은 더 부족하게 되었고 동으로 만든 주화보다 더 비싸게 되었다.[12]

---

11 [역주] 중국 명나라 시기부터 통용되던 금이나 은으로 만들어진 화폐를 말한다. 말발굽 모양으로 생겼다고 해서 '마제은(馬蹄銀)'이라고도 불렸다.

하지만 아편 무역을 반대하는 경제적 논쟁을 선호한 중국 관리들은 이 문제를 전적으로 원보元寶의 유출 탓으로 돌렸다. 이들은 원보의 유출을 큰 위험으로 간주했고, 아편흡입금지는 강제적인 방식으로만 가능하다고 믿었다. 따라서 아편 거래를 합법화하되, 월해관감독이 독점해 은을 지불해 구매하는 방식이 아닌 물물교환의 방식으로 아편을 수입하자고 주장했다. 이 부류의 관리들을 '이금파弛禁派, legalist'라고 부른다. 황제는 그들의 주장을 진지하게 고려했다. 이 방법이 갖는 이점은 이전까지의 아편 밀매는 세금을 납부하지 않았는데, 위처럼 전매한다면 장차 국고 수입이 증대될 것이었다. 하지만 황제는 신중했고, 아편이 백성을 타락시킬까 우려했다. 결국 절금파가 승리했고, 아편 무역은 금지될 예정이었다. 문제는 어떤 방식으로 금지할 것인가였다.

황제는 먼저 양광 총독과 광둥 순무에게 교지를 내려 중국 무역상과 밀매업자에게 법을 더 효과적으로 집행하라고 명했다. 처음에는 이것이 효과가 있는 것처럼 보였다. 밀수선들이 강에서 거의 사라졌다. 1835년 양광 총독 노곤盧坤[13]의 사망 후, 후임으로 임명된 등정정鄧廷楨[14]은 자주 감시 선박을 보내 린틴에서 적발한 아편 화물을 인계받고 내륙으로 운송했다. 그리고 자신의 위엄을 드러내기 위한 행동을 취하려 했다. 등정정은 자딘과 8명의 영국 국적 상인을 추방한다는 훈령을 내렸다. 자딘과 영국 무역상들은 이 훈령을 무시했는데, 그들에게 아무런 일도 일어

---

12 *Cambridge History of China* 10권, 1부, pp.178~179.
13 [역주] 노곤(盧坤, 1772~1835)은 허베이(河北) 출신으로 자는 정지(靜之)이고, 호는 후산(厚山)이다. 네이피어사건 당시 양광 총독에 재임 중이었다.
14 [역주] 등정정(鄧廷楨, 1776~1846)은 장쑤(江蘇) 출신으로 자는 유주(維周)이고, 만호는 묘길상실노인(妙吉祥室老人)이다.

나지 않았다. 그러니 자딘이 새로운 정책을 심각하게 받아들이지 않은 것은 그리 놀랄 일이 아니었다. 무역이 중단된 것은 분명한 사실이었다. 1837년 1월 광저우에서 자딘은 '이곳의 아편이 멈추기 시작했다'라고 적었다. 6월 그는 아편 거래가 완전히 중단된 것으로 묘사했으며, 11월 에는 '아편 시장은 중국 당국의 극도의 경계 때문에 매일 악화되고 있 다'라고 적었다. 영국 무역상들은 공행을 통해 베이징에서의 논쟁을 잘 알고 있었다. 비록 이금파가 승리한다 하더라도 장차 맞닥뜨려야 할 많 은 난제가 있었으나, 그럼에도 자딘은 '이금파'가 이기기를 기대했다. 자딘메시슨은 아편 거래를 금지하는 결정에 대해 그리 우려하지 않았 다. 이전에도 아편 거래 금지 조치는 빈번히 내려졌고, 아편 거래가 여 러 번 중단되었지만, 금방 재개되곤 했다. 그래서 두 동업자는 이 새로 운 정책이 유사했던 예전 사례가 단순히 반복되는 것이라고 여겼다. 그 들이 결코 예상하지 못했던 것은 아편 거래를 막는 법이 실제로 집행될 예정이라는 것과 황제가 아편 금지에 진심이었다는 것이다.

1838년 12월, 은퇴하기 전날 밤까지도 윌리엄 자딘은 폭풍이 잠잠해 질 것이라고 믿었다. 하지만 그는 잼세치 지집호이Jamsetjee Jejeebhoy에게 보내는 편지에서 소위 아편 거래상에 대한 '박해'가 이전보다 훨씬 심해 진 것은 아니지만, 이러한 '박해'가 중국의 각 성으로 퍼져나가 과거에는 한 번도 겪어보지 못한 상황이라고 적었다.[15] 1838년 여름, 잠시 아편 붐이 되살아나자 그와 다른 무역상들의 기분이 고조되었다. 무장한 유 럽 상인의 서양식 범선이 밀수선을 대신했고, 적대적인 범선에 맞섰다.

---

15 Michael Greenberg, op. cit., p.202.

무장한 서양식 범선을 배치하는 것은 대규모 회사가 아닌 이상 비용 부담이 너무 컸다. 자딘메시슨과 덴트사가 시장을 독점했고, 5월의 첫 두 주 동안 파트나산 아편 가격을 상자 당 300달러에서 580달러로 끌어올렸다. 메시슨은 황제의 칙령을 휴지처럼 여겼다고 적었다.[16] 하지만 9월에 아편을 금지하는 공식 정책이 다시 강하게 추진되면서 메시슨은 곧 환상에서 깨어났다. 중국 밀매업자와 거래상은 공포에 휩싸였다. 그해 말까지 아편 밀매와

뭄바이의 유명 상인, 잼세치 지집호이 경

아편을 흡입한 죄로 약 2,000명이 체포되었다. 많은 사람이 처형되기도 했다. 광둥성에서는 총독이 야간 가택 수색을 하고, 아편 흡연실과 아편굴의 폐쇄를 명했다. 12월 6일 자딘은 '아편 파이프는 하나도 보이지 않고 (…중략…) 아편에 대한 문의가 단 한 차례도 없었다'고 적었다.[17] 해안의 위쪽이나 아래쪽이나 상황은 마찬가지로 나빴다. 아편을 하역하거나 지역 상인들과 거래하는 것이 사실상 불가능해졌다.

그럼에도 불구하고 윌리엄 자딘과 제임스 메시슨은 전반적으로 낙관적이었다. 유럽인들 사이에서 중국인은 만주족의 폭정하에서 고통받고 있으며, 청 왕조를 전복시키기를 갈망하고 있다는 잘못된 신념이 만연

---

16 Ibid., p.20.
17 Ibid., *PLB*, WJ, 1838.12.16 및 1839.1.5 인용.

해 있었다. 만주족 통치자들이 중국인에게 인기가 있었던 것은 아니지만, 빨간 머리 야만인의 부탁으로 그들을 몰아내는 것은 전혀 다른 문제였다. 두 동업자는 이처럼 가혹한 조치들이 중국인의 불만을 야기하고 그로 인해 폭동이 일어날 것이라는 희망을 품고 있었다. 어쨌든 과거의 선례에 비추어 볼 때, 이러한 조치들이 일관성 있게 혹은 장기적으로 실행될 것 같아 보이지 않았다. 그들은 조정이 금방 이 모든 일에 지치게 되리라 생각했다.

자딘과 메시슨은 너무 낙관적이었다. 황제는 현재의 조치를 엄격하게 시행할 생각을 품었을 뿐 아니라, 새롭고 더 급진적인 생각을 가지고 있었다. '절금파' 중 가장 강하게 나선 이는 호광 총독湖廣總督 임칙서林則徐였다. 그는 학식이 높은 학자, 시인, 서예가였으며, 몰락했으나 명망 있는 푸저우福州 가문 출신이었다. 그는 조정의 일을 신속하게 성공시켰고 어려움 없이 관직 생활을 했다. 그는 유능하고 사려 깊으며, 침착하고 무엇보다도 청렴한 사람이었다. 임칙서는 '절금파'였으나 황작자黃爵滋처럼 아편 거래상과 밀수업자뿐만 아니라 아편을 피우는 사람도 사형시켜야 하고, 그렇게 수천 명을 사형시키면 아편에 대한 수요를 완전히 없앨 수 있다고 주장하는 강경노선에 속하지 않았다. 임칙서는 그것이 너무 가혹하다고 여겼다. 중독은 심리적인 문제였다. 먼저 아편을 끊지 않으면 사형에 처한다는 칙령을 반포해야지 가르침도 주지 않고 죽이는 것은 결코 바른길이 아니며, 백성들이 두려워해 삼가고 경계하게 만드는 것이 정도正道라고 생각했다.

이것은 동전의 한 면에 해당하는 이야기이다. 다른 한 면은 공급의 문제였다. 여기서 임칙서는 문제의 핵심에 다가갔다. 광저우는 부패의 소굴이고 청소되어야만 했다. 남부의 아편 거래상이 모든 문제의 근원이었고, 외국 밀매업자들은 중국인과 동일한 방식은 아니더라도 동일하게 효과적으로 대처해야 했다. 그들은 너무 오랫동안 관대한 대우를 받았다. 황제는 19명의 관리에게 임칙서의 말을 듣게 했는데, 모두 완벽히 설득당했다. 1838년 12월 31일 황제는 그를 흠차欽差, 즉 황제의 특사로 임명했고, 그는 아편 거래를 뿌리 뽑을 절대적인 권한을 부여받았다. 왕조 역사상 이런 특별한 임명이 이루어진 것은 다섯 번째였다. 광둥 총독은 관보官報에서 이 소식을 접하자 거의 한 시간 동안 기절해버렸다.

총독 임칙서는 야만인들에게 강경책을 쓰면 현대적 의미의 국가 간 전쟁은 아니더라도, 속국의 야만인들이 중국에 대항할 수 있다는 점을 알고 있었다. 그는 회유, 도덕적 설득, 경제적 압박, 그리고 협박 정책 등을 사용해 이런 사태를 피하고 싶었다. 그의 임무는 모든 외국인을 완전히 배제하는 것이 아니었다. 조정의 수입이 광저우를 통한 대외무역에 의존하고 있었기 때문이었다. 하지만 만일 전쟁이 일어난다면 그 결과에 대해서는 자신했다. 임칙서 역시 다른 유교 관리처럼 영국이나 다른 서양 국가의 해군과 육군의 엄청난 기술적 우위에 대해 전혀 알지 못했다. 트라팔가Trafalgar 전투에서 승리해 나폴레옹을 격퇴하고, 1827년 나바리노Navarino에서 터키 함대를 몰살한 영국 해군의 소함대 하나만으로도 중국의 해군을 쉽게 격파할 수 있었다. 임칙서는 영국의 배가 깊은 바다에서는 잘 싸울지 몰라도 중국의 수심이 얕은 강이나 해안가에서는 아무 쓸모가 없을 것이라 주장했다. 군사 원정에 나설 때 영국 군인은 보통 몸에 꽉 끼는 옷을 입기 때문에 다리를 움직이기 어려웠다. 그들은 육상 전투에서 중국 부대의 쉬운 먹잇감이 될 것이었다. 그는 영국의 소총과 대포가 중국의 무기와 비교했을 때 엄청난 위력을 가졌다는 것을 전혀 알지 못했다. 황제와 조정대신 역시 마찬가지였다.

새로 부임한 최고 감독관 엘리엇은 1836년 말 임명이 확정된 후 뭘 하고 있었을까? 파머스턴은 이때까지 이 직책에 여러 사람을 임명했지만, 모두 운이 없거나 부적절했다. 네이피어는 너무 완고했고, 데이비스와 로빈슨은 너무 무기력했다. 한편, 엘리엇은 아주 자신만만하고 결단성이 없으며, 초조해하고 일관성이 없었다. 드라이든Dryden의 시에 나오는 한 구절이 엘리엇을 적절히 묘사하고 있다.

견해는 완고하고 늘 틀렸다.
변덕으로 모든 일을 시작하고, 어떤 것도 오래 가지 않는다.

엘리엇은 외무부의 명확한 명령을 무시하고, 공행을 통해 양광 총독에게 마카오에서 광저우로 갈 수 있도록 해달라고 '탄원'했다. 허락은 정중하게 이루어졌다. 그는 거처를 마련하고, 30개월 만에 처음으로 영국 회관에 국기를 높이 달았다. 하지만 엘리엇은 네이피어가 죽기 전까지 달성하고자 했던 그 목표를 스스로 포기했다. 이제 중국 조정의 입장에서 볼 때 엘리엇은 그저 대반大班에 불과했고, 이제 그런 사람으로 취급될 터였다. 총독은 의기양양했고, 광저우의 상인들은 절망했다. 상인들은 엘리엇이 유화적인 외무부로부터 태도 전환을 명받은 것이 틀림없다고 믿었다. 하지만 사실은 달랐다. 파머스턴은 보고를 받은 후, 엘리엇에게 다시는 그렇게 행동하지 말라고 단호히 명령했다. 그때 파머스턴이 엘리엇을 파면하는 게 더 나았을 것이다. 무역이 점차 혼란에 빠지는 가운데 엘리엇은 광저우의 관리와 전혀 접촉할 수 없었고, 그로 인해 무역상을 보호하거나 중국의 직권 남용을 바로 잡는 일은 무기력해질 수밖에 없었다. 12월 2일 엘리엇은 영국 국기를 내리고 쓸쓸하게 마카오로 떠났다. 그를 지지하는 해군력이 없다면 이곳에 머물러봤자 아무런 소용이 없었다. 그러는 사이 양광 총독은 린틴과 진싱먼金星門 해상의 수송선에 해산을 명했다.

1837년 말 영국 외무부의 태도가 강경해지기 시작했다. 대중무역이 국가적으로 중요했는데 현재 큰 타격을 받고 있었다. 게다가 국내에서 중국에 어떤 조치를 취해야 한다는 상당한 압력이 있었다. 앞서 광저우 무역상들의 유세에 대해 언급한 바 있다. 1836년 2월 맨체스터 상공회의소는 외무장관에게 이 문제에 관한 청원서를 보냈다. 영국에 머무는 동안 메시슨은 웰링턴보다 더 동정적이라고 생각한 파머스턴에게 공식적으로 의견을 피력했다. 메시슨은 사업계에서 매우 유명한 인사였고, 항상 그런 것은 아니지만 널리 존경받았으며, 자딘은 메시슨보다 더 유명하고 더 많은 존경을 받는 인물이었다. 무역업계에서 부는 강력한 돌풍을 정치권에서 무시하기 어려웠다. 특히 훗날 리버풀과 글래스고에서도 유사한 외압이 있었는데, 이보다 더 큰 영향력을 미쳤다. 메시슨은 상공회의소 의장 존 맥비카John MacVicar를 주목했는데, 존 맥비카는 다소 까칠한 맨체스터 상인이자 옥양목 제조업자였다. 그는 자딘메시슨에게 중국 대리를 맡겼다. 자딘메시슨은 맥비카에게 영국 국내에서 자신들의 이익을 대표해 달라고 요구할 의도가 없었다. 메시슨이 영국을 방문한 임무 중 하나는 그에게 적합한 대리인을 찾아 주기 위해서였다. 청원서에는 재중 영국 상인들이 보장되지 않은 위험에 처했고, 매우 중요한 무역이 불안정한 상황에서 이루어지고 있음을 지적했다. 대중무역은 10만 톤의 상품을 수송하는 데 필요한 일자리, 그리고 영국에서 제조된 상품과 인도산 제품을 연간 300만 파운드 정도 판매할 시장을 제공했다. 하지만 청원서에는 아편이 주요 상품이라는 점을 언급하지 않았다. '인도에 있는 사람들이 우리의 제품을 많이 소비할 수 있도록' 만들었다고 적혀 있었다. 그리고 대중무역이 크게 확장될 수 있는데, '가장 중요한 무역이 특히 네이피어 경의 임무 실패 후, 불확실하고 불안정한 상태임을 매우 우려하지 않을 수 없다'고 했다.[18] 제임스 메시슨은 『중국 무역의 현재와 미래 전망Present Position and Future Prospects of Trade in China』1836이라는 영향력 있는 소책자를 써 찬성 의견을 덧보탰다. 그린버그Greenberg가 기술했듯, '1836년경 영국의 '국내' 제조업의 이익이 중국에 대한 '급진' 정책을 추동하는 역량이 되었다' 이것은 아마도 1834년의 가장 중요한 결과였을 것이다. 동인도회사의 독점권이 폐지되고, 이제 개인 소유 선박을 이용한 무역상과 맨체스터의 제조업자가 힘을 합치게 되었다.[19]

해군을 지원해달라고 한 엘리엇의 요구가 승인되었다. 7월 초, 동인도해군사령부 총사령관 토머스 메이트랜드 경Sir. Thomas Maitland이 자신의 기함旗艦을 타고 린틴에서 남동쪽으로 몇 마일 떨어진 퉁구항銅鼓港, 일반적으로 Urmston이라 불림으로 갔다. 메이트랜드 경은 재중 영국인들에게 조국이 그들을 배려하고 있다는 점을 보여주라는 일반적인 책임 외 다른 지시를 받은 것이 없었다. 엘리엇은 양광 총독에게 마지막 시도를 하기 위해 다시 광저우로 돌아갔고, 7월 26일 영국 국기를 회관에 게양하고 서

---

18 Ibid., pp.194~195.
19 Ibid., p.195.

신을 보냈다. 이 서신에는 해군의 출현이 중국을 협박하려는 의도가 전혀 아니라는 보증의 내용이 있었다. 하지만 여느 때처럼 서신은 개봉되지 않은 채 반송되었다. 엘리엇은 7월 31일 국기를 내리고 마카오로 물러났다. 며칠 후, 해상에서 영국 국기에 대한 모독으로 추정되는 사건이 일어나자, 메이트랜드 경은 찬비穿鼻 인근에서 무력 시위를 했고, 광둥의 수사제독이 즉각 굴복해 사죄했다. 이 사건으로 한껏 고무된 엘리엇은 양광 총독에게 두 번째 서신을 보냈다. 하지만 이전과 마찬가지로 개봉되지 않은 서신이 돌아왔다. 중국의 관리조직과 군대조직은 완전 다른 체계에 속했다. 양측의 상황은 다시 교착상태에 빠졌다.

1830년대 초반까지 윌리엄 자딘은 30년간 중국과 무역을 했고, 많은 부를 축적했다. 그의 계획은 메시슨이 중국으로 돌아온 1837년에 은퇴하고, 스코틀랜드에 저택을 구입해 진보적인 휘그당 의원으로서 새로운 여정을 시작하는 것이었다. 하지만 그는 네이피어의 '실패'로 야기된 광저우의 불안한 상황을 고려해 자신의 은퇴 계획을 연기하기로 결심했다. 이유는 달랐지만 엘리엇도 네이피어만큼이나 무력한 인물이라는 점이 명백해졌다. 더이상 이곳에 머무는 것이 아무런 의미가 없었다. 1839년 초 호광 총독 임칙서가 도착하기 몇 주 전, 자딘을 위해 외국인들이 성대한 고별 파티를 개최했다. 166명의 손님이 식사 자리에 앉았고, 각 손님 뒤에는 그들의 하인이 서 있었다. 많은 건배가 제안됐는데, '그의 건강과 매력적인 아내'를 위한 건배도 있었다. 이 건배 제안에 대해 자딘은 자신이 가장 희망하는 것은 '뚱뚱하고 매력적인 중년 여성fat, fair and forty'이라고 답했다. 자딘과 그의 최대 경쟁자 사이의 감정이 너무 나빴으므로, 덴트사에서는 아무도 만찬 초대를 받아들이지 않았고,[20] 고별 선물인 1,000

파운드짜리 은접시를 마련하는 데 한 푼도 보태지 않았다.

1월 26일, 마카오에서 볼턴호Bolton를 타고 떠나기 전날 저녁, 자딘은 제임스 메시슨에게 고별 편지를 썼다. 자딘은 두 번 다시 그를 보지 못할 운명이었다.

나는 만찬, 연설, 거리에서의 춤에 대해 더 이상 말하지 않을 걸세. 이 모든 사소한 일에 관해서는 나의 조카 젊은 자딘[21]이 자네에게 말해줄 걸세. 내가 자네에게 확신시켜주고 싶은 점은 단 한 가지. 내가 한 것처럼 자네가 회사를 잘 이끌고 나갈 것을 확신하고 있다는 것이네. 자네에게 필요한 것은 스스로에 대한 자신감뿐이고, 자네의 능력은 절대 나보다 뒤처지지 않네. 아니, 나보다 더 훌륭하다네. 자네에게는 중국인의 신뢰를 얻을 시간이 필요하고, 그 시간은 그리 오래 걸리지 않을 걸세. 나는 자네가 회사를 운영하는 것을 전적으로 신뢰하고, 이 문제에 있어서는 마음을 놓고 있다네.[22]

중국 당국은 어쩌면 '완고하고 다루기 힘든 사람'이 떠나는 것을 기뻐했을 지도 모른다. 하지만 이것은 그들이 가장 두려워하고 그들을 가장 괴롭게 만든 상대가 중국을 떠나 이제 런던에 거주한다는 것을 의미했다. 중국의 미래 운명이 결정될 곳은 사실 광저우가 아니라 바로 런던이었다. 자딘은 느긋하게 고향으로 향했으며, 가는 길에 뭄바이에 들러 그의 파시 동료와 '고객들'에게도 작별을 고했다. 그가 뭄바이에서 만난

---

20 G.J. Yorke, op. cit., pp.259~260.
21 젊은 자딘은 조카인 데이비드 자딘(David Jardine)을 일컫는다.
22 G.J. Yorke, op. cit., PLB, 1839.1.26 인용.

사람 중에는 잼세치가 포함되었는데, 그와는 이미 좋은 관계를 회복한 상태였다. 또 다른 한 명은 코와스지Cowasjee였는데, 그는 재정적 어려움을 겪고 있었다. 자딘은 자신과 메시슨을 대신해, 그의 재기를 위한 모금액 중 3분의 1을 제공했다.[23] 그는 육로로 수에즈까지 갔고, 지중해 중 몇 군데를 둘러보며 관광하고 있었다. 8월 제노바에 있는 동안 그는 광저우에서 온 서신을 통해 놀라운 소식을 접하게 되었다. 아편 거래가 정지되었고, 영국 무역상들이 전반적으로 심각한 위기에 처했다는 소식이었다. 그는 가능한 한 신속히 런던으로 가서, 영국 정부가 적극적인 행동에 나서도록 자신의 영향력을 행사해야 했다. 그는 9월 초 런던에 도착했다.

---

23 Maggie Keswick(ed), op. cit., 1982, p.23. 그는 실제로 그렇게 완고하지는 않았다.

제7장
아편전쟁

총독 임칙서는 1839년 3월 10일 광저우에 도착했는데, 그가 도착하기도 전에 이미 17건의 체포명령서가 하달되었다. 아편 정책은 두 가지였다. 하나는 이 책이 다루는 역사와 관련이 없지만, 지역 향신鄕紳과 원로의 협조를 얻어 효과적으로 아편 사용을 제어하는 것이었다. 중국의 농촌사회가 장기간 발전한 결과 '신사紳士, gentry' 계층의 권력이 지현知縣을 넘어섰는데, 이는 해상무역에 종사하는 유럽 상인과 별로 관련이 없었다. 유럽의 해상무역상에게 영향을 미친 것은 두 번째 정책이었다. 그것은 바로 황제가 임칙서를 흠차로 명해 광저우에서 '화근'을 척결하는 것이었다.

이것'화근'은 광저우의 아편 중개상과 아편 운반 쾌속선, 아편 소굴, 창고, 흡연실, 그리고 그 외 눈에 드러나는 부패만을 지칭하는 것이 아니다. 이것은 임칙서가 반드시 시기와 형세를 잘 살펴 아편을 적극적으로 뿌리부터 잘라내야 한다는 것을 의미한다.[1]

이것이 바로 임칙서가 계획하고 있는 것이었다. 이 '화근'은 부분적으로는 그가 손쓸 수 없는 인도에 있었지만, 또 부분적으로 아편 상자로 가득한 린틴섬과 다른 해안의 수송선, 그리고 외국 무역상들이 거래를 협상하는 광저우의 외국인 회관에 있었다. 그는 이곳에서 원하는 대로 할 수 있었다. 그는 교살형으로 공행을 협박해 유럽의 상인이 아편을 내놓고 보그에서 철수하도록 설득하게 만들고, 다시 아편을 거래할 경우 죽음의 고통을 각오하겠다는 증서에 서명하도록 유도하게 할 수 있었다. 그는 동일한 목적으로 대반大班들을 인질로 잡을 수도 있었다. 이제 자딘이 떠났으니, 선임 무역상 덴트가 영국의 '우두머리'로 간주되었다. 임칙서는 한 걸음 더 나아가 모든 외국인을 인질로 다룰 수도 있었다. 3월 18일 그는 모든 무역상을 대상으로 '모든 아편'을 넘겨주고 증서에 서명할 것을 명령했다. 3월 19일 그는 어떤 유럽인이라도 광저우를 떠나서는 안된다고 명했다.

'중국통中國通, Old China Hands'들은 심하게 놀라지는 않았지만, 무언가 해야 한다고 결심했다. 그래서 오병감을 통해 14만 파운드 어치에 달하는 아편 1,037상자를 넘겨주겠다고 제안했다. 임칙서는 이 제안을 경멸하는 태도로 거절했다. 그는 '야만인 덴트' 한 사람이 아편 6,000상자를

---

1 *Cambridge History of China* 10권, 1978, p.185.

갖고 있다는 것을 알고 있다고 하면서 그와 만날 것을 요구했다. 덴트는 만날 준비가 되어 있었다. 그는 임칙서를 설득할 수 있을 것이라고 믿었으며, 어떠한 위험도 예상하지 못했다. 임칙서는 외국 음식을 요리할 수 있는 요리사 두 명을 고용할 만큼 배려심이 있었고, 분명히 신체적 위협을 가할 의도가 없어 보였다. 하지만 덴트는 인질로 잡힐 수도 있었다. 그의 동료는 중국 측이 안전보장을 약속하기 전에는 가지 말라고 적극 만류했으나, 임칙서는 약속을 거절했고 덴트를 체포하겠다고 위협했다. 3월 23일 토요일, 중국 관부와 옥신각신 끝에 월요일 오전 10시 덴트가 임칙서를 만나기로 합의했다. 그러는 동안 엘리엇이 외국인의 출국 금지 소식을 듣고 마카오에서 서둘러 광저우로 왔다. 그는 3월 24일 일요일 오후 6시에 상당히 겁을 먹은 상태로 도착했다. 영국 회관 위에 국기가 나부끼지 않는다는 사실을 보고 그는 국기 게양을 명령했다. 하지만 혼란한 가운데 공식 국기를 찾을 수 없었기에 그가 황푸에서 이곳으로 올 때 마지막 몇 마일을 태워준 노 젓는 배에 달렸던 작은 기를 부러진 깃대 위에 매달 수밖에 없었다. 그는 파머스턴에게 쓴 편지에 다음과 같이 적었다. '친애하는 파머스턴 경, 저는 국기에 지지의 의미가 있음을 잘 알고 있습니다. 누군가는 못 느낄 수도 있으나, 우리같이 정정당당한 사람들은 어려운 상황에 처하게 될 경우 바람에 따라 나부끼는 명예로운 국기를 바라보면 지지해준다는 느낌을 받을 수 있습니다.'[2]

엘리엇이 말한 '어려운 상황'이 과연 그의 생각만큼 암울했는지는 논란의 여지가 있다. 임칙서가 주도적 역할을 한 대반大班 중 일부를 인질로

---

2 Gerald Graham, *The China Station : War and Diplomacy 1830-1860*, 1978, p.86. F.O. 17/30, 1839.3.30 인용.

잡았을 수도 있지만, 그들을 죽이는 것은 말할 것도 없고 부당하게 대우했을 개연성은 매우 낮다. 아마도 협박하면서 외교력을 발휘하려는 정도였을 것이다. 모리스 콜리스Maurice Collis는 『외국 땅Foreign Mud』에서 임칙서가 점진적으로 압박을 가할 생각이었을 것이라 암시한다.

그가 느닷없이 무장 폭도를 이끌고 외국 회관을 쳐들어가거나, 혹은 이미 자신의 손아귀에 있는 사람들을 잔인한 방식으로 처리할 리 없다. 그는 최대한 외교 수단을 이용해 협박하고 영국인들도 외교로 대응하면서, 협상과 협박을 적절히 병행해, 합법적인 무역에 양보를 얻는 대가로 아편 거래를 줄이는 것 같은 제안을 하도록 만들었을 것이다. 간단히 말해서, 상황이 엘리엇이 말한 것처럼 급박했는지는 의심스러운 것이, 아직 시도할 만한 여러 종류의 대응 방법이 남아 있었기 때문이다.[3]

이어서, 콜리스는 1840년 중국 무역에 관한 특별위원회Select Committee on China Trade의 몇몇 증인들이 제출한 증거가 이러한 견해를 확인시켜준다고 지적했다. 예를 들어, 덴트의 동업자였던 잉글리스Inglis는 '이 문제를 노련하고 용기있게 다루었다면 모종의 거래가 이루어질 수도 있었다'고 믿었다.

물론 이것은 추측에 지나지 않는다. 확신할 수 있는 것은 영국 최고 감독관이 광저우에 도착하고 그 후에 취했던 행동이 단기적으로는 임칙서가 원하는 대로 돌아가게 만들었다는 것이다. 하지만 장기적으로는

---

3 Maurice Collis, *Foreign Mud*, 1946, p.224 인용.

중국의 구질서에 치명상을 입히는 전쟁으로 이어졌다. 엘리엇은 즉시 덴트에게 다음 날로 잡혀 있던 약속을 지키지 말 것을 명령했다. 그는 자신의 기사도 정신에 자부심을 느끼는 어조로 덴트가 외국인 사회의 희생양이 되도록 허용하지 않을 것이라고 말했고, 이에 덴트도 놀랐다. 엘리엇은 덴트를 자신이 공식적으로 보호할 것이며, 모든 무역상을 영국 회관으로 불러 모아 당황하지 말고 침착할 것을 당부했다. 이때 모든 중국 하인에게 외국 회관을 떠나라는 명령이 떨어졌고, 이를 거절한다면 죽음을 각오하라며 협박했다는 소식이 들렸다. 임칙서는 음식과 물 공급도 차단했다. 그리고 징을 울려 13행가十三行街, Thirteen Factory Street와 광장the Square에 군부대의 도착을 알렸다. 강변을 따라 중국선이 초승달 모양으로 배치되었다. 임칙서는 이제 덴트가 아닌 엘리엇을 영국 무역상의 '우두머리'로 취급하기로 마음먹었다. 아편을 넘겨주고 증서에 서명하기 전까지 모든 회관을 봉쇄할 작정이었다. 최고 감독관은 자승자박한 꼴이 되었다. 강대한 해군의 지원을 얻기 전 홀로 광저우에 간 것 자체가 실로 어리석은 일이었다.

어리석은 행동은 또 다른 어리석은 행동을 낳게 마련이다. 엘리엇은 당황했다. 사실, 임칙서의 봉쇄하에서도 외국 회관의 생활 여건이 아주 나쁜 것은 아니었다. 난관을 예견한 메시슨이 미리 충분한 양의 소금에 절인 소고기와 밀가루를 비축해 둔 상태였다. 회관 구역 안에 깨끗하지는 않지만 물을 얻을 수 있는 우물도 있었다. 우물물은 세척용으로 사용할 수 있었지만, 이들이 선호하는 음료가 아니었다. 이들은 여전히 창고에 보관해 둔 풍부한 맥주와 포도주, 위스키 등을 마실 수 있었다. 공행은 임칙서를 설득해 야만인들과 '충돌'이 발생할 것을 피하기 위해 양인과 교류하는 데 익숙하지 않은 군인 대신 공행의 하인들로 교체하도록 했다. 그들은 신선한 야채와 다른 식량 등을 회관으로 밀반입해주었다. 파시 교도 친구 한 명은 자신의 인도인 요리사를 메시슨에게 빌려주었다. 저녁 식사 후 데이비드 자딘이 불행하게도 계단 아래로 굴러 허리를 다친 것을 제외하면, 영국 회관에서의 생활은 카레와 적포도주를 먹고 마시며, 충분히 편안했다. 하인이 없는 회사들도 꽤 행복해했다. 이 모든 것이 소풍과 같았다. 연말 런던에서 중국 관부가 회관을 '포위'한 사건은 자딘의 막말에 의해 '콜카타의 블랙홀Black Hole of Calcutta' 같은 것으로 부풀려졌다. 실제로 포위된 사람들에게 유일한 위험은 너무 많이 먹고, 거의 운동하지 않아 생긴 비만이었다.

엘리엇은 비참하게 완전히 항복하기로 결심했다. 그는 영국 무역상에게 가지고 있는 모든 아편을 넘겨주도록 명령했다. 비록 그는 영국 납세인에게 밀수업자들이 손실을 본 200만 파운드의 금수품을 배상하도록 요구할 아무런 권한이 없었으나, 그는 손해 배상을 받을 수 있다고 장담했다. 수개월 후, 파머스턴은 이 사실을 보고받고 격분했으나, 곧 이 상황을 어떻게 활용할지 알았다. 엘리엇은 이어서 임칙서에게 무역상이 보유한 아편의 재고 목록을 건넸는데, 그 누구의 자문도 얻지 않은 상태에서, 제멋대로 총 수량을 2만 상자로 집계했다. 이는 실제 보유 수량보다 1,000상자나 더 많은 것이었다. 엘리엇은 해군 장교였지 사업가가 아니었다. 그는 최근 판매한 것도 허용하지 않았고, 저당권설정자와 저당권자가 동일한 항목을 결과보고서에 포함시킴으로써 발생하는 중복도 허용하지 않았다.[4] 그는 왕보다 더 왕처럼 행동하고 있었다. 임칙서는 1,037상자가 너무 낮은 수치라고 짐작했지만, 실제 아편의 총 양을 알

길이 없었다. 중국 공행들은 엘리엇의 순진함에 무척이나 놀랐다. 메시슨은 엘리엇의 추정 수치를 자딘에게 보고하면서 '도대체 왜 그렇게 많이 바쳤을까요? 누구도 그렇게 많은 양을 원하지 않습니다. 6,000~7,000상자면 충분했을 겁니다'[5]라고 말했다.

임칙서는 2만 상자의 아편을 모두 인계할 때까지 봉쇄 조치를 단계적으로 해제할 것이라고 했고, 또 증서에 서명할 것을 고집했다. 메시슨은 신중하게 '자기 자신과 동업자들만' 서명하고, 자딘의 조카이자 아직 동업자가 아닌 앤드류는 가능하다면 마카오나 마닐라와 자유롭게 무역을 할 수 있도록 했다. 상자들은 제때 찬비穿鼻에서 인계되었고, 아편은 소각되었는데, 실로 엄청난 작전이었다. 영국 무역상들은 이 일을 전혀 아쉬워하지 않았다. 그들은 아편을 판매하는 것이 어렵다는 점을 잘 알고 있었다. 그들은 중국에 인계한 아편의 배상을 보장받았고, 아편 거래가 완전히 끝날 위험은 전혀 없다고 확신했기 때문에, 이듬해에는 아편 시장이 훨씬 좋아질 거라고 생각했다. 이제 영국 정부가 개입하지 않을 수 없게 되었다. 자신과 두 조카, 그리고 앤드류 자딘에게 추방 명령이 내려져도 메시슨은 염려하지 않았다. 당분간 광저우에서 무역은 불가능했다. 1839년 5월 15일 그는 윌리엄 자딘에게 다음과 같이 편지를 썼다.

저는 우리가 닷새 후 마카오로 갈 것이라 생각합니다. 그곳에 가는 것이 허용되지 않으면 사태의 추이를 파악하고 적절한 자문을 위해 외해에 있는 우리

---

4 G.J. Yorke, *The Princely House*(미출간 자료), 1937년경, p.235. 다행히도, 그는 덴트사의 탁송물이 제때 도착하여 한숨을 돌렸으며, 이 탁송물은 자신의 약속을 지키기 위해서 송장 가격으로 구입한 것이었다.

5 Ibid., p.240 및 Maurice Collis, op. cit., p.229.

선박에서 잠시 거주할 생각입니다. 저는 마치 현장에 있는 것처럼 우리의 업무를 질서정연하게 관리해나갈 수 있으리라 믿습니다.[6]

5월 말 메시슨은 철수한 모든 영국인과 함께 마카오에 임시 거주했고, 앤드류 자딘은 마닐라로 급파되어 아편을 중국 해안으로 보내는 일을 감독하게 되었다. 엘리엇도 마찬가지로 마카오로 물러나 있었다. 그는 겨울철 차茶 공급량을 본국으로 운송한 후, 광저우와 모든 무역을 금지시켰다. 그는 이제 무력으로만 문제를 해결할 수 있다고 확신했고, 회관이 봉쇄된 동안 파머스턴에게 보낸 급송 공문에 '전체 기독교 세계에 대한 모든 진리와 권리의 의무에 저항하는 이러한 행위'를 종식시킬 행동을 촉구했다. 중국의 법을 집행해 아편 밀수를 막은 임칙서의 행동을 이렇게 묘사한 것은 참으로 기이하다. 엘리엇은 중국인들이 그들이 무슨 잘못을 저지르는지 몰라서 그렇게 행동한 것이 아니라, '대영제국의 권력에 대한 무지'로 그렇게 행동한 것이라고 말했다. 중국인들이 이성을 되찾도록 하기 위해서는 영국 군대가 저우산舟山섬을 점령하고, 광둥, 닝보시, 그리고 양쯔강의 입구부터 대운하와의 연결지점까지 봉쇄해야 하고, 그런 후 베이징으로 최후통첩을 보내 완벽한 재정적 보상과 함께 영국 선박과 화물이 광둥, 닝보시, 샤먼, 그리고 난징시를 자유롭게 드나들 수 있는 조치를 요구해야 한다고 했다.

이 급송 공문이 런던에 도착한 때가 윌리엄 자딘이 광저우의 소식을 듣고 제네바에서 도착한 때와 일치한 것은 순전히 우연이었다. 자딘은

---

6 Ibid., p.238. 『인도 편지 모음집(*India Letter Books*)』, 1839.5.15 인용.

과거 메시슨이 1835년 광둥 회사의 런던 대리인으로 임명했던 매그니악 스미스사의 동업자 존 에이블 스미스John Abel Smith와 함께 파머스턴을 만나겠다는 결의에 차 있었다. 에이블 스미스는 파머스턴의 친구로 이제는 제법 유명 인사가 되었으며, 잠재적 휘그당 의원 후보로 알려진 자딘을 소개할 위치에 있었다. 원래 계획보다는 약간 늦어졌지만, 에이블 스미스와 자딘은 1839년 9월 27일 외무장관의 영접을 받았다. 자딘은 엘리엇에게 중용되지는 않았으나, 그에게 매우 유사한 조언을 해준 적이 있었다. 자딘과 스미스는 최근까지 자딘 선단의 책임자였던 알렉산더 그랜트Alexander Grant와 함께 갔는데, 그들은 지도와 해도海圖를 가져가서 파머스턴에게 넘겨주었다.

> 회의는 외무장관의 요구대로 해도 등을 제출하는 것으로 끝났는데 외무장관은 다음 월요일에 각료회의가 열릴 예정이며, 다음 주 내로 우리를 다시 만나기를 희망한다고 말했다. (…중략…) 정부의 진정한 관점이 무엇인지 알아차리기 힘들다. 하지만 정부가 침묵하고 모욕을 참으며 합법적인 무역을 위해 200만 파운드를 지불할 것이라고 믿기엔 더더욱 어렵다.[7]

12월 중순 즈음 파머스턴은 중국 측에 보상을 요구하고, 이 요구를 관철하기 위해 군대를 파견하기로 결심한다. 그는 자딘에게 취해야 할 최선의 행동에 관한 보고서를 제출하도록 요청했다. 자딘과 스미스는 기꺼이 이 요청에 응했다. 12월 19일 자딘은 메시슨에게 보낸 편지에 다

---

7   G.J. Yorke, op. cit., p.327. 자딘이 메시슨에게 보낸 1839년 9월 27일 자 편지 인용.

음과 같이 썼다.

제 충고는 중국의 만리장성 이남부터 뎬성電城, Tienpack에 이르기까지, 혹은 북위 20도에서 40도에 이르는 중국 해안을 봉쇄할 해군력을 보내는 것입니다. 이 해군력은 두 척의 전함, 두 척의 프리깃함, 강을 운행할 수 있는 두 척의 바닥이 평평한 증기선으로 구성하되 6,000~7,000명의 해군을 실을 수 있을 만한 충분한 운송선을 포함해야 합니다. 해군은 베이징 인근까지 진격해 모욕에 대한 사과, 포기한 아편에 대한 보상, 공평한 무역 협정, 그리고 가능하다면 샤먼, 푸저우, 닝보시, 상하이, 쟈오저우膠州 등의 북부 항구와 무역할 수 있는 자유를 황제에게 직접 요구해야 합니다.[8]

자딘은 첫 두 가지 요구는 수용되겠지만, 무역 협정과 북부 항구와 자유 무역은 수용되지 않을 것이라 생각했다. 그럴 경우 영국은 요구가 관철될 때까지 몇 개의 섬, 특히 '베이징과 가까이 있어 황제가 골치 아파할 저우산舟山, Chusan섬'을 점령해 협박해야 했다. 1840년 2월 6일, 자딘은 파머스턴을 다시 면담하고, 여기서 무역 방해로 인해 발생한 공행의 빚을 중국 조정이 갚아야 한다고 설득했다.

다시 두 주가 지난 뒤, 파머스턴은 자신의 입장을 표명했다. 엘리엇이 임칙서에게 굴복했다는 소식을 들은 지 거의 다섯 달 동안이나 파머스턴이 주저한 것은 전혀 놀랍지 않다. 누구나 인정하듯이, 엘리엇은 아무런 권한도 없으면서 아편 무역상들에게 손해 배상을 약속했다. 그렇다

---

8 Ibid., p.328.

고 엘리엇이 한 약속을 이행하지 않는 것도 매우 어색했고, 또 그렇다고 불법적이고 꺼림칙한 마약 거래를 하는 무역상들의 손실을 보상하기 위해서 200만 파운드 지불에 동의하도록 의회를 설득할 가능성도 없었다. 파머스턴의 해결책은 인도에 동원된 해군을 보내고, 총독 오클랜드 경을 명의상 총사령관으로 임명하는 것이었다. 파견의 목적은 아편 손실을 메우고 공행의 빚과 원정 자체의 총비용을 감당하기에 충분한 금전적 보상을 받아내는 것이었다. 아울러, 저우산을 빼앗고, 북부 항구 여러 곳을 개방하는 것도 그 목적에 포함되었다. 이 전략은 앞서 윌리엄 자딘이 권한 바와 매우 흡사하지만, 해군력을 더 증대시켰다. 북위 20도에서부터 40도에 이르는 해안을 봉쇄한다는 생각은 실현 가능성이 없어 포기했다. 파머스턴은 국회에서 설명하기에 앞서, 1840년 2월 20일 오클랜드 경에게 전쟁 개시를 하달했다. 국회는 4월 7일에서야 반대당 영수 로버트 필 경Sir. Robert Peel의 요구에 따라 변론을 진행했고, 필은 정부 불신임 투표를 발동하기로 결심했다. 이 안에 다수가 찬동할지는 불명확했으나, 성공의 가능성이 꽤 커 보였다.

하지만 필은 딜레마에 빠졌다. 정치적으로 높은 도덕적 노선을 취하기는 비교적 쉽다. 노예무역처럼 강력하게 아편 무역을 비난하고, 극악한 금수품 무역을 장려한 정부를 맹렬히 비난하면 된다. 하지만 문제는 동인도회사 주마카오특별위원회가 이미 1830년에 제출한 아편문제에 관한 보고서에서 세입歲入에 근거했을 때 아편 거래에 간섭해서는 안 된다고 건의한 것이다. 당시 집권당인 토리당은 이의를 제기하지 않았다. 도덕적인 문제가 10년이 지난 지금은 달라졌다고 주장하는 것은 무리가 있었다. 이 근거로 공격한다면 파머스턴에게 쉽게 반격의 기회를 제공하게 될 터였다. 그렇다고 내각을 전복시킬 기회를 놓치는 것도 안타까운 일이었다. 휘그당원 전체가 아편 무역에 대한 의견이 일치하는 것이 아니었고, 만일 필이 윤리적 논쟁을 활용하지 않는다면 분명 다른 사람이 그 논쟁을 활용할 것이었다. 그는 부도덕함보다는 무능력을 이유로 정부를 공격하기로 결심했다. 만약 엘리엇이 명확하고 충실한 지시를 받았더라면 무역 중단은 피할 수 있었을지도 모른다. 실제로 파머스턴의 지시는 짧고 분명하지 못했다. 그리고 외교만 잘했더라도 값비싼 전쟁이 야기할 대결 상황을 미연에 방지할 수도 있었을 것이다.

3일간 벌어진 토론은 '국기', 무역, 종교, 외교 및 국가적 자부심에 대한 빅토리아 초기의 태도를 요약하기 위해서라도 충분히 살펴볼 가치가 있다. 토론은 야당인 토리당의 제임스 그레이엄 경Sir. James Graham의 놀랄 정도로 애매하고 장황한 연설로 시작되었다. 그의 연설에 대해 해군 및 식민지 국무장관 토마스 맥컬라이Thomas Mccaulay가 뛰어난 웅변으로 대응했다. 그는 엘리엇이 광둥에 도착한 후 시행한 첫 조치, 즉 국기 게양을 언급했다. '이 조치는 그의 보호를 바라는 사람들의 힘없는 희망을 다시 되살리는 행동이었습니다. 그들이 패배에 익숙하지 않은 나라에 속한 국민임을 상기시키는 승리의 국기를 자신감을 가지고 바라보게 하는 것은 당연한 일이었습니다.'[9] 그리고 그들의 국가가 '영국의 자식과 같은 나라의 잘못을 시정하는데' 꽤 명성이 있음을 상기시키며 말을 이어나갔다. 그는 알제리의 지도자가 영국 영사를 모욕한 굴욕적인 일과 인도 플라시Plassey의 블랙홀the Black Hole에서 발생한 끔찍한 일에 대해

---

9 Edgar Holt, *The Opium Wars in China*, 1964, p.98 인용.

취했던 보복 조치를 인용했다. 그의 연설은 완강하고 애국심에 불타오르고, 저돌적이었다. 맥컬라이는 이 기회를 이용해 중국에서 전쟁이 임박했음을 처음으로 공식 언급했다.

토론 이틀째, 가장 주목할 만한 반대 연설은 토리당의 고위 인사 글래드스톤Gladstone이었다. 그는 동인도회사에 관한 특별위원회의 보고서 당시에는 의원이 아니었기 때문에 필이 고려했던 사항에 대해 거리낌을 느끼지 않았다. 그는 강력한 도덕적 노선을 취했으며, 그의 누이가 아편 중독자였기에 더 강경했다.

> 저는 이보다 더 부당한 전쟁, 영국을 영원한 치욕으로 뒤덮으려 계산된 전쟁은 이제껏 들은 바도 없고 책에서 읽은 적도 없습니다. 존경하는 반대 측 인사께서 영국 국기가 광저우에서 영광스럽게 휘날리는 것에 대해 말했습니다. 그 국기는 극악한 금수품 무역을 보호하기 위해 불명예스럽게 게양되었습니다. 만일 (그런 불명예스러운 자리에) 영국의 국기가 게양된 적이 없는데도 지금 중국 연해에서 국기가 펄럭이고 있다면, 우리는 이런 광경에 대한 두려움을 안고 퇴각해야 할 것입니다.[10]

이것은 한때 글래드스톤과 디즈라엘리Disraeli가 의견을 함께하던 문제였다. 아편 무역의 기둥으로 잘 알려진 자딘은 수년 후 디즈레일리가 쓴 『시빌Sybil』에서 풍자화되었다. 이상주의를 추구하는 토리당원 찰스 에

---

10 Ibid., pp.99~1008. 글래드스톤은 광둥인들이 영국인 집단에 대해 취한 조치들을 변호할 때 '그런 다음 물론 그들은 우물에 독을 넣었다'고 어설픈 말실수를 하였다. '물론'이라는 말은 즉각 취소했지만 여러 해 동안 그에게 불리하게 작용하였다. 실제로, 우물에 독을 넣은 적은 전혀 없었다.

그레몽Charles Egremont은 자기 가문의 본거지에서 의원직을 차지하고 있었다. 에그레몽은 야당에 대해 다음과 같이 언급했다.

솔직히 말하면, 그들이 자신의 사람들을 동원했을 때 저는 거의 포기하려 했습니다. 그 이전까지 우리가 유리한 고지에 있었지만, 그의 출현으로 모든 것이 변했습니다. 그리고 저의 가장 열성적인 지지자 중 일부가 그의 위원회 소속이라는 점을 알게 되었습니다.

바바수어 경Sir. Vavasour이 "마니 경Lord Marney, 에그레몽의 형이 당신에게 무서운 적수가 생겼다고 하던데, 그 적수가 누구인가요?"라고 물었습니다.

"오, 끔찍한 사람이지요. 크리서스Croesus보다 더 부유한 스코틀랜드 사람으로 막 광저우에서 온 맥드러지McDruggy라는 사람입니다. 자신의 양쪽 주머니에 100만의 아편을 가득 채우고 있으면서, 부패를 비난하고 자유 무역을 외치는 사람이지요."

마니경이 "하지만 그들은 그 오래된 자치주에서의 자유무역에 그다지 관심이 없지 않았나요?"라고 물었습니다.

에그래몽이 "아니요. 그건 실수입니다. 그리고 제 적수가 상륙한 순간 여론이 바뀌었습니다"라고 대답했다. 그리고 마치 그가 여왕과 연합한 것처럼 '맥드러지와 우리의 젊은 여왕을 위해 투표합시다'라는 문구가 적힌 플래카드가 온 도시에 내걸렸습니다.[11]

---

[11] Disraeli, *Sybil* 제2권, 1945, 제1장(Bradenham판), pp.54~55. 디즈라엘리는 역사가가 아니라 소설가로서 글을 쓰고 있었다. 그는 맥드러지의 입후보를 1837년의 총선을 위한 것이라고 하였다. 실제로 자딘은 1841년의 선거를 통해 의회에 입성하였다.

비난 투표는 패배했다. 파머스턴은 이런 문제에 있어 필을 포함한 대부분의 사람을 이길 충분한 힘을 갖추고 있었다. 3일째 토론에서 필이 택한 노선은 징벌을 위한 원정이 필요하다는 점을 부인하는 것이 아니라, 사태를 이렇게 유감스러운 지경까지 몰고 온 소위 무관심과 비효율성을 비난하는 것이었다. 행정부는 쉽게 피할 수 있었던 다툼에 빠져들었다. 의회는 너무나 어리석게 처신하고 마카오에 있는 정부 대표에게 이렇게 형식적인 명령만 내린 정부를 전혀 신뢰할 수 없었다. 파머스턴은 물 만난 물고기처럼 조롱과 강력한 지지를 섞어가며 이러한 비난에 대처했다.

저는 감독관에게 지시를 내렸으나, 그 지시가 충분히 길지 않다는 이유로 비난받고 있습니다. 일장 연설에 익숙한 분들께서는 제가 긴 편지를 썼어야 한다고 생각하실 수 있습니다. 그들은 짧지만 중요한 어구로 내린 정확한 지시들이 전달되어야 하는 거리에 비례할 정도로 길지 않았다고 생각합니다. 그들은 중국에 편지를 쓸 때, 편지가 그들이 항해하는 거리만큼 길어야 한다고 생각하는 것 같습니다.[12]

이 문제를 잠시 접어두고, 그렇다면 그가 어떤 지시를 내렸어야 했는가? 파머스턴은 그의 적수들이 실제로 품은 적도 없는 어리석은 생각을 교묘하게 적의 탓으로 돌려버리는 정치적 재능이 있었다. 그들은 파머스턴이 엘리엇에게 모든 밀수업자를 추방하고 모든 쾌속 범선을 제거하

---

12 Maurice Collis, op. cit., pp.283~284 인용.

라고 명령하기를 원했을까? 그런 행동은 법이 허용하지 않을 것이다. 그들은 파머스턴이 '다른 사람이 팔고 싶어 하는 것을 구입할 의향이 있는 중국인의 품성을 지켜줄 목적으로' 주강과 황해를 순찰하기를 기대했을까? 파머스턴은 이러한 요청을 터무니 없다고 여겼을 것이다. 그는 인도의 양귀비 재배를 금지해 아편 무역을 막자는 주장에 대해, 영국 정부가 인도 번왕국의 일에 간섭할 수 없고, 터키로부터 충분한 공급을 확보할 수 있다는 점을 정확하게 지적했다.[13] 파머스턴은 자딘이 최고 서명자로 되어 있는 중국 내 회사들의 청원서를 낭독했지만, 그들로부터 받은 비밀 권고에 대해서는 언급하지 않았다. 그는 마지막 카드로 그해 1월 광저우의 미국 무역상들이 의회에 보낸 '비공식문서'를 제시했다. 이 문서의 핵심은 영국, 프랑스, 그리고 미국의 연합 해군 무력 시위가 유혈 사태를 초래하지 않고도 확실하게 중국의 문호를 개방하게 만들 수 있다는 것이었다. 유혈 사태가 발생하든 그렇지 않든 무력 원정이 이 문제를 해결할 수 있는 유일한 방안이었으므로, 파머스턴은 무력 원정을 초래한 무능력에 대한 비난을 내내 견딜 수 있었다. 파머스턴은 자신의 패를 잘 활용했다. 그는 이겼다. 하지만, 아슬아슬하게 이겼다. 야당의 동의안은 9표 차이로 부결되었다.

그 사이 중국에서는 많은 일이 일어났다. 메시슨은 곧 무역을 재개할 수 있었다. 2만 상자의 아편을 태워버린 후, 아편 가격이 치솟았다. 무슨 이유인지 모르지만 중국 조정의 해안 감시가 느슨해졌고, 마닐라의 앤드류 자딘이 아편을 수송하는 데 아무런 어려움이 없었다. 이는 수치가 잘

13 Ibid., p.284.

말해준다. 1832~1833년 첫 회계연도 회사의 순수익이 309,000파운드 였는데, 1837~1838년에는 63,000파운드로 증가했고, 1838~1839년 에는 53,000파운드로 줄어들었다가, 이듬해에 235,000파운드로 다시 증가했고, 그다음 해는 203,000파운드에 머물렀다. 하지만 생활은 결코 쉽지 않았다. 메시슨과 그의 동료, 그리고 다른 영국 무역상들은 거의 1 년 내내 광저우에 머물렀는데, 날씨가 견딜 수 없을 만큼 더워지면 그때 서야 마카오로 돌아갔다. 1839년 7월 술 취한 영국 선원 몇 명이 홍콩에 서 소란을 피워 중국인 한 명이 사망했다. 임칙서는 그중 한 명을 재판에 넘겨 확실하게 처형받을 수 있도록 요구했다. 엘리엇은 거절했다. 이제 임칙서는 마카오를 협박했고, 중국 군대는 가볍게 대륙에서 마카오로 진 입할 수 있었다. 아내와 아이들을 포함한 모든 영국 무역상들은 배를 타 고 마카오를 떠나 홍콩에서 지내게 되었다.

메시슨은 마닐라에 있는 대행사 오타두이사Otadui&Co.에 다음과 같이 공급지시를 하달했다.

산 채로 가져올 수 있는 많은 가금류와 돼지, 이들을 먹일 사료를 보내주기 바랍니다. 너무 많이 보내면 낭비가 될 것입니다. (…중략…) 약간의 소금과 최고 품질의 맥주도 나쁘지 않을 것입니다. 지난번에 귀하가 보낸 물품의 절 반가량은 파손되고 줄줄 새는 상태로 배달되었습니다. 또한 비교적 훌륭한 프랑스 적포도주와 셀처seltzer 탄산수도 조금 보내주기 바랍니다. 이 편지에 서 요청하는 품목이 5,000달러어치가 되더라도 우리는 불평하지 않을 것입니 다. 하지만 너무 과하게 보내지 마십시오. 한꺼번에 많은 양을 보내는 것보다 는 조금씩 나누어 보내는 것이 더 좋겠습니다.[14]

회사의 동업자들은 스스로를 어떻게 돌봐야 하는지 알고 있었지만, 메시슨이 초반에 가졌던 낙관적 태도는 점차 사라지기 시작했다. 메시슨은 엘리엇이 임칙서보다 더 아편 무역을 억누르기 위해 안달이 났고, '중국 조정을 도와 자국의 국민을 상대하는 새로운 경로'를 '채택'[15]했다고 적었다. 9월 초 임칙서가 무장선을 보내 음식과 물을 구하기 위해 홍콩의 쥬룽九龍에 접근하는 영국 선박을 막는 명령을 내렸을 때, 아편전쟁의 첫 교전이 시작되었다. 엘리엇은 소형 군함 2척을 지휘해 포격을 개시했고, 중국 범선을 크게 파손시켜 봉쇄를 깨뜨렸다. 이제 사태는 위기로 치닫고 있었다. 임칙서는 보그 밖 촨비穿鼻, Chuenpi에 닻을 내린 60명의 상인에게 아편을 제외한 정상 무역을 위해 주강으로 들어오든지 아니면 떠날 것을 요구했고, 이 요구를 거절한다면 파괴시키겠다고 협박했다. 엘리엇은 이미 위기가 왔다는 것을 알았다. 요구를 수용하면 중요한 인질을 임칙서의 손에 인계하는 꼴이 되고, 또 그렇다고 화공선火攻船을 이용한 파멸의 위협을 무시할 수도 없었다. 그가 활용할 수 있는 배는 포 28문을 갖춘 이등 호위함 볼레이지호Volage와 포 18문을 갖춘 삼등 호위함 히아신스호Hyacinth 뿐이었다. 15척의 전투용 목조 범선과 14척의 화선火船, fire boats[16]으로 이루어진 대규모 중국 선단이 1839년 11월 2일 주강 어귀에 접근하는 것이 목격되었다. 엘리엇은 상대측에 후퇴를 요구하는 최후통첩을 보냈으나 거절당했다. 중국 선단은 보그 밖 외해에 닻을 내렸다. 엘리엇의 두 척의 호위함이 포격을 개시했고, 중국

---

14 G.J. Yorke, op. cit., p.244. JM문집, *ILB*, 1839년 7월 24일 자 인용.
15 Gerald Graham, op. cit., p.86. 메시슨이 윌리엄 자딘에게 보낸 서신, 1839년 5월 1일, JM문집, *PLB*(B9) 인용.
16 [역주] 화선(火船, fire boats)은 해전에서 적국의 선박에 불을 붙일 때 쓰는 배이다.

범선의 갑판 위로 대포가 떨어졌다. 범선 한 척은 폭파되고, 세 척은 침몰했으며, 또 다른 두세 척의 배는 침수되어 꼼짝달싹도 못 하게 되었다. 엘리엇은 중국의 전체 선단을 파괴할 수도 있었지만 유혈 사태를 싫어했기 때문에 이 정도면 중국이 교훈을 배웠을 것이라 믿고 마카오로 되돌아갔다. 하지만 그가 잘못 생각했다. 그는 중국의 무한한 자기기만 능력이나, 황제가 진실을 알지 못하도록 감추는 특사들의 능력을 고려하지 않았다.

중국 사태에 잠시 평온이 찾아왔다. 자딘메시슨은 과거 여느 때와 마찬가지로 활발한 무역 활동을 했다. 하지만 빨라도 1840년 6월 영국 원정대가 도착하기 전까지 분쟁의 해결은 불가능했다. 찰스 엘리엇과 선단의 지휘를 맡은 그의 사촌 조지 엘리엇 해군 제독은 공동으로 '모욕과 손해'에 대한 보상, 몰수된 아편에 대한 배상, 공행이 지고 있는 채무 지불, 무역상과 그들의 재산에 대한 안전보장을 중국 조정으로부터 받아낼 전권을 부여받았다. 하지만 영국 국회는 배상 범위에 원정군의 군비용과 소실된 아편에 대한 보상이 포함되어 있는지 몰랐고, 전략기지의 분할양도에 대해서도 전혀 몰랐다. 실제로 파머스턴은 이 문제에 관해 결단을 내리지 못하고 있었다.

전쟁의 역사는 간략하게 요약할 수 있다. 16척의 전투함, 4척의 무장 증기선, 4,000명의 병사를 실은 28척의 수송선으로 이루어진 해군이 1840년 6월 말 마카오 해안에 집결했다. 소규모 해군은 광저우를 봉쇄하기 위해 파견됐다. 나머지는 북쪽을 향해 나아갔다. 이 행보는 '모욕'이 일어난 곳에 보복을 가해야 한다고 생각하는 식견이 부족한 광저우 영국상들을 분개하게 만들었다. 자딘은 워낙 영특해서 이런 종류의 감정에 영향을 받지 않았다. 그는 처음부터 사태를 지켜보았고, 파머스턴에게 중앙집권적인 중국의 제도하에서 유일한 효과적 행동은 수도 자체를 위협하는 것이라고 자문했다. 수도에서 멀리 떨어진 주 정부와 거래하는 것은 아무런 쓸모가 없었다. 광저우는 수도에서 너무 멀리 떨어져 있었고, 광저우에서 발생한 사건을 황제가 정확히 보고받을 가능성은 전혀 없었다. 첫 번째 조치는 저우산섬을 빼앗는 것이었는데, 9분간의 집중 포격으로 항복시켰다. 그런 다음 함대는 계속해 바이허白河로 전진했다. 8월 초 베이징은 대혼란에 빠졌다. 황제에게 보낸 서신은 마지못해 수신되었다. 대단한 위풍과 부를 가진 기선琦善[17]이 협상을 위한 특사로 임명되었다. 그가 너무나 노련하게 협상했기에 엘리엇 일가는 영국의 '평화를 위한 행동'이 베이징에서 승리했다고 믿고 남쪽으로 물러났다. 하지만 이것은 심각한 실수였다. 수도에 대한 압박이 완화되자 황제의 정책은 변했다. 영국의 해군력을 알게 되었지만, 중국 조정은 여전히 유럽의 의복을 입고 육상에서 전투하기란 불가능하다고 믿었다. 그래서 아직 싸움에서 지지 않았다고 믿었다. 야만인의 침략을 막지 못한 책임을 지고, 1840년 9월 임칙서가 자리에서 물러났다. 그는 1841년 7월 이리伊犁[18]라는 멀고 추운 북쪽 성으로 유배되었다. 하지만 그는 살아남아 1845년 공직에 복직했고, 5년 후 자연사했다. 광둥의 특사는 기선으로 대체되었고, 기선은 중국 군대가 도착할 때까지 우회적인 회피 전략

---

17 [역주] 박이제길특·기선(博尔济吉特·琦善, 1786~1854)은 만주정황기(正黃旗) 출신의 1등 후작(侯爵)이다. 1840년 영국 대표 엘리엇과 교섭에서 보인 수완을 인정받아 임칙서 대신 흠차대신으로 광둥에 파견된다. 이듬해 패전으로 난징조약을 체결한 뒤 관직을 박탈당하고 유배형에 처해진다.
18 [역주] 중국의 서북쪽 신장위구르족자치구에 속한 곳이다.

을 취했다.

사촌이 질병으로 직책에서 물러났기 때문에 찰스 엘리엇은 이제 혼자 책임을 떠맡게 되었다. 그는 늦긴 했지만 이러한 중국의 이중전술을 꿰뚫어 보았다. 1841년 1월 7일 그는 보그의 요새를 공격해 파괴했다. 그는 이제 광저우를 마음대로 할 수 있었고, 기선은 신속히 600만 달러의 손해 배상, 홍콩의 양도, 무역의 재개, 청원서가 아닌 서신의 사용 등 '촨비협약'에 합의했다. 하지만 이 협정은 중국과 영국 정부의 승인을 받기 전까지 아무런 구속력이 없었다. 협상의 당사자들은 각자 당국에 유리하게 협상했다고 생각했고, 칭찬을 기대했다. 하지만 베이징과 런던은 분개했다. 황제와 파머스턴은 자신의 수하들에게 화가 났다. 촨비협약이 체결되기 전부터 황제는 야만인들을 완전히 박멸해야 한다고 결심했었다. 이런 취지의 황제의 칙령이 이미 홍콩과 600만 달러를 보상한다는 약속 직후 기선에게 전달되어 불운한 총독부를 당황시켰다. 황제는 2월 협약에 대한 이야기를 듣자마자 즉시 거부했다. 기선을 해고해 베이징에서 재판을 받도록 사슬에 묶어 보냈고, 곧 군사행동을 취하라는 새로운 명령을 하달했다. 엘리엇의 경우, 그는 장관이 피임명자에게 보낸 편지 중 가장 강력한 어조의 편지를 받았다. 그것은 1841년 4월 21일 자 편지였다. 엘리엇이 원정 비용이나 공행의 채무를 보상할 만큼 적절한 손해 배상을 확보하지 못했고, 저우산섬을 담보로 잡지 않고 포기해 버렸으며, 비록 홍콩을 얻었다고는 하지만 황제가 실제로 홍콩을 양도할지 분명하지 않다고 적혀 있었다. 영국인들은 마카오의 포르투갈인과 비슷한 처지에 놓일 수도 있었다. 어떻든 홍콩은 '집도 거의 없는 황량한 섬이었고, 홍콩은 마카오처럼 활발한 무역 중심지가 되기 어려울 것이 분명해 보였다'. 결국에 엘리엇은 '서북 무역의 창구'를 얻는데 실패했고, 파머스턴은 다음과 같이 편지를 마무리했다. '여기까지 읽었다면, 제가 현 상황에서 귀하가 중국에서 임무를 계속 유지하는 것이 불가능하다고 말하지 않고서는 이 편지를 끝낼 수 없다는 점을 예견했을 겁니다.'[19] 빅토리아 여왕도 화를 냈다. 그녀는 4월 10일 삼촌인 벨기에 국왕에게 보낸 서신에서 다음과 같이 적었다. '중국에서의 사업은 우리를 매우 짜증나게 만들고 있으며, 파머스턴도 매우 기분이 상해 있습니다. 찰스 엘리엇의 까닭을 알 수 없는 이상한 행동만 아니었다면, 우리가 원하는 것을 모두 얻었을 것입니다. 그런데 엘리엇은 파머스턴의 지시를 완전히 따르지 않고, 가장 실리가 적은 조건들을 얻어내려고만 했습니다.'[20] 파머스턴은 엘리엇 대신 군인이자 외교가인 헨리 포팅거 경Sir. Henry Pottinger을 임명했다. 그는 인도에서의 공직 수행의 공로로 준남작의 작위를 수여 받았었다.

해고를 알리는 편지는 1841년 8월이 되어서야 도착했으며, 포팅거와 함께 왔다. 그 사이에, 기선의 치욕을 알게 된 엘리엇은 청 조정이 시간을 끌고 있다고 의심하기 시작했다. 약속된 무역 재개가 이루어질 조짐이 전혀 없었고, 적대적 행동이 임박했음이 분명해졌다. 엘리엇은 선수를 치기로 결심하고, 2월 말 새로운 무장 함선인 철제 외륜 증기선 네메시스호Nemesis[21]를 포함한 전함들을 황푸로 올려 보냈다. 보그의 요새들은 2월 26일 다시 파괴되었고, 중국 해군 제독은 살해되었으며, 임칙서

---

19 Maurice Collis, op. cit., p.301 인용.
20 *Letters of Queen Victoria* 제1권, p.261.
21 이 놀라운 배에 관한 설명은 Gerald Graham, op. cit., 제4장 참조.

가 근래 구입한 전투용 범선 케임브리지호Cambridge는 포탄에 폭파되었다. 3월 말 즈음, 영국 해군의 포가 광둥을 마음대로 공격했다. 순진하고 여느 때처럼 쉽게 속아 넘어가면서도 무방비 상태의 도시에서 살육을 저지르는 행동을 피하고 싶어 한, 인도적 심성의 엘리엇은 무역 재개의 조건을 내건 광둥 당국의 휴전 제안을 수용했다. 하지만 곧 중국 정부가 휴전을 단순히 전력을 보충할 때까지 전쟁을 피하는 임시수단으로 간주한다는 사실이 분명해졌다. 엘리엇은 4월 광저우를 방문했을 때 이 점을 감지했다. 그는 가능한 최후의 순간까지 행동을 미루었지만, 5월 21일 중국이 화선火船으로 자신의 배를 파괴하려 하자, 영국인들에게 광저우를 떠나도록 명령했다. 영국 해군은 71척의 범선을 침몰시키고, 2,400명의 군인을 상륙시켜 바이윈산白雲山, white cloud mountian 기슭에 주둔시켰다. 5월 26일까지 영국 포대가 도시를 장악했다. 그럼에도 불구하고, 엘리엇은 세 번째 휴전에 동의했고, 이는 해군과 육군, 특히 육군의 지휘를 맡은 휴 고프Hugh Gough 장군을 격노하게 만들었다. 휴전의 조건은 영국군이 96킬로미터 뒤로 물러나는 것과 한 주 이내 중국이 600만 달러를 지불하는 것이었다. 하지만 중국은 '체면'을 세웠다. 영국 군대와 함대가 후퇴한 것을 두고 자신들이 일종의 승리를 거둔 것이라고 광둥의 백성들에게 설명하기 쉬웠고, 더 중요한 것은 중국의 군대가 야만인을 격퇴했다고 황제에게 말할 수 있기 때문이었다.

이제 엘리엇은 어떻게 해야 할지 당황했다. 그는 광저우가 크게 중요하지 않고 베이징을 압박하기 위해서는 북쪽으로 공격해 나가는 것이 필요하다고 확신해 공격 계획을 세워놓았다. 하지만 북부 항구에 대한 파머스턴의 열정에는 동조하지 않았다. 사실, 엘리엇은 뼛속 깊이 '중국 고위 관리' 같은 인물이었다. 실제 중국 고위 관리들이 공행을 업신여겼듯이, 엘리엇은 자딘, 메시슨, 덴트 등의 부류를 싫어했다. 게다가 그는 철저히 아편 무역을 반대했다. 이들이 인간적인 혐오를 일으키는 전쟁에 간접적으로 책임이 있는 사람들이라 여겼다. 엘리엇은 그들을 탐욕스러운 말썽꾸러기들이라고 간주했다. 그는 불확실한 소용돌이 속으로 빠져들어 갔다.

1841년 8월 9일 헨리 포팅거 경이 도착하면서 이 모든 게 바뀌었다. 포팅거는 파머스턴으로부터 매우 구체적인 지시를 받았다. 파머스턴은 짧은 서신으로 인해 국회에서 그래함과 필의 조롱을 받았고, 이와 유사한 비판이 반복되지 않도록 세심하게 신경썼다. 포팅거는 엘리엇처럼 아편 무역상에 대한 혐오감을 가지지 않았다. 포팅거가 임명을 받고 취한 첫 행동 중 하나는 런던에서 자딘과 만나 협의하는 것이었다. 두 사람은 해도와 지도를 펼쳐놓고 저녁 식사를 함께 했다. 유일한 동석자는 알렉산더 메시슨이었고, 밤 10시에 에이블 스미스가 합류했다. 그러니 포팅거는 중국으로 출발하기 전 이미 사태에 대한 안내를 충분히 받았을 것이다. 8월 21일 파커Parker 해군 소장이 해군을 지휘해 홍콩에서 샤먼으로 항해했고, 군인을 태운 수송선도 합류했다. 병력은 고프 장군이 지휘했다. 8월 26일 샤먼이 점령되었고, 10월 6일 저우산이 다시 점령되었다. 10월 10일에는 전하이鎭海가, 그로부터 3일 후에는 닝보시가 점령되었다. 겨울을 나기 위한 주둔지가 만들어졌다. 북으로 진격하기에는 추운 겨울이 다가오고 있었다.

파머스턴은 포팅거가 바이허白河를 따라 텐진天津까지 진격하기를 기대했으나, 포팅거는 자딘의 책략을 받아들여 군을 통솔해 양쯔강揚子江으로 올라가 베이징으로 가는 곡물 수송을 차단해 중국을 양분하려 했다. 안전을 확보하기 위해서는 추가 병력이 필요했다. 1842년 5월 공격을 감행할 육군은 총 1만 명에 달했는데, 이중 4,000명이 영국인이고, 나머지는 인도인이었다. 1841년 6월 4일 휘그당 정부가 불신임 투표에서 졌다. 뒤이어 치러진 총선에서 필이 확실한 승리를 얻었고, 그는 8월 30일 새로운 정부를 구성했다. 파머스턴의 후임자는 애버딘 경Lord Aberdeen이었지만, 중국에 관한 업무는 외교부에서 스탠리 경Lord Stanley이 수장으로 있는 육군 식민지부로 이관되었다. 스탠리 경은 14번째 더비Derby 백작으로 훗날 총리를 세 차례나 역임한다. 해딩턴 경Lord Haddington은 민토 경Lord Minto의 후임으로 해군성의 수장이 되었고, 10월에 엘런보로 경Lord Ellenborough이 오클랜드 경Lord Auckland의 후임으로 인도의 총리가 되었다. 포팅거가 바이허에서 양쯔강으로 계획을 변경한 것은 자딘과 엘런보로의 아이디어에 따른 것이었다. 엘레보로는 인도 총리이자 명의상 원정군의 총사령관이어서, 그가 스탠리에게 미치는 영향력은 대단히 컸다. 스탠리는 아시아에서 일한 경험이 전혀 없었기 때문에 엘렌보로를 의지할 수밖에 없었다. 무임소장관無任所長官22 웰링톤 공작 역시 베이징 원정이 너무 위험하다는 견해를 강력히 지지했다.23

1842년 봄 중국은 닝보시와 다른 점령된 도시를 탈환하기 위한 유일한 반격을 개시한다. 황제의 사촌 혁奕 사령관은 너무나 자신만만하게

---

22 [역주] 무임소장관(無任所長官)은 영어로 'Minister without Portfolio'이고, 특정 부처를 관장하지 않는 장관을 말한다. 내각을 구성하는 각료는 동시에 행정장관직을 맡는 각료- 행정장관 동일인제가 일반적이나, 각의가 행정 각부의 할거주의에서 벗어나 전정부적 입장에서 사안을 다룰 수 있도록 하기 위해 이와 같이 특정부처의 장관으로 보임되지 않는 국무위원을 둔다. [네이버 행정학사전 참조]

23 Gerald Graham, op. cit., pp.196~197.

막료들에게 조만간 쟁취할 승리에 대한 미사여구를 경쟁적으로 글로 쓰게 했지만, 곧 참사가 뒤따랐다. 혁은 전쟁 전 공격을 감행하기 좋은 날을 고르기 위해 점술가를 찾아갔고, '호랑이12지의 寅에 해당'24 점괘가 나왔다. 명백히 임인년壬寅年, 임인월壬寅月, 임인일戊寅日, 갑인시甲寅時를 가리키는 것이었고, 이는 1842년 3월 10일 오전 3~5시에 해당했다. 하지만 웨이크만Wakeman 교수가 지적했듯,25 이때는 '봄의 장마철 절정기와 우연히 일치'했다. 전하이鎭海를 탈환해야 할 예비대의 책임자인 혁의 최고 참모는 아편 중독자로 병력의 보강이 필요할 때 아편에 취한 상태여서 사태 해결에 도움이 되지 않았다. 이러한 상황이 모두 겹쳐져 영국군의 피해는 가벼웠고, 중국군의 피해는 처참할 지경이었다. 포팅거의 작전은 1842년 5월 7일에 시작해 8월 20일 종료되었다. 자푸乍浦, 상하이, 전장鎭江이 모두 점령되었고, 곡물의 베이징 운송이 봉쇄되었으며, 옛 수도인 난징은 공격에 무방비로 활짝 열렸다. 중국 조정은 항복했다. 8월 29일 헨리 포팅거 경의 배 콘월리스호Cornwallis 위에서 난징조약南京條約이 체결되었다. 중국은 영국이 요구한 대부분을 수용했고, 광저우의 외국 무역상들은 최후의 승리를 획득한 듯 했다.

중국은 몰수한 아편, 공행들의 부채, 그리고 영국의 원정 비용을 대기 위해 2,100만 달러의 손해 배상을 지불하게 되었다. 광둥, 샤먼, 푸저우, 닝보, 그리고 상하이는 외국과 무역을 위해 개방하고 외국인의 정착을 허용해야 했다. 각국에서 파견한 관리들은 동등한 대우를 받고, 더 이상

---

24 [역주] 육십갑자(六十甲子)는 10간(干)과 12지(支)를 결합해 60개의 간지(干支)를 만드는데, 고대 중국에서는 이것으로 연월일을 표시했다. 본문의 '호(虎)'는 12간지 중 인(寅)에 해당한다.

25 *Cambridge History of China*, p.205.

중국 관리에게 청원의 형식을 취할 필요가 없어졌다. 각 '조약에 포함된 항구'에는 영국 영사와 전함이 배치되었다. 공행의 독점이 폐지되었는데, 이는 곧 부실 채무를 위한 공소 담보 제도도 폐지됨을 의미했다. 수출품과 수입품에 일정한 고정 관세를 부가한다는 공지도 취해질 것이었다. 홍콩은 영국에 양도되어 영국의 통치를 받게 되었다. 남경조약에는 아편에 대한 단어는 단 한 글자도 언급되지 않았다. 이론상, 아편은 여전히 금수품이었지만 이는 형식일 뿐이고 사실은 그렇지 않았다. 중국과 영국 어느 측도 법을 집행하려는 의지가 없었다. 알렉산더 메시슨은 1843년 4월 21일 런던의 사무실로 보내는 편지에 다음과 같이 썼다.

전권대사폿팅거는 밀수에 대해 격한 선전포고를 발표하였지만, 나는 이것이 아무런 의미도 없는 중국의 칙령과 같으며, 그저 영국 내의 도덕군자들에게 보여주기 위한 것일 뿐이라 생각합니다. 헨리 경Sir. Henry은 이 선전포고대로 행동할 의사가 전혀 없으며, 마음속으로는 멋진 농담 정도로만 여길 것입니다. 어찌 되었든 그는 홍콩에서 아편을 하역하고 저장하는 것을 허용하고 있습니다.[26]

3개월 후인 7월 31일 자 편지에는 또 다음과 같이 썼다.

아편 무역은 계속 번창하고 있습니다. 새로운 관세가 적용될 때 영국 소유의 모든 아편 선박은 황푸를 떠났지만, 보그의 외해에서 그 누구의 방해도 받

---

26 G.J. Yorke, op. cit., p.461. JM문집, *PLB*, 1843년 4월 21일 자 인용.

지 않고 있습니다. 헨리 포팅거 경은 다섯 군데의 항구에서 자기가 관심을 꼭 기울여야 하는 경우가 아니라면 아편 무역에 어떤 부정적인 조치도 취하지 않을 겁니다. (…중략…) 이제 달성하기를 바라는 유일한 목적은 아편 무역의 합법화인데, 이는 현재의 황제가 생존해 있는 한 이루어질 희망이 없습니다. 차선으로 아편 무역이 명망 있는 관계자에 의해 이루어지고, 무법자와 해적의 손에 넘어가지 않는 것입니다. 만일 애슐리 경Lord Ashley과 그의 친구들이 시행하려는 조치가 성공한다면 마약 무역은 필연적으로 무법자와 해적의 손에 넘어가게 될 것입니다. 이 점은 헨리 포팅거 경이 가장 잘 알고 있으며, 그가 당연히 로버트 필 수상에게 잘 전하리라 생각합니다.[27]

1858년의 텐진조약은 난징조약보다 그 범위를 더 확장해 수정했고, 그 후 근 100년간 서방 세계와 중국의 정치적, 상업적 관계를 형성하는 토대가 되었다. 당시에는 분명하지 않았지만, 장기적으로 봤을 때 난징조약은 청 왕조에게 치명적이었다. 황제는 난징조약을 패배로 간주했다. 1842년 6월, 조약 체결 두 달 전 황제는 과거의 사태와 미래의 정책을 검토하라는 칙령을 발표했는데, 이 칙령에서 황제는 다음과 같이 썼다.

만일 내가 순간의 평화에 만족하여 (…중략…) 아편이라는 악이 거리낌 없이 설치도록 내버려 둔다면, 제국 보호의 책무를 내게 맡겨준 조상의 뜻을 배반하는 짓이 될 것이며, 백성의 삶을 적절하게 보호할 수 없다는 뜻이 될 것이다. 이러한 점을 생각할 때, 내 어찌 아편이라는 악을 금하지 않을 수 있겠는가?[28]

---

27 Ibid., p.351. JM문집, *PLB*, 1843년 7월 31일 자 인용.
28 P.C. Kuo, *A Critical Study of the First Anglo-Chinese War with Documents*, 1935, p.291.

난징조약은 아편 문제의 합법화 문제에 있어 황제의 체면을 살려주었지만, 그의 권위에 커다란 손상을 입혔다. 황제의 주 협상 대표 기영耆英은 다음과 같이 기술했다.

> 엎드려 신들이 이번 야만인들의 사태에 대해 곰곰이 살펴보니, 많은 측면에서 어려움과 맞닥뜨렸고 하책을 범하였습니다. 하지만 우리는 옳고 그름의 선택을 돌아볼 것이 아니라, 위험과 안전 중 선택을 했어야 합니다. (…중략…) 침략자들의 사기가 충천해 있고, 그들은 우리의 주요 도시들을 점령했습니다. (…중략…) 만일 우리가 이를 전화위복의 기회로 삼아 속히 그들을 달래 사태를 진정시키지 않으면, 그들은 야수처럼 우리나라를 활보하며 그들이 하고 싶은 짓을 무엇이든 하려 할 것입니다.[29]

베이징에서 볼 때 난징조약은 재앙이라기보다는 일종의 좌절이었다. 청 조정은 매우 심각한 내부 문제를 안고 있었다. 그들은 내륙지역 농촌의 동란을 억누르고 농민 계층을 간접적으로 통제하며, 토지를 소유한 지역 신사紳士들의 충성심을 이끌어냄으로써 방대한 농민 계층을 통제해 왔다. 그런데 8년 후, 인구 과잉과 종교적 광신주의로 인해 태평천국의 난이 일어났다. 매우 잔인한 내전이 발생한 것이다. 이런 상황에서 몇몇 개항장에서 야만인 무역상들이 벌이는 활동은 피곤한 일이긴 했으나, 상대적으로 사소한 일이었다.

런던, 마카오, 그리고 홍콩에서 볼 때 난징조약은 서양의 이상과 관행

29 Ibid., p.198.

이 크게 승리한 것이었다. 영국에서는 중국이 대외 문호를 개방한 것이 서구의 이익뿐만 아니라 중국의 이익에도 부합한다는 관점이 널리 받아들여졌다. 방법론에 있어서는 일부 이견이 있겠지만, 그 목적에 대해서는 의견이 일치했다. 반대의 목소리가 자딘메시슨의 마음을 불편하게 만들지는 않았다. 그에게 남경조약은 특별한 승리였다. 개인 기업체가 공적 정책에 이보다 더 큰 영향을 미친 적은 지금까지 없었다. 공직에서 물러난 파머스턴이 조약에 관한 소식을 들었을 때, 그는 1842년 11월 28일 자딘메시슨의 런던 대리인 존 에이블 스미스John Abel Smith에게 다음과 같이 적었다.

우리가 중국 내 군사적 외교적 업무와 관련해 이처럼 성공적 결과를 낳을 수 있도록 모든 지시를 자세히 할 수 있었던 것은 귀하친애하는 스미스 씨와 자딘 씨가 너무나 훌륭하게 우리에게 도움과 정보를 제공해 주었기 때문입니다. 1839년 가을 귀하와 우리가 만난 다양한 인사들로부터 얻은 정보는 1840년 2월 우리가 내린 지시에 그대로 반영되었는데, 너무도 정확하고 완벽해 우리의 후임자들이 지시 내용을 조금이라도 바꿀 이유를 찾지 못한 것으로 보입니다. 이는 정말로 놀라운 일입니다. 훗날의 결과가 증명했듯이, 결정적인 군사작전이 양쯔강에서 실행되었고, 이는 우리가 일찍이 1840년 2월 해군 사령관에게 제안한 작전이었습니다. 그리고 조약의 조건들은 우리가 전권대사인 엘리엇과 포팅거에게 확보하라고 충고한 조건들과 정확히 일치합니다.

인류 문명의 발전에 새로운 시대를 가져올 이번 사건은 분명 영국에 상업적 이익에 있어 가장 큰 이점을 가져다줄 것입니다.[30]

영국 정부의 아편전쟁 개입의 윤리성에 관한 파머스턴의 견해는 현대 중국 역사가와 많은 유럽 역사가들의 격렬한 논쟁을 불러일으킬 것이다. 하지만 그가 윌리엄 자딘, 제임스 메시슨, 그리고 그들의 동료들에 대해 했던 평가는 상당히 적절하며, 그것이 선한 역할이었든 악한 역할이었든, 그들 모두 당시 매우 결정적인 역할을 담당했다. 10여 년간, 그들은 줄곧 자신들이 발행한 신문『광둥 레지스터』의 지면을 빌어 하의원을 향해 청원서를 제출했고, 그리고 외무부 최고위 인사들과 사적 모임을 통해 자신들의 주장을 강력히 내세웠으며, 이러한 건의가 마침내 훗날 파머스턴에게 채택되고, 뒤이어 토리당 내각이 정치적 전략적 정책을 실행에 옮겼다. 아편전쟁 동안 자딘과 메시슨은 무장한 아편 수송선을 영국 해군에 임대했고, 선장을 항해사로 활용할 수 있도록 했으며, 모리슨과 귀츨라프 같은 대리인을 통역관으로 쓸 수 있게 해주었다. 그들은 해도海圖, 정보, 그리고 충고도 아끼지 않았다. 그리고 숙박, 음식, 음료로 늘 환대해 주었는데, 이는 멀고 낯선 세계에서 누릴 수 있는 중요한 혜택이었다. 무엇보다 전쟁 내내 번창한 아편 판매에서 벌어들인 은자를 해군 및 군사 경비로 지불하기 위해 런던에서 발행한 어음과 교환했다. 물론 자딘메시슨이 이런 서비스를 제공한 유일한 회사는 아니었다. 덴트사와 그외의 회사들도 이런 서비스를 제공했다. 하지만 자딘메시슨의 규모가 가장 컸고, 지원활동도 가장 활발했다. 서류상 그리고 이론적으로, 난징조약은 아편 무역상이 원하던 대부분을 이뤄주었다. 자, 그렇다면 이제부터는 이론을 어떻게 실행으로 옮겼는지를 살펴볼 차례이다.

---

30 G.J. Yorke, op. cit., pp.352~353. H.T. Easton, *The History of a Banking House*, 1903, p.29의 서신 인용.

제8장
홍콩과 스코틀랜드

1841년 1월 20일 엘리엇과 기선이 찬비조약에 서명했으나, 훗날 베이징과 런던 양측이 모두 거절해 승인되지 않았다. 이 조약에는 홍콩 양도에 관한 조항이 포함되었는데, 관할권이 명확하지 않았다. 중국의 입장은 홍콩을 마카오처럼 무역 중심지로 임대한다는 것이었다. 하지만 엘리엇은 영국이 홍콩을 양도받았다고 확신했다. 이 문제는 19개월 후 난징조약으로 확실해졌다. 그 사이, 영국 군대와 영국 무역상들은 홍콩 섬과 항구를 논란의 여지 없이 영국 소유로 간주했다. 파머스턴이나 그의 무역상 고문들은 홍콩의 취득을 선호하지 않았다. 그들은 저우산섬을 선호했다. 한때 파머스턴은 '통상항구'를 적절한 조건으로 수립하면 영토 점령 없이 상업적 문제를 해결할 수 있을 거라고 생각했다. 하지만 제임스 매시슨에게 홍콩 양도는 전혀 기분 나쁜 일이 아니었다. 그는 런던에 있는 윌리엄 자딘에게 보낸 1841년 1월 22일 자 편지에서 다음과 같이 썼다.

> 상황을 제대로 모르는 사람들은 이 조건에 많은 불만을 품고 있지만, 우리는 충분히 만족하고 있습니다. 우리는 홍콩을 소유하는 것이 지금까지 광저우에서 당한 모욕과 부담의 재발을 막고 중국을 적절히 견제할 수 있는 길이라 생각합니다. (…중략…) 홍콩에서는 중국의 간섭이나 통제를 전혀 받지 않을 것이고, 전적으로 영국의 일부가 되어, 수일 내로 점령할 수 있을 것입니다. (…중략…) 홍콩은 장차 독립적으로 운영될 것이며, 우리는 홍콩에 창고를 짓는 즉시 아편을 저장할 수 있게 됩니다.[1]

표면적으로 보면 파머스턴이 홍콩 취득을 반대한 것도 일리가 있었다. 홍콩은 척박하고 건조하며 바위투성이고 산이 많으며 바람이 심하게 부는 섬이었다. 광저우로부터 남동쪽으로 144킬로미터 떨어져 있고, 중국에서 가장 중요한 무역지가 될 양쯔강 어귀로부터 너무 멀리 떨어져 있었다. 홍콩의 길이는 17.6킬로미터, 너비는 3.2~8킬로미터이며, 길게 동서로 뻗어 있다. 당시 쥬룽九龍을 마주한 북쪽 해안이 유일하게 사람의 거주가 가능한 곳이었는데, 많은 언덕이 선선한 남서풍을 막아 긴 여름 동안 참기 힘들 정도로 더웠다. 에어컨, 냉장, 그리고 20세기 기술의 수많은 혜택에 힘입어 지금은 일상생활이 편해졌지만, 만일 선택할 수 있다면 여전히 6월, 7월, 그리고 8월은 피해서 이곳을 방문하는 것이

---

1 G.J. Yorke, *The Princely House*(미출간 자료), 1937년경, p.486. JM문집, *Coastal Letter Books*(*CLB*), 1841년 1월 22일 자 인용.

바람직하다. 하지만 홍콩은 한 가지 큰 장점을 가지고 있었다. 그것은 중국 해안에서 물이 가장 깊은 내해內海 항구라는 것이다. 다만 이 항구도 잔인하고 파괴적인 태풍에 자주 노출되었고, 그건 지금도 마찬가지이다. 1841년 이곳의 유일한 원주민은 근근이 생계를 이어가는 약 2,000명의 어부와 그 가족이었다는 점은 전혀 놀랄 일이 아니다. 유럽인에게 홍콩은 오랫동안 건강에 좋지 못한 곳으로 여겨졌고, 돈을 많이 번 사람이라면 기꺼이 떠나고 싶은 곳이었다.

그렇다면 왜 영국 정부는 양쯔강을 내려다보는 저우산을 손에 넣으려는 계획을 포기하고 대신 홍콩을 할양받는 것으로 결론 지었을까? 홍콩을 강력하게 반대했던 파머스턴은 더 이상 공직에 있지 않았고, 자딘메시슨과 그의 동료들은 북부의 섬을 선호하긴 했지만, 만일 홍콩 할양이 기정사실이라면 마땅히 받아들여야 한다고 생각했다. 아마 당시 분위기, 혼란, 선경지명의 부재가 혼합되어 이런 결론에 이르렀을 것이다. 결국, 홍콩은 영국에 양도되었다. 영국 정부가 엘리엇에게 내린 지시와 그 결과가 어긋나긴 했지만, 이미 홍콩이 할양된 이상 다시 돌려줄 필요는 없지 않은가? 그리고 저우산섬은 100만의 거주민이 사는 번창하고 농사가 잘되는 섬이었으므로, 만일 그들이 반발한다면 겨우 2,000명의 가난한 어부들만 사는 홍콩보다는 통제가 어려울 것이다. 아벨 스미스에게 보낸 편지를 보면, 파머스턴은 이 결과에 만족한 것으로 보인다.

1841년 1월 26일, 제임스 메시슨은 홍콩의 수항구水坑口, Possession Point에서 이루어진 영국 국기 게양식에 참석했다. 이후 그는 엘리엇 제독의 2인자 영국 해군 준장 브리머Bremer와 함께 배를 타고 섬 주위를 둘러보

왔다. 자딘메시슨은 서둘러 바닷가에 큰 임시 창고를 지어 관리인을 배치했고, 관리인은 항구에 정박한 회사의 신입사원 실습선 제너럴 우드호 General Wood에서 숙박하게 했다. 아편과 다른 화물을 보관하기에는 육지보다 이곳이 더 안전하다고 여겼다. 8월 헨리 포팅거 경이 무역 최고 감독관으로 찰스 엘리엇의 후임이 되었다. 그가 영국 외무부가 찬비조약의 승인을 거부했다는 소식을 가지고 왔다. 그로 인해 한동안 상당한 불확실성이 존재하게 되었고, 이는 제임스 메시슨을 낙담시켰다. 이 시기 메시슨은 홍콩이 외국 무역상을 위협하는 폭동이 발생하는 광저우를 대신해야 한다고 확신했다. 이러한 의구심은 갈수록 강해졌고, 그는 1841년 8월 21일 다음과 같이 썼다.

> 지금은 건물을 짓는 데 돈을 쓸 이유가 없습니다. 만일 긍정적인 선언이 선포된다면 (…중략…) 곧 도시가 만들어지고, 상당수의 중국인이 이곳으로 몰려올 겁니다.[2]

4일 후 그는 윌리엄 자딘에게 또 다음과 같이 썼다.

> 저는 엘리엇의 나쁜 평판을 그의 '총아홍콩'가 물려받게 될까 걱정됩니다. (…중략…) 하지만 저는 당신께 간곡히 부탁드릴 수밖에 없습니다. 홍콩이 아니더라도 최소한 영국인에게 익숙한 주강 인근 지역에서 원주민들이 저우산과 다른 곳에서 겁에 질려 쫓겨나는 대신 기꺼이 우리의 국민이 되어 우리와 무

---

2 Ibid., p.487. JM문집, *PLB*, 1841년 8월 21일 자 인용.

역을 하려는 지역을 확보할 수 있도록 당신께서 영향력을 행사해 주시기를 부탁드립니다. [3]

동일한 편지에서 그는 아직 홍콩에서 아편 이외의 무역을 할 수 없다는 점을 개탄하면서, 상업적인 관점에서는 마카오가 있는 쪽의 주강의 항구를 선택하는 것이 더 낫다고 생각했다.

그러나 저는 특히 대형 선박의 정박지로써 이보다 더 훌륭한 항구를 찾을 수 있을지 모르겠습니다. 만일 영국 정부의 인정과 확실한 보호 아래 이 문제를 진지하게 처리한다면, 홍콩은 분명히 상당한 상업 중심지가 될 것입니다. 대규모 창고 등의 건물을 짓고 (…중략…) 투입할 금액이 대략 2만 달러에 달하므로, 제가 홍콩 확보를 옹호하는데 전혀 관심이 없는 것은 아닙니다. 많은 사람이 쥬룽九龍을 선호하지만, 저는 우리가 두 곳을 모두 차지해야 한다고 생각합니다.

쥬룽九龍을 할양받으려면 제2차 아편전쟁 이후인 1858년 텐진조약까지 기다려야 했다. 그러는 동안 홍콩의 미래에 대한 메시슨의 불안감은 부분적으로 완화되었다. 헨리 포팅거가 불명예스럽고 인기 없는 전임자의 '총아寵兒'를 싫어했으리라 예상할 수도 있다. 하지만 헨리 포팅거는 예상과 달리 처음부터 홍콩 열성분자였다. 뭄바이에서 마카오로 항해하는 길에 그는 제임스 메시슨의 조카인 알렉산더와 동행했다. 알렉산더

---

3 Ibid., p.488. JM문집, *PLB*, 1841년 8월 25일 자 인용.

는 1840년 중국에서 영국으로 건너가 결혼식을 올린 지 몇 달 만에 비극적으로 아내를 잃었다. 포팅거는 1841년 8월 9일에 도착했다. 알렉산더는 전쟁에서 육군을 지휘한 고프 장군도 머물렀던 해안가의 큰삼촌 소유의 저택에서 포팅거를 환대했다. 제임스가 윌리엄 자딘에게 보낸 편지를 보면,[4] 제임스는 연회를 열어 '좋은 인상을 남기려 하는 무역상 무리'를 포팅거에게 소개했다.

메시슨 가문과 다른 마카오 무역상의 주장으로 확신을 갖게 된 것이든, 아니면 자신의 결단이었든지 간에 포팅거는 분명한 계획을 가지고 홍콩으로 갔다. 홍콩은 해군 기지뿐만 아니라 무역 장소로도 중요한 자산이었다. 홍콩은 버려져서는 안 되는 곳이었다.

상륙 후, 포팅거는 훗날 빅토리아Victoria가 된 지역에 이미 판자촌이 형성된 것을 알게 되었다. 대나무로 만든 오두막과 임시 창고들이 뒤죽박죽 섞여 있었다. 영국 국기가 수항구水坑口, Possession Point에 게양된 지 5개월 후, 1841년 6월 첫 토지매매가 마카오에서 이루어졌다. 황제의 찬비조약 거부 사실이 알려졌으나, 훨씬 더 심각한 문제인 파머스턴의 조약 거부 사실은 아직 알려지지 않았다. 늘 반응이 빨랐던 메시슨은 영국 국기가 게양된 지 겨우 한 달 만에 홍콩에 임시 창고를 세웠는데, 이는 공식적인 토지 매매보다 훨씬 앞선 것이다. 그의 임시 창고는 북부 해안의 중앙, 오늘날 플래그스태프 하우스 근처에 위치했다. 창고는 오래지 않아 석조건물로 바뀌었다. 이것은 홍콩에 처음 세워진 견고한 건축물이었다. 토지 매매에서 자딘메시슨의 대리인 모건Morgan 선장은 새

---

4 Maggie Keswick(ed), *The Thistle and the Jade*, 1982, p.74. JM문집, *PLB*, 1841년 8월 23일 자 인용.

홍콩 항구. 자딘메시슨이 자리한 동항(東港)에서 바라본 풍경

로운 창고가 있는 땅 세 곳과 동항東港, 초기 메시슨만으로 불림에 있는 상당한 지역을 함께 사들였다. 중심지역의 토지는 군 진영에 둘러싸여 있었다. 1843년 정부는 현금 보상과 다른 지역의 토지선점권을 부여하는 댓가로 자딘메시슨의 땅을 구매하기로 결정한다. 모건은 "동항은 전체적으로 우리 목적에 맞는 최적의 장소이다. 우리는 다른 창고들을 정부에 팔아 최소 100퍼센트의 이윤을 남길 수 있다고 확신한다"[5]라고 적었다. 회사는 서항西港의 토지 두 곳을 선택했고, 마카오나 광저우가 아닌, 동항에 본사를 두기로 결심했기에 가능한 빨리 동항을 개발했다.

포팅거가 홍콩 합병을 강력히 지지했지만, 영국 국기를 게양한 후 1년 반 동안 영국 정부가 동의할지 확신하지 못했다. 제임스 메시슨은 1841년 8월 자딘에게 보낸 편지에서 충분히 그렇게 쓸만한 이유가 있었다.[6]

---

5 G.J. Yorke, op. cit., p.489. JM문집, *Local Letter Books*(*LLB*), 1841년 12월 4일 자 인용.

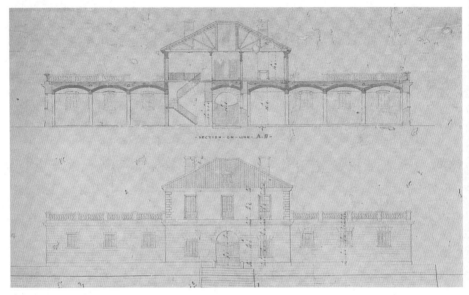

홍콩 동항에 세워진 자딘메시슨 건축물 설계도

외무장관 애버딘 경은 '지불 비용, 중국과의 관계적 특성, 그리고 합병으로 인한 다른 강대국들의 곤혹감 때문에'[7] 중국 영토의 합병을 불안하게 보았다. 식민청the Colonial Office의 스탠리Stanley도 주저하기는 마찬가지였지만, '군, 민간, 상인 등 모든 계층의 사람들이 공모해 우리가 홍콩을 수용하도록 만들기 때문에'[8] 홍콩을 포기하는 것을 두려워했다. 이 두 사람은 난징조약에 관한 소식이 도착하기 전인 1842년 10월에 위와 같이 글을 썼다. 그해 일찍이 애버딘은 임시 건축을 제외한 모든 건축 사업을 중단하라는 명령을 내렸다. 1월 말 하달된 명령은 4월이 되어서야 포팅거에게 전달되었다. 그는 이 명령을 무시하기로 결심했다. 그는 현장에 있었고, 인도 총독 엘렌보로의 지지를 받고 있었다. 8월 그가 난징조약

6 G.J. Yorke, Ibid., p.4.
7 W.D. Jones, *Lord Derby and the Victorian Conservatism*, 1956, p.86.
8 Ibid., p.86.

의 조건을 애버딘에게 보냈을 때, 그는 홍콩의 확보가 '수정된 지시와 의도적으로 어긋나는 유일한 점'임을 솔직하게 시인했다. 그리고 그는 자신의 행동이 '우리의 무역을 위한 상업 중심지를 확보하고, 중국 내 영국신민을 똑같이 보호하고 통제할 수 있는 장소를 제공한 것'[9]이라고 정당화했다. 애버딘은 답신에서 아무런 대꾸도 하지 않았다. 포팅거는 빅토리아 시대의 뻔뻔한 식민지 총독들이 자주 그랬던 것처럼 자신의 행동에 대해 책임지지 않고 벗어났다. 침묵은 동의를 뜻했고, 홍콩은 이제 영국의 식민지가 되었다. 이러한 결과를 순전히 윌리엄 자딘과 제임스 메시슨의 탓으로 돌리는 것은 불합리할 것이다. 많은 사람들이 이 일에 관여했고, 무엇보다 무역 최고 감독관과 초대 총독이 관여했다. 행정부와 입법부에도 많은 외압이 가해졌다. 그럼에도 불구하고, 마카오와 광저우에 기반을 둔 무역회사들이 영국이 가장 이상하고 가장 이국적인 속국 중하나를 얻게 만든 일련의 사태에서 실제로 중요한 역할을 담당했다. 그중 가장 강력하고, 부유하고 진취적이며, 영향력 있는 회사는 의심할 여지 없이 자딘메시슨이었다.

회사는 홍콩이 미래에 어떤 지위를 가질지 심각하게 생각하지 않았던 것 같다. 서양 무역상의 이익을 대변하는 다른 사람들과 마찬가지로, 회사의 대리인들은 신속하게 정착했다. 총사령관 휴 고프의 뒤를 이은 준장 살툰 경Lord Saltoun[10]은 난징조약 이후 1842년 가을 영국인들의 초기 섬생활에 대해 생생히 묘사했다. 1년 전 9월에는 4개의 회관이 있었다는

---

9 Gerald Graham, op. cit., pp.233~234.
10 Alexander George Fraser(1785~1853). 16대 살툰 남작은 워털루(Waterloo)의 영웅 중한 사람이었으며, 프랑스의 모든 습격에도 불구하고 휴고몬트(Hougoumont) 농장의 과수원과 정원을 지켜낸 인물이었다.

진술 뒤, 이어서 '이제 회관이 늘어선 거리가 거의 2.4킬로미터에 달한다. 대부분의 회관의 건축이 끝나서 사람들이 거주하기 시작했으며, 온갖 상품을 판매하는 가게, 저잣거리, 지붕이 있는 시장이 들어섰다'고 설명했다. 그는 자딘메시슨으로부터 회관을 빌려 사용하고 있었다.

> 나는 만의 위쪽 끝으로 올라가서 대단한 자딘메시슨 회관을 관리하고 나의 집주인 역할을 하는 모건 씨를 방문하려고 합니다. 그는 정박지의 위쪽 끝에 위치한 궁전 같은 곳에서 살고 있습니다. (…중략…)
>
> 사람들의 말에 따르면, 자딘의 회관은 전쟁이 시작된 후 아편을 중국으로 밀반입해 거금을 벌었다고 합니다. (…중략…) 그들은 현금으로만 아편 대금을 받기 때문에 위험도 거의 없고, 매우 많은 돈을 벌었다고 생각됩니다. 그들은 쾌속 범선이라고 불리는 멋진 항해용 선박들을 소유하고 있는데, 어디를 가든 그 배들을 볼 수 있습니다.[11]

생활이 불편한 것은 아니었다. 그가 헨리 포팅거 경과 만찬을 나누었을 때 포도주도 많이 있었다. 그들은 홍콩에서 모건 가문이 선물로 보낸 마닐라에서 수입한 살찐 칠면조 구이도 먹었다. 벵골과 시드니의 양 수입업자들을 위한 면양판매클럽도 있었다. '우리는 여기 언덕에서 양들에게 풀과 곡물을 먹여 통통하고 맛있는 양고기를 확보합니다.'

1844년 3월, 자딘메시슨의 본부는 마카오에서 동항의 '궁전 같은 곳'으로 이전했다. 알렉산더 메시슨은 다음과 같이 기록했다.

---

11 G.J. Yorke, op. cit., p.490. Alexander Fraser, *The Frasers of Philorth*(1897) 인용.

우리는 이제 이곳에 정착했고, 머지않아 마카오에서 사업하는 것처럼 편안하고 편리한 삶을 누릴 것으로 생각합니다. 우리는 사무실에서 소리쳐 부를 수 있을 만큼 가까운 거리에 배가 있어서 선박을 중국 해안이나 황푸로 보낼 때 전혀 시간 낭비를 하지 않습니다. 밤에도 선장들이 배에 오르지 못할 이유가 없습니다. 지금은 소수의 중국 상인만이 이곳에 있지만, 조만간 그들도 우리처럼 하게 될 겁니다.[12]

회사의 주 사무소는 이때부터 지금까지 홍콩에 자리 잡고 있다. 그 이후에 일어난 일들을 고려하기 전, 우리는 잠시 두 창업자에게 관심을 기울여 보자.

윌리엄 자딘이나 제임스 메시슨 모두 다시 중국에 가지 못했다. 1839년 가을, 자딘은 파머스턴에게 브리핑을 한 후 평소 그를 존경하던 런던의 동인도회사 무역상들이 개최한 성대한 만찬에 초대되었다. 매그니악스미스사는 그에게 롬바르드가 3번지에 있는 사무실을 제공했다. 1841년, 자딘은 스미스의 지분을 사들여 회사의 이름을 매그니악자딘사로 바꾸었고, 또 한 차례 회사명을 메시슨사로 바꾸었다. 메시슨사는 오늘날까지 동일한 주소에서 운영되고 있으며, 홍콩 소재 회사의 런던 업무를 이어가고 있다. 자딘은 스코틀랜드의 퍼스셔Perthshire 랜릭Lanrick에 있는 저택을 구입했다. 그는 출생지와 가까운 덤프리셔Dumfriesshire의 캐슬밀크Castlemilk를 선호했지만, 퍼스셔의 저택이 더 나은 거래라 생각했다. 런던에 있을 때, 그는 어퍼 벨그레이브 가Upper Belgrave Street의 멋진

---

12 Ibid., p.491. JM문집, *PLB*, 1844년 3월 27일 자 인용.

지역에 있는 집에서 거주했다. 그는 오리엔탈 클럽에 가입해 주로 중국 문제를 논의하는 것을 소일거리로 삼았다.

1841년 2월 6일, 그는 런던의 가장 오래되고 가장 지명도 있는 두 개의 클럽 중 하나인 브룩스 클럽의 회원으로 선출되었다.[13] 그의 회원 선출은 휘그당의 수석총무이자 훗날 앨더리의 스탠리 경Lord Stanley of Alderley이 된 E.J.스탠리가 제안하고, 또 다른 스코틀랜드인이자 저명한 휘그당 정치인 에드워드 엘리스Edward Ellice가 지지했다. 자딘은 은퇴하면 의회에서 일하고 싶다는 생각을 오랫동안 품어왔다. 이는 부분적으로는 의회의 일 자체를 위한 것이었고, 또 부분적으로는 하원에서 중국 무역에 관해 대변해 회사에 도움을 제공하기 위한 것이었다. 그는 1841년 7월 총선에서 애쉬버튼Ashburton 선거구의 휘그당 지명을 받았다. 데번Devon 주에 있는 이 도시는 부분적으로 양모 제품 생산과 중국 수출에 의존하고 있었는데, 중국의 무역 시장이 늘 불안정했다. 특히 광저우의 현 상업적 위기로 인해 큰 타격을 받고 있었다. 광저우 시절 덴트가는 자딘의 야망을 조롱하는 것을 즐겼다. 하지만 최종적으로 웃은 사람은 자딘이었다. 덴트가의 동업자인 토리당 후보는 희망이 없음을 깨닫고 마지막 순간에 포기했고, 자딘은 저항 없이 승리했다. 드물게 예외가 있긴 했지만, 대체로 중국 관련 이해 당사자들은 자유 무역을 선호했다. 총선에서 승리한 토리당은 자유 무역에 완전히 반대했다. 로버트 필 경과 대화했던 상황이 앞으로 일어날 예정이었다. 모든 휘그당원이 자유 무역 신봉자는 아니었

---

13 브룩스 클럽은 앤드류, 조셉, 첫째와 둘째 로버트 자딘 경 등 회사의 많은 인물이 소속된 클럽이었다. 제임스 메시슨도 1843년에 회원이 되었고, 회원 추천은 에드워드 엘리스(Edward Ellice)가 했다. 그의 조카인 알렉산더도 1848년에 회원으로 선출되었다. *Memorials of Brooks's*(1967) 참조.

지만, 모든 자유 무역 신봉자는 휘그당 혹은 급진주의자로 휘그당에 표를 던졌다. 자딘은 무역에 관한 관세와 제한에 적극적으로 반대한 인물이었다.

불행히도 이것은 또 다른 의미에서 자딘의 마지막 승리가 되었다. 그는 하원의원이자 스코틀랜드 지주의 지위를 오래 누리지 못했다. 1843년 2월 27일 자딘은 오랜 고통스러운 질병으로 런던의 집에서 59세의 나이로 세상을 떠났다. 그는 자신이 태어난 로흐메이븐Lochmaben에 묻혔다. 그의 훌륭한 경력이 슬프게도 끝나버렸다.

제임스 메시슨의 운명은 더 나았다. 건강상의 이유로, 그리고 자신이 쌓은 엄청난 부를 누리고 싶은 욕망 때문에 그는 1842년 늦게 자딘을 따라 영국으로 되돌아왔다. 그의 동업자처럼 메시슨도 의회 진출의 야망을 가지고 있었다. 자딘의 사망으로 생긴 애쉬버튼의 공석은 확실한 기회를 제공했다. 1843년 3월 1일, 그는 '이 자치구 유권자의 다수가 참석한 영향력 있는 모임에서 만장일치로 통과된 결의안에 힘입어 감히 다가오는 선거에서 유권자 여러분을 위한 후보로 나서겠다는 발표를 합니다'라고 출마 연설을 했다. 다음 날 인쇄된 연설문에서 그는 다음과 같이 썼다.

저는 애석하게 세상을 떠난 자딘 전 의원의 친구이자 동료입니다. 저의 정치적 견해는 모든 현실적이고 진취적인 개혁에 대해 찬성하는 것입니다. 그리고 저는 시민의 자유, 종교의 자유, 그리고 무역의 자유를 열성적으로 신봉하는 사람임을 밝힙니다.

제가 사업을 하면서 맺은 관계가 이 도시 무역의 안정적인 번영을 도모하는 데 도움이 될 것이라 믿습니다.

이달 7일, 화요일 선거일까지 미리 모든 유권자를 개인적으로 찾아뵙고자 합니다.[14]

메시슨은 당연히 선출되었고, 1847년 북부 스코틀랜드의 로스Ross와 크로마티Cromarty로 선거구를 옮기기 전까지 의원직에 있었다. 그가 옮겨간 곳은 스코틀랜드 지주에게 더 어울리는 곳이었다. 그는 1844년 50만 파운드 이상을 주고 루이스Lewis의 헤브리딘Hebridean섬을 구입했고, 줄곧 스코틀랜드의 지주로 있었다. 그는 1862년까지 로스와 크로마티의 의원직을 유지했다. 그러는 사이 그 섬의 기근 해소에 기여한 공을 인정받아 1851년 준남작의 작위를 받았다.[15] 그는 결혼했으나 자녀가 없었다. 1878년 82세의 나이로 멘톤Mentone에서 사망하자, 그의 준남작 작위는 소멸되었다.[16]

회사의 통제권은 의도대로 두 창업자의 조카들이 맡게 되었다. 제임스 메시슨의 뒤를 이은 사람은 그의 조카 알렉산더였다. 비록 다른 조카들도 있었지만, 그가 메시슨 가문 중 마지막 동업자가 될 운명이었다. 당분간 사촌 도널드 메시슨이 홍콩의 업무를 맡았고, 윌리엄 자딘의 조카 데이비드가 광저우의 업무를 맡았으며, 대부분 마카오에 머물던 알렉산더는 모든 업무를 총괄했다. 알렉산더는 약간 성미가 급한 사람이었다. 앨런 리드Alan Reid는 알렉산더가 1844년 도널드에게 보낸 분노의 편지를 인용했는데, 이 편지에서 알렉산더는 포팅거의 후임 존 데이비

---

14 연설문 전문은 *The Thistle and the Jade*, 1982, p.25에 실려 있다.
15 Colin Crisswell, *The Taipans*, 1981, p.66.
16 그의 조카인 알렉산더가 받은 작위와 혼동해서는 안 된다. Maggie Keswick(ed), op. cit., p.170 참조.

스 경Sir. John Davis이 중국에 한 번도 가보지 않은 친구들, 심지어 영국 밖으로 한 번도 나가보지 않은 친구들의 이름을 따서 빅토리아 거리 이름을 지은 것을 비난했다.

그리고 무역상들이 이곳을 개척했지만, 무역상의 이름을 따라 명명한 거리 명은 하나도 없습니다. 사기꾼의 이름을 딴 '셸리Shelly가'라는 것을 생각해 보십시오. 자딘가, 덴트가, 깁가 등의 거리명이 얼마나 더 자연스럽게 들렸겠습니까? 저는 이제 이득이 되는 투자라면 모를까, 홍콩에 단 한 푼도 투자할 생각이 없습니다.[17]

하지만 알렉산더의 과민함은 충분히 용서할 수 있다. 왜냐하면 그는 비극적으로 젊은 아내를 잃었고 세상에 홀로 남겨졌다고 느꼈으며, 건강이 나빠 자주 고생했기 때문이다. 그는 1847년 중국을 떠났다. 1852년까지 회사 내 동업자의 지위를 유지했지만, 중국으로 되돌아오지는 않았다.

그가 런던에 도착한 시기는 영국 국내외의 과도한 철도 투자와 밀 가격의 급변으로 커다란 금융 위기에 처했을 때였다. 알렉산더는 매그니악자딘사의 재정 상황을 조사했다. 그는 존 아벨 스미스가 취한 과거의 투자 정책이 회사의 전반적 상황을 위험에 빠뜨렸고, 대규모 투자를 유치하지 않고서는 회사가 앞으로의 사태를 감당하기 힘들것이라는 결론을 내렸다. 파산의 위험은 알렉산더 자신과 삼촌 제임스, 그리고 윌리엄

---

17 Maggie Kewick(ed.), op. cit., p.26.

의 조카이자 데이비드의 형으로 삼촌에게서 많은 유산을 상속받은 앤드류 자딘의 재정적 지원으로 피할 수 있었다. 이들이 협력해 회사를 구하고 사업을 재건했으며, 1848년에는 제임스의 또 다른 조카이자 도널드의 남동생 휴 메시슨을 경영자로 세운 메시슨사가 되었다. 휴 메시슨은 겨우 27세였고, 훗날 매우 성공한 기업가가 되었으며, 무엇보다 1873년 리오 틴토사Rio Tinto Company를 설립하는 업적을 남긴다.

휴와 도널드는 제임스 메시슨의 형제인 덩컨Duncan의 아들들이고, 덩컨은 스코틀랜드의 변호사이자 에든버러Edinburgh의 부지사였다. 이 가문은 독실한 기독교도였다. 휴 메시슨이 글래스고Glasgow의 무역회사인 제임스 유잉사James Ewing&Co.에 들어갔을 때, 그의 부친은 성공을 빌면서, '하지만 너도 알다시피 이 축복은 은혜의 보좌에 쉼 없이 규칙적으로 기도해야만 이룰 수 있단다'는 말을 덧붙였다.[18] 휴는 평생 독실한 기독교도였다. 1843년 그는 부자 제임스 삼촌으로부터 자딘메시슨의 일자리를 제안받았지만, 당시 영국에서 아편 무역이 큰 비난을 받고 있었기 때문에 주저했다. 이 제안이 '높은 지위와 엄청난 부'[19]를 분명히 안겨줄 것이라는 점을 충분히 알았지만, 그는 결국 제안을 거절한다.

그의 견해는 아편 무역의 도덕성에 의심을 품기 시작한 형의 영향을 받았을 것이다. 그의 형은 아편이 그 어떤 곳보다 뻔뻔스럽게 거래되던 홍콩의 업무를 감독하고 있었다. 휴는 1845~1846년 홍콩을 장기간 방문했다. 아마도 이때 둘은 분명 아편 무역의 도덕성에 관해 논의했을 것이다. 도널드는 1848년 양심상 동업자의 지위를 유지할 수 없다고 결심

---

18 Charles E. Harvey, *The Rio Tinto Company*, 1981, p.6.
19 Ibid., p.6.

했다. 런던의 알렉산더는 도널드에게 만일 그렇게 하면 회사의 모든 이권이 사라질 것이라 짜증내며 경고했지만, 도널드는 자신의 뜻을 굽히지 않았다. 도널드는 영국으로 돌아갔고, 종국에는 삼촌 제임스의 재산을 상속받았다. 1892년 그는 아편 무역 억제를 위한 실행위원회의 위원장이 되었다.[20] 그는 1901년 세상을 떠났다.

도널드의 사임과 알렉산더의 퇴임으로 메시슨 가문과 자딘메시슨사의 관계는 끝났다. 하지만 메시슨 가문은 롬바르드가 3번지에 위치한 자딘메시슨사와 동맹 관계에 있으면서 독립된 메시슨사의 운영에 적극적으로 개입했다. 1851년 알렉산더는 로스Ross 지역에 773,000파운드어치의 대규모 부동산을 매입한다. 이 부동산에는 12세기부터 가문 소유였으나 1427년 반란 실패 후 가문의 영수가 처형된 뒤 몰수된 로칼쉬Lochalsh와 애터데일Attadale도 포함되어 있었다. 1854년 알렉산더는 8대 보몬트 경Lord Beaumont의 누이와 재혼하면서 귀족 가문과 연을 맺었다. 그는 1847~1866년 인버네스Inverness 자치구 의원을 지냈고, 1868년 총선에서 삼촌 제임스의 뒤를 이어 로스와 크로마티 지역구 의원에 당선되어 1884년까지 활동했다. 그는 글래드스톤에 의해 1882년 준남작이 되었다. 이 작위는 아직도 존재한다. 그는 1886년 사망했는데, 그의 말년은 재정 악화로 암울했고 로칼쉬와 애터데일은 지켰지만 상당 부분의 토지를 팔아야 했다.

자딘메시슨사의 미래는 윌리엄 자딘의 방계 후손들이 맡게 되었다. 윌리엄 자딘에게는 형 데이비드의 자녀인 네 명의 조카가 있었는데, 그

---

20 Colin Crisswell, *The Taipans*, 1981, p.68, 주석 31.

는 늘 의사 지망생 시절 자신을 도와준 형에 대한 고마움을 가지고 있었다. 확실히 그는 형에게 진 빚을 충분히 갚았다. 맨 위 조카인 앤드류1812~1889는 1843년 중국을 떠나 매그니악자딘사의 동업자가 되었고, 1848년부터는 메시슨사의 동업자가 되었다. 가문의 전통에 따라 그는 래나크Lanark의 애난데일Annaldale에 있는 코리Corrie라는 스코틀랜드 저택을 사들였다. 바로 아래 동생인 데이비드는 알렉산더 메시슨이 은퇴하자, 1852년 대반大班이 되었다. 하지만 1856년 부유한 데이비드는 38세의 젊은 나이로 세상을 떠났다. 세 번째 조카인 조셉도 대반은 아니었지만, 1845년부터 1860년까지 동업자였다. 1854년 그는 덤프리셔의 로커비Lockerbie 인근에 있는 캐슬밀크Castlemilk 저택을 사들였는데, 이 저택은 그의 삼촌이 탐내던 것이었다. 그는 1861년 사망한다. 첫째, 둘째, 그리고 셋째 조카 중 아무도 결혼하지 않았기 때문에, 때가 되었을 때 자딘메시슨의 모든 지분과 스코틀랜드 저지대에 있던 모든 부동산은 1825년에 태어나 1905년까지 살았던 가장 어린 조카 로버트에게 넘어갔다.

이 네 명이 유일한 조카들은 아니었다. 가장 나이 많은 조카는 앤드류 존스톤1798~1857이었는데, 그는 윌리엄의 누이 진Jean의 아들이었다. 그는 삼촌처럼 중국행 선박의가 되었다. 그는 1824년 회사와는 별개로 개인 무역을 시작했다. 그는 1835~1836년에 잠시 자딘메시슨의 동업자로 있었다. 그즈음 앤드류 존스톤은 이미 은퇴해 덤프리스Dumfries 인근의 홀리애쓰Halleaths 저택을 살 만큼 부유해져 있었다. 그는 스포츠와 경마에 열성이었다. 1841년 당시 거액인 3,000기니를 주고 찰스 12세라는 말을 구입해 굿우드 컵Goodwood Cup 경마대회에서 우승하기도 하였다. 그는 말과 여자들에게 상당히 애착을 가졌지만, 결혼하지 않았다. 하지만 그의 남동생 존은 결혼을 했고, 존스톤의 후손들이 회사나 협력 업체들에서 나름의 역할을 맡았다. 그의 누이인 마가렛Margaret의 후손 들도 마찬가지였다. 마가렛은 케직 가문으로 시집갔고, 그들의 상속자 들이 현재 자딘메시슨을 경영하고 있다.

조카의 명단은 여기서 끝이 아니다. 윌리엄 자딘의 둘째 누이 마가렛 의 두 아들도 있었다. 그들은 혼란스럽게도 자딘이라는 성을 가졌는데, 그 이유는 그녀가 밸그레이Balgray의 자딘 가문이라는 완전히 별개 분가 의 남자와 결혼을 했기 때문이었다. 그래서 형인 데이비드1819~1853는 사촌과 구별하기 위해 '또 다른 데이비드'라고 불리며 대반大班이 되었고, 콜카타에 있는 자딘 스키너사를 창립하였다. 동생인 로버트1822~1873도 동업자였고, 그들의 사촌인 존 존스톤도 마찬가지였다. 이 회사는 꽤 독 립적이었지만, 뭄바이에 있는 지집호이사Jejeebhoy&Co.와 레밍턴사 Remington&Co.와 더불어 자딘메시슨의 가장 중요한 인도 '거래처' 중 하 나였으며, 19세기 아편 무역의 발달 및 다른 활동에서 핵심적인 역할을 담당한다.

제9장
제2차 아편전쟁

1842년부터 홍콩은 비약적으로 성장해 주요 화물집산지entrepot로 발돋움한다. 이후 30년 동안 자딘이 많은 부분을 담당한 아편 무역은 급속히 성장한다. 앞에서 살펴보았듯이 아편은 난징조약에 전혀 언급되지 않았다. 이것은 우연이 아니었다. '약물'에 대한 칙령을 실행에 옮기겠다고 한 황제의 결정이 간접적으로 전쟁이라는 결과를 불러왔기 때문에, 황제는 영국 대표단이 제안한 것처럼 아편 무역을 합법화하는 것은 자신의 위신을 떨어뜨리는 일이 되므로 이를 감내할 수 없었다. 영국 정부도 마냥 고집을 부릴 수 없었다. 결국, 전쟁을 촉발한 실제가 무엇이었건 간에 표면적으로 전쟁은 아편 판매를 촉진하기 위한 군사행동이 아니라, 전반적인 자유 무역, '개항', 그리고 영국인들의 안전을 확보하기 위한 군사적 행동이었다. 하지만 만일 영국 정부가 아편 판매의 합법화를 청 조정에 강압적으로 요구할 입장에 있는 게 아니라면, 런던도 영국인과 인도인의 아편 무역을 저지하거나 영국 상인이 중국 법령을 준수하도록 촉구할 의사는 전혀 없었다. 아편 무역은 여전히 불법이었고, 종사자들은 스스로 위험을 감수해야 했다.

아편 합법화에 관한 자딘 동업자들의 의견은 유동적이었던 것으로 보인다. 1842년 가을 알렉산더 메시슨Alexander Matheson은 합법화에 반대했다. 1843년 7월 그는 찬성으로 돌아섰지만, 도광제道光帝가 재위하는 한 어떤 조치도 취해질 희망이 없었다. 그는 아편이 합법화되면 운송비가 내려갈 것이고, '많은 소규모 무역상을 홍콩으로 끌어들이는 투기 분위기가 가라앉을 것'[1]이라고 믿었다. 1843년 말, 그는 다시 마음을 바꾸었다. 여전히 그는 아편 합법화가 운송비를 낮출 것이라고 믿었지만, 이미 지배적인 위치를 점한 자딘 동업자들에게 아편 합법화가 과연 도움이 될지는 그리 확신하지 못했다. 아편 합법화는 오히려 경쟁을 심화시킬 수도 있다. 10년 전 동인도회사의 독점권을 깨려고 노력할 때, 회사는 경쟁에 전적으로 찬성했다. 하지만 경쟁이 자신의 독점적 지위를 위협할 때는 경쟁에 대해 미온적일 수밖에 없다. 회사는 지금까지 자본이 풍부한 자딘이나 덴트사 같은 기업만 감당할 수 있는 금수품 무역에 그동안 막대한 비용 때문에 참여하지 못했던 '소자본 무역상들'이 들어오는 것을 원하지 않았다. 그리고 아편 무역이 합법화된다면 홍콩에 집중해야 한다는 조건이 내걸리므로, 이윤이 많이 남는 해안 무역에 대한 두 회사의 독점적 지위를 빼앗길 가능성도 있었다. 그래서 1843년 추가 조

---

1 Edward LeFevour, *Western Enterprise in Ch'ing China 1842-1895*(Harvard East Asian Monographs), 1968, p.13. 이 저서는 JM문서에 기초한 매우 가치 있는 연구이다.

약을 위한 협상 기간, 특사 기영耆英이 황제가 윤허하지 않을 것이라며 아편 무역의 합법화를 거절했을 때, 오히려 안도감을 느꼈다.[2]

아편은 삼각 무역에서 매우 중요했다. 아편 무역은 영국의 차 수입에 필요한 재원을 마련해주고, 인도와 영국 정부 수입의 큰 부분을 메워주었다. 1844년 수입한 벵골산 아편은 22,000상자였고, 파트나산 아편은 26,000상자에 달했다.[3] 5년 후에는 파트나산 아편의 수입이 최고치인 48,380상자에 달했다.[4] 정확한 전체 통계를 확인하기 쉽지 않지만, 아편이 여러 해 동안 대중무역에서 가장 중요한 품목이었다는 것은 모든 당사자가 동의하는 바이다.

이 기간은 아편 수송용 쾌속 범선clipper의 전성기이기도 했다. 훌륭한 장비를 갖춘 우아한 쾌속 범선은 증기선이 나오기 전까지 무역상들이 사용하던 최고의 선박이었다. 이 쾌속 범선은 보기에 멋졌음이 분명하다. 쾌속 범선의 선원은 일반 상선의 고급선원과 일반선원 임금의 두 배를 받았고, 매우 유능했으며, 선박과 자신에 대한 자부심이 있었다. 돛은 흠 없이 깨끗했고 갑판은 말끔히 청소되었으며, 황동 내부 시설물과 대포들은 햇빛에 반짝거렸다. 대포는 단순히 보여주기 위한 것이 아니었다. 아편 수송용 쾌속 범선은 해적들과 다른 잠재적인 약탈자에 대처하기 위해 중무장하고 있었다. 여러 해 동안 중국해를 항해하는 것은 위험한 일이었다. 게다가 무서운 태풍의 위험도 도사리고 있었다. 홍콩의 방파幫派와 결사結社 조직이 해안에 정박한 삼판선의 선원을 통해 해적에

---

2 Ibid., p.13.
3 Ibid., p.160, 주석 32.
4 Ibid., p.157, 주석 9.

게 정보를 제공하고 있었다. 항해도의 수량은 아주 적은 데다 정확도가 떨어졌다. 때때로 선장들은 아예 해도를 버리는 편이 더 나은 것은 아닌지 진지하게 고민했다.

1842년 이전의 아편 수송용 쾌속 범선이 할 일은 린튼섬에서 조금 떨어진 곳에 있는 수급함receibing ship 옆에 닻을 내리고 화물을 옮겨 실은 다음, 그 화물을 중국 정크선에 인계해 중국 해안의 적절한 장소에 하역토록 하는 것이었다. 예외도 있었으나 일반적으로 쾌속 범선은 해안 무역을 직접 하지 않았다. 홍콩의 영국 할양 후, 동항東港이 린튼섬을 대신했고, 낡은 인도 '개인 선박'인 호만지 보만지호Hormanjee Bormanjee가 아편과 판매대금으로 받은 은괴를 배에 실었다. 그다음 단계는 아편이나 다른 상품을 중국 거래상에게 넘겨주는 것이었다. 이는 화물을 동항의 수급함에서 아편 수송용 쾌속 범선으로 옮겨주면 됐는데, 아편 수송용 쾌속 범선은 '약물'을 다섯 곳의 통상항구가 아니라 그 근처에 있는 수령 선박으로 인계했다. 이 절차는 헨리 포팅거 경Sir. Henry Pottinger이 홍콩 총독이 발표한 연이은 밀수금지 포고령을 존중하는 차원에서 채택한 것이다. 이 포고령에 사용된 표현은 영국 내의 여론을 달래고, 중국 조정과의 외교적 관계를 매끄럽게 만들기 위해 의도된 것이었다. 자딘메시슨과 관련된 얄궂은 한 일화는 포고령의 비현실성을 잘 보여준다.[5] 1843년 4월 자딘메시슨의 서양식 범선 중 한 척인 빅센호Vixen가 저우산에서 출항해 항해를 시작했다. 저우산의 사령관 영국 해군 호프Hope 선장은 이 배가 아편을 싣고 상하이로 향하고 있다고 믿었다. 실제로 상하이는 아직 공식

---

5   이에 관한 설명은 Gerald Graham, *The China Station : War and Diplomacy 1830-1860*, 1978, pp.256~258에 잘 나와 있다.

적으로 대외 개방을 하지 않았고, 설령 개방했다 하더라도 아편은 금수품이었다. 그는 이 범선을 중간에서 저지하려고 노력했지만 실패했다. 대신 그는 양쯔강 어귀에 있던 네 척의 다른 영국 선박을 내쫓았다. 마카오와 홍콩의 서양 무역상들은 호프 선장이 무단으로 아편 운수를 저지한 행위에 반대하며 떠들썩했다. 그러는 사이 빅센호는 상하이 가까이 접근하지도 못하고 홍콩으로 되돌아왔고, 이 선박들이 아편을 싣고 있었다는 증거는 공식 조사에서 드러나지 않았다. 포팅거는 불법적인 행위를 묵인하는 것처럼 보이지 않도록 한 행위치고는 너무 경솔했다고 호프를 질책했다. 호프는 질책당했을 뿐 아니라 6월에 자신의 행동을 적극 변호한 뒤, 홍콩에서 싱가포르로 소환되었다. 이 일과 밀접하게 관련된 사람들은 이 사건을 통해 교훈을 얻었다. 법의 문구가 어떻게 되어 있든 해군이 총독의 칙령을 문자 그대로 받아들인 것은 사려 깊지 못한 일이었다. 아편 밀매 금지법을 엄격히 집행하는 것은 나아가야 할 길이 아니었다.

회사도 이 사건을 통해 교훈을 얻었는데, 그것은 신중할 필요가 있다는 것이었다. 1843년 제임스 메시슨은 영국에서 자신의 아편 선단의 책임자 맥미니McMinnies 선장에게 편지를 써서, 해군에 대한 '승리'를 떠벌리지 말도록 엄명했다.

가능한 모든 노력을 기울여 (…중략…) 중국 관리가 정박지를 다른 곳으로 옮기도록 요구하거나, 중국 마을에 너무 가까이 접근하지 말 것을 요구한다면 그들의 비위를 맞추어 주기 바랍니다. 이제 영국 내 아편 무역은 환영받지 못하므로, 우리는 가능하면 조용히 남의 이목을 끌지 않도록 조심해야 합니다.[6]

보궐 선거를 통해 막 의회에 입성한 메시슨은 중국 해안에서 무역하는 동료 영국인 누구보다도 영국의 여론 방향을 제대로 짚어낼 수 있는 위치에 있었다. 그는 상당히 정확했다. 1783년에 이미 워런 헤이스팅스 Warren Hastings가 '유해한 사치품'이라고 묘사한 이 상품의 판매는 정말 대중들의 찬성을 얻지 못했다. 1840년 2월에 이루어진 파머스턴에 대한 불신임 투표 시 있었던 글래드스톤의 연설은 앞서 인용한 바 있다. 1843년 새프츠베리Shaftesbury의 백작이 된 애슐리 경Lord Ashley이 아편 무역은 기독교 왕국의 명예 및 책무와 완전히 상충한다는 결의안을 냈을 때, 아마 메시슨이 하원에 참석했을지도 모른다. 하지만 메시슨은 걱정할 필요가 없었다. 애슐리 경은 오랫동안 개혁에 대한 열정으로 이상적인 목표를 많이 실현했으나, 이번의 경우는 다를 것이다.

국가 재정 수입의 6분의 1을 아편 관세로부터 얻는 인도 정부는 아편 생산을 즉각 중단하지 않을 것이다. 차 관세로 비슷한 비율의 재정 수입을 얻는 영국 정부도 차 수입이 의존하고 있는 아편 거래를 억제하는 데 열성적일 리 없었다. 아편 무역 금지로 발생하는 손실은 곧 정부의 수입과 연결되었고, 이 금액은 아이들이 광산, 공장, 굴뚝에서 일하는 근로조건을 개혁하는 데 발생하는 비용보다 훨씬 더 큰 금액이었다. 그리고 아편으로 인해 부패하고 문란해지는 것은 영국인이 아니라, 애버딘 경Lord Aberdeen이 '그 이상한 제국'이라고 부른 저 멀리 떨어져 있는 나라의 국민이었다.

1846년 이후, 아편 무역은 규칙적인 운수 시기로 접어들었다. 자딘과

---

6 *Cambridge History of China 1800-1911*, p.223, JM문집, *Coastal Letter Book*, p.22, 1843년 4월 22일 자 인용.

덴트는 독점적 지위를 누리며 아편 가격을 효과적으로 통제했다. 사실 두 회사는 전혀 우호적이지 않았다. 그럼에도 불구하고, 1830년대 이후 해안 거래소에서 두 회사 선장들 사이에 간헐적인 협력이 이루어지기도 했다. 만일 어떤 선장이 배에 아편을 너무 많이 갖고 있는 경우 경쟁사보다 아편을 더 저렴하게 판매하고, 그로 인해 격분해서 쓴 편지들이 오가는 일들도 실제로 있었다. 하지만 서로 얼마나 싫어했든 간에, 두 회사는 아편 무역에 끼어들려는 소규모 회사의 진입을 함께 막는 게 도움이 된다는 것을 알았다. 침입자 인근에 그들의 선박을 정박하고, 일시적으로 손해를 보더라도 가격을 인하하는 방식으로 소규모 회사를 효과적으로 몰아냈다. 두 회사는 장기간의 경험이라는 자산을 가지고 있었고, 중국 상인의 속성을 잘 알고 있었으며, 그들의 신뢰도 받고 있었다. 그들은 중국 상인이 다른 무역상과 거래하지 못하도록 막을 수 있었고, 1850년까지 아편 무역을 지배했다. 하지만 1850년 중요한 변화가 일어나기 시작했다. 반도 동양 증기선회사The Peninsula and Oriental Steamship Company가 중국 해안까지 사업을 확장했다. 두 회사의 아편 수송용 쾌속 범선이 몇 해 동안은 성공적으로 활동했지만, 이제 더 이상 그들의 독점적 지위가 유지되지 않았다.

상하이가 통상항구 중 가장 중요한 항구가 될 것이 명백했으므로, 자딘메시슨은 서둘러 그곳에 지점을 세웠다. 상하이의 무역과 선운船運의 역사는 13세기까지 거슬러 올라간다. 여러 해 동안 그곳은 안전한 항구였다. 상하이는 지류가 연결된 양쯔강 어귀부터 내륙으로 연결되는 운하와 수로들이 이어지는 멋진 위치에 있었다. 상하이는 광둥, 텐진, 요코하마에서 바다로 쉽게 접근할 수 있어 동아시아 지역의 무역과 유통의 중심지였다. 이곳은 중국에서 가장 비옥한 식량 생산 지역과 가까이 있으며, 양쯔강 삼각주에서 생산한 쌀은 대운하를 통해 수도로 공급되었다. 훗날 중국의 대도시가 될 이곳을 외국인에게 치외법권 지역으로 내주었다는 것은 청 조정의 완전한 패배를 의미했다.

통상항구 중 상하이가 독특한 점은 그곳이 비옥한 배후지後背地일 뿐만 아니라 유럽 거주민들이 그곳에서 특수한 법적, 행정적 지위를 누릴 수 있다는 것이었다. 다른 통상항구에서는 유럽의 영사가 자국의 정부를 대신해 청 조정에 임차권을 신청해서 거주지를 확보해야 했다. 임차권은 다시 영사가 자국 정부를 대표해 토지를 자국 국민에게 임대했다. 그러나 상하이는 외국인이 직접 중국 주인과 영구 임대 협상을 할 수 있었다. 이런 임대차 계약은 해당국의 영사를 통해 상하이의 시장인 도대道臺7에게 보고해야 했고, 도대는 토지소유권을 직접 발급했다. 비록 처음에는 영국인, 미국인, 그리고 프랑스인들이 각자 다른 지역을 조계로 줄 것을 요구했으나, 자유 무역을 숭상하는 영국인들은 138에이커에 달하는 자신들의 지역에 타국의 영사와 사람들이 거주해도 개의치 않았다. 이렇게 국적의 구분 없이 뒤섞여 지낸 결과, 해가 지나면서 점차 여러 나라의 영사들이 함께 관할하는 '국제 자치시'라는 독특한 현상을 낳았다. 이 국제 자치시를 '공공조계公共租界, International Settlement'라고 불렀는데, 다른 통상항구에서는 이와 비슷한 현상이 발생하지 않았고, 각 영사가 자국의 조계지역을 별도로 관할했다. 상하이 공공조계는 영국의 정상적 상태를 벗어난 기이한 것이었지만, 매우 잘 운영되었다. 중국의 입

---

7 가끔 '감독관'이라고 번역되는 프랑스 혁명 이전의 주지사의 직책이었다.

장에서 상하이 공공조계는 엄청난 치욕이었고, 1943년 중국 민족주의가 고양되면서 폐지되었다.

1843년 11월 17일, 상하이는 난징조약에 따라 무역 개방을 공포했다. 영국 영사는 훗날 조지 경Sir. George이 된 밸푸어Balfour 함장이었다. 그해가 끝나기 전 7척의 배가 도착했는데, 당연히 가장 큰 배는 자딘 소유의 엘리자 스튜어트호Eliza Stewart였다. 자딘의 첫 상하이 대리인 알렉산더 댈러스Alexander Dallas가 영국 영사관 옆의 선창가 1번지 토지를 사들였다. 1843년 12월 상하이에 거주하는 영국인의 수는 겨우 25명이었는데, 그도 그중 하나였다. 그는 메시슨이 지명한 인물로 활력이 넘치고 끈기가 있는 사람이었고, 회사 창립자들과 혈연관계가 아닌 첫 동업자 중 한 명이었다. 그가 맡은 일은 처음에 힘들었다. 그는 중국의 성벽에 둘러싸인 오래된 도시의 제한된 구역에서 일했는데, 이곳은 건강에 좋지 않은 곳이었고, 은행 시설, 부두 시설, 마실 물, 심지어 잉크조차도 없었다.[8] 그는 자국의 영사와 잘 지내지 못했다. 통상항구에서 무역상과 관리는 흔히 불편한 관계였다. 무역상은 영사가 적극적인 도움을 주기를 기대하지만, 영사는 흔히 군인 신분이어서 정상적인 영사 서비스를 제공하지 않았고, 상업을 멸시하고 아편 무역을 싫어했으며, 실제로 지시받은 조약을 그대로 집행하는 것이 자신의 주된 임무라고 생각하는 경향이 있었다. 그들은 기업가를 위해 규정을 융통성 있게 운용하고 싶어 하지 않았다. 이러한 어려움에도 불구하고 상하이의 무역은 급증했고, 더불어 자딘도 성장했다. 앞에서 언급한 경제적, 지리적 장점 이외

---

8   Maggie Keswick(ed), *The Thistle and the Jade*, 1982, p.33.

에도 상하이는 다른 중국 해안이 갖지 못한 두 가지 중요한 이점을 가지고 있었다. 이 이점은 광둥에서 영국과 중국의 관계악화에서 비롯된 것이었다. 1840년대 광저우에서의 무역은 점점 더 어려워졌다. 그로 인해 사람들은 주강珠江과 그 지류 지역처럼 중국인이 야만인과 충돌해 분노로 가득 찬 곳이 아닌, 양국 간 충돌과 폭력이 발생한 전력이 없는 제2의 상업 중심지 상하이로 이동하기 시작했다. 두 번째 이점은 첫 번째 이점과 관계가 있는데, 광저우의 상인, 은행가, 중개상이 점차 대거 상하이로 거주지를 옮긴 것이다. 자딘과 유럽의 회사들이 이 이방문화권異邦文化圈에서 언어, 법률, 그리고 관습의 문제에 대처하기 위해 얼마나 중국 중개상에게 의존했을지 아무리 강조해도 지나치지 않다. 시간이 흐르자 유럽인들은 광저우의 상인들이 예절에 익숙하고, 상하이에서의 일을 원활하게 진척시킬 줄 알며, 그 사이에서 이익을 취한다는 것을 알았다.

광저우는 가장 큰 통상항구였다. 아편전쟁 후 이론상 유럽인의 무역을 어렵게 만들던 장애물이 사라졌지만, 실제로는 그렇지 않았다. 난징조약의 조항들은 깡그리 무시되었다. 광저우는 중국의 여느 지역과 달랐다. 광저우의 관리는 더 부패했고, 그곳의 상인은 더 교활했으며, 광저우 사람들은 외국인을 더 혐오했으며, 지리적으로 여느 주요 도시보다 수도에서 훨씬 멀리 떨어져 있었다. 중국인은 항상 외국인을 증오했다. 광저우의 특이점은 증오할 외국인이 훨씬 더 많이 있다는 것이었다. 광저우 관부는 유럽인에게 양보하는 것이 폭동과 폭력을 불러올 것이고, 이것이 외국의 개입을 초래해 비참한 결과를 초래할까봐 두려워했다.

광저우 내 외국인의 거주지역은 주강 북쪽에 위치한 13개 회관 지역으로 제한되었다. 조약에 따르면 외국인이 다른 곳에 집을 임대하거나 구매하는 것이 합법적이었으나, 중국인이 마련한 다양한 지연 절차로 인해 좌절되었다. 광저우를 제외한 다른 통상항구에서는 영사가 그 도시에 거주했다. 하지만 광저우에서는 이것이 금지되었다. 외국인의 입항은 상징적 이슈가 되었고, 외국인의 내지內地 진입이 허락될 때는 오직 시골에서 들새를 사냥할 때뿐이었다. 하지만 이런 조치에는 장단점이 있었다. 영국인의 거만함과 중국인의 적개심이 합쳐져, 쉽게 현지 거주민과 충돌해 유혈 사태가 발생했다. 일련의 폭동, 구타, 그리고 말다툼이 일어났고, 1847년 3월 전혀 자극적인 언동을 하지 않은 영국인 6명이 도시에서 24킬로미터 떨어진 푸산佛山으로 소풍 갔다가 돌에 맞는 '사건'이 발생했다. 양측의 긴장이 극에 달했다. 무역상들이 유화적이라고 경멸했던 홍콩 총독 존 데이비스 경은 행동해야 할 때가 왔다고 결심했다. 4월 초 그는 징벌적 원정대를 보그로 파견해 827문의 포를 쏘도록 명령했고, 회관 지역을 점령했다. 이러한 업적에도 불구하고, 그가 황제가 파견한 흠차대신欽差大臣[9] 기영耆英으로부터 얻어낸 것이라고는 난징조약을 실행하고, 2년 후 광저우를 개방하겠다는 약속뿐이었다. 1849년 홍콩의 새 총독이 앞선 약속에 따라 광저우 입성을 요구하자, 기영의 후임자 서광진徐廣縉은 노골적으로 이를 거부하고 방어를 위한 시민군을 일으켰다. 무력만이 광저우가 난징조약을 준수하도록 만드는 유일한 방법이었다. 하지만 1849년 파머스턴은 무력을 행사하지 않았다. 자딘메시슨은 예전처럼 무역을 계속했고, 광저우의 다른 무역상들도 동일한 입장에

9　[역주] 흠차대신(欽差大臣)은 중국 황제가 특정한 중요 사건을 처리하기 위해 둔 임시관직으로, 3품 이상이다. 아편전쟁 이후 광저우에 온 서양 사신과의 교섭을 주요 임무로 했고, 1861년에 남양대신(南洋大臣)이라는 관직에 흡수되었다.

있었다. 하지만 적어도 점차 판매량이 증가하는 '약물'을 엄격히 단속하는 위험은 사라졌다. 청 조정은 광저우뿐만 아니라 모든 통상항구에 관한 협상이 황제가 임명한 광저우의 흠차대신을 통해서 이루어져야 한다고 고집했다.

1850년 중국 역사상 가장 큰 격동의 사건 중 하나가 일어나기 시작했다. 태평천국의 난 혹은 혁명이 광시성廣西省에서 시작되었다. 교주 홍수전洪秀全의 영향을 받아 '신을 신봉하는 사람들'이라고 알려진 객가客家 기반 집단의 지도자들이 태평천국을 발기했다. 홍수전은 자신이 예수 그리스도의 동생이라고 선언하고, 극단적인 복음주의와 청교도적 기독교의 신조를 '만청滿淸의 전복'이라는 임무와 함께 전파했다. 이전에 등장했던 구세주 설과 천년왕국 운동과 마찬가지로 태평천국의 난은 부분적으로는 아편전쟁의 산물인 경제적 피폐, 민족적 반감(객가는 중원에서 쫓겨난 이민족 집단), 그리고 힘든 생계로 고통받던 중국인들의 오랜 분노에 기인했다.

태평천국의 난을 일으킨 사람들은 엄청난 기세로 광시성에서부터 양쯔강 지류에 있는 부유한 중국의 심장부까지 진출했다. 그들은 도시를 하나씩 약탈한 후 떠났다. 1853년 3월 옛 수도 난징南京을 손에 넣고 술, 아편, 담배, 성행위(심지어 부부간의 성행위)를 금지하고 이를 어기면 사형의 고통을 맛보게 하겠다고 협박하며 이상적인 공산주의 정부를 수립했다. 지도자들은 결코 지킨 적이 없는 마지막 조항, 즉 성행위 금지 조치는 곧 완화되었다. 최고 지도자들은 첩을 거느리고 좋은 옷과 맛있는 음식을 즐기며 사치스럽게 살았다. 태평천국군은 평등주의의 첫 실험도 아니고 마지막 실험도 아니었다. 반란군은 베이징 공격을 시도했으나 후방의 지원군과 의견이 맞지 않았고, 텐진에서 그 시도는 시들해져 버렸다. 그들이 만일 이 공격에 전력을 다했다면, 아마 청 왕조를 무너뜨리고 새로운 제국을 건설했을지도 모른다. 결국 그들은 양쯔강 인근 지역에서 자신들의 입지를 공고히 하는 것으로 만족했다. 1856년 그들의 공격은 정점에 달했다. 동쪽의 전장鎭江시부터 서쪽으로는 우창武昌까지 양쯔강 연안의 모든 전략적 거점 도시를 통제했으며, 장시江西, 후베이湖北, 안후이安徽, 그리고 장쑤江蘇를 지배했다. 6월에 그들은 난징 성벽 밖에서 황제의 군대에 압도적인 패배를 안겨주었다.

상하이에 거주하는 외국 상인들은 처음에는 위협을 느끼지 않았다. 하지만 전쟁이 임박했다는 소문에 자딘의 대반 알렉산더 댈러스Alexander Dallas가 1853년 4월 12일 공개모임에서 방어적인 조치를 권했다. 공공조계의 바깥에 넓은 도랑을 파서, 북쪽으로는 쑤저우허蘇州河, Soochow Creek와 연결하고 남쪽으로 양징빈洋涇浜, Yang-king-pang과 맞닿도록 해 공공조계의 분계선으로 삼았다. 이 도랑은 방어용 샛강이라고 알려지게 되었다. 이때 태평천국군은 이곳 사람들에게 그다지 위협이 되지 않았으나, 반란의 간접적인 결과로 무정부 상태가 된 틈을 이용해 다른 혁명 운동들이 일어났다. 이 중 하나인 '소도회小刀會, Small Swords'는 삼합회三合會의 한 분파로 9월에 상하이를 점령했고, 청의 군대는 17개월 동안이나 공격했으나 그들을 격퇴하지 못했다. 이러한 사건과 난징의 포위 때문에 영국인 거주민들은 우선 영국자원단the British Volunteer Company을 결성하게 되었다. 영국자원단은 자비로 장비를 갖추고, 나중에는 다른 외국인들과 연합해 '아마도 세계 최초의 진정한 다국적 연합군'이라고 칭할만한 상하이의용대the Shanghai Volunteer Corps를 만들었다.[10] 상하이의용대의 첫 전투 상대는 이상하게도 소도회나 태평천국군이 아니라, 통제 불가능할 정도로 난폭하게 행동한 중국 황제의 군대였다. 1854년 4월, '이성지전泥城之戰, Muddy Flat'에서 유럽인 및 미국인으로 구성된 의용대가 1만 명에 달하는 청군淸軍을 격퇴했다. 이 전투는 청의 군대에 커다란 교훈을 주었고, 그들은 다시는 공공조계 주변을 공격하려 들지 않았다.

그러는 사이에, 광저우의 상황은 미국 및 유럽 무역상의 관점에서 볼 때 매우 불만족스런 상태로 남아 있었다. 영국 무역상들은 과감한 행동을 취해야 한다고 열을 냈지만, 1851년 파머스턴이 영국 외무부에서 해임됨으로써 미국 및 유럽 무역상들은 그들의 가장 강력한 동맹자를 잃었다. 그 이후 5년간 사태는 표류했다. 그러다 갑자기 상황이 변했다. 1856년 10월 8일 청 조정이 영국 국기를 달고 황푸에 정박한 애로호 Arrow를 체포했는데, 이는 영국에 전쟁을 개시할 절호의 기회를 제공했다. 애로호는 서양식 선체에 중국식 선구船具를 갖춘 로차Lorcha였는데, 선원 모두 중국인이었다. 이 배가 영국 국기를 달았는지 여부가 의심스러운 것이 사실이고, 중국 측이 국기를 끌어 내린 것(만약 국기를 끌어 내렸다면 이는 소송거리가 됨)이 반드시 불법은 아니었다. 게다가 광저우의 흠차대신 엽명심葉名琛에게는 애로호의 선원이 모두 중국인이고, 그중 세 명은 악명높은 해적이라고 믿을 만한 근거가 있었다. 그는 취임 이래 중국 법률의 모든 제재 조치를 이용해 수백 명의 해적을 교수형이나 참수형에 처해왔다. 하지만 영국 입장에서 '영국 국기에 대한 모독'은 놓치기 너무 아까운 기회였다. 광저우의 영사 칼 귀츨라프 부인의 조카 해리 파

---

10 J.V. Davidson-Houston, *Yellow Creek*, 1962, p.48. '참여하는 남자는 영사의 재가 없이는 함부로 탈퇴할 수 없다'는 영국자원단의 규정을 인용하고 있다.

크스Harry Parkes는 푸른 눈의 금발이었고, 28세의 연약해 보이는 젊은이
였지만, 중국 문제에 관한 한 단호한 사람이었다. 그는 중국어를 능통하
게 구사했는데, 중국 관리와 상대할 때 대화, 관례, 의례에서 설령 유럽
인의 눈에 사소한 것이라 해도 절대 양보해선 안 된다고 믿었다. 그는
중국 관리들이 '세부적인 관례가 권력의 크기를 가늠한다고 훈련'[11] 받
았다고 생각했다.

파크스는 직속상관인 홍콩 총독 존 보우링 경Sir. John Bowring에게 중국
조정의 공개 사과, 그리고 해적이 아닌 선원 9명과 애로호의 모든 선원의
송환을 요구하도록 촉구했다. 벤담Bentham이 사망할 때 그를 품에 안았던
공리주의 급진주의자인 보우링은 파크스의 의견에 전적으로 동의했다.
지금과 마찬가지로 그 당시에도 고난, 가난, 그리고 정치적 혹은 헌법적
인 전통을 근거로 아시아, 아프리카, 그리고 그 외의 지역에 있는 온갖 종
류의 부패한 독재 정권을 묵인하는 급진주의자들이 있었다. 보우링은 이
런 것을 절대 용납하지 않았다. 그에게 중국 제국은 아무런 가치가 없고,
부패하며, 계몽주의를 반대하는 압제적인 정권에 불과했다. 서양 측 대
부분의 사람들, 특히 홍콩, 광저우, 상하이에 있는 무역상들은 황제가 사
절단을 베이징으로 들이기를 거부하고, 외국과의 모든 의사소통을 흠차
대신 엽명심에게 청원서를 보내 해결하라고 고집하는 한 대외무역이 결
코 번성하지 않을 것이라고 생각했다. 더글러스 허드Douglas Hurd는 엽명
심을 가리켜, '뚱뚱하고, 비열하며 영리한 점성술을 좋아하는 사람'[12]이라
고 요약한 바 있다. 보우링은 무역상들의 견해에 공감했다.

---

11 Douglas Hurd, *The Arrow War*, 1967, p.16.
12 Ibid., p.17.

재중 무역상의 상황이 영국에서 떠들썩하게 알려졌고, 애로호 사건이 발생하기 18개월 전 파크스와 보우링 동맹은 그토록 바라던 강력한 후원자를 얻었다. 그로 인해 그들의 기세가 한층 더 강해졌다. 1851년 12월 외무부에서 파머스턴을 제거한 정치적 변동이 그로부터 1년 뒤 그를 내무장관으로 복귀하게 했지만, 그 당시까지만 해도 파머스턴은 대외업무에 크게 간섭할 수 없었다. 또 다른 정치적 변동으로 파머스턴은 1855년 70세의 나이로 영국 수상이 되었다. 보우링과 파크스는 이제 최고 수준의 지지를 받을 수 있게 되었다. 게다가 중국에서 활동하는 영국 무역상들은 런던의 정계에서 매우 중요한 영향력을 가지고 있었다. 의회는 정체의 늪에 빠지고, 투표는 늘 반반으로 나누어졌다. 당의 기강이 약한 동안 이들의 영향력은 매우 중요했다.[13]

파크스의 강력한 지지를 받은 보우링은 영국 국기 모독에 대한 보상을 요구할 뿐만 아니라 난징조약을 전반적으로 재논의하고 성벽으로 둘러싸인 광저우에 유럽인이 들어갈 수 있는 권리를 주장하기로 결심했다. 이것은 잠자는 개를 건들지 말라는 지시에 어긋난 것이었지만, 보우링은 위의 지시를 고려해 자신의 뜻을 굽힐 사람이 아니었다. 보우링은 10월 16일 파크스에게 보낸 서신에서 '이 기회를 이용해 이 도시의 문제를 다룰 수 없는가? 만약 그렇다면 나는 모든 선단을 동원할 생각이다. 이제 우리에게는 잘만 운영한다면 중요한 행동으로 나아갈 수 있도록 도와줄 디딤돌이 있다'[14]고 적었다.

---

13 1852년에 선출되어 현직을 유지하는 의석은 보수당 290석, 필라이트(Peelites) 파벌 45석, 진보당 319석이었지만, 필라이트 파벌의 투표는 예측할 수 없었으며, 진보당은 휘그당의 고위 귀족들에서부터 좌파 급진주의자에 이르기까지 다양했다.
14 Douglas Hurd, op. cit., p.28 인용.

이후의 사건 전개는 역사가들이 이미 여러 차례 기술하였다. 여기서는 그저 보우링이 자신이 원하는 대로 했다는 정도만 해두기로 하겠다. 흠차대신 엽명심이 마지못해 한 사과는 받아들여지지 않았다. 해군 소장 마이클 시모어 경Sir. Michael Seymour은 적절한 군사행동을 취했고, 술에 취해 성조기를 흔드는 미국 영사와 함께 10월 29일 엽명심의 관서를 뚫고 도시에 포격을 가한 후, 해군을 이끌고 쳐들어갔다. 다음은 어떤 일이 있었을까? 도시를 점령하고 지키려면 단순히 해군만이 아니라 대규모 군사적 노력이 필요했다. 명확한 계획이 없는 전투가 수개월 동안 이어졌다. 인도에서 일어난 폭동이 광저우로 동원된 군사력을 약화시켰다. 엘긴 경Lord Elgin, 부친이 1816년 대영박물관을 도와 아테네 포세이돈 신전의 신상, 신주를 구입한 제7대 백작이 전권대사로 지명되어, 이미 신뢰를 잃은 보우링을 제치고 직접 중국과 교섭하게 되었다. 보우링은 그저 속수무책으로 벽만 바라봐야 했다. 엘긴 경은 1857년 3월 12일 이 위험한 업무를 받아들였다. 영국 정부는 며칠 전 보우링의 행동 승인 건으로 상·하원에서 불신임 투표라는 중대한 싸움에 직면했다. 그들은 상원에서는 36표 차로 이겼지만, 3월 4일 이른 시간 하원에서는 16표 차로 패배했다. 토리당과 급진주의자들이 맺은 이상한 동맹으로 인해 휘그당은 패배했다. 파머스턴은 즉시 의회 해산을 선언했다. 불신임 투표 진행에 불안감을 가졌던 유일한 저명 보수파 디즈레일리는 그의 두려움이 근거가 있었음을 알게 되었다. 1857년 4월 파머스턴은 훨씬 많은 국회의석 수를 확보해 영국 수상으로 복귀했다. 이제 그는 중국에 대한 강경노선을 취할 것을 명령할 수 있게 되었다.

그사이, 광저우와 홍콩의 삶은 자딘, 덴트, 러셀Russell, 그리고 다른 유럽 및 미국 무역상들에게 전혀 평화롭지 못했다. 영국 해군이 개입하자, 홈차대신 엽명심은 1856년 12월 15일 '회관들'을 불태워버렸다. 재정적 손실이 엄청났다. 물론 엽명심은 책임을 부인했지만, 그가 직접 행동을 명하지는 않았더라도 묵인한 것은 분명했다. 2주 후 광저우를 떠나 홍콩으로 가던 소형 증기선 씨슬호Thistle에 승선한 중국 선원들이 반란을 일으켰다. 불행히도 승선한 유럽인 11명이 참수당했다. 살인자들은 엽명심 민단民團의 휘장을 달고 있었다. 광저우의 모든 무역이 중단되었다.

분쟁은 이제 홍콩으로 번져나갔다. 홍콩은 밀수업자, 아편 거래상, 태평천국의 폭도, 삼합회, 그리고 출신을 알 수 없는 수많은 사람으로 가득 찼다. 홍콩은 영국 식민지의 구조적 형식을 갖추고 있었지만, 중국어 한마디도 할 줄 모르는 영국인들은 도대체 무슨 일이 벌어지고 있는지 알지 못했다. 전형적인 초기 행복감을 맛보던 보우링은 8만여 명의 중국인 사이에 있는 소수 영국인에게 닥친 위험에 불안해했다. 모두 알다시피, 엽명심과 쥬룽九龍의 어부 사이에 밀접하고도 사악한 접촉이 있었다고 알려졌다. 길거리에서 방화와 습격이 늘어났다. 1857년 1월 15일, 보우링의 가족과 몇몇 영향력 있는 영국인들이 비소에 중독됐는데, 알고 보니 그들이 먹던 빵에서 독약이 검출되었다. 다행스럽게도, 너무 많은 용량의 비소를 사용하는 바람에 빵을 먹은 사람들이 빵을 먹자마자 즉시 구토를 해버려, 금방 회복될 수 있었다. 비소 사용의 핵심기술은 장기간에 걸쳐서 소량으로 시작해 점차 양을 늘리는 방식으로 사용하는 데 있다. 엽명심이 비소 중독사건을 부추겼는지는 명확하지 않다. 그는 부인했지만, 그의 말을 그대로 믿는 서양인은 아무도 없었다. 마카오로 도망간 제빵사는 체포되어 재판을 받았지만, 그가 직접 비소를 넣었다는 증거가 없어 무죄로 풀려났다.

인도의 폭동이 무섭게 지속되는 동안 중국에 대해 할 수 있는 것이 아무것도 없다는 데 전반적으로 동의했다. 엘긴 경은 홍콩지원을 위해 조직한 부대를 인도 콜카타로 이동 배치할 수 있는 중대한 결정권자였다. 영국 정부, 홍콩 총독, 그리고 무역상 집단의 골머리를 앓게 한 한 가지 문제는 힘이 있을 때 중국의 어느 지역을 '개방'하도록 요구할 것인가 하는 것이었다. 영국 정부는 베이징에 있는 최고 통솔자황제에게 직접적인 대책을 수립하도록 요구해야 한다고 생각했고, 엘긴 경에게도 그렇게 지시했다. 하지만 지역의 의견은 이와 정반대였다. 중국인은 그들의 도시가 난공불락이라고 믿었다. 만일 이러한 환상을 분쇄해버리면, 중국 조정이 중국 시장(그 잠재력은 거의 모든 사람에 의해 과장되었음)에 접근하기 위해 필요한 양보를 하도록 구슬릴 수 있었다. 무역상들은 다른 통상 항구에서는 모두 성공적으로 무역을 하고 있었다. 베이징에 직접적으로 요구하면 확실히 퇴짜 당할 것이 뻔했고, 그러면 중국과의 무역 전체에 부정적인 영향을 미칠 수도 있었다. 그들은 광저우에 국한한 적극적이고 결정적인 군사행동이 더 안전하고 비용도 적게 들며, 무역 시장을 덜 혼란하게 만들 것으로 보았다. 홍콩에 거주하는 서양 무역상 85명은 1857년 7월 9일 자 메모에서 위와 같은 주장을 엘긴 경에게 펼쳤다. 자딘이 무역상 대표로 나선 것은 그리 놀랄 바 아니며, 무역상들은 보우링과 시모어 장군의 강력한 지지를 받고 있었다.

엘긴은 그들의 의견에 굴복했다. 그해 말쯤 영국의 인도 지배에 대한 위협이 사라졌고, 광저우를 점령할 충분한 병력을 동원할 수 있게 되었다. 이것은 영국과 프랑스의 연합 작전이었다. 가톨릭 선교사 샤프드레인Chapdelaine 신부가 1856년 초 광시廣西에서 살해되었다. 그의 심장을 도려내어 요리하고 먹었다는 주장도 나왔다.[15] 프랑스 정부는 이러한 모욕에 대해 응징할 필요를 느꼈다. 영국인의 광저우 출입 자유, 피해 보상 등을 요구하는 최후통첩이 엽명심에게 발송되었다. 엽명심의 입장은 완고했다. 최후통첩 기한인 12월 26일이 지났다. 3일 후, 연합군이 난공불락의 도시를 정복했다. 엽명심은 포로로 잡혀 콜카타로 추방되었고, 그곳에서 주거지로 정해진 편안한 교외 주택에서 1년 후 사망했다. 엽의 부하이자 광저우의 2인자는 광둥 순무 백귀柏貴였는데, 그는 얼마 지나지 않아 '픽윅Pickwick'이라 불렀다. 일설에는 그가 엽명심의 반대파를 자처했다고 한다. 그는 세 명의 연합군 장교 모임의 '권고'로 광저우의 치안을 담당하게 되었다. 이 장교 모임은 유일한 중국어 능통자 파크스가 주도했고, 그 후 3년 반 동안 백귀는 광저우를 효과적으로 지배했다. 경찰들이 거리를 순찰했고 법과 질서가 회복되었다. 무역 장벽은 깨끗이 사라졌다.

그 효과는 곧 자딘의 손익 계정에 나타났다. 1856~1857년 회사는 1,430,000홍콩달러의 순이익을 남겼다. 회관이 불타고 무역이 멈춘 이듬해 순이익은 61,000홍콩달러에 불과했다. 무역 장벽이 사라진 이후 1858~1859년에는 순이익이 949,000홍콩달러로 치솟았다.

이러한 변화는 만족할만한 것이었지만, 홍콩의 무역상이나 영국 정부 누구도 이런 상황이 계속될 것이라고 믿지 않았다. 난징조약을 대체할 새로운 조약을 협상할 때까지 반드시 광저우를 통제해야 했다. 이렇게

---

15 Ibid., p.90.

할 수 있는 유일한 방법은 베이징을 위협할 원정군을 보내는 것이었다. 그리하여 영국과 프랑스 연합군이 원정군을 파병했다. 영국과 프랑스 연합군은 발해渤海, Gulf of Pechihli[16]로 북상해, 1858년 5월 20일 바이허白河 접근을 막으려고 만들어진 다구大沽 요새를 폭격했고, 26일 텐진을 점령했다. 결과적으로 중국은 항복했다. 텐진조약은 청 조정에 통상항구를 3배로 늘리고, 외국인의 내륙 여행 권리를 보장하며, (태평천국의 난이 평정된 후) 양쯔강부터 한커우漢口까지 개방하고, 은 1,600만 냥을 손해 배상하도록 요구했다. 또 이 조약은 셀 수 없이 복잡한 내부 통과 세금을 폐지하고, 대신 그 손실을 채우기 위해 5퍼센트의 관세와 최대 2.5퍼센트의 추가 관세 부여를 결정했다. 마침내 아편 무역이 합법화되었다.

조약이 효력을 발휘하기 위해서는 여전히 확인 절차가 필요했다. 광저우와 상하이의 중국 상인과 중개인, 그리고 두 항구에 있는 서양인 사이에 많은 협력이 이루어졌다. 양측이 공유한 이해관계는 황제와 베이징에 있는 만주 대신들의 관계를 뛰어넘는 것이었다. 청 조정은 대표단을 베이징에 둘 수 있도록 하라는 외국의 요구를 여전히 거절했고, 외국 대사들은 공물 특사의 자격으로 와서 세계에서 가장 우월한 중국에 탄원하는 입장을 취해야 한다고 고집했다. 조약 비준은 1859년 6월로 예정되었다. 엘긴 경의 형제이자 후임자 프레드릭 브루스 경Sir. Frederick Bruce 은 이 문제를 매듭짓기 위해 해군과 함께 파견되었지만, 방비가 강화된 다구 요새 밖에서 강하게 저지당했다. 그는 네 척의 포함을 잃었다. 89

---

16 [역주] 발해(渤海, Gulf of Pechihli)는 중화민국 초기에는 북직례해만(北直隸海灣)으로 표기했고, 유럽 지도에는 지금까지도 'Gulf of Chihli(直隸海灣)' 혹은 'Gulf of Pechihli(北直隸海灣)'라고 표기된다. 중국의 내해이자 태평양의 일부분으로 요동반도와 교동반도 사이에 있는 바다를 지칭한다.

명이 전사했으며, 345명이 부상을 당했다. 이 패배는 용인할 수 없는 것
이었다. 엘긴 경이 소환되었다.

영국 정치계는 잠시 변동이 일어났다. 1858년 초 파머스턴이 프랑스
에 대해 너무 유화적이라는 이유로 축출되었으나, 1859년 6월 그의 두
번째 총선에서 승리한 후, 15개월 만에 다시 정계로 복귀했다. 영국 정
치계의 변화는 중국에서 일어나는 일에 거의 영향을 미치지 않았다. 더
비Derby는 존 러셀 경Lord John Russell과 글래드스톤과 마찬가지로 광저우
점령을 강하게 반대했다. 하지만 더비는 1858~1859년의 짧은 장관 재
임기간 동안 중국에 대한 강경정책을 되돌리려 하지 않았다. 파머스턴
의 내각에 러셀과 글래드스톤이 포함되어 있었지만 정책에 변화는 없었
다. 서신 교환에 최소 22주가 걸리는 먼 곳에서 일어나는 일은 나름의
힘을 가지고 있었다. 우리는 '중국에 관한 로비'의 압력을 과소평가해서
는 안 된다. 홍콩 내 최고의 회사인 자딘메시슨을 선두로 한 서양 무역
상들은 더 활발한 정책을 요구하는 목소리를 내었다. 스코틀랜드의 지
주 귀족 엘긴 경은 자수성가한 스코틀랜드 기업가들에게 관심이 없었
고, 결코 그들을 동정하지도 않았다. 1858년 1월 24일, 엘긴 경은 광저
우 몰락 이후 자기 일기에 '로흐Loch[17]가 막 홍콩에서 귀국했고, 나는 그
에게서 현지의 온순한 기독교도 사이에 퍼진 피에 대한 갈증이 아직 해
소되지 않았음을 듣게 되었다'[18]고 적었다. 엘긴 경은 전임 홍콩 총독이
광저우를 불태워 폐허가 되게 하라는 권고를 단호히 거부했었다. '어떠
한 인간 권력도 내가 연약한 자를 억압하는 직무를 이행하게 만들 수 없

---

17 헨리(Henry) 선장, 나중에는 로흐 경(Lord Loch)이 되었으며, 엘긴의 참모였다.
18 Douglas Hurd, op. cit., p.127.

다.'[19] 엘긴 경과 영국 행정부의 그의 상관들은 만주 왕조가 완전히 붕괴해, 중국이 제2의 인도가 되는 사태를 피하고 싶어 했다. 동시에 그들은 중국을 여러 국가의 공동체로 끌어들여 대외무역을 개방하도록 만들려는 결의를 다졌다. 하지만 대외무역 개방 후, 도대체 무역량이 얼마나 될 것인가 하는 문제에 있어, 엘긴 경은 대다수의 사람들보다 더 현실적이었다. 그는 1852년에 홍콩의 기록보관소에 감추어져 있던 외교 문서를 찾아냈는데, 이 문서는 공무원 미첼Mitchell이 작성한 것이었다. 여기에서 미첼은 중국의 제재 조치 때문이 아니라, 맨체스터산 면綿에 의존하고 있는 영국산 면방직물이 중국의 토착 방직산업과 효과적으로 경쟁할 수 없었기 때문에 대중 수출 확대가 느리게 진행될 것이라고 지적했다. 또한 그는 중국 북부와 남부의 경제는 상호보완적이어서 중국이 차를 영국에 수출하기 위해 약간의 면 수입을 받아들이겠지만, 근본적으로 대량 수입을 필요로 하지 않는다고 지적했다. 1858년 3월 엘긴 경은 상하이 무역상이 환영 연설을 하자, 그에 대한 응답으로 위의 사실을 지적했다. 이것이 잘 먹혀들지는 않았지만, 어쨌든 서양 무역상들의 꿈보다는 더 현실적이었다. 실제로 무역의 기회들이 있었지만, 노력해야만 했고, 애쓰는 과정에서 수많은 회사들이 중도 낙오했다. 중국은 결코 상상 속 황금의 나라가 아니었다.

1860년 엘긴의 두 번째 원정으로 중국의 저항은 끝났다. 양측에서 잔인한 만행이 자행되었다. 청 조정은 베이징 외곽에서 연합사절단을 매복해 납치했다. 일행 37명 중 22명이 참수당하거나 고문을 당해 죽었

---

19 Ibid., p.127 인용.

다. 파크스와 로흐는 줄곧 처형의 위협을 받으며 20일을 견딘 후 살아남았다. 엘긴은 이처럼 극악무도한 잔인함과 배반에는 깜짝 놀랄 정도의 보복을 감행해야 한다고 결심했다. 이에 연합군은 프랑스와 영국 부대가 이미 약탈한 황제의 여름 별장圓明園을 모조리 불태워버렸다. 이렇게 하여, 누구의 설명을 듣더라도 207평방킬로미터의 부지에 매혹적이고 섬세하게 디자인된 200여 개의 홀과 정자들이 모여 있는 세계의 경이로운 건축물 중 하나였던 건축물이 1860년 10월 18일과 19일에 조직적으로 파괴되었다. 엘긴은 500명의 군인이 호위하는 붉은 가마를 타고 베이징으로 진입했다. 그는 황제의 이복동생 공친왕恭親王 혁흔奕訢의 영접을 받았다. 새로운 베이징조약이 체결되었고, 텐진조약이 마침내 재가되었으며, 별도로 쥬룽九龍이 영국에 합병되었다.

한편 무역 상황이 완전히 정리되었다. 자딘메시슨의 주요 목적이 달성된 것이다. 유일하게 남은 위협은 태평천국의 난이었다. 그들의 수도 난징이 불편하게도 상하이 인근에 위치해 있었다. 수많은 난민이 조계로 몰려왔다. 1860년 5월, 태평천국군이 난징 주위 청군의 방위선을 돌파해 들어왔고, 피난민의 유입으로 인해 인구과밀, 질병, 위생상태 등이 점점 나빠졌다. 6월 2일, 태평천국군이 추정컨대 100만 명이 넘는 사람을 도륙하고 쑤저우蘇州, Soochow를 점령했을 때 상황은 더 악화했다. 이제는 그들은 상하이에 직접적인 위협이 되었다. 100만 명이 넘는 사람이 죽은 것으로 추정된다. 8월 19일과 20일 태평천국군이 3,000명의 군사를 이끌고 시험 삼아 공격을 해왔지만, 영국과 프랑스 군대가 격퇴했다. 그러나 여전히 위험은 도사리고 있었다.

지금까지 태평천국의 난에 대해 중립적이거나, 심지어 조금 우호적이었던 서구의 강대국들이 변하기 시작했다. '내 적의 적은 내 친구'라는 원칙을 1860년 청 조정이 항복한 이후 이미 의미가 없어졌다. '반체제 운동가'를 열성적으로 지지하던 선교사, 공상적인 사회혁명가, 그리고 '진보주의자'도 도시를 황폐하게 만들고 굶주림에 고통당하게 만들며 십자가형, 고문, 사지 절단, 생매장 등 소름 끼치는 행위로 수백만 명을 죽인 긴 머리의 광신자들이 주장하는 기독교 및 자유론 이상에 대해 의구심을 품기 시작했다. 가장 중요한 고려사항은 무역이었다. 1860년대 초 수요가 막 치솟고 있을 때, 태평천국 군은 아편을 반대했다. 무역이 번영하기 위해서는 법과 질서가 필요하다. 톈진조약이 최종 비준된 후, 청의 군대는 놀랍게 군사력을 회복했는데, 만일 그들이 태평천국군을 격퇴한다면 법과 질서가 회복될 가능성이 있어 보였다. 게다가 이 폭도들은 심각한 불화, 복수, 음모, 마녀사냥 등으로 분열되어 기세가 기울고 있었다.

1853년 난징 함락 후, 상하이의 도대道臺 오후吳煦는 줄곧 서양의 개입을 촉구해왔다. 오후는 청의 관료주의와 상업주의가 합쳐진 전형적 인물이었다. 그는 거상 양방楊坊의 사업파트너였고, 양방은 1850년대 자딘 메시슨의 상하이 중개상이었다. 1861년 9월 상하이의 중국 상인들은 두 사람의 격려와 재정적 지원 아래, 태평천국군의 상하이 입성을 막기 위해 모병을 통해 사설 군대를 조직했고, 외국인 군관을 기용하고 무기는 서양에서 수입해 '상승군常勝軍'이라 이름 지었다. 훗날 이 군대는 정말 그 이름값을 하게 된다. 영국은 표면적으로는 중립의 입장을 취했으므로, 이 문제는 중국 정부가 알아서 해야 했다. 하지만 만일 영국 외무부가 반대했다면 영국 장교들이 이 사설 군대에 참여할 수 없었을 것이고, 영국 무기도 사용할 수 없었을 것이다.

이 사설 군대의 초대 사령관이었던 미국 용병 프레드릭 워드Frederick Ward가 살해당하고, 같은 용병 출신 헨리 버거바인Henry Burgervine이 술 주정으로 축출당한 후, 지휘권은 훗날 하르툼Khartoum 전투로 유명해진 찰스 고든Charles Gordon 소령에게 넘어갔다. 그의 전투 업적은 뛰어났으나, 죽기 전까지도 여전히 '중국의' 고든으로 불렸다. 그는 포병과 무장 소함대를 거느렸고, 중국의 어느 부대보다 뛰어난 화력을 보유하고 있었다. 1862~1864년 동안 3,000명으로 이루어진 그의 군대는 도시를 하나씩 함락시켜 나갔다. 상승군은 1864년 청의 군대가 난징을 함락하고 최후의 승리를 거두기 전 해산했다. 이 전투로 태평천국의 난이 완전히 종식되었다. 10여 년의 기나긴 전쟁 중 양측은 무자비한 만행을 저질렀다. 항복한 적에게 베푸는 자비도 없었고 포로도 남기지 않았으며 남녀노소 가릴 것 없이 대량 학살했다. 이 기간에 발생한 사망자 수가 제1차 세계대전 중 사망한 사람 수보다 2천만 명 이상 많았다고 한다.

제10장
새로운 도전

태평천국의 난은 예상보다 자딘메시슨의 사업에 그다지 큰 영향을 미치지 않았다. 그 영향은 주로 중국의 광대한 내륙 지역에 한정되었고, 회사의 거래가 이루어지던 해안 항구에는 거의 미치지 않았다. 태평천국의 난이 진압되면 사회질서가 회복될 것이므로 모든 양행外國系 회사이 두 손 벌려 환영했다. 하지만 그들에게는 광저우의 정세와 텐진조약의 비준, 그리고 상하이의 발전이 더 중요했다. 1850년대 상하이의 중국인과 서양인은 상호의존도가 점차 높아졌다. 1854년 상하이의 도대道臺 오건장吳健彰, 광둥인이 주상하이 각국 영사와 새로운 서양식 해관공서海關公署의 건립을 협상했다. 중국 관리들은 서양인을 고용해 중국 조정을 위해 일하도록 하려 했다. 그 목적은 청나라 관리들의 절망적인 부패와 무능을 몰아내고, 비록 이전보다 훨씬 낮은 관세이긴 하지만 실제로 징수해 국고를 채우는 것이었다. 이것은 대단한 성공을 거두어 곧 다른 통상항구로 확대했다. 『케임브리지 중국 역사*Cambridge History of China*』에 따르면, '쌍방 모두 태평천국군의 진압과 무역 확대의 조절로 귀결되는 공동의 관심사가 있었고, 이 관심사는 외국 무역상에게는 이윤을, 중국 조정에는 수입을, 그리고 중국 왕조에는 생존을 가져올 것이었다'.[1] 청 조정은 태평천국군을 진압하는 데 군량이 필요했고, 새로운 해관공서는 필요한 재원을 마련하는 데 중요한 역할을 담당했다.

자딘메시슨과 그의 서양 경쟁자들은 과거 어느 때보다 우호적인 법적, 정치적, 경제적 분위기 속에서 영업을 지속해나갔다. '약물'은 이제 금수품이 아니었다. 통상항구 수가 늘어나면서 무역환경이 좋아졌고, 청 조정이 '치외법권'에 동의했다. 하지만 이러한 변화가 개별 기업의 이윤을 즉각적으로 증가시켜주지는 않았다. 경쟁은 더 심화되었다. 엘긴 경은 1858년 3월 상하이에 이러한 메시지를 전달하려 했고, 이제 상업계에서도 중국이 더는 엄청난 이득을 쉽게 챙길 수 있는 나라가 아니라는 점을 인식하기 시작했다.

1832년부터 1887년까지 자딘메시슨의 영업이윤 중 최고봉은 1856~1857년으로 1,430,000홍콩달러를 남겼다. 1860년 텐진조약이 재가된 후 25년 동안 이윤은 심한 변동을 보인다. 1861~1862년에는 965,000홍콩달러의 이윤을 남겼지만, 1866~1867년에는 33,000홍콩달러의 적자를 보았으며, 1868~1869년에도 200,000홍콩달러의 적자를 보았다. 마지막 두 회계연도는 자딘메시슨이 유일하게 적자를 본 해였다. 이후 15

---

1 *The Cambridge History of China* 제10권, 1부, p.252.

년 동안 회사의 이윤은 상승해 341,000홍콩달러를 기록한다. 1886~1887 회계연도 이후 21년간의 원장과 분개장은 남아 있지 않다. 그 이후 자딘메시슨의 이윤은 훨씬 커졌지만, 그 수치를 비교하는 것은 무의미할 수도 있다. 왜냐하면 1906년 자딘메시슨이 옛날의 동업방식을 중단하고 유한책임공사有限責任公司로 탈바꿈했기 때문이다.

텐진조약, 더 정확히 말하자면 1860년 베이징에서 텐진조약이 비준된 후 12년의 시간은 자딘메시슨에게 중요한 과도기였다. 바로 이 12년 동안 회사는 지금까지 주로 돈벌이가 된 아편, 면, 차, 비단 같은 상품의 구입과 판매 노선을 점차 벗어났다. 그 대신 점점 중개 거래, 운송, 은행업, 그리고 보험업에 더 관여하기 시작했다. 이것은 자딘메시슨에 한정해 일어난 변화가 아니었다. 다른 양행들도 정도의 차이는 있지만 동일한 변화 패턴을 보이고 있었다. 르페보어LeFevour는 가장 큰 미국 회사인 러셀사Russell&Co.의 고위 동업자가 1872년에 쓴 글을 다음과 같이 인용했다. '과도기가 끝날 때쯤 자본과 신용을 가진 대부분의 큰 회사들은 농산물을 취급하던 기업에서 산업 및 상업 기업으로 변신해 있을 것이며, 실제로는 민간 은행업자들이 되어 있을 것이다.'[2] 그리고 같은 해, 자딘메시슨의 한 동업자는 상하이에서 홍콩의 대반 제임스 휘톨James Whittall에게 다음과 같이 편지를 보냈다. '나는 합리적인 발전 방향은 중개거래가 점차 우리의 고정수입으로 자리 잡는 것이며, 과거와 같은 독자적 운송 방식은 점차 사라지리라 생각합니다.'[3]

이런 변화가 일어난 데에는 여러 가지 이유가 있었다. 그중 하나는 중

---

2 또 다른 동업자는 Warren Delano, Jr.였으며, 그는 Franklin Delano Roosevelt의 조부였다.
3 Edward LeFevour, *Western Enterprise in Late Ch'ing China*, 1970, p.48, 자딘 기록물 인용.

개업와 부속 서비스업이 투기 위험이 따르는 상품의 구입과 판매보다 훨씬 더 안전하다는 것이었다. 상품을 구입하고 판매하면 매우 큰 이득을 남길 수도 있지만, 파산을 초래할 수도 있었다. 또 다른 하나는 중국 내륙시장의 사정에 밝은 중국 상인이 점차 경쟁에 뛰어들기 시작해서, 서양 상인들이 아무리 중개상을 적극적으로 활용해도 그들의 경쟁상대가 되지 못한다는 것이었다. 게다가 외국 무역상은 중개상을 고용할 때 고액의 수수료를 지불하는 데 반해, 중국 상인들은 훨씬 낮은 간접비를 부담하고 있었다. 톈진조약 이후 새롭게 개방한 통상항구와 샤먼, 닝보, 그리고 푸저우 등 기존 통상항구의 상황도 유사했다.[4] 하지만 광저우와 상하이의 경우, 서양 상인들의 사업기반이 매우 공고한 편이었다. 상하이에서는 아편 무역이 꾸준히 성장하고 있었다. 아편 무역이 합법화되었으므로 아편을 인계받는 선박은 공공연히 와이탄外灘, the Bund에서 멀지 않은 곳에 정박했다. 1863~1864년 자딘메시슨의 전체 영업액이 은자 12,237,395냥1냥=37.7그램이었는데, 그중 아편 매출액이 은자 7,325,590냥에 달했다.[5]

하지만 그로부터 10년 안에 장기간 회사 번영의 토대가 된 아편 무역은 사라질 운명이었다. 그 이유는 아편 무역의 도덕성에 관한 우려 때문이 아니었다. 오히려 그 반대로, 아편 무역의 합법화로 모양새는 더 좋아졌고, 그게 아니더라도 평판이 그렇게 나빠지는 않았다. 부를 축적한 후 스코틀랜드나 영국으로 귀국해 공직에 몸을 담게 된 동업자들은 영

---

4 Ibid., 제3장 여러 곳에서 인용.
5 Ibid., p.166, 주석 90. 이 무역량을 홍콩달러로 환산하면 대략 10,190,000홍콩달러와 17,730,000 홍콩달러에 달한다.

국 도덕론자들이 비난하는 아편 사업에 연루되는 것이 썩 탐탁한 일은 아니었다. 하지만 그들과 그 전임자들은 간혹 예외가 있긴 했지만, 반세기 동안 이러한 비판에 무감각하게 되었다. 회사가 아편 무역에서 물러난 것은 윤리적 고려와 전혀 관계가 없었다. 그들이 아편 무역을 그만둔 이유는 바로 그들보다 낮은 가격을 부르는 가공할만한 경쟁자가 출현했기 때문이었다.

원래 바그다드의 유대인이었던 사순Sassoon 가문은 1825년 뭄바이로 이주했다. 그들은 터키인을 상대로 한 금융업으로 성공한 사람들이었다. 터키의 술탄이슬람국의 군주은 유대인의 신앙을 '이교도'로 간주하긴 했지만, 기독교인보다 상대적으로 낫다고 여겼기에 그들에게 비교적 관용적인 태도를 취했다. 데이비드 사순David Sasson이 왜 인도로 이주했는지 그 이유는 분명하지 않다. 사순과 그의 8명의 아들들은 곧 자리를 잡았다. 사순 가문은 일찌감치 아편 사업에 관심을 보였다. 그들은 1845년 광저우에 자리를 잡았고, 홍콩 식민지 수립 직후에는 홍콩에서도 입지를 다졌다. 데이비드 사순의 아들들은 허세를 부리지 않았고, 요즘 말로 '저자세'를 유지했다. 콜린 크리스웰Colin Crisswell은 '훗날 그들이 영국에서 살았던 생활방식을 생각해보면, 홍콩 상류사회가 그들을 받아들이지 않은 것은 유대인에 대한 멸시가 아니라 아마도 (그들의 생활방식에 대한) 사회적 편견의 결과'라고 생각했다.[6] 대부분의 사료를 보면, 홍콩의 사교생활이 상하이보다 더 속물적이고 답답했다는 점에 동의하고 있다. 이는 부분적으로 영국 식민지의 계급 구조에 기인했을 것이다. 하지만

---

6 Colin Crisswell, *The Taipans*, 1981, p.137.

어쨌든 영어를 전혀 할 줄 모르는, 이국적인 동양 상인의 후손이 보통의 스코틀랜드 귀족의 후손보다 환영받을 가능성은 훨씬 적었다. 사순 가문의 누구도 향항회香港會, Hong Kong Club에 선출된 적이 없었다. 그러나 19세기 말경 이 가문이 영국에서 입지를 공고히 했을 때, 과거 그들이 겪었던 모든 사회적 무시를 충분히 만회할 수 있었다. 이들은 웨일스 공 Prince of Wales을 중심으로 한 평판이 나쁜 방종한 무리의 세계에 쉽게 진입했고, 일련의 혼인으로 명문가와 인연을 맺었다.

자딘과 덴트의 쾌속 범선 선단에 의존하던 시대에 사순 가문은 아편 무역에 그다지 영향을 미치지 못했다. 하지만, 1850년대 P&O사의 증기선 운행 노선이 중국 해안의 항구까지 확장되자, 경쟁이 시작되었다. 1860년 이후, 두 가지 중요한 변화가 일어났다. 첫 번째는 1상자당 은 30냥의 고정 관세를 내는 조건으로 중국에서 '약물아편'의 판매와 재배가 합법화되었다. 이것은 새로운 형태의 경쟁을 의미했다. 즉, 중국에서 재배된 아편이 인도산 아편과 경쟁하게 된 것이다. 두 번째 변화는 통신이었다. 증기선이 범선을 완전히 대체했다. 원래 자딘메시슨과 덴트사가 쾌속 범선을 독점해 밀수한 아편을 중국 해안의 화물 접선지로 운송했으나, 이제는 쾌속 범선이 아무런 가치가 없어졌다. 이제 서양의 무역 상들은 '평등한 입장'에서 무역하게 되었다. 이전보다 인도 쪽 경영에 더 세심한 관리가 필요해졌다. 왜냐하면 인도가 벵골의 양귀비밭과 상하이의 아편 소굴을 연결하는 아편 통로의 시작점이기 때문이었다. 르페보어LeFevour는 다음과 같이 기술했다.

아편 합법화의 가장 직접적인 결과는 인도 무역 구조의 중요성이 크게 부각

됐다는 것이다. 1860년 이후 중국에 있는 모든 거래상은 경험의 유무에 관계없이 동일한 관세와 중국산 마약으로 인한 심한 경쟁에 직면했다. 따라서 인도에서의 가격과 원가 비용이 아편 무역을 성공시킬 수 있는 관건이 되었다.

사순 가문은 이 부분에서 우세를 점했고, 그로 인해 자딘과 러셀을 모두 몰아내버렸다(덴트는 다른 이유로 일찌감치 도태됨). 자딘메시슨은 늘 말와산, 파트나산, 혹은 바나라시산 인도 아편 생산업자들과 독립적이고 대등한 관계를 유지했다. 회사는 1840~1870년 사이에 150개 이상의 인도 '거래처'를 두었고, 그중 가장 중요한 거래처는 뭄바이에 있는 지집호이사Jejeebhoy&Co.와 레밍턴사Remington&Co., 그리고 콜카타에 있는 자딘 스키너Jardine Skinner였다. 이들 거래처는 중개상 역할을 하고 대리인을 보내 공급량, 특히 말와산 아편 공급량을 추산했다. 번왕국에서의 아편 생산량 정보는 벵골보다 더 얻기 어려웠다. 벵골의 경우는 정부가 통제하는 독점권 때문에 공식보고서와 신뢰도 높은 정보를 얻을 수 있었다. 주요 거래처로부터 얻은 정보의 요지는 '아편 무역상 목록에 있는 동지들'에게 배포하는 월간 『자딘 아편 회보Jardine Opium Circular』에 실렸다. 이 회보에는 각 종류의 아편 시세, 특히 뭄바이 말와산 아편의 주요 수입지인 상하이 우송구吳淞區, Woosung의 시세가 자세히 실렸다. 이 회보는 중국 내 아편 평균 가격, 환율, 그리고 재고 추정치도 실었다. 1850년까지 상하이의 우송구는 자딘의 아편 사업의 가장 중요한 중심지였다. 전체 시장에서 거래된 아편이 600상자였는데, 자딘은 매월 평균 350상자를 판매했다.

자딘은 인도에 거래처들이 많았음에도 불구하고, 궁극적으로 아편 판매의 명운이 달린 아편 재배지의 생산 경제에 단 한 번도 깊이 간여하지 않았다. 회사의 대리인들이 정보를 수집했지만, 재배농이나 거래상을 통해 직접 매입하거나 선불 구입을 하지 않았다. 자딘과 다른 노련한 상인들이 중국 해안으로 가는 판매 통로를 효과적으로 장악하고 있었을 때는 이런 방식이 잘 작동했다. 하지만 1860년대는 그렇지 않았다. 사순은 뭄바이에서 시작한 회사이자, 자딘보다 훨씬 인도 아편 산지에 더 가까이 있었다. 1862년 자딘스키너사의 G.M.로버트슨Robertson이 자딘메시슨에 경고했다. 그는 보고서에 제2차 아편전쟁 동안 사순의 협력사들(모두 콜카타에 있는 E.굽베이사E. Gubbay&Co., 에즈라사E.D.I. Ezra&Co., S.아이작S. Isaac)이 고가에 아편을 대량 매입한 후, 중국에 재고를 쌓아둠으로써 시장을 지배하려고 한다고 썼다.[7] 1862년 자딘은 자딘스키너사에 '아편 출하가 점진적으로 늘고 있습니다. 우리는 (사순사의) 행동과 이곳의 가격을 심각하게 교란하는 투기꾼들의 행동을 면밀하게 관찰하는 것이 매우 중요하다는 점을 강조하지 않을 수 없습니다'[8]라고 편지를 보냈다.

사순사의 강점은 아편 원료를 구입하는 인도 거래상들과 긴밀한 관계를 구축했다는 것이다. 사순사는 규칙적으로 물품을 공급하는 거래상에게는 최대 비용의 4분의 3까지 선불로 지불할 준비가 되어 있었다. 게다가 그들은 노련한 대리상을 통해 산지에서 아직 수확하지 않은 말와산 양귀비도 선구매했다. 이것은 자딘이 한 번도 시도한 적이 없는 방식이었다. 자딘메시슨은 인도의 중개상에게만 의존했고, 조만간 이로 인해 허를 찔린 것이 분명해졌다. 1871년까지 사순사가 가격과 비용을 면밀

---

7 Edward LeFevour, op. cit., p.27.
8 Ibid., p.165, 주석 80.

하게 통제함으로써 모든 종류의 인도산 아편의 70퍼센트를 통제했고, 그 누구보다 저렴한 가격으로 아편을 공급했다. 이때 자딘이 거래하던 큰 규모의 인도 아편 회사는 뭄바이에 소재한 에듈지사Eduljee&Co.라는 파시교도의 회관이었다. 자딘메시슨은 사순과의 경쟁을 위해 에듈지 사에 파시교도의 회사를 모아 공동 판매 카르텔을 조직하도록 장려했다. 하지만 이 계획은 제대로 먹혀 들지 않았고, 1872년 11월 에듈지사는 파산했다. 이것으로 자딘의 아편 사업은 종말을 고했다. 8월 2일 자딘의 한 동업자가 레밍턴사에 보낸 편지에서 '아편 무역은 모두 몰락했는데, 귀사는 여전히 아편 사업에 몰두하고 있다는 것이 놀랍습니다'라고 적었고, 이어서 '현재 아편 사업에서 유일한 희망은 화물 운송, 보관, 보험, 그리고 저장'이라고 첨언했다.[9]

자딘메시슨이 아편 무역에서 손을 뗀 것이 비록 자의는 아니었지만, 장기적으로 볼 때 이는 결코 나쁜 선택이 아니었다. 이로 인해 자딘은 1860년대 이후 사업의 다각화 경영 정책을 지속적으로 개선해 나갔으며, 이런 정책은 이후 회사가 이룬 상업적 성공의 주요한 요인이 되었다. 자딘은 조심스럽게 행동했고, 적응했다. 회사는 모험을 하지 않았고, 중국 해안 무역의 급변하는 상황에서 늘 기회를 엿보고 있었다. 물론 의심할 여지 없이 회사에 거금을 벌어다 준 것은 아편이었다. 중국 수입 무역의 또 다른 '중요 상품'인 면綿은 상대적으로 미미한 수준이었다. 하지만 자딘메시슨은 힘들이지 않고 다른 사업으로 영역을 확장했고, 1860~1870년 시기의 경제 파동을 이겨냈다.

---

9 Ibid., p.29, 주석 88.

자딘메시슨은 다행히 생존했으나, 그의 주 경쟁자들은 그렇지 못했다. 덴트사는 1867년에 몰락했다. 이것은 부분적으로 1866년 오버엔드거니Overend&Gurney 은행의 파산에 따른 결과였는데, 이 은행의 파산은 런던의 금융위기를 초래했고, 그 영향은 전 세계적으로 파급되었다. 덴트사는 500만 홍콩달러의 부채를 남기고 파산했다. 자딘은 살아남고 덴트만 몰락한 이유를 답하기는 불가능하다. 덴트의 문서와 기록들이 회사의 파산과 함께 사라져버렸기 때문이다. 우리는 덴트의 몰락에 아편 무역의 쇠퇴도 한몫했다는 사실을 알고 있다. 사업 다양화를 위한 노력의 일환으로 덴트사는 새롭게 물길을 연 양쯔강을 항해할 두 척의 크고 비싼 증기선을 구입했다. 하지만 이것은 수지가 맞지 않았고, 결과적으로 많은 자본을 묶어두게 되었다. 부동산 투자도 마찬가지였다. 회사의 책임자인 존 덴트는 호화롭게 살았다. 그는 로버트 자딘에게서 홍콩 경마대회의 예상 우승마를 1만 홍콩달러를 주고 구입했고, 데이비드 자딘의 중국인 첩을 유혹하는 데 성공하기도 했다. 이 두 회사의 관계는 더 이상 나쁠 수가 없었다. 1875년 파산 위기에 처한 또 다른 회사인 허드사Heard&Co.가 덴트를 대신해 자딘에게 도움을 요청했을 때, 돌아온 건 모호한 답변뿐이었다.

자딘은 아마도 경쟁 회사보다 더 조심하고, 덜 투자하고, 한 곳에 집중 투자를 피했기 때문에 살아남았을 것이다. 하지만 이것은 추정에 불과하다. 중국 무역에서 파산하느냐 아니면 이윤을 남기느냐의 경계선은 좁고 불확실했다. 아주 사소한 오판도 회복할 수 없는 재앙으로 치닫게 만들 수 있었다. 자딘도 분명 위험한 상태 가까이에 있었을 것이다. 최악의 해는 1866~1867년과 1868~1869년이었다. 이것은 오버엔드 거니 은행의 파산으로 인한 부작용이었지만, 자딘메시슨은 살아남았다. 자딘메시슨은 대단한 생존자였고, 또 그런 존재로 남아 있다. 개인적으로는 덴트 가문 사람들도 살아남았다. 존 덴트의 아들 알프레드Alfred와 에드워드Edward는 런던에 새로운 합자회사를 세웠다. 중국에서 호되게 당한 그들은 세계의 더 외곽 지역인 보르네오Borneo로 자신들의 상업 활동 영역을 옮겨 영국 북보르네오사British North Borneo Company를 설립했고, 이 회사는 70년 동안 보르네오 지역을 지배했다. 알프레드는 작위를 받고 다시 중국에 관심을 보이기 시작했고, 1889년에는 런던에서 새롭게 조직한 단체인 중국협회China Association의 총재가 되었다. 그리고 얼마 지나지 않아 오랜 역사를 상징적으로 나타내듯이, 그는 곧 명예 회장이라는 높은 자리에 추대되었다. 아이러니하게도 알프레드가 명예 회장에 추대된 것은 바로 윌리엄 자딘의 증손 조카 윌리엄 케직William Keswick 덕분이었다. 윌리엄 케직은 1874년부터 1885년까지 자딘메시슨의 대반이었고, 막 홍콩에서 영국으로 귀국한 상태였다.

1860년대 자딘메시슨에게 달갑지 않은 두 가지 사건이 생겼다. 하나는 홍콩상하이은행匯豊銀行, Hong Kong&Shanghai Banking Corporation, 줄여서 HSBC의 설립이었고, 또 다른 하나는 버터필드 스와이어사Butterfield&Swire의 존 새뮤얼 스와이어John Samuel Swire라는 새로운 무서운 경쟁자의 출현이었다. 지금까지 은행 업무와 무역의 전반적인 금융은 자딘, 덴트, 러셀 등 큰 규모의 회사가 제공해왔다. 이는 소규모 회사에게 유쾌한 일이 아니었다. 대규모 회사들이 경쟁 관계에 있는 소규모 회사들과 신용 거래를 잘하지 않으려 했기 때문이다. 큰 주주 은행들의 등장으로 대규모 회사들의 지배력이 약화한 것은 사실이지만, 이 은행들은 모두 예외 없이 런던이나

윌리엄 커직. 윌리엄 자딘의 증조카이자, 1874년 자딘메시슨의 대반으로 회사의 현대화를 이끌었다

인도에 기반을 두고 있었고, 본사도 그곳에 있었다. 1864년 누군가 새로운 은행 설립을 제안했다. 이름을 중국은행Bank of China이라고 짓고 본사를 홍콩에 둘 예정이었다. 하지만 1주당 200루피인 총 3만 주의 주식 중 중국과 홍콩에 있는 상인에게는 5천 주만 지급하고, 나머지는 뭄바이와 런던에 있는 상인들에게 지급한다는 사실에 크게 반발했다. 홍콩상하이은행HSBC의 개점은 이에 대한 반격이었다. 이 은행은 진정한 의미에서 지역에 기반을 두고, 주식도 지역에 할당했으며, 일부만 자딘과 러셀사를 위해 남겨두었다.

덴트사는 처음부터 여기에 참여했다.[10]

자딘은 자신에게 할당된 주식을 거절했다. 덴트와의 관계가 이런 결정에 미친 요인 중 하나이겠지만, 주된 요인은 홍콩에 기반을 둔 은행이 큰 규모로 이 분야에서 영업을 해 자딘의 수익성 높은 외환 사업에 위협이 되었기 때문이었다. 자딘메시슨은 은행의 개점을 막기 위해 총독의 특별 포고, 홍콩에서의 입법, 그리고 영국 행정부의 인가 등을 포함해 할 수 있는 모든 수단을 총동원했다. 증기선으로 가도 사우스햄턴Southhampton에서 홍콩까지 50일이나 걸리는 느린 통신 상황과 홍콩 내 자딘의 강력

---

10 홍콩상하이은행의 초창기에 대해서는 Maurice Collis, *Wayfong*, 1965, 제1장 참조.

한 반대, 그리고 메시슨사를 통한 런던의 적극적인 반대를 고려해보면, 이 은행이 1867년 12월에 가서야 비로소 완전히 합법적인 기관으로 출발하게 된 것은 그리 놀랄 일이 아니다. 홍콩상하이은행은 수차례 놀랄 만한 위기를 겪었는데, 오버엔드 거니 은행과 덴트사의 파산이 야기한 위기뿐만 아니라, 1873년부터 1876년까지 중국의 무역 불황까지 겪어야 했다. 그러나 홍콩상하이은행은 견뎌냈다. 1877년 윌리엄 케직은 '적을 물리칠 수 없다면 그들과 함께 하라'는 원칙에 따라 마침내 홍콩상하이은행의 이사직을 수락했다. 자딘과 홍콩상하이은행의 불화는 종식되었다. 그 이후 자딘메시슨과 홍콩상하이은행은 긴밀하게 협력했고, 수많은 합작사업에 참여했다. 1880년 케직이 이사장이 되었다. 당초 계획했던 중국은행의 설립은 이루어지지 못했다.

자딘이 덴트의 파산으로 경쟁이 더 쉬워질 것이라 생각했다면 그 희망은 곧 좌절될 것이었다. 1866년 11월 28일, 존 새뮤얼 스와이어는 상하이에 도착해 그곳에 사무실을 얻었고, 그의 회사는 '대단하고 오래된'을 뜻하는 '태고太古'라는 중국 이름을 붙였다. 12월 4일 버터필드 스와이어사Butterfield&Swire는 1867년 1월 1일부터 정식으로 개업할 예정이라고 언론에 발표했다.[11] 스와이어 가문은 작은 요크셔Yorkshire의 지주이자 사업가 집안이었다. 리처드 스와이어Rihard Swire는 공장을 소유하고 있었는데, 주로 이 공장에서 생산한 제품을 중국으로 수출했으며, 특히 1860~1865년간 미국 남북전쟁으로 공급이 부족해진 상황에서 면綿을 수출했다. 버터필드와 스와이어 형제 존과 윌리엄의 동업은 그때까

---

11 Colin Crisswell, op. cit., pp.155~156.

지 큰 빛을 보지 못했다. 그들은 기네스 맥주를 호주로 수출했다. 존 스와이어는 운송에 관심을 두었는데, 특히 흑맥주 상자를 지구의 반대편으로 수송할 저렴한 방법을 찾기 위해서 리버풀에 기반을 둔 홀트Holt 형제가 운영하는 대양증기선회사Ocean Steamship Company의 지분을 갖고 있었다. 존 스와이어는 그들을 설득해 P&O사를 벤치마킹해 동양으로의 운송 무역 사업을 시작했다. 쾌속 범선은 화물 적재량이 겨우 1,000톤이었고, 중국 해안까지 도착하는 데 120일이나 소요됐다. 홀트의 증기선의 화물 적재량은 3배나 더 많았고, 중국 해안까지 77일만에 도착했다.[12] 하지만 연료비 때문에 증기선을 운행하는 것이 더 비쌌고, 따라서 운송비도 더 높았다. 그러니 중국 해안에서 귀항할 때 적재할 물건을 담보할 수 있는 유능한 대리인을 구하는 것이 매우 중요하였다.

이것은 정확히 존 스와이어가 할 수 있는 일이었다. 그는 야심이 있고 강인하며, 기민하고 또 매우 경쟁력이 있었다. 중국 무역사를 봤을 때, 에너지와 추진력 측면에서 그와 비교할 만한 사람은 자딘메시슨의 최초 동업자들 정도일 것이다. 존 스와이어는 무뚝뚝하고 무자비한 인물이었다. 그는 회사명에 버터필드를 내버려 두었지만, 사람은 쫓아내버렸다. 1868년 존 스와이어는 'B씨는 내 제안으로 회사에서 은퇴했다. 그는 나를 지배하려고 했고, 짜증나게 만들었다'라고 적었다. 머지않아 자딘은 버터필드 스와이어가 덴트만큼이나 골칫거리라는 것을 알게 되었다. 특히 운송 분야에서 그랬다. 실제로 운송 분야에서는 버터필드 스와이어

---

12 이 비교는 엄청난 비용 부담 없이는 화물을 알렉산드리아(Alexandria)나 수에즈(Suez)에서 다른 배로 옮겨 실을 수 없으므로 희망봉을 지나서 가야 한다는 사실로 설명할 수 있다. 이것은 승객이나 우편물에는 해당되지 않았다.

가 자딘메시슨보다 훨씬 영업을 잘했고, 훨씬 더 많은 이윤을 냈다. 하지만 무역과 다른 활동에서는 그렇지 않았다. 몇 년간의 수익을 비교해 보면, 버터필드 스와이어의 총 순이익이 자딘메시슨보다 훨씬 적었다. 예를 들어, 1868~1886년 동안 버터필드 스와이어의 순이익은 322,865 홍콩달러였고, 자딘메시슨의 순이익은 1,168,000홍콩달러였다. 러셀이 1892년 파산 절차에 돌입한 후, 버터필드 스와이어는 두 번째로 큰 양행洋行이 되었지만, 항상 첫 번째인 자딘메시슨 보다 한참 뒤처져 있었다.

1860년 마지막 자딘 가문의 대반大班이자 네 형제 중 가장 나이가 어린 로버트가 런던으로 돌아왔다. 그의 자리는 알렉산더 퍼시발Alexander Perceval이 물려받았다. 그는 처녀 때 성이 퍼시발이었던 제임스 메시슨 경의 아내와 친척 관계였다. 알렉산더는 아마도 에그몬트Egmont 백작과 친척 관계이자, 영국 수상 중 유일하게 암살된 스펜서 퍼시발Spencer Perceval 과 친척 관계였을 것이다. 그는 1846년부터 중국에 머물렀고, 자기 부친이 팔아버렸던 슬라이고군County Sligo 소재의 아일랜드식 저택을 다시 구매할 만큼 충분한 부를 축적했다. 그는 1864년 귀국했고, 그의 자리는 최초로 회사의 창업자와 혈연관계가 없는 대반이 맡게 되었다. 그가 바로 베임스 휘톨James Whittall이다. 그는 1873년까지 그 자리를 차지했다. 하지만 곧 다시 가문의 승계 구도가 재개되었다. 휘톨의 후임자는 윌리엄 케직이었다. 그는 자딘 박사의 증손 조카이자, 19세기의 마지막 사반세기뿐만 아니라 그 이후 훨씬 오랜 시기 동안 회사의 역사에 가장 중요한 인물 중 한 사람이었다. 그의 뒤를 이은 11명의 대반 중 단 두 명만 창립자들과 혈연이나 혼인으로 얽히지 않았다. 두 명 중 한 사람은 캐슬밀크Castlemilk 도매상의 조카로 가문의 명예 구성원이 될 만했다. 1832

년부터 1989년까지 32명의 대반 중 적어도 20명은 창업자의 직계 혹은 방계 후손들이었다. 콜린 크리스웰Colin Crisswell은 다음과 같이 적었다.

> 19세기를 통틀어 자딘메시슨의 동업자들이 얽혀 이루어진 친족 계보와 탁월한 사업가적 통찰력은 유전학자들이 연구할만한 좋은 주제일 것이다.[13]

크리스웰의 연대기는 19세기 말 이후까지도 확장할 수 있을 것이다. 20세기 자딘메시슨의 대반의 절반 이상이 위와 유사한 연결고리를 갖고 있다. 마지막 5명 중 2명이 케직 가문의 헨리Henry와 사이먼Simon이었고, 이들은 윌리엄 자딘의 증손자들이었다.

제임스 휘톨과 윌리엄 케직이 경영한 20년은 회사의 역사에 있어서 아주 중요한 시기였다. 앞에서 언급했듯이, 중국 해안의 현지 상인들이 서양 및 다른 외국 회사와의 경쟁을 시작했고, 날이 갈수록 우세를 점하기 시작했다. 서양 회사 간 내부 경쟁도 점점 격렬해졌다. 1867년 덴트사의 파산과 1875년 오거스터스 허드사Augustus Heard의 파산이 자딘메시슨에 가해지는 경쟁 압박을 덜어주지는 않았다. 시순 가문이 설립한 회사로 인해 아편 사업에서 물러났고, 스와이어사는 자딘메시슨의 운송 이익을 잠식했으며, 오버엔드 거니 은행의 파산은 여러 어려움을 안겨주었다. 그리고 이러한 폭풍이 사라졌을 즈음, 연이어 1873년 금융 및 경기침체가 찾아왔다. 경기침체의 원인은 다양하지만, 그중 하나가 1869년 수에즈 운하의 개통 후, 무역량이 과도해지면서 생긴 부수적 결과였다.

---

13 Colin Crisswell, op.cit., 1981, p.134.

자딘메시슨은 중국 무역에 종사했던 다른 회사보다 이 어려운 시기를 잘 견뎌냈다. 자딘은 1871~1872년에 363,000홍콩달러, 1872~1873년에 179,000홍콩달러, 그리고 1873~1874년에 245,000홍콩달러의 이익을 남겼다. 그후 3년의 회계연도에 걸쳐서도 비슷한 수준의 이익을 남겼다. 반면에 홍콩상하이은행은 1874년과 1875년 전반기에 주식 배당금을 지급할 수 없었고, 준비 자금도 1백만 홍콩달러에서 10만 홍콩달러로 줄었다.[14] 하지만 홍콩상하이은행도 이 위기를 잘 견뎌냈다. 이 피말리는 시기 동안 국제 무역시장에서 많은 회사가 파산했다.

제임스 휘톨James Whittall, 1827~1893은 1873년 중국에서 물러났다. 그는 1856년부터 회사에 몸담았었다. 그는 비스코틀랜드인 중 몇 안 되는 유명인사였고, 그의 조상은 우스터셔Worcestershire의 중산층 농민이었다. 그의 조부는 터키 무역에 종사한 상인이자, 오래된 레반트사Levant Company의 마지막 생존 멤버 중 하나였다. 휘톨은 강인한 성격에 상당한 능력을 갖춘 사람이었음에 틀림없다. 그렇지 않다면 스코틀랜드 가문이라는 장벽을 뚫고 10년 동안이나 대반으로 활동할 수 없었을 것이다. 윌리엄 케직과 함께 그는 홍콩 입법회Hong Kong Legislative Council에서 적극적인 활동을 펼친 유명 의원이었다. 그는 천성적으로 신중했고, 위험을 감수하기를 주저했다. 아마 이것이 자딘메시슨이 1860년대의 대위기에서 살아남은 이유 중 하나였을 수도 있다. 생존의 공로를 정확히 나누는 것은 불가능하지만 아마 상당 부분은 최고위 인물에게 돌아갈 것이다. 자딘메시슨은 살아남았지만, 심각한 재정 위기에 봉착했다. 자딘메시슨은 어

---

14 Maurice Collis, *Wayfong*, 1965, p.34.

려움에 처한 다른 회사에 자금을 대출해주고, 저당을 잡고, 보증을 섰다. 그로 인해 회사의 자금이 부족해졌다. 하지만 쾌속 범선을 증기선으로 대체하는데 필요한 큰 자금이 투입될 때 크게 문제가 되지 않았다. 쾌속 범선을 증기선으로 대체하는 투자 건에 대해 처음에는 휘톨과 케직 모두 의구심을 품었기 때문에, 회사의 이익을 지키는 선에서 소규모 투자만 했다.

그러나 1860년대 말, 자금이 부족해졌다. 해운 부문에도 자금이 필요했고, 중국의 현대화 과정에 참여하는 데에도 자금이 필요했다. 청 조정은 이 시기부터 현대화에 관심을 가졌으나, 여전히 앞으로 나아가지 못하고 머물러 있었다. 휘톨 등 동업자들은 모두 회사에 채무를 지고 있었는데, 뒤에 로버트 자딘의 중재로 상황이 해결되었다. 휘톨은 1860년 퇴임할 때 본인 소유의 회사 지분을 일부 남겨두고 이자를 받기로 했다. 그는 이제 자딘메시슨에서 근무하지 않지만, 영향력을 가진 동업자로 남게 되었다. 사실상 사람들은 그를 소유주로 불렀다. 그와 그의 상속인들은 1963년 그의 손자가 지분을 매각하기 전까지 회사에 대한 영향력을 유지했다.

로버트 자딘과 대반 및 다른 동업자의 관계는 현대 공기업의 사외이사와 전무이사 및 이사급 동료의 관계와 같았다. 그는 전반적인 회사 정책 문제에 발언권을 가지고 있었다.[15] 실제로 그는 소유주로서 거부권도 가지고 있었다. 대반과 동업자들은 일상 업무를 책임지고 꾸려나갔다. 이러한 새로운 방식의 경영은 순조롭게 이루어졌다. 회사의 자금유동성

---

15 예를 들어, 일부 동업자들이 1876년에 회사의 중국 해안 선단을 매각하기를 원했을 때, 이 문제는 로버트 자딘에게 회부되었고, 그는 11월에 승인했다. 하지만 결국 거래는 성사되지 않았다.

문제는 해결되었고, 다행히 로버트 자딘과 조카 케직 형제도 사이좋게 지냈다. 윌리엄 케직은 자신만큼 중국 무역에 경험이 많고 절친한 친구로 여길 수 있는 사람과 상대하고 있다는 점을 잘 알았다. 훨씬 나이가 어린 동생 제임스 존스톤 케직James Johnstone Keswick도 마찬가지였다. 19세기 중반부터 1914년까지 케직 형제는 각자 혹은 함께 회사의 부를 창출하는 데 핵심적인 역할을 하였다. 그들이 자딘과 공감대를 형성한 결과, 결정은 신속히 내려졌고, 일은 지체하지 않고 처리되었다.

로버트 자딘은 1825년에 태어나 머치스턴 캐슬학교Merchiston Castle School에서 교육을 받았다. 그는 1843년 매그니악 자딘사에 입사해 6년 뒤 중국으로 진출했고, 1852년 자딘메시슨의 동업자가 되었다. 그는 1857년부터 1860년 영국으로 귀국하기까지 대반으로 일했다. 그는 데이비드 자딘의 아들 중 유일하게 장수한 인물이자, 또한 유일하게 결혼한 아들이었다. 그는 1867년 4월 4일 마거릿 뷰캐넌Margaret Buchanan과 결혼하였다. 마거릿은 뷰캐넌 가문의 마지막 장자의 딸이었고, 1868년 3월 7일 사망했다. 그녀가 낳은 외동아들은 남편과 같은 로버트란 이름에 뷰캐넌-자딘을 성으로 썼다. 1861년 로버트는 형 조셉에게서 덤프리셔에 있는 캐슬밀크 저택을 유산으로 상속받았다.

로버트 자딘은 1796년에 지어진 조지언 양식Georgian style의 저택을 허물고, 낭만적인 프랑스 고딕 양식 건축의 대표이자 훗날 '스코틀랜드 바로니얼 양식Scottish Baronial'이라고 불리는 건축물을 만든 건축가 데이비드 브라이스David Bryce '스코틀랜드 남작 양식Scottish Baronial'에게 도움을 요청한다. 페트스대학Fettes College과 에든버러왕립병원Edinburgh Royal Infirmary의 건축가로 유명한 브라이스는 탑, 작은 탑, 그리고 뾰족탑을 가진 웅장한 건축물을 지었다. 건축은 44,218파운드의 경비가 들었고, 1870년에 완공됐다.[16] 1860년 영국으로 귀국한 로버트 자딘은 메시슨 사의 동업자가 되었고, 1881년부터 회사의 책임자가 되었다. 이 해 그의 형 앤드류Andrew가 사망했고, 로버트는 퍼스셔Perthshire에 있는 랜릭 캐슬Lanrick Castle이라는 또 다른 대저택을 유산으로 상속받았다.

자딘은 1865년부터 1868년까지 삼촌을 이어 지역구 애쉬버턴Ashburton 의 자유당 의원으로 활동했다. 그는 1868년 덤프리스 부르그Dumfries Burghs 에서 과반수를 간신히 넘겨 국회의원으로 당선되었고, 보수당 후보와 덤프리셔Dumfriesshire를 놓고 경쟁해서 패한 1874년까지 그 직을 유지 했다. 이 해는 자유당에게 운이 나쁜 해였다. 1880년은 자유당에게 운 이 좋은 해였고, 자딘은 1885년 7월 10일 글래드스톤Gladstone이 사임 할 때 남작 작위를 받았다. 6월 24일 글래드스톤은 다음과 같이 기록 했다.

당신에게 남작의 영예를 하사하자는 저의 제안을 여왕께서 수용하셨고, 나 는 당신이 당신의 직책과 성품에 타당한 명예, 그리고 다른 사람들이 분명히 인정할 명예를 받는 것이 마땅하다고 믿습니다.[17]

그는 1892년 공직에서 은퇴하기까지 작위를 유지했다. 1886년 이후, 자딘은 글래드스톤의 1886년 아일랜드 자치 법안Irish Home Rule Bill 때문

---

16 Maggie Keswick(ed.), *The Thistle and the Jade*, 1982, p.32.
17 대영도서관 추가 문서 44548, 주석 31. 이 참고 자료는 *Gladstone Diaries*의 편집자인 Colin Matthew 박사에게서 얻었다.

246 청제국의 몰락과 서양 상인

에 다른 자유당원들과 마찬가지로 당을 탈퇴한 후 자유 통일당원Liberal Unionist[18]으로 활동했다.

로버트 자딘은 중국 무역, 정치, 그리고 토지가 딸린 대저택 운영 활동도 했지만, 일반 대중들에게는 스포츠계의 유명 인사로 훨씬 더 잘 알려져 있었다. 그는 다른 무역상들과 마찬가지로 경마술에 정통했다. 그의 기수가 입는 복장의 색깔이 1862년 영국에서 처음 등록되었고, 그는 1877년 기수 클럽Jockey Club에 선출되었다. 그는 여러 해 동안 사촌 할레더스Halleaths의 존 존스톤John Johnstone과 동업해 경마에 참여했다. 그들의 프리텐더Pretender라는 이름의 체스트넛 콜트 말은 1869년에 상금으로 2,000기니아를 벌었고, 같은 해 지역 경마 대회Derby에서 우승했다. 그들은 애스콧Ascot 경마대회에서 여러 차례 우승 트로피를 거머쥐었다. 로버트 자딘은 토끼사냥 대회에 더 관심을 쏟았는데, 1873년에는 사냥개 뮤리엘Muriel로 워털루 대회Waterloo Cup에서 우승했다. 한동안 그는 규칙적으로 사냥활동을 했고, 덤프리스셔 여우사냥개 대회Dumfriesshire Foxhounds의 창립 회원으로 활동했다. 그는 『국가인물사전Dictionary of National Biography』에 '시골 신사와 전통적 스포츠맨의 훌륭한 모범'[19]이라고 기술되었다. 그는 유명한 인물이었고, 1년간 병마와 싸우다가 1905년 2월에 사망했을 때, 많은 사람들이 그의 죽음을 안타까워했다.

1874년 휘톨에게 대반의 자리를 물려받아 11년 동안 자리를 지킨 윌리엄 케직은 누가 보더라도 자딘메시슨의 역사에 가장 중요한 인물 중

---

18 [역주] 글래드스톤의 아일랜드 자치 법안에 반대해 자유당을 탈퇴한 후 분파를 형성했다. 이들은 아일랜드도 대영제국의 일부로 포함해 통일 영국을 유지해야 한다고 주장했다.
19 보충 자료 1901~1911, p.364.

한 사람이었다. 그는 윌리엄 자딘 박사의 증조카이자 로버트 자딘의 첫 사촌이었다. 그는 1834년 애넌Annan의 비치그로우브Beechgrove 출신의 토마스 케직Thomas Keswick과 윌리엄 자딘의 누나 진Jean의 딸 마거릿 존스톤 사이에서 태어난 장남이었다. 진은 데이비드 존스톤과 결혼했었다. 사촌 로버트 자딘처럼 그도 머치슨에서 교육을 받았고, 졸업하자마자 메시슨사의 런던 사무소에 입사했다. 그는 1855년 중국으로 건너갔고, 1859년에 요코하마에 자딘 일본 지사를 설립했다. 그는 1862년 회사의 동업자가 되었다. 그는 두 번 결혼했다. 1870년 결혼한 첫 아내 어밀리아 듀보Amelia Bubeux는 1883년 세상을 떠났고, 몇 년 후 더블린 군, 에덴 파크Eden Park, County Dublin 출신의 앨리스 배링턴Alice Barrington과 재혼했다. 두 번의 결혼에서 얻은 자녀들이 있었지만, 회사의 역사와 관련된 유일한 자녀는 첫 아내가 1870년에 낳은 아들 헨리Henry였으며, 그는 1910~1911년에 잠시 대반의 직책을 맡았다.

윌리엄 케직은 홍콩입법회의 '비공식' 의원으로 봉직하는 회사의 전통을 따랐다. '비공식 의원'의 전통은 1850년 처음으로 만들어져, 데이비드 자딘이 의원이 된 이래로 줄곧 깨어지지 않았다. 덴트사도 1857년부터 10년 후 망할 때까지 홍콩입법회에 비공식적으로 참여했다. 회사가 파산하자, 깁 리빙스턴사Gibb Livingstone&Co.가 사실상 덴트사의 역할을 떠맡게 되었다. 우리는 이 회사를 버터필드 스와이어사와 비교해 볼 수 있다. 스와이어사는 홍콩입법회에 단 1명의 의원만, 그것도 1900년 한 해만 참여했다. 그리고 그것도 창립자 J.S.스와이어가 사망한 후의 일이었다. J.S.스와이어는 이런 문제에 있어 확고한 신조를 가지고 있었다. 그는 직원들의 시간은 '고용주의 사업을 개선할' 새로운 방법을 고안하는 데 써야지, 공적 서비스에 써서는 안 된다고 생각했다. 윌리엄 케직은 회사 혹은 다른 회사의 역사를 통틀어 그 누구보다, 가장 긴 기간에 걸쳐 홍콩입법회에 참여했다. 케직은 1867년부터 1872년까지 '비공식' 의원으로 활동했고, 1872~1875년까지는 그의 뒤를 이어 휘톨이 참여했다. 그러다 케직이 1875~1886년까지 대반의 신분으로 다시 '비공식' 의원직을 맡았다.

『후즈후Who's Who』[20]에 실린 케직에 관한 부분은 관습에 따라 본인 스스로 작성했는데, 놀랄 정도로 간단히 적혀 있다. 아내나 자식에 관해 전혀 언급하지 않았고, 자신을 '영사와 총영사'라고 지칭하고 있다. 앨런 리드Alan Reid가 일찍이 「상인 영사Merchant Consuls」란 흥미로운 글에서 자딘메시슨의 대반이 외국의 영사직을 겸했는데, 이 관습이 초기에는 동인도회사의 통제를 벗어나는 데 유용했으나, 1833년 이후는 전혀 실질적인 도움이 되지 않았다는 점을 지적했다.[21] 그러나 여전히 회사는 덴마크의 영사를 맡는 오랜 전통을 유지하고 있었다. 1849년 조셉 자딘을 시작으로 자딘메시슨의 대반은 총영사의 지위로 하와이 국왕을 접견하기도 했다.

1881년 하와이 국왕 칼라쿠아 2세Kalakaua II가 세계 일주 여행길에 홍콩을 방문했는데, 당시 케직이 주 홍콩 하와이 총영사를 맡고 있었다. 1877년부터 1882년까지 홍콩 총독은 존 포프-헤네시 경Sir. John Pope-Hennessy이었는데, 모든 서양 무역상들과 마찬가지로 케직도 그를 증오했다. 포

---

20 [역주] 『후즈후(Who's Who)』는 세계적으로 유명한 현존 인물에 관한 인명사전이다. 1849년 영국 런던의 애덤 앤드 찰스블록에서 창간했다.
21 Maggie Keswick(ed), op. cit., 1982, p.62.

프-헤네시는 정치적으로 보수당원이었고, 1859년 하원에 입성했을 때 토리당 의석을 차지한 최초의 가톨릭 신자였다. 하지만 그는 아일랜드 태생으로 조상 대대로 물려받은, 영국인은 압제자라는 인식을 갖고 있었다. 1867년부터 1886년까지 그는 여섯 차례나 서로 다른 지역의 식민지 총독을 지냈고, 항상 식민지 통치집단 사이에서 강렬한 반감을 불러일으켰지만, 식민지 백성들에게는 상당히 인기가 있었다. 그런 점에서 현대 역사가들은 그가 천사의 편이었다고 느낄지도 모르지만, 사실 그가 통치 기술이 부족하고, 어떠한 입장도 명확히 제시할 능력이 없었으며, 행정적으로도 무능했다는 사실을 부인할 수 없다. 그가 다른 총독 자리로 옮길 때마다 그가 떠난 자리에는 일련의 혼란이 일어났다. 그는 케직 가문과 같은 완고한 저지대 스코틀랜드 사람들이 싫어했을 그런 부류였다. 설령 그들이 헤네시를 과도하게 중국 친화적이라고 여기지 않았을지라도 말이다. 윌리엄 케직은 충동적인 홍콩 총독과 여러 차례 마찰을 빚었다. 케직은 주 홍콩 하와이 총영사로서 하와이 국왕을 가장 먼저 영접하고 환대하는 것이 자신의 권리라고 간주했다. 하지만 포프-헤네시의 생각은 달랐다. 케직이 국왕이 타고 온 배에 올라타 자신의 집으로 초대하려 했을 때, 홍콩 총독이 보낸 12개의 노가 달린 공무선이 '영국 여왕의 이름으로 총독의 내빈을 맞이하는 초대장'과 함께 당도했다. 케직이 여전히 그 배에 있을 때 말이다. 하와이 국왕은 당연히 영국 여왕의 요청이 먼저라고 생각해 홍콩 총독의 초대를 받아들였다. 이보다 앞선 1869년, 동항東港에 있는 자신의 집에서 빅토리아 여왕의 둘째 아들 알프레드 왕자Prince Alfred 같은 왕족을 접대한 적도 있었던 케직은 홍콩 총독의 행동에 매우 격분했지만, 그가 할 수 있는 일은 아무것도 없었다.

1885년 중국을 떠난 케직은 메시슨사의 동업자가 되었다. 실제로 회사를 운영하면서 그가 보고의 의무를 가진 대상은 로버트 자딘뿐이었다. 그는 직접 엄청난 양의 서신을 작성하는 일 중독자였다.[22] 메시슨사가 1906년 유한책임회사로 전환될 때, 그와 그의 아들, 그리고 친척 윌리엄 자딘 그레손William Jardine Gresson이 공동 전무이사를 맡았다. 그는 가문의 다른 사람들만큼 스코틀랜드 정신이 강하지 않았고, 서리Surrey에 있는 이스트윅 공원Eastwick Park을 사들였다. 1898년 그는 서리의 시무종관High Sheriff이었고, 1899년부터 1912년 사망할 때까지 엡솜Epsom 지역구 의원이었다. 그의 사망 후 실시된 보궐선거에서 그의 아들 헨리가 당선되면서 그의 자리를 계승했다.

윌리엄 케직은 두 명의 남동생이 있었다. 바로 아래 동생은 입사하지는 않았지만, 자딘 스키너에 합류했다. 1845년에 태어난 다른 동생 제임스 존스톤은 윌리엄과 같은 학교에서 교육을 받았고, 1870년 혹은 1871년에 중국으로 건너갔다. 그는 1875년 제임스의 남동생 에드워드 휘톨에게 일본 사업을 넘겨받았고, 1876년 동업자가 되었다. 그리고 1889년부터 1895년까지 대반이었다. 1884년 그는 주 베이징 영국 외교관 해리 파크스 경Sir. Harry Parkes의 딸 매리언Marion과 결혼했다. 그는 가까이하기엔 무서운 외모의 검은 수염을 가진 인물이었지만, 엄청 예의 바른 사람이었다. 그는 '정말 재수 없이 예의 바른 제임스'라는 별명을 얻었는데, 이는 아마도 직원에게 칭찬과 유감을 장황하게 표현한 뒤

---

22 Maggie Keswick(ed), op. cit., 1982, p.38.

해고하는 그의 예절 때문이었을 것이다. 해고당한 직원은 "케직 씨, 정말 고맙습니다. 정말로 고맙습니다"라고 말했다고 한다.[23]

23 Colin Crisswell, op. cit., p.191.

제11장
일본

1852년 1월 윌리엄 케직은 드로아호Troas를 타고 일본으로 향했고, 나가사키에 입항했다. 그는 일본에서 무역 가능성을 탐색해보라는 지시를 받았다. 그는 휘톨에게 일본에서 비단, 해초, 목랍식물성 왁스을 수입하면 잠재적으로 이윤을 남길 수 있다고 보고했다. 하지만 일본이 수출 조건을 받아들일지 분명하지 않았고, 반세기 전 중국에서도 동일한 문제가 제기된 바 있었다. 휘톨은 일본과의 무역 가능성을 더 알아볼 가치가 있다고 결론내렸다. 케직은 일본 항해 길에 활력 넘치는 자유 무역상 케네스 매켄지Kenneth Mackenzie와 동행했는데, 그가 스코틀랜드인이었음은 두말할 필요도 없었다. 3월 케직은 매켄지와 함께 '비단 시장을 조사하라'는 명령을 받고 다시 일본에 파견되었다.[1] 그의 일본행은 다소 성급했다. 왜냐하면 일본이 장기간의 고립을 끝내고 대외무역을 허용한 영국과의 조약은 7월 3일 이후부터 유효했기 때문이다. 이 조약은 1858년 8월 26일 엘긴 경이 영국 해군 소함대를 이끌고 와서, 무력으로 체결되었다. 이는 1853년 미국 해군사령관 페리Perry가 일본을 '개방'시키는 과정을 보고 답습한 것이었다.

일본은 수 세기 동안 군부독재의 준봉건체재 아래 있었고, 이제 처음으로 서구의 강렬한 충격을 접했다. 일본은 이미 오래전 수많은 '가문clans'으로 나뉘었고, 천황 미카도帝, Mikado는 일본 사회에 대한 통제력을 점차 상실해가고 있었다. 그는 태양신의 혈통을 이어받은 국가의 상징이자 충성심의 대상으로, 거의 신적인 지위에 있었다. 하지만 일찍이 7세기경 잘 알려지지 않은 어떤 과정을 거치면서, 실제 지배력은 쇼군이라고 불리는 군부 독재자들의 막부幕府로 넘어가게 되었다. 천황 미카도는 신성하고 보이지 않는 존재로서 교토의 궁전에 거주했고, 다양한 종교적 행사와 의식을 관장했다. 쇼군은 에도江戸, 현재의 도쿄에서 통치했다. 쇼군의 지위는 8세기 프랑크 메로빙거 왕조Frankish Merovingians의 쇠퇴기 궁재宮宰, Mayor of the Place의 지위와 비슷했다. 다만, 메로빙거 왕조는 공식적이자 실제적 통치를 맡은 카롤링 왕조의 궁재들Carolingian Mayors에 의해 폐위되기까지 78년간 유지되었을 뿐이다. 쇼군이 이들과 비슷하게 행동하지 않은 이유는 아직도 일본 역사의 수수께끼로 남아 있다. 하지만 이유가 무엇이든지 간에, 쇼군은 메로빙거 왕조의 궁재처럼 행동하지 않았다. 천황의 왕조는 살아남아 1868년 마지막 쇼군을 제거했고, 마침내 일본 통치자로서의 잠재적 힘을 되찾았다. 그 후 130년간 벌어

---

1 Maggie Keswick(ed.), *The Thistle and the Jade*, 1982, p.154. 달리 명시하지 않은 경우는 Pat Barr가 제6장에서 일본에서의 자딘에 관해 쓴 글에서 인용.

진 전쟁과 혁명에도 불구하고, 천황은 여전히 존재하고 있다.

일본문화와 종교는 주로 중국에서 전파된 것이다. 일본의 상류층은 중세 유럽의 학자들이 토착어가 아닌 라틴어로 상호 의사소통을 한 것처럼 수백 년 동안 중국의 한자를 빌려 글을 썼다. 하지만 일본인이 중국을 맹목적으로 따라 한 것은 아니다. 섬나라 군주국으로서 일본이 중국과 맺은 관계는 영국이 유럽 대륙과 맺은 관계와 비슷했다. 의심하고 불안해하고 또 적대적이었으나, 결코 중국의 영향에서 벗어날 수 없는, 그런 관계였다. 하지만 초창기부터 일본에 침투한 소수의 서양인들은 일본인이 중국인보다 훨씬 더 유럽의 기술에 대해 수용적이라는 점과 중국 같은 엄격한 관료주의가 발전하지 않았다는 점에 주목했다. 16세기의 한 네덜란드인은 '일본인은 예리하고, 그들이 본 것을 빠르게 학습한다'라고 기록했다. 유럽 상인이 자명종을 동양에 처음 소개했을 때 중국인은 자명종을 흥미로운 장난감으로 여겼지만, 일본인은 자명종을 모방해 자신들의 방식으로 시계를 만들었다. 18세기 일본은 여전히 대외 문호를 개방하지 않았으나, 통화경제는 이미 급속히 발전하고 있었고, 이것이 군사 봉건체제의 토대를 약화시켰다. 상인을 영주, 사무라이, 장인, 그리고 소작농보다 더 낮은 계급으로 분류하던 전통적인 견해가 터무니없는 것이라고 인식되기 시작했다. 당시의 상점들은 일찌감치 현대식 광고와 판매 방법의 중요성을 간파했다. 미쓰이 상회三井는 오늘날에도 '비를 피해 상점으로 들어온 고객에게 상표가 찍힌 우산을 공짜로 나누어 준' 회사로 인식되고 있다.[2]

---

2 John Roberts, *The Pelican History of the World*, 1980, p.785.

일본은 19세기 중반까지 약 250년 동안 외국인을 받아들이지 않았다. 이것은 천주교 선교사들의 지나친 선교 활동에 대한 반발이었다. 포르투갈인이 처음 일본에 상륙해 무역을 시작한 1543년부터 약 70년 동안 일본은 대외 문호를 개방했었다. 1549년 성 프란치스코 하비에르St. Francis Xavier가 일본에서의 개종 임무를 시작했다. 17세기 초반 일본인 기독교도의 비중은 그 어느 때보다 높았다. 천주교는 기본적으로 계급이 존재하는 불평등하고 매우 전통적인 사회에 도입되면 기존 질서를 매우 어지럽히는 종교이다. 이러한 위험을 다소 늦게 알게 된 일본의 지배층은 천주교를 무자비하게 박해하기 시작했다. 수천 명의 천주교도가 죽임을 당했다. 영국인들은 일본을 떠났고, 스페인과 포르투갈인들은 추방당했다. 17세기 중반에는 외국인과의 무역이 거의 중단되다시피 했다. 다만 중국인은 여전히 나가사키에서 소규모 사업을 하도록 허용되었는데, 그들은 종교적 도전을 하지 않았기 때문이다. 나가사키에 남은 유일한 유럽인은 네덜란드인이었는데, 그들은 일본인을 절대로 개종시키지 않겠다는 조건으로 체류할 수 있었다. 네덜란드인들은 일본 지배층에 신의를 지킨다는 표시를 드러내기 위해 십자가나 다른 기독교 상징물을 짓밟아야 했고, 또 기꺼이 그렇게 했다.

페리 해군사령관의 소함대가 에도도쿄만에 도착했을 때, 16세기 말부터 권력을 잡은 도쿠가와 막부德川幕府는 쇠퇴의 길에 접어들긴 했으나 여전히 권력의 핵심에 있었다. 도쿠가와 막부의 쇼군들은 처음에는 군대의 총사령관으로 시작해 훗날 대대로 세습되었다. 그들은 교토에 깊숙이 은거한 천황 미카도를 대신해 중앙집권과 계급 구분이 뚜렷한 일본 사회를 통치했다. 도쿠가와 막부가 지배한 시기는 '태평시대'로 알려졌다. 쇼군

1868년 일본 요코하마에 새로 지은 자딘메시슨 건물

의 정권을 '막부幕府'라고 불렀고, 봉건 영주는 막부의 가신으로 '다이묘大名'라고 한다. 다이묘들은 한 해는 에도에서 살고, 이듬해는 자신의 저택으로 돌아갔다. 그리고 그들이 저택에 거주하는 동안 그의 가족은 에도에남아 다이묘가 반란을 일으킬 경우를 대비한 인질이 되어야 했다. 이렇게 2년마다 거처를 옮기는 불편함과 이에 소요되는 엄청난 비용으로 다이묘들의 불만이 점차 쌓였고, 이것은 결국 다이묘들이 반란을 일으켜 막부시대를 종식시키는데 한몫을 했다. 다이묘 아래에 있는 신하는 사무라이였고, 이들은 무인武人이었다. '태평시대'로 불린 도쿠가와 막부의 안정적인 시국은 상인들에게는 좋았으나, 무사들에게는 힘을 쓸 기회를 주지않았다. 그들은 가끔 낡은 갑옷을 입고 시대에 뒤떨어진 훈련을 하거나할 일 없이 시간을 보냈다. 그들이 검술에 통달했고 펄럭이는 종이도 두조각으로 벨만큼 날카로운 무기를 가지고 있었던 것은 사실이다. 하지만그들의 무기가 신분에 맞지 않게 행동하는 평민이나 외국인을 베어버리는 데 유용했을지 모르지만, 유럽의 군사 기술과 충돌했을 때는 크게 쓸모

당시 요코하마의 거리풍경을 새긴 목판화

가 없었다. 쇼군과 그의 자문관들은 제1차 아편전쟁 동안 광저우와 바이허白河에서 발생한 사건들을 통해 일본이 대외무역의 문호를 개방하라는 서양의 압박에 저항할 위치에 있지 않다는 점을 잘 알고 있었다. 해군의 폭격으로 에도 시내 대부분의 목조 건물이 잿더미로 변할 수 있었다.

일본이 미국, 영국, 프랑스, 러시아, 그리고 네덜란드와 체결한 조약은 대체적으로 난징조약과 비슷했다. 조약에는 통상항구, 상업적 특혜, 그리고 서양 거주민과 통상항구의 외국 영사 및 수도의 외교관에 대한 치외법권의 권리가 포함되어 있었다. 일본의 아편 수출은 인도와 경쟁을 피할 수 있도록 제한을 두었다. 이렇게 서양에 굴복하는 것에 대해 천황 미카도의 조정이나 쇼군 원로회Shogun's Council 구성원 사이에 논란이 없었던 것은 아니다. 일련의 미궁 같은 음모와 뒤얽힌 권력 투쟁이 극에 달하더니, 1868년 결국 막부가 폐지되고 메이지 유신을 맞이한다. 천황은 비로소 진정한 통치자가 되었고, 그의 권력은 일본을 '서구화하기' 위한 방향으로 작동했으며, 거주지를 교토에서 에도로 옮겼다. 서구의 군사적, 기술적 우위에 모멸감을 느낀 지배 계층 인사들은 일본을 '강대국'으로 만들기 위해 서양을 모방하려고 결의했다. 실제로 일본인은 모방의 달인이었고, 지금도 그렇다. 비록 긴 시간이 소요되었지만, 1894~1895년의 청일전쟁과 1904~1905년의 러일전쟁이 이 과정의 성공을 증명해주었다. 1899년 서양 열강이 일본 내 치외법권의 권리를 포기했고, 1902년에 영일 동맹이 체결되었으며, 1910년에는 조선이 병합되었다. 이제 일본은 명확히 '입지를 다진' 나라가 되었다.

1859년 7월 초 케직은 노라호Nora에 면제품, 사탕수수, 일본에 수요가 많다고 알려진 고무 밴드를 화물로 싣고 새로 개항한 요코하마橫濱로 갔다. 그는 4만 멕시코달러도 가지고 갔다. 조약에는 나가사키長崎, 하코다테函館, 그리고 가나가와神奈川가 대외무역항으로 명시되었다. 가나가와는 교토에서 에도로 가는 길에 위치해, 매년 엄청난 사무라이 수행원을 동반한 다이묘들이 정기적으로 이곳을 지나갔다. 이들 사무라이 중 많은 수가 외국인을 혐오했고, 조약을 국가적 자존심에 대한 모욕으로 간주했다. 이들이 서양인과 마주친다면 충돌의 위험이 다분했다. 그리고 이러한 충돌은 쇼군과 에도에 있는 쇼군 원로회가 가급적 피하고 싶은 일이었다. 쇼군은 미카도의 승인을 받지 않은 채 조약에 서명했는데, 사실 천황이 실제 정무와 아무리 멀리 떨어져 있다 하더라도 국가의 명운이 걸린 중요한 문제라면 마땅히 천황의 승인을 받아야 했었다. 쇼군은 조약이 야만인들과 한 일시적 화해에 불과하고, 일본의 육군과 해군이 적절한 힘을 키우면 곧 무효화시킬 수 있다는 약속으로 천황의 마음을 달래려 했다. 이때 그들은 외국인이 개입하거나 추가로 모욕당할 핑곗거리를 제공하는 어떠한 '사건'도 발생하지 않기를 바랐다.

쇼군은 요코하마를 가나가와로 대체했다. 가나가와는 그 당시 별로 중요하지 않은 작은 어촌이었지만, 교토와 에도를 연결하는 도카이도 경로

東海道, Tokaido Road에서 몇 마일밖에 떨어져 있지 않다는 이점을 가지고 있었다. 일본 당국은 이곳에 항구설비, 상점, 도로, 거주지, 심지어 '유곽遊廓' — 일본의 우키요에浮世繪 화가들이 자주 그림의 소재로 삼은— 을 갖춘 작은 도시를 건설하기로 결심했다. 쇼군의 관점에서 볼 때, 이곳은 또 다른 이점을 가지고 있었다. 이곳은 섬은 아니지만, 일본 본토로부터 아주 멀리 떨어져 있는, 그야말로 단절된 도시였다. 요코하마는 바다를 향해 있었고, 배후에는 습지가 있었다. 양쪽으로 흐르는 강이 습지 뒤의 운하와 연결되어 있었다. 이곳으로 출입하는 유일한 통로는 해질녘이면 무장한 보초가 장애물을 설치해 차단하고 있는 두 개의 다리였다. 최초의 일본 주재 영국 총영사 루더퍼드 올콕 경Sir. Rutherford Alcock은 요코하마가 자유무역항이라기보다는 감옥 같다고 항의했고, 가나가와를 개항하라고 지속적으로 요구했다.

케직은 오래 기다릴 뜻이 없었다. 노라호에 화물을 실은 채 닻을 내리고 있는 것은 순전히 시간 낭비였다. 동양과의 무역 역사에서 다시금 외교와 상업이 충돌했고, 늘 그랬던 것처럼 상업이 승리했다. 올콕 경은 매우 화가 났지만, 외무부에 항의해도 소용이 없었다. 외무부는 자딘이 신망이 있으므로 회사가 어느 무역항에 정착하든 무역이 이루어질 것이라 믿었다. 일본 무역 시장의 가능성을 본 회사는 자딘만이 아니었다. 처음부터 일본 무역에 발을 디딘 회사는 애덤슨 벨사Adamson, Bell&Co.와 코니스사Cornes&Co.였고, 이들의 사업도 순조로울 것이었다. 케직은 즉시 방갈로를 임대하고, 우여곡절 끝에 사업에 돌입했다. 일본 정부는 무력 협박 때문에 '불공정 조약'에 서명했다. 어쩔 수 없이 조약 내용을 이행해야 했지만, 그들은 서양 상인들의 무역을 가능한 한 매우 어렵게 만들 생각이었다. 일본은 복잡한 통화 문제를 가지고 있었는데, 이에 대한 외국 무역상들의 일처리 방식이 올콕을 과민하게 만들었고, 급기야 올콕은 무역상들을 두고 '지구상의 쓰레기'라고 일갈했다. 무역상들은 그의 비난을 잊지 않고 마음에 담아두었다. 일이 순조롭게 진행되어 홍콩, 상하이 및 기타지역처럼 일본에 총회를 설립했을 때, 그들은 외무부 직원은 절대 회원이 될 수 없다는 내용을 규정에 삽입했다.

서양 무역상과 외교관 사이의 관계는 흔히 홍콩이나 중국의 통상항구처럼 일본에서도 껄끄러운 관계였다. 두 번째 봉작으로 제1대 리데스데일 경Lord Redesdale이 된 앨저넌 버트럼 밋퍼드Algernon Bertram Mitford는 위와 견해를 달리했다. 그의 회고록은 서양인의 눈으로 일본의 1866년~1870년을 생생히 묘사했다. 이 책에서 그의 변화하는 관점을 엿볼 수 있다. 그는 해리 파키스 경 아래에서 일하던 영사관 직원이었는데, 그는 요코하마의 외국인 조계를 '상상할 수 있는 가장 기이한 혼합'이라고 묘사했다. 그리고 이어서 다음과 같이 기술했다.

영국인, 프랑스인, 네덜란드인, 독일인, 이탈리아인, 미국인, 그리스인, 중국인, 흑인이 모두 함께 생활하고 있다. 그들은 이따금 거칠긴 했지만 나름 괜찮은 친구들이었다. 많은 지역을 여행해 스스로 돌보는 방법을 터득했고, 유럽에서는 찾아보기 힘들 만큼 도움이 되고 타인에게 친절한 사람들이다.[3]

위의 글은 1866년 12월 24일에 쓴 것이다. 하지만 10개월 뒤인 1867

---

3 Hugh Cortazzi(ed), *Mitford's Japan*, 1985, p.31.

년 10월 29일 그는 꽤 다른 어조로 다음과 같이 기록했다.

나는 철저하게 요코하마를 혐오한다. (…중략…) 당신은 지금까지 살면서 결코 이곳 동양의 무역 도시를 활보하는 유럽의 속물과 불량배 같은 이들을 만나지 못했을 것이다. 이 유럽인들은 마치 왕족 혈통인 것처럼 군다. 그들은 외교관을 급료가 적다는 이유로 얕잡아 본다.[4]

그리고 막부가 몰락하기 전 내전이 발발했던 1868년 1월 26일에 그는 자신의 부친에게 다음과 같은 편지를 썼다.

이 나라에 닥친 모든 불행이 순전히 소수의 유럽 무역상에게 부를 안겨주기 주기 위한 것일 수도 있습니다. 진실은 외국인의 도래가 이 불행의 시발점이라는 겁니다. 일본인은 우리를 원하지 않았습니다. 그들은 부유하고 평화롭고 나름대로 행복했습니다. 그들은 이제 가난하고, 배고프며, 모든 것을 비싸게 구입해야 합니다. 그들은 내전의 공포에 직면해 있습니다. 그리고 그들은 아무런 이득을 본 게 없습니다. 그들이 돈을 쓰는 것은 서로를 학살하기 위한 무기를 구매할 때뿐입니다. 저는 중국과 일본에서 소위 문명의 전파를 보았습니다만, 이 문명의 전파가 양국에게는 저주나 다름없다고 생각합니다.[5]

일본 무역 시장의 초기 진출 과정은 결코 단순하지 않았다. 일본인에게 자유무역이라는 서양의 개념은 매우 생소하고 이해할 수 없는 것이

---

4 Ibid., p.33.
5 Ibid., p.74.

었다. 통화 문제만 하더라도 외국 수출상을 거의 미치게 만들기 충분했다. 일본 정부는 자국의 지역 주조 화폐를 보호하려고 했으므로, 대외무역에만 사용하는 다양한 특별 주화를 새롭게 주조했다. 그 결과 일본 제품이 터무니없이 비싸졌다. 1859년 7월 2일 케직은 휘톨에게 '요코하마항 개방에 수반되는 어려움을 만족스럽게 해결할 만큼 진척이 없어서 유감입니다'[6]는 내용의 편지를 썼다. 쓸모없는 버섯, 해초, 생사生絲, 어교魚膠 같은 물품도 멕시코달러로 계산하면 너무 비싸서 구매할 이유가 없었다. 케직은 통화 문제가 해결되지 않는다면 유일한 무역방식은 물물교환밖에 없다고 생각했다.[7]

심지어 특별 주화 문제가 어느 정도 해결된 후에도 심각한 문제는 계속 발생했다. 일본 재무부는 달러로 교환할 수 있는 주화의 수를 제한할 것을 고집했다. 1859년 가을 서양 무역상은 일본의 금은 가격이 중국과 다른 것을 발견하고 일본에서 은으로 금화를 매입해 중국에 팔면 큰 이익을 얻을 수 있다는 사실을 알게 됐다. 요코하마 세관은 이에 대한 대응책으로 외국인에게 일본 은화 사용 신청서를 제출하도록 강요한 동시에 공급량도 제한했다. 이런 조치에 반발해 서양 무역상들은 '시시하게 Snooks', '허튼소리Bosh', '난센스Nonsense' 등의 가명으로 엄청난 분량의 신청서를 제출함으로써 대항했다. 바로 이런 일 때문에 루더포드 앨콧 경은 서양 무역상들을 '지구상의 쓰레기'[8]라고 부르게 되었다.

일본 재무부는 통화 제약을 계속했고, 케직은 다시 휘톨에게 '우리가

---

6 Maggie Keswick(ed), op. cit., p.156.
7 Ibid., p.156.
8 Ibid., p.156.

물품 구입에 충분한 통화를 허용받지 못한다면 어떻게 이곳에서 무역을 발전시킬 수 있을지 모르겠습니다'는 편지를 썼다. 11월 이 모든 어려움에도 불구하고 케직은 비단, 동, 조개, 칠기, 자기, 상어 지느러미, 바다달팽이, 금화 등으로 구성된 상당한 양의 화물을 상하이로 보냈다. 이 성공으로 휘톨은 일본 무역이 추진할 가치가 있으며 케직이 계속 요코하마에 머물러야 한다고 확신했다. 그 결과 1860년대 초 케직은 회사를 위해 일본에서 첫 번째 부지⁹를 매입했다. 이 부지는 해안가에 위치했는데, 그 뒤쪽으로 회사 명의로 매입한 스물두 번째와 스물세 번째 부지와 연결해 확장할 수 있었다. 휘톨은 케직에게 크고 멋진 상관商館을 짓도록 했다. 휘톨은 대부분의 대반들처럼 그 이전에도, 그 이후에도 외양에 돈을 아끼지 말아야 한다고 믿었다. 일본인도 중국인과 마찬가지로 '체면'을 중요시했다. 큰 규모의 상관을 짓는다는 것은 곧 자딘사가 그곳에 오래 머물며 발전할 것이라는 점을 알리는 것이었다.

일본인이 에이이치반칸英—番館이라고 부르는 건물은 이런 의도의 표시이자 상징이었다. 현재 남아 있는 사진은 없지만, 아마도 이 건물은 나무와 석고로 지은 긴 단층 건물에 탁 트인 베란다가 있었을 것이다. 건물 옆에는 내화성耐火性 창고 두 채가 있었다고 한다. 화재는 아시아에서 매우 흔한 위험이었다. 1866년 11월 26일 자딘메시슨의 상관물류창고 포함과 많은 외국 영사관 및 무역 회사의 건물들이 대화재로 불타버렸다. 밋퍼드는 요코하마에 막 상륙해 공사관 지역에 거주하고 있었는데, 이 대화재를 생생하게 묘사했다. 공사관 직원은 일반적으로 에도에 거주했지

9 Ibid., p.157.

만, 쇼군의 수도에서 영국인이 살해되거나 부상을 당하는 '사건들'이 반복적으로 발생하자, 쇼군의 수도와 요코하마를 오가며 거주했다.

엄청난 강풍이 불었다. 화염은 지붕에서 지붕으로 옮겨갔고, 불타는 나무 지붕의 널들이 수백 미터를 날아갔다. 꺼질 줄 모르는 화마가 새롭게 태울 것을 찾는 것 같았다. 런던 화재 때 목재가 주저앉아 갈라 터지는 소리를 내던 것과는 달랐다. 화염은 마치 면綿을 도화선 삼아 불붙은 양초처럼 순식간에 모든 건물을 집어삼켰다. 놀랍고도 끔찍한 광경이었다. 사람들이 사는 집들로 가득했던 곳이 불과 몇 분 만에 잿더미와 시뻘겋게 가열된 기와 몇 장만 남았다. (…중략…) 유럽인 거주지에도 곧 재앙이 닥쳤다. 석조 건물과 내화성 창고도 아무런 소용이 없었다. 오후에 바람이 잦아들지 않았더라면 정말 아무것도 남지 않았을 것이다. 나중에 알고 보니, 외국인 건물의 약 3분의 1이 파괴되었다.[10]

이때 중국에 있던 케직은 영일 관계가 불안정하고 일본 내전 발발 가능성까지 있는 상황에서 과연 값비싼 상관을 새로 짓는 것이 타당한지 판단이 서지 않았다. 하지만 그는 모험을 감행하기로 했다. 그는 아주 튼튼한 상관과 창고를 짓도록 명했는데, 이번에 짓는 창고는 전체적으로 방화기능을 갖춘 재료를 사용했다. 이 상관은 1868년 정식 개관했다.

케직이 1859년 1월 처음 나가사키에 잠시 입항한 이래, 일본의 무역과 정치 상황은 많이 변했다. 무역 초기에 구매한 물품은 보기에는 멋지고 다채롭게 구성되었으나, 크게 성공하지 못했다. 바다 달팽이와 어교魚

---

10 Hugh Cortazzi(ed), op. cit., pp.25~26.

膠[11]의 수요는 한정적이었고, 일본 재무부는 금화의 수출을 금지했다. 비단 또한 확실하지 않은 투자였다. 비단의 품질에 비해 가격이 너무 높았기 때문이다. 자딘메시슨은 잠시 무역에서 손을 떼고 금융업에 집중했다. 하지만 이미 1863년부터 요코하마에 자리 잡은 상업 은행과 경쟁하기에 역부족이었다. 언제나 융통성을 발휘하는 것이 회사의 성공 비결이었다. 일본과 무역하던 다른 무역상들이 파산할 때, 자딘메시슨은 새로운 영역으로 사업을 다각화함으로써 번영해 나갔다. 그 새로운 영역 중 하나가 일본에서 재배된 차였다. 비록 영국인은 여전히 인도와 중국산 차를 고집했지만, 자딘은 미국에 일본 차를 수출할 수 있었다. 또 다른 영역은 생면生綿이었다. 미국 남북전쟁기간 전 세계적으로 생면이 부족했고, 일본은 대량의 생면 공급이 가능했다.

일본 지사의 세 번째 중요한 수입원은 회사의 낡은 무역 선박을 파는 것이었다. 이 선박들은 잘 정비된 상태를 유지했다. 따라서, 언제든 출항할 수 있었고, 일본인은 그들이 구입하는 선박이 정확히 어떤 상태인지 알고 인계받았다. 자딘메시슨은 통신을 위해서라도 빠른 증기선이 필요했다. 전기통신 이전 시대에 물품을 일본에서 유럽으로 수송한 후 판매 결과를 확인하기까지 9개월이 소요되었었다. 큰 규모의 무역회사에게 속도는 매우 중요한 문제였지만, 무역 세계의 변두리에 있던 일본에게는 그리 중요하지 않았다. 회사의 입장에서는 최신 선박을 사들이고, 그 매입 비용의 일부를 낡은 선박을 판매한 비용으로 충당하는 것이 이득이었다. 운송사업의 중심지는 요코하마가 아니라 세계 최고의 자연

---

11 [역주] 어교(魚膠, isinglass)는 물고기의 공기주머니인 부레를 말렸다가 물에 끓여서 만든 접착제이다. 콜라겐이 주성분으로 젤라틴 대용으로 쓴다.

항구 중 하나인 나가사키였다. 자딘메시슨은 나가사키항〈마담 버터플라이 (Madam Butterfly)〉로 유명12에서 유명한 굴지의 회사 T.B.글로버사T.B. Glover&Co.와 협력해 선운업船運業에 깊숙이 개입했다.

1860년대의 요코하마는 절대 외국인이 자발적으로 선택해 살만한 곳이 아니었다. 에도와 비교하면 기후가 끈적끈적하고 답답했고, 요코하마와 본토 사이에 있는 습지 때문에 더 불쾌했다. 1860년 이곳에는 약 30명의 외국인이 거주하고 있었는데, 이들은 활력 넘치고 사업가 기질이 있으며, 결의에 찬 남자들이었다. 또 대부분 미혼이었다. 몇 명은 일본인 첩을 거느렸고, 또 어떤 이들은 욕구를 채우기 위해 '유곽'을 찾았다. 편의시설은 너무 적었고, 그나마 있는 것도 중국 통상항구의 편의시설보다 열악했다. 하지만 점차 환경이 개선되었다. 1862년 물 공급, 하수처리, 도로 조명 등을 개선할 목적으로 시위원회가 구성되었다. 같은 해에 P&O사가 중국과 일본을 정기적으로 오가는 증기선 운항을 개시했다. 이는 그동안 상하이에서 처리하던 보험 청구, 급료 인상, 대출 등의 업무를 보다 신속히 처리할 수 있게 되었음을 의미했다. 회사의 사업은 점점 커졌다. 1861년까지 일본의 대외무역에서 영국이 차지하는 비중이 100만 파운드에 달했는데, 그중 대부분을 자딘메시슨이 차지했다. 2년 후, 회사는 영국인 3명, 중국인 10명, 그리고 일본인 19명을 고용했다. 비록 중국인과 일본인이 호감을 느끼는 사이는 아니었지만, 회사의 입장에서 중국 중개상은 더없이 소중한 자산이었다. 그들은 일본의

---

12 [역주] 〈마담 버터플라이(Madam Butterfly)〉는 이탈리아의 자코모 푸치니가 작곡한 오페라로 나가사키에 주둔한 미 해군 중위 핀커튼(Pinkerton)과 15살의 게이샤 초초(Cio-Cio-san, '나비'를 뜻함)의 비극적인 사랑이야기이다.

관례에 밝았고, 그리고 사업에서는 이해가 호감보다 더 쓸모 있었다.

서양 무역상은 막부의 붕괴를 환영했다. 막부 말기 정권은 무능하고 부패했고, 외국인에게 적대적으로 변했다. 일본은 '중앙집권적 봉건주의'라 불린 옛 방식에 기반하고 있었으므로, 서양의 '개방' 요구에 대응할 여력이 없었다. 25년 전, 중국은 제1차 아편전쟁 후 이미 겪은 일이었다. 반란의 시작은 남서부에서 일어났다. 사쓰마번薩摩藩과 조슈번長州藩의 다이묘는 위기가 닥칠 때까지 의도를 드러내지 않고 숨기고 있었으나, 사실 오랫동안 막부와 적대적인 입장을 취하고 있었다. T.B.글로버사와 자딘은 그들에게 증기선을 제공했다. 글로버Glover는 사쓰마번의 번주와 개인적 친분이 있었다. 쇼군 정권은 그들의 정기선 판매를 저지하려고 애썼다. 실제로 쇼군 정권은 조슈번 지도자들이 자딘사의 기술자를 고용해 그들이 사들였던 자딘의 배를 수리하지 못하도록 막았다. 글로버사와 자딘은 나가사키와 서남부의 다이묘들에게 몇 차례 돈을 빌려주고 수익을 남겼는데, 다이묘들은 빌린 돈으로 막부를 붕괴시키는 데 쓸 기계와 무기를 구입했다.

1863년 윌리엄 케직은 서남부 다이묘를 지지하는 중요한 행동에 사적으로 개입했다. 번주들은 유럽의 무역 지식을 더 많이 배우기를 갈망했고, 또 일부는 젊은 귀족들이 그렇게 하도록 장려했다. 그들은 유럽식 무역에 미래가 달려 있다고 믿었다. 이 당시 일본인은 전부 출국이 금지되어 있었고, 일본을 떠나려면 죽음을 각오해야 했다. 서남부의 다이묘 5명이 금령을 어기고 신비로운 서양 세계의 생활이 어떤지 알아보기로 결심했다. 그들은 요코하마의 영국 영사를 찾아갔다. 영국 영사는 그들을 윌리엄 케직에게 보냈고, 케직은 그들이 상하이로 가는 회사 선박을 통해 도항할 수 있도록 비밀리에 주선했다. 도항은 성공적이었고, 그들은 제대로 도착했다. 그리고 다시 영국으로 향하는 쾌속 범선 페가수스호Pegasus를 타고 항해를 계속할 계획을 세웠다.

상하이 지점의 직원들은 이 젊은이들의 자격과 도항 목적을 오해했다. 5명 중 2명을 견습 선원으로 취급해 배삯 대신 배 위의 허드렛일을 시켰다. 그들은 매우 열심히 일해야 했다. 그들은 갑판을 씻고, 화장실 오물을 퍼내고, 닻을 펼치는 일을 했다. 그들은 당시의 견습 선원과 마찬가지로 매우 부족한 양의 음식을 먹고 지냈다. 한 설명에 따르면, 이 두 사람이 런던에 도착했을 때 그들은 '굶주린 까마귀'처럼 보였다고 한다. 하지만 이들을 기다리고 있던 휴 메시슨Hugh Matheson의 보호 아래 그들은 곧 기력을 회복했고, 서양 생활의 문화와 관례를 배우고 익히며 유익한 시간을 보냈다. 그들 중 2명은 메이지 유신 이후 가장 강력한 정치인이 될 운명이었는데, 바로 4차례나 총리대신을 지낸 이토 히로부미伊藤博文와 외무대신을 지낸 이노우에 가오루井上馨였다.

1868년은 서방과 일본의 교류사, 특히 자딘메시슨의 역사에 있어 매우 주목할 만한 해였다. 역사에서 중요한 사건은 막부의 몰락, 내전의 종식, 그리고 천황의 집권이 있었다. 이 부분에서 영국은 이미 영향력을 발휘하고 있었다. 영국의 외교관과 상인은 서로 싫어했으나 동일한 목표를 위해 협력했다. 막부가 사라진 것은 요코하마에서 사업하는 다른 회사와 마찬가지로 자딘에게는 반가운 일이었다. 오직 프랑스인들만 유일하게 떨떠름한 반응을 보였다. 프랑스 영사관은 수많은 약속을 대가로 줄곧 막부를 지지했는데, 설령 막부가 살아남았다 하더라도, 아마 그들이 한 약속은 이행되지 않았을 것이다. 프랑스인은 이기지 못할 쪽을 지지했다는 사실에 매우 화나 있었다.

이 해는 자딘메시슨에 세 가지 중요한 진전이 있었다. 오사카大阪와 고베神戸가 새해 첫날 대외무역을 개방한다고 공포한 것이다. 오사카는 일본 도시 중 가장 크고 번성한 곳이었다. 자딘메시슨의 대리인 토마스 글로버Thomas Glover는 그곳의 무역 가능성을 간파하고 일찌감치 자리 잡은 초창기 외국인 중 하나였다. 두 번째 진전은 6만 홍콩달러를 주고 홍콩의 조폐창을 매입해 오사카로 옮겨온 것이다. 자딘사는 기계와 내화벽돌(이 벽돌도 화재를 막지는 못했다) 등을 일본으로 운반했고, 그 과정에서 5%의 수수료를 챙겼다. 1871년 새로운 왕립 조폐창이 문을 열었고, 이는 신정권이 현대적인 서양의 상업 세계로 한 걸음 내디딘 표시이자 상징이었다.

세 번째 진전은 최고의 통상항구 요코하마에 새로운 에이이치반칸英一番館, 1번 집이라는 뜻이 공식적으로 문을 연 것이다. 이 건물은 잘 건조한 목재, 타일, 동 판금으로 지어 그 이전보다 훨씬 웅장했다. 건물의 뒤에는 석재로 지은 새로운 창고가 있었고, 건물 디자이너는 이곳을 '목재를 부분적으로 사용한 건물로는 최대한 불에 잘 견딜 수 있도록' 설계했다. 이 건물은 이전보다 더 많은 수의 고상한 방을 갖추었고, 공간도 더 넓었다. 돌로 토대를 쌓았고, 활 모양의 창이 있는 거실과 상하이에서 보낸 벽난로 장식 선반을 갖추었다. 거주자들은 이전보다 더 호화스러운 생활을 누렸는데, 하인, 요리사, 잡일꾼, 정원사 등이 일상생활의 편의를 돌봐주었다. 이 건물은 1922년 지진으로 무너졌고, 회사는 고베로 이전한다.

요코하마는 급속히 발전했고, 1879년대 말이 되었을 때 이곳은 윌리

1922년 화려한 상하이 자딘메시슨 건물

엄 케직이 처음 발을 내디딘 1859년 7월에 비해 훨씬 쾌적한 곳으로 변해 있었다. 약 800명의 외국인이 거주하고 있었다. 철도, 전신 통신, 은행, 우체국도 있었다. 심지어 가스공사도 있었다. 무역을 감독하고 조율하기 위해 상공회의소도 존재했다. 근사한 호텔과 극장이 여가와 오락을 제공했다. 사람들은 잘 정돈된 공공 정원에서 산책했고, 증기선이 만灣의 안쪽으로 들고 나는 모습을 지켜볼 수 있었다. 증기선의 수는 매년 늘어났고, 1869년 수에즈 운하의 개통이 운송에 상당한 자극을 주었다. P&O사뿐만 아니라 퍼시픽 우편국Pacific Mail과 메사제리 해운회사Messageries Maritimes도 정기적으로 운항했으며, 여러 나라의 국기가 나부꼈다.

메이지유신 이후 사업은 번창했다. 통화 문제가 여전히 말썽이었지만, 1859년 회사가 처음 요코하마에 도착했을 때보다 심하지는 않았다. 자딘사는 일본 무역 확장의 황금기를 맞이했고, 일본의 새 정권은 서양을 모방해 일본을 미래의 상업 세계로 이끌고자 했다. 이 과정에서 자딘 메시슨은 다른 회사들과 함께 나름의 역할을 했다. 자딘사는 일본 산업의 확장을 장려했고, 융자와 다른 재정 운용을 통해 산업기반을 구축할 수 있도록 지원했다. 기계류, 면사綿絲, 철도, 은행, 전신電信, 조선소 등은 일본을 서양 세계로 끌어들이는 데 도움이 되었다.

영국 회사들은 사무라이에게 하위 계층으로 취급받던 일본 상인의 지위를 높이는데 일조했다. 막부 시대 일본의 계급 제도는 급속히 변하고 있었고, 자딘메시슨은 다른 서양 회사와 함께 이러한 변화에 기여했다. 물론 이것은 이타주의나 '진보'에 대한 신념 때문이 아니었다. 이것은 그들이 사업을 하는 목적이 아니었다. 그들의 사업 목적은 자신과 후손을 위해 돈을 버는 것이었다. 하지만 아담 스미스Adam Smith의 '보이지 않는 손'이 자주 작용했다. 돈을 버는 사람들은 스스로를 부유하게 만들 뿐만 아니라 다른 사람들도 부유하게 만들었다. 자딘메시슨은 19세기 가장 놀라운 경제 혁명 중 하나로 제 몫을 담당했다. 세계는 이제 과거와 달라졌다.

제12장
현대화

18세기 중반 이후 중국의 사회경제적 상황은 악화되었다. 근본적인 원인은 폭발적인 인구 증가로 인해 인구의 80퍼센트 이상을 차지하던 농민 계층의 빈곤이 심화된 데 있었다. 유럽의 경우도 인구증가로 인해 국가의 존위가 위태로웠던 경우가 있었으나, 산업화의 성공으로 인해 다소 완화되었다. 산업화 과정에서 저항을 겪긴 했지만 유럽에는 중국처럼 부패하고, 엄격하게 보수적이면서, 변화를 두려워하는 유교 지배층이 없었다. 중국의 역사적 전통은 상인을 멸시하도록 만들었고, 심지어 더 위험하게도 군인과 선원도 상인만큼이나 경멸하도록 만들었다. 중국은 서양의 자본주의 원리를 이해할 수 없었다. 중국의 관리들에게 자딘, 스와이어, 그리고 다른 무역상들은 서방의 선교사나 외교관과 마찬가지로 중국의 우아하고 오래된, 궁극적으로는 그들의 생활방식을 지탱하는 오랜 전통을 위협하는 타협 불가능한 존재였다. 지배층이 피지배층을 보호할 수 없다면 더 이상 존재할 이유가 없다. 19세기의 마지막 사반세기 말, 중국 지배층의 상당수는 그들이 야만인의 기술을 일부라도 채택하지 않으면 살아남을 수 없다는 점을 깨닫기 시작했다.

청 말, 근대화의 노력은 늦은 감이 있었으나, 그 과정에서 자딘은 매우 중요한 역할을 했다. 자딘메시슨은 사회의 불안정이 무역에 큰 위협이 된다는 것을 알고 있었고, 중국도 일본처럼 조속히 성공적으로 서방의 경제체계를 받아들이지 않으면 동란과 혁명을 피할 수 없다고 생각했다. 서양인은 상업이 통상항구의 번영을 가져오고, 그렇게 되면 인구가 밀집된 중국의 광대한 내륙지역으로 깊숙이 진출할 수 있을 것이라 기대했다. 하지만 그들의 희망은 결코 실현되지 못했다. 중국은 고질적인 문제를 안고 있었는데, 즉 해안 무역을 하는 세계와 악화하는 생활수준으로 왕조를 위협하는 불만의 근원이 되는 농민 세계가 공존하고 있다는 것이다.

중국 내륙시장이 수입품에 거부감을 가진 이유가 혁명 전 프랑스와 같은 숨 막힐 정도의 빈곤, 저소득, 낡은 통신시설, 세금 제도 등에 있었다는 점을 지금은 명확히 알 수 있다. 또 다른 이유는 중국의 전통 경제에서 자급자족이 차지하는 비율이었다. 그 외에도 장기간의 경제 침체, 그리고 차, 비단, 아편, 면 등 소수의 상품이 외국 무역의 대부분을 차지한다는 난점도 있었다. 해안에서 이룬 경제 개혁에 견줄만한 것이 내륙에서는 일어나지 않았다. 중국이 필요로 한 것은 프랑스의 재무장관 네케르Necker나 영국 총리 로버트 필Robert Peel 같은 인물이었지만, 이런 정치가들이 '기존 제도'의 기득권을 누리는 청의 관료주의에서 나타날 가능성은 거의 없었다.

우리는 제10장에서 태평천국의 난이 종식된 후, 자딘메시슨이 중국 상인과 치열한 경쟁에 직면하게 됐고, 결국 상품 무역에서 벗어나 수수료와 보조 서비스를 제공하는 방향으로 사업 영역을 확장했다는 사실을 살펴보았다. 통상항구와 시골의 오지를 연결해 중국 내륙을 '개방'할 수 있을 것이라는 자딘사와 다른 서양 무역상들의 희망은 실현되지 않았다. 그들이 직면한 어려움은 극복할 수 없는 것이었다. 상하이는 '당초 청 관료체제의 협조를 얻는다면 자발적 경제성장을 이룬 유일한 도시로 전통 경제체제에 근본적이면서도 이익이 되는 변혁을 시작할 수 있는 주도적 거점이 될 곳'이었다.[1] 하지만 보수주의와 보신주의가 성행하면서 연안의 대외무역이 몰고 온 영향이 청 조정을 불안하게 만들었다. 청 조정은 서양 무역의 영향을 막을 수 없었고, 최대한 중국 내륙으로 확산하는 것을 막고자 노력했다. 자딘메시슨의 활동은 다른 서양 무역상들과 마찬가지로 주로 통상항구에 국한되었는데, 그중 상하이가 월등히 크고 가장 번성한 곳이었다. 또 상하이에서 중국 상인이 경쟁하기 어려웠던 것은 외국 무역상들이 이미 기반을 공고히 다져놓은 데다, 중국 상인에 비해 더 많은 자금과 더 광범위한 인적 네트워크를 가지고 있었기 때문이었다.

중국기업은 서양인들의 예상보다 빠른 속도로 괄목할 만한 성장을 보였고, 그로 인해 중외합작이 바람직한 추세가 되었다. 양행洋行에 투자하는 중국 상인의 수가 급속히 증가했고, 중외합자경영이 갈수록 보편화되

---

1 Maggie Keswick(ed), *The Thistle and the Jade*, 1982, pp.173~174.

었다. 자딘메시슨은 중국 자본과 자신들의 행정관리 능력 및 기술력을 합하면 중국의 내륙시장을 개척할 수 있을 것이라는 희망을 품게 되었다. 일찍이 1852년 홍콩의 한 관리가 날카롭게 의구심을 표했지만제9장 참조, 중국이 거대한 잠재적 시장을 가지고 있다고 보는 시각이 사라지는 데까지 오랜 시간이 걸렸다.

자딘메시슨은 적응력이 매우 뛰어난 기업이었다. 회사의 동업자들은 제2차 아편전쟁과 태평천국의 난이 종식된 후 중국 무역 시장에서 일어나는 일련의 변화를 충분히 인식하고 있었다. 엄청난 상업적 기회도 있었지만, 곧이어 중국 상인과 치열한 경쟁에 돌입하게 되었다.

회사는 늘 중국의 협력, 더 정확히 말하자면 특정 중국인의 개인적 조력에 의존했다. 중국 중개상들은 초기 광저우 시기부터 사업의 핵심 요소였고, 그중 일부는 엄청난 부를 축적했다. 19세기 마지막 사반세기 동안 무역에서 가장 중요한 문제는 '현지' 상인과 어떻게 경쟁하고 협력하는가였다. 사업은 중국에서 이루어지는 다른 거래와 마찬가지로 복잡하고, 고통스럽고, 또 느렸다. 중국의 관리들은 중국인이든 서양인이든 근본적으로 상인계층을 신뢰하지 않았다. 중국 상인은 말단 관직에 해당하는 지위라도 얻기를 갈망했다. 그들은 1918년 이후 훈장을 팔아먹은 로이드 조지Lloyd George같은 전쟁 모리배 같았다. 하지만 그런 상인들도 소위 '관독상판官督商辦, 정부가 감독하고 상인이 경영하는'이라 불리는 정부와의 합작 사업에 투자하는 것을 싫어했다.[2] 자딘은 원칙적으로 적절한 보호책이 있는 합작 사업에 참여하는 것을 반대하지 않았지만, 보호책이 없거

---

2 Edward LeFevour, *Western Enterprise in Late Ch'ing China*, 1970, p.40.

나 중국 상인도 투자를 꺼리는 사업에는 참여하지 않았다. 합작 사업의 참여 여부를 결정하는 것은 매우 어려운 문제였다.

다음의 두 가지 사건은 자딘메시슨이 직면한 문제점을 잘 보여준다. 첫 번째 사건은 상하이에 방적공장을 수립하려는 계획이었다. 1877년 동업자 중 하나인 F.B.존슨F.B. Johnson이 행동을 취했다. 그는 서구의 소유권을 피해, '관독상판' 체재를 선택하려 했다. 청 조정의 공식적인 감독을 받되, 현지의 중국 상인이 경영하는 방적공장을 세우려 한 것이다. 자딘사는 소유주가 아니라, 영국에 있는 본사를 대신하는 대리인으로 이 합작에 참여하려 했다. 런던에 있는 회사와 절친한 무역 및 산업계 인사들이 성공적으로, 그리고 이익을 남길 수 있도록 도움을 주는 역할이었다. 우선은 한 무리의 중국 상인들에게 공장 건설을 목적으로 합작 주식회사 설립을 제안했다. 자딘사와 자주 거래하던 부유한 중국 상인 호광용胡光墉은 중국인들을 설득해 초기 자금으로 은 35만 냥을 투자받아 중-영 상하이방적공장Anglo-Chinese Shanghai Cotton Mill Company을 설립하려 애썼다. 이 공장은 800대의 직기를 갖출 예정이었다. 제임스 케직은 '현재 제가 말씀드릴 수 있는 것은 만약 계획이 순조롭게 진행된다면 우리가 사업을 맡게 될 것이라는 겁니다. 왜냐하면 중국인들이 다른 양행을 선택하리라 생각하지 않기 때문입니다'[3]라고 적었다. 이 판단은 매우 적절한 것이었다. 중국 관리들이 '관독상판'이 아닌 다른 외국무역상의 계획을 받아들일 리 없기 때문이었다.

1878년 내내 중국 관리들과의 협상과 논의가 느긋하게 지속되었고,

3　Ibid., p.41.

(상) : 1895년 건립된 홍콩 방직공장
(하) : 20세기 초 상하이 제2방직공장의 내부

중국 관리들에게 계속해서 청원도 보냈다. 상하이 도대道臺 부임 예정자 팽여종彭汝琮이 10월에 북양통상대신北洋通商大臣 이홍장李鴻章에게 중국인이 경영하는 방직공장을 설립할 수 있게 해달라고 청원했다. 당시 중국의 일부 관리들은 나라를 살리려면 '자강自强' 정책이 반드시 필요하다고 생각했는데, 이 공장의 설립은 그 좋은 본보기가 될 수 있었다. 팽여종은 중국의 주요 수입품인 서양의 모직물 수입에 매년 수백만 냥의 은자가 국외로 유출되니, 상하이에 방직공장을 세우면 중국 자원이 고갈되는 것을 막고, 외국인의 주머니가 아닌 중국인의 주머니에 돈이 들어갈 것이라고 건의했다. 이홍장은 이 의견에 호의적이었고, 팽여종에게 정관응鄭觀應과 함께 공동으로 회사를 경영하도록 지시했다. 정관응은 과거 스와이어사의 중개상이었고, 1880년 이후는 중국의 관독상판 형태인 윤선초

상국輪船招商局, China Merchants Steam Navigation Company의 부본부장을 지낸 인물이다. 이제 최신 모델의 동력 직기 480대가 설치될 예정이었다. 자딘 메시슨은 즉시 직기를 확보하고, 직기 사용법을 전수할 직원의 파견도 제안했다. 중국 관리들은 이 문제를 고려해보겠노라고 응답했다. 그러는 사이 회사는 기술적 문제와 잠재적 면사綿絲시장을 검토했다. 회사는 공장을 가동하기 위한 기계류와 기술적 도움이 조만간 필요하게 될 것이라고 올드햄Oldham에 있는 플랫사Platt&Co.에 알렸다.

우리는 중국 현지에서 생산한 면으로 그레이 셔팅grey shirting[4] 제조 공장을 설립할 계획입니다. (…중략…) 빠른 시일 내, 귀사를 방문해 귀사에서 공급받을 기계류 설비 조건과 세부 사항을 논의하도록 하겠습니다. (…중략…) 총비용을 영국 화폐로 계산해 전보로 알려주십시오. (…중략…) 공장은 매년 그레이 셔팅 270,000필의 생산능력을 갖추어야 합니다.

이어서 1878년 11월 14일 자 편지에는 다음의 요구사항이 명시되었다.

최고 감독관 1명, 엔지니어 1명, 소면기 및 방직기 감독관 1명, 직조기 감독관 1명, 기계 설치를 책임질 기술자 1명이 필요합니다. 이들은 모두 3년 계약으로 일하게 될 겁니다. (…중략…) 이 편지를 런던에 있는 우리의 친구 메시슨사에도 공개적으로 보낼 것입니다.[5]

---

4   [역주] 그레이 셔팅(grey shirting)은 염색 가공을 거치지 않은 남자의 셔츠감으로 쓰이는 직물을 말한다.
5   Edward LeFevour, op. cit., p.43.

적극적으로 추진하던 사업이 돌연 지연되는 불길한 징조가 이어졌다. 팽여종은 자딘사에 관방의 공식적 동의를 얻는 데 어려움이 있다고 알려왔다. 오늘날의 표현을 빌자면, 자딘사가 이 프로젝트를 위해 제공하고 있는 도움을 '보류'해야 함을 뜻했다. 알고 보니, 이미 관에서 방직공장에 자금을 투자해 '상하이기기직포국上海器機織布局, Shanghai Cotton Spinning and Weaving Company'으로 명칭을 변경한 것이었다. 통상항구의 중국상인들은 관방이 투자했다는 말을 듣자 그 회사에 매력을 느끼지 못했다. 정부가 자금을 대는 관독상판 기업, 예를 들어 윤선초상국의 경우를 보면 관방이 정확하지도 않은 정보에 근거해 회사 일을 심하게 간섭하는 바람에 결국 실패했다. 오늘날 우리는 정부가 회사 경영에 간섭하면 비참한 결과를 가져온다는 점을 알고 있다. 운명의 장난처럼, 현대 중국은 국유 기업을 고집하는 유일한 대국이다. 다행히 해안의 중국 상인에게는 선택권이 있었다. 그들은 의심스럽다고 느껴지는 이러한 합작 프로젝트에 투자를 강요당하지 않았다. 그리고 아무리 '애국심'에 호소하고, 높은 배당금과 정부 보조금 지급을 약속해도, 중국 상인들은 조정의 감시가 느껴지는 어떤 사업에도 투자를 거부했다. 만약 그들이 투자를 거절한다면, 이 프로젝트는 결코 시작조차 하지 못할 것이다. F.B.존슨이 지적했듯이, 또 다른 어려움도 있었다. '만일 직포국이 본격적으로 영업을 시작한다면, 주로 현지 방직업자들과 경쟁할 것이 명백했는데, 이것은 직포국의 후원인 이홍장과 성선회盛宣懷가 원하는 일이 아니었다.'[6]

관방의 직포국이 설립되자 자딘사는 다른 서양 상인들과 협력해 1882

---

6 Ibid., p.44.

년 11월 새로운 방적공장을 세우려 했으나, 여러 가지 이유로 어려움에 봉착한다. 비록 재정적으로 이윤을 전혀 남기지 못했지만 어쨌든 조정의 자금으로 세워진 중국 방적공장이 존재하는데, 과연 외국인들이 공장을 세워 이 경쟁시장에 뛰어들 권리가 있을까? 만일 가능한 곳이 있다면 그것은 통상항구일 것이고, 그렇다면 상하이가 가장 적합한 장소였다. 하지만 상하이 도대道臺가 이 설립계획서를 보자 즉시 반대에 나섰고, 신임 양강 총독兩江總督도 도대를 지지했다. 만일 외국인이 공장을 설립해 서양의 면직물을 생산해 지역 산업과 경쟁하게 된다면, 다음 차례는 명주絲와 공단貢緞이 되지 않을까? 이는 곧 도시와 농촌의 심각한 실업 사태를 야기할 수 있었고, 많은 사람들의 생계에 위기를 가져올 수도 있는 문제였다.

통상항구에서 공장을 세우는 것의 합법성 여부는 논쟁거리였다. 상하이의 '영사들'은 중국의 지방정부가 방적공장 설립에 거부권을 가지고 있는 것을 문제로 삼았고, 이를 지방에서 해결할 수 없으니, 반드시 베이징에서 관련 외교관들과 논의를 거쳐 해결해야 한다고 주장했다. 자딘의 동업자 중 하나인 윌리엄 패터슨William Patterson은 '이번에 그들은 어떠한 타격도 받지 않았고, 부당한 요구를 시정할 기미를 보이지 않는다'라고 적었다. 그러나 이 문제는 법적으로 논쟁의 여지가 있었다. 베이징에 있는 영국 외교관들은 자국의 무역상에게 그다지 우호적이었던 적이 없었으므로 그들이 도움이 될 것이라는 확신도 없었다. 1883년 1월 3일 패터슨은 다음과 같이 적었다.

베이징에 있는 외교관들이 우리를 보호해줄 것이라 너무 확신에 차서 기대하지 마십시오. 이런 사업과 관련해 외국인의 권리는 조약에 명확하게 적시되지 않았습니다. (…중략…) 저는 중국인에게 주어지지 않은 특혜를 정착지의 외국인이 누릴 수 있어야 한다는 주장이 조약에 구체적으로 명시되지 않은한, 현재 우리 정부의 정책 흐름을 고려하건대, 정부가 우리를 지지할 것이라는 확신이 들지 않습니다.[7]

마지막 몇 마디를 통해 우리는 1883년이 글래드스톤의 자유주의 전성기, 즉 영국의 대외 확장을 의미하는 모든 행동이 의심스럽고 부도덕한 것으로 간주하던 시기였음을 알 수 있다. 존슨은 법적 권리에 호소하는 것이 위험할 수 있다는 결론을 내렸다. 그들은 확신하지 못했고, 당시 중국인의 외국인 공포증이 이미 선교사들로 인해 심각해진 상황이었으므로 더 이상의 모험을 감수할 수 없었다. 중국 관리들과 연결고리가 없는 것은 아니었으나, 차라리 관독상판 형태의 사업에 참여하기를 원치 않는 중국 상인, 특히 부유한 상인들과 연합해 합자주식회사를 만드는 편이 더 나았다. 존슨은 '나는 주식량을 조금씩 기술적으로 늘려가기를 권하는데, 이렇게 덩치가 커지면 설령 관방에서 간섭을 하고 싶어도 쉽게 건들 수 없을 것이기 때문이다'라고 적었다.

르페보어LeFevour가 지적했듯이, 존슨은 이러한 계획을 저지하려는 중국 당국의 방해 가능성을 너무 과소평가했다. 중국의 관리는 현지 상인이 외국자본이 장악한 기업과 협력하는 것을 반대했는데, 여기에는 두 가지 강력한 이유가 있었다. 하나는 상당히 합리적인 것이고, 다른 하나

---

7 Ibid., p.45.

는 그렇지 않았다. 합리적인 이유는 중국 관리들이 진심으로 외자기업이 중국 농촌 수공업자의 고용과 생계에 위협이 될 것을 경계한 것이다. 가부장적 관료주의 사회에서 이러한 경쟁을 백성의 생계를 위협하는 요소로 인식한 것은 일리가 있다. 중국의 관리들에게는 자유 무역이 장기적으로 모든 사람에게 더 큰 번영을 가져다줄 것이라는 아담 스미스의 생각이 먹혀들지 않았다. 장기적이라면 얼마나 많은 시간을 의미할까? 그리고 그 과도기 동안 제국이 안정될 수 있을까? 합리성이 떨어지는 다른 이유는 '많은 관리들의 수입에 너무나 중요한 '착취' 시스템이 외국무역상이 경영하는 산업 프로젝트에는 작동하기 어렵기 때문이다'.[8] 서양 상인에게서 뇌물을 받아내기란 수많은 위협과 외압에 노출된 중국 상인으로부터 돈을 뜯어내는 것보다 훨씬 어려웠다.

자딘메시슨은 싸움을 포기하지 않았다. 1889년 다시 상하이에 방적공작을 세우려 시도했다. 이번에는 뭄바이의 한 방적사 상인과 협력할 계획이었다. 이 회사는 순수 중국 회사로 자딘사는 대리 업무만을 담당하려 했다. 하지만 결국 이 계획도 수포로 돌아갔다. 이홍장이 상하이에 설립한 관독상판 형태의 방적공장은 그다지 성공적이지 않았다. 자딘은 만일 현지 중국인이 경영을 감당할 수 없다면 자신이 경영을 떠맡겠다고 제안했다. 하지만 이 제안은 수용되지 않았다. 그 후, 영국과 중국 사이의 관계발전에 아무런 도움이 되지 않는 사건이 일어났다. 1893년 10월 이홍장의 상하이기기직포국 인근 상점에서 발생한 화재가 강한 바람을 타고 위협했다. 어리석게도 중국 국적의 매니저가 보험 기간이 만

---

8 Ibid., p.46.

료되도록 후속 처리를 하지 않은 상태였다. 황망한 나머지 상하이공부국上海工部局에 긴급 도움을 요청했다. 이 공장은 외국인 거주지역의 경계 바로 밖에 있었는데, 공부국 이사회자딘사의 대표도 포함됨가 위에서 상술한 이유로 소방대를 끌고 와 도와주기를 거절했다. 물론 이것은 그들의 권리였지만, 결코 우호적인 행동이라고 하기는 어려웠다. 그 결과, 공장 전체가 화재로 소실되었다. 이 사건은 중국인의 외국인 공포증과 그들에 갖는 불만을 더 부채질했다.

1894년 6월 회사는 중국 정부가 통상항구에서 외국인의 공장 설립을 거부할 수 있는 권리가 있는지 시험해 보기로 결정했다. 자딘은 플랫사로부터 방적기를 주문했다. 만약 첫 운송품이 압수당하지 않는다면, 이 계획을 밀고 나갈 생각이었다. 자딘사는 중국 관리가 이사진에 포함되지 않음을 명확히 밝힘으로써 상하이 현지 직물 상인들로부터 자금을 모을 수 있으리라 판단했다. 중국 관리를 이사진에 포함하지 않는 것은 중국 상인으로부터 투자를 유치하기 위한 필수 선행 조건이었다. 조정은 달갑게 여기지 않았겠지만, 중국 상인은 청나라 관리를 믿지 않았고, 오히려 자딘을 신뢰한 것은 사실이었다. 이제 회사는 중국의 자본가들이 중국 조정에 휘둘리는 회사에 단 한 푼도 투자하지 않을 것이라는 점을 깨달았다. 이사 중 한 명은 '우리의 권리를 주장할 시간이 왔다'라고 적었다. 그들의 성공 여부는 명확하지 않다. 여러 가지 사건이 발생해 협상이 어려워졌다. 1894년 발발한 청일전쟁은 중국의 패배로 끝났다. 1895년 4월의 시모노세키 조약은 일본인뿐만 아니라 모든 외국인의 생산제조 권리를 인정했다. 1897년 5월 자딘메시슨이 경영하는 이화사창怡和紗廠, Ewo Cotton Spinning and Weaving Company이 문을 열었다. 전쟁은 종종 변화의 촉매제 역할을 하곤 한다.

자딘메시슨이 중국 시장을 개척하면서 마주한 몇 가지 어려움 중 두 번째는 상하이-우송吳淞 철도 사업이었다. 대부분의 서양 기업과 마찬가지로 자딘의 동업자들도 철도 개발의 효용성을 굳게 믿었다. 만약 해안의 항구들이 내륙과 연결될 수 있다면 무역과 산업이 뒤따를 것이고, 새로운 시장이 열리게 될 것이며, 그렇게 되면 외국인과 중국인을 위한 엄청난 부가 창출될 것이었다. 일찍이 1844년 일련의 서양 상인들이 광둥에서 콜카타로 연결되는 철도를 건설할 생각을 갖고 있었다. 1860년대 회사의 동업자 중 하나인 M.A.매클라우드M.A. Macleod가 인도의 철로망을 설계한 맥도널드 스티븐슨 경Sir. MacDonald Stephenson에게 중국의 철로망 설계를 건의했다. 중국과 비슷한 여건을 가진 인도의 철도 건설은 매우 성공적이었다. 복병은 이홍장의 표현에 따르면 '중국인이 철도 건설을 책임지고 중국인이 스스로 경영할 때만 철도가 중국에 유익할 것'[9] 이라는 신념이 중국 관리들 사이에 퍼져 있었다는 점이었다. 문제는 중국인이 경영한다면 그 일이 성공할 전망이 전혀 없었다는 것이다.

우송은 상하이에서 동쪽으로 19킬로미터 정도 떨어져 있는 외항으로, 황푸강黃浦江 입구에 위치한다. 이곳에 철도를 건설해 중국 최대 무역 중심지와 바다를 성공적으로 연결할 수 있다면, 미래를 위해 좋은 모델이 될 수 있었다. 철도 운영을 직접 목격한 상인과 관리들은 '자강自强'의 수단으로써 철도가 지닌 엄청난 잠재력을 믿게 될 것이었다. '자강'은 청 조정에서 비록 소수였으나 꽤 영향력을 지닌 진보 관원에게 가장 인기

---

9 P.H. Kent, *Railway Enterprise in China*, 1907, p.4.

있는 선전 문구였다. 이 무리의 핵심 인물이 이홍장이었다. 1865년 송호로공사松滬路公司, Woosung Road Company가 설립되었다. 자딘메시슨은 상무 대리인이었고, 자금은 중국 상인들이 출자했다. 송호로공사는 상하이와 우송 사이의 토지를 구획별로 하나씩 매입했다. 얼핏 회사의 이름에서 드러나듯이, 설립 목적은 철도가 아니라, 말과 마차를 위한 도로를 건설하는 것이었다. 상하이의 도대가 개인적으로 허가의 뉘앙스를 주었는지는 모르지만, 도로 건설을 위한 공식 허가 요청은 이루어지지 않았다. 그 결과 도로 건설에 필요한 예상 비용을 너무 초과해 2년 후 공사는 중단되었고, 회사는 해체되었다.

F.B.존슨은 자딘사를 철로 발전의 선봉에 두기 위해 1872년 이 계획을 다시 추진하기로 했고, 더 많은 토지를 매입했다. 표면적인 목적은 여전히 도로 건설이었지만, 자딘사는 철도 기술자인 제임스 모리슨James Morrison에게 책임을 맡겼다. 유한책임공사가 런던에 설립되었고, 그곳에서 추가 자금을 조달했다. 처음에는 협궤철도狹軌鐵道를 놓을 계획이었고, 철도 차량을 구입하기 위해 중국 철도 개발에 관심을 보인 입스위치Ipswich의 랜섬즈 레이피어사Ransomes&Rapier와 접촉했다. 랜섬즈 레이피어사는 소형 기관차 1대를 대형 상자에 넣어 증기선으로 상하이까지 운송했다. 이 기관차를 상하이로 보내기 전, 펠릭스토우Felixstowe 근처의 개인 철도에서 이 기관차에 네 대의 차량을 달고 시운전을 했고, 상하이로 운송하기 전 파이어니어Pioneer라고 명명했다.[10] 셀레스티얼 제국Celestial Empire과 플라워리 랜드Flowery Land라고 명명한 두 대의 기관차가

---

10 *Jardine Matheson & Co., a Historical Sketch*, 발간 연도 미상, p.50.

그 뒤를 이었다.

1876년 7월 1일, 상하이에서 1.6킬로미터 정도 떨어진 장먼江門까지 이어진 철도 노선이 정식으로 개통했다. 앨런 리드Alan Reid는 그의 글에서 3주 후 건설업자 존 딕슨John Dixon이 런던의 랭햄호텔Langham Hotel에서 개최한 축하 만찬과 의식을 흥미롭게 묘사한 바 있다.[11] 이 만찬에는 런던 시장, 베이징 주재 전직 전권대사 루더퍼드 올콕Rutherford Alcock, 알렉산더 메시슨과 로버트를 포함한 자딘메시슨의 예전 동업자들이 참석했다. 입스위치의 회사 대표로 리처드 랜섬Richard Ransome과 R.J.레이피어R.J. Rapier가 참석했다.

2월 자딘메시슨은 만일에 대비해 중국 조정에 철도에 관해 통보했다. 응답은 없었다. 회사는 그들의 침묵이 곧 동의를 의미한다고 낙관했고, 우송까지 철로를 깔아나갔다. 이 연장 철로는 12월 26일 개통했다. 수입액은 매일 평균 40~60홍콩달러 정도로 만족스러웠다. 운영 첫해 철도는 187,876명의 승객을 운송했다. 하지만 중국 정부의 침묵이 반드시 동의를 의미하지 않음을 곧 알게 되었다. 불길하게도, 상하이 도대가 연장선 개통식 초대를 무시했고, 개통식에 앞서 공식적인 항의를 해왔다. 철로 건설 중 중국인 한 명이 기차에 치여 죽었다. 자살로 추정되었음에도 회사는 재빨리 유족에게 배상금을 지불했다. 철도 사업에 대한 불신의 이미지를 덧씌우려고 중국 지역 관리들이 '사건'을 연출한 것이라는 주장이 제기되기도 했으나, 나는 그 소문이 근거가 없다고 생각한다. 자딘사도 그 주장을 믿지 않았다. 하지만 청나라 관리들이 철도 사

---

11 Alan Reid, *The Woosung Road : the Story of the First Railway in China, 1875-1877*, 1977, pp.5~6.

업에 적개심을 품고 있다는 사실은 의심할 여지가 없었다. 이 적개심은 아주 오래된 보수주의의 표현이었다. 심지어 이홍장과 자강운동을 지지하는 사람들조차 이러한 보수주의의 압박을 받으며 일해야만 했다.

송호철로 중국인 사망 사건은 마침 중국 윈난雲南에서 발생한 영국 영사관의 오거스터스 마거리Augustus Margary 살해 사건으로 인해 체결된 즈푸조약芝罘條約12 협상 시기에 일어났다. 1875년 초, 마거리는 북동부 버마와 남서부 중국 사이의 무역로를 확보하기 위한 임무로 파견 중이었다. 톈진조약이 외국인에게 중국 내 어디라도 자유롭게 여행할 권리를 주었기 때문에, 베이징 주재 대사인 토마스 웨이드 경Sir. Thomas Wade 은 즉시 범죄에 대한 배상과 즉각적인 사건 조사를 요구했다. 영국 외무부와 가장 유사한 기관인 베이징의 총리각국사무아문總理各國事務衙門은 그들의 의견에 동의했지만, 늘 그랬듯이 중국 조정이 시간을 끌었다. 대사는 국기를 내리고 중국을 떠났으며, 관계를 단절할 준비를 했다. 이런 행동 이면에는 보복을 위한 원정의 협박이 숨어 있었고, 이런 상황에서 자신들의 무능을 잘 알고 있던 조정은 이홍장을 내세워 해결책을 협상하도록 했다.

이홍장과 웨이드가 즈푸문제로 협상할 때 상하이-우송 철도 문제도 포함되었다. 이홍장은 중국의 철도는 조정의 통제 아래 있어야 한다는 신념에 충실해 송호로공사淞滬路公司로부터 철도를 구입하겠다고 제안했다. 자딘은 거절하고 싶었으나, 법적으로 어색한 입장에 있었다. 방적공

---

12 [역주] 1876년 9월 중국 산둥성(山東省) 즈푸(芝罘)에서 청나라와 영국 사이에 맺은 조약. 영국의 외교관 오거스터스 마거리(Augustus Margary, 1846~1875)가 미얀마에서 윈난성(雲南省)에 이르는 상로(商路)를 탐험하는 도중 살해당했는데, 이 사건을 계기로 영국은 청나라와 자국에 유리한 즈푸조약(芝罘條約)을 맺었다.

장과 마찬가지로 외국 회사가 사들인 땅에 과연 철도를 건설할 권리가 있는지 불확실했고, 특히 청 조정으로부터 정식 허가를 요청하지 않은 상태였기 때문이었다. 토마스 웨이드 대사는 자딘사의 거부 의사를 쉽사리 지지할 수 없었다. 웨이드 대사는 적절한 조건이라면 청 조정의 제안을 수용하는 것이 좋겠다는 의견을 자딘 측에 비공식적으로 전달했다. 영국에서는 중국에 우호적인 한 시사평론가가 '양국의 조약을 무시하고 철도가 건설되었으니, 과연 자딘메시슨이 중국 제국보다 더 강력한가?'[13]라고 반문했다.

자딘메시슨은 웨이드 대사의 충고를 수용해 은자 300,000냥을 요구했다. 힘든 장시간의 협상 끝에 1876년 11월 25일 자딘사는 상하이 은자로 285,000냥을 받고 철로를 중국 정부에 매각했다. 수수료와 이자로 10,000달러를 챙겼으니, 그리 나쁜 거래는 아니었다. 어쨌든 자딘사는 늘 철로 건설의 목표를 눈앞의 이익 회수에 두지 않았고, 미래 시장에 두었다. 만약 시범 운영이 성공했다면, 훨씬 더 대규모의 철도 건설로 이어지지 않았을까? 자딘사는 송호로공사의 대리인으로서 이러한 대규모 철도 건설에 참여해 철도 연결망에 필요한 장비를 확보하고 융자를 해줄 수 있지 않았을까? 그리고 이러한 일은 우호적이고 긍정적인 해결책으로 도움을 받았으면 받았지, 방해를 받지는 않았을 것이다. 하지만 자딘사는 이 문제에 있어서 법적으로 선택의 여지가 별로 없었다.

그 이후 사태의 진전은 그다지 고무적이지 않았다. 송호철로를 팔고 난 후 자딘사는 철로 관리에 참여할 수 없었고, 관부 역시 경영을 잘하

---

13 Ibid., p.191, 주석 15.

지 못했다. 불쾌감, 개인적 분개 혹은 새로운 외세 배척 감정이 폭발한 것인지 알 수는 없지만 철로와 고정장비는 해체되었고, 포모사타이완로 보내 녹슬게 방치하라는 결정이 내려졌다. 이렇게 해서 중국에 건설된 최초의 철도가 사라졌다. 아마도 이 사태는 외국 기술에 대한 증오보다는 외국인에 대한 증오가 더 컸기 때문으로 보인다. 이 일을 처리한 중국 관리들은 이홍장의 경제 개혁을 지원하기는 했지만, 또한 악명 높은 외국인 혐오자들이기도 했다.

자딘메시슨의 철도 사업은 이렇게 굴욕적인 결말을 맞게 되었지만, 이것이 회사의 또 다른 시도를 단념시키지는 못했다. 자딘의 역사가 보여준 특징 중 하나는 변화하는 상황에 적응하고, 경쟁자들보다 한발 앞서 나가는 놀라운 능력뿐만 아니라, 회사가 신뢰하는 장기 프로젝트를 수행할 때 엄청날 정도의 집요함을 보인다는 점이다. 철도를 위한 자금 조달이 좋은 예이다. 1880년대 후반 자딘메시슨은 또 다른 시도를 시작한다. 이홍장은 결코 철도를 반대한 적이 없다고 말했고, 상당히 우호적인 반응을 보였다. 상하이-우송 철도 실패 후, 1884년 회사는 소규모의 추가 실험을 시도했다. 자딘사는 쉽게 건설 가능한 경철도를 전문으로 하는 프랑스 드코빌 철도회사French Decauville Railway Company의 대표 가스통 게일리Gaston Galy와 10년간의 장기계약에 서명했다. 자딘사는 중국에서 이 프랑스 회사의 대리인이 되는 데 합의했다. 운반할 수 있는 철로와 장비가 광둥과 홍콩에서 시연되었다. 누구도 관심을 보이지 않았다. 그 뒤를 이어 텐진의 영국인 거주촌 뒤편에 길이 3.2킬로미터, 너비 76.2센티미터의 철로를 건설했다. 이홍장의 관리들은 이 일을 긍정적으로 생각하는 것처럼 보였다. 자딘사의 특별 대리인이자 홍보 담당자 알렉산더 미키Alexander Michie의 업무는 중국 관리가 서양인의 사업을 지지하도록 만드는 것이었고, 텐진에서 카이핑開平 탄광촌 구간의 철도 연장 공사를 수주할 수 있기를 희망했다.

텐진에서의 표면적인 우호적 반응에 고무되어, 게일리는 1886년 베이징으로 갔다. 그는 수개월 동안 시연을 위한 협정을 확보하려고 노력했지만, 텐진에 있는 이홍장과 달리 베이징의 관리들은 그들의 계획을 거절했다. 그리고 그들은 갑자기 중국의 진정한 지배자가 서구의 기술이 가치있는 것이라 여길 수 있도록 철로와 장비를 서태후慈禧太后에게 선물로 바치라고 제안했다. 미키는 여느 때처럼 낙관적이고 열성적으로 베이징 관리들의 제안을 지지했지만, 자딘 케직은 이에 회의적이었고 짜증을 냈다. 설령 서태후에게 기차를 선물로 바치더라도, 그 결과는 자딘의 경비로 황궁 주변에 시범 철로를 짓게 될 뿐이라고 생각했다. 중국 정부가 철도를 진지하게 받아들였다는 증거가 어디 있는가?[14] 긴 협상이 이어졌지만 청 조정은 철도를 구매하지 않으려고 했고, 자딘사는 철도를 선물할 생각이 없었으므로 일이 지체되었다. 중국 관리들은 철도를 적대시했고, 이는 10년 전 송호로공사 때와 조금도 다를 바 없었다.

혹은 어쩌면 외국인이 건설하고 운영하는 철도에 적대적이었다고 말해야 할지도 모르겠다. 1882년 송호로공사의 실패 후, 중국인이 건설하고 소유한 최초의 증기 기차가 카이핑 광산촌으로 가는 노선을 운행했다. 1876년 9월 이홍장은 모리슨Morrison에게 상하이-우송 노선의 중요성을 인정한다고 말했고, 자딘메시슨이 철도 및 광산 사업의 대리인을

---

14 Ibid., p.116.

맡길 만한 명망 높은 회사라고 극찬했다. 카이핑 노선은 청 조정의 후원으로 만들어졌고, 이후 13년간 중국의 북부지역에 건설된 수많은 단거리 노선 중 최초로 건설된 것이었다. 자딘사는 대규모의 개발을 맡을 수 있을 것이라는 희망을 결코 포기하지 않았다. 대규모 사업은 중국 조정의 능력으로는 감당할 수 없었고, 자딘사가 큰 역할을 할 수 있는 대규모 외국 자본이 유입되어야만 가능했다.

1887년 초, 이홍장은 카이핑 노선을 텐진까지 연결하는 것이 좋겠다는 상소를 올렸다. 그의 주장은 주로 군사적 이유에 근거했지만 무역과 상인의 이익에도 도움이 된다고 언급했다.[15] 조정의 재가가 이루어졌고, 이홍장은 카이핑철로공사開平鐵路公司, Kaiping Railway Company를 중국철로공사中國鐵路公司, China Railway Company로 개명했다. 4월에 계획서를 발표하고, 1주당 은괴 100냥으로 10,000주가 발행될 것이라고 공표했다. 동시에 황제의 가장 영향력 있는 자문 중 하나인 순친왕醇親王이 카이핑 노선을 기준으로 전국 철로망 건설을 계획하고 있다는 소문이 중국 조정에서 흘러나왔다. 초기 투자비용으로 은괴 14,000냥이 필요하다고 했다. 자딘사는 재빨리 도움을 제공하겠다고 나섰다. 처음에는 자딘사의 제안을 거절하지 않았다. 수개월 간 논의가 이어졌다. 황실의 관리와 자딘사 대리인 간 잦은 회동이 있었으나 좀처럼 합의에 도달하지 못했고, 1888년 협상은 정체되었다.

양측은 과거에도 걸림돌이 되었던 동일한 문제로 틀어지게 되었다. 자딘사는 기꺼이 장비, 숙련된 노동자, 그리고 융자의 형태를 띤 자본을

---

15 Ibid., p.111.

제공하려 했다. 하지만 철도 건설의 관리도 자신들이 하겠다고 고집했다. 자딘사는 이것이 안정적으로 융자금을 확보할 수 있는 유일한 방법이고, 중국 상인에게 관독상판 기업의 주주로 참여하게 만들 수 있는 유일한 길이라 믿었다. 앞서 언급했듯이, 중국 상인들은 청나라 관리가 관리하는 것보다 서양 회사가 관리하는 회사를 선호했고, 또 충분히 그럴 만한 이유가 있었다. 중국 관리는 부패했고, 느려터졌으며, 무능했다. 반면에, 서양 회사는 활발하고, 효율적이며, 대부분 정직했다.

1887년 여름, 제임스 모리슨은 미국기업연합사실상 러셀사의 계획보다 더 정교한 중국 철도망 건설 계획을 세웠다. 그는 이 계획을 주요 관리였던 증기택曾紀澤, 자딘사의 전보에 가끔 '증 후작'이라 호칭에게 제출했다. 계획서는 세부 노선, 북부 노선의 증축, 그리고 총비용 추정치 등을 담고 있었다. 이 계획서는 철도에 관한 수많은 제안서와 마찬가지로 아무런 진척을 이루지 못했다. 경쟁 관계에 있던 미국기업연합과 독일회사도 4퍼센트라는 전례 없이 낮은 이자로 융자할 준비가 되어 있었지만, 마찬가지로 성공하지 못했다. 자딘은 메시슨과 협의를 거친 후 절대적으로 최저 이자인 5.5퍼센트를 제안했다. 이것은 중국 기준으로 보아도 낮은 수준이었다. 중국 해관海關, Chinese Customs' Revenue의 세수를 담보로 하더라도 보통 8퍼센트 이상의 이자가 관례였다. 당시 해관은 매우 유능한 영국인 로버트 하트 경Sir. Robert Hart이 중국 정부를 대신해 관리하고 있었는데, 세수가 안정적이었고 믿을만했다. 1875년 자딘메시슨은 중국 해관의 보증을 받아 청 조정에 은 100만 냥을 10.5퍼센트의 이자로 융자해주었다.

사실, 청나라 관리들에게 이자율은 주된 고려사항이 아니었다. 이홍장과 증기택처럼 계몽되고 얼핏 '진보적'인 관리들은 철도 사업을 외국인에게 대항하기 위한 '자강', 즉, 야민인으로부터 독립을 이루기 위한 조치의 관점으로 바라보았다. 자딘과 그의 동료들처럼 중국의 산업화가 서구 세계와의 동화로 나아가는 조치로 간주하지 않았다. 서양인은 일본이 좋은 본보기가 될 것이라고 생각했으나, 중국은 일본과 상당히 달랐다. 중국에서 외국 관리자는 잠재적 위협으로 간주되었다. 외국 관리자가 과거의 선교사들만큼 나쁘지 않은 것은 분명했지만, 이들의 존재는 청나라 진보적인 관리들이 지지하는 현대화의 목적과 상충했다.

'진보주의자들'에게는 또 다른 어려움이 있었다. 1840~1841년은 영국에 의해, 1859~1860년은 영국과 프랑스에 의해, 그리고 1884~1885년은 프랑스에 의해 군사적 패배를 당했고, 그리고 중국이 이제는 더 이상 중원이 아니며 현대 세계에서 고립될 수밖에 없다는 모든 증거가 나타났음에도 불구하고, 전통적 신념에 얽매인 보수적 관료 사회에서 진보주의자들은 소수 집단이었다. '팔고문八股文'과 우아한 붓글씨 같은 고풍을 강조하는 전통 유교적 과거제도가 계속 융성하고 있었다. 이홍장과 다른 관리들의 노력으로 외국어 학습, 서양 수학, 과학, 천문학, 공학, 그리고 기술 교육이 매우 천천히, 점진적으로 정식 교육제도권 안으로 들어오게 되었다. 하지만 이들은 전통과 현대 사이의 좁은 경계선을 따라 매우 조심스럽게 행동해야 했다.

보수주의자들에게도 그들이 믿는 신념의 논거가 있었다. 심지어 영국에서조차 대부분의 토지소유자들은 철도 건설을 모질게 반대했었다. 공개하지 않은 일련의 의회 제정법에 따라 토지를 엄청난 가격에 구매해야 했고, 이로 인해 법률가와 토지소유자들은 거금을 챙겼다. 그 결과, 단위 거리 당 철도 건설비가 세계 어느 곳보다 비싸졌다. 하지만, 영국은 세계에서 가장 부유한 나라였고, 그럴 만한 경제적 여유도 있었다. 이에 반해 중국은 가장 가난한 나라 중 하나였다. 영토는 거의 무한대로 컸지만, 철도 건설로 인해 특정 지역과 특정 농민의 농산물은 생계의 위협을 받을 수도 있었다. 그리고 더 중요하게는 그들의 생활방식도 영향을 받게 될 것이었다. 하물며 미신과 소문이 번성한 나라에서 아주 멀리 떨어진 지역에서 철도를 둘러싼 어떤 연쇄반응이 일어날지 누가 장담할 수 있을까? 태평천국의 난은 아직도 기억에 생생했다.

자딘과 서양의 회사들은 도대체 베이징에서 누가 의사결정의 책임자인지 알 수 없었기에 더욱 어려움을 겪었다. 이론상으로는 적합한 책임자가 아무도 없었다. 오직 황제만이 서태후를 통해 이런 문제에 대한 최종 결정을 내릴 수 있었다. 하지만 누구나 어떤 관리는 다른 이들보다 더 무게감이 있다는 사실을 알고 있었다. 여러 가지 측면에서 중국 조정은 영국 튜더Tudor 왕조와 비슷했다. 의회의 잠재적인 반대만 없을 뿐이었다. 문제는 영국의 국무장관 월싱햄즈Walsinghams 혹은 미국 하원의원 버레이즈Burleighs 같은 권력자가 누구인지 알아내는 것이었다. 1887년 미국기업연합이 실패한 이후, 자딘메시슨은 메시슨의 지원 아래, 중국 조정과 100만 파운드의 융자 건을 논의했다. 케직이 이 건에 대해 '자금, 철로 및 관련 설비 등이 포함된 종합적인 제안서를 베이징의 책임 관리(다만, 그들이 누구인지?)에게 건네려고 노력'[16] 하고 있다고 기록했다. 하지만 '그들이 누구인가?'라는 의문은 영구적으로 답할 수 없는 문제였다. 그것은 지금도 마찬가지이다. 베이징에서 의사결정이 내려지는

---

16 Ibid., p.114.

방식은 서태후의 시대 때 그랬던 것처럼 20세기의 마지막 시기에도 여전히 신비스럽고 불가사의한 것으로 남아 있다.

제13장
철도와 정부

1887년 모리슨Morrison의 철도 청원서를 '증 후작증기택'이 수용하지 않은 것은 당시 조정이 철도 건설을 반대하는 정책을 취했음을 함축한다. 하지만 2년 후, 자딘메시슨은 핵심 인사로 보이는 순친왕과 이홍장이 자신들의 대규모 개발 사업을 고려하고 있다는 소식을 듣게 되는데, 문제는 그 사실 여부를 확신할 수 없었다. 이에 회사는 먼지투성이 서류철에 숨겨져 있던 모리슨의 옛 계획서를 찾아내 중국어 번역이 정확한지 확인 후, 새로운 사본을 이홍장에게 건넸다. 두 대신이 광저우에서 한커우漢口를 잇는 간선을 계획하고 있고, 이홍장이 북부 노선을 담당하고, 그의 형이 남부 노선을 담당한다는 소문이 있었다.

하지만 동시에 청 조정이 향후 5년간 주요 철도 건설 사업을 연기하기로 했다는 소문도 꾸준히 나돌았다.[1] 아마 보수파가 서태후의 주의를 끌었고, 또 철도에 대한 오랜 의구심이 커졌기 때문으로 짐작된다. 철로 건설로 인한 실직과 농가 토지를 둘러싼 논란이 있었고, 또 외국인이 건설한 철도가 청 조정에 군사적 위협이 될 수도 있다는 두려움이 있었다. 얼핏 이런 생각의 논리를 이해하기는 어렵다. 누구의 자금이 투입되고, 누가 건설하고, 누가 경영하든지 간에 철로가 있으면 국방에 오히려 유리했다. 적대적 침공이 있을 경우, 철도가 있으면 방위군의 이동이 더 쉬워진다. 하지만 병참사항을 고려할 때, 청 조정은 최고의 상태가 아니었다.

　1889년 10월, 자딘메시슨의 상하이 직원인 로버트 잉글리스Robert Inglis가 베이징으로 갔다. 그의 목적은 철도 사업을 위한 융자 건을 협상하는 것이었다. 은 3,000만 냥 규모의 융자에 관한 소문이 무성했다. 이것은 중국 호부戶部, 재무부의 제안이었다. 공식적으로 융자는 국가 전반적 운용을 위한 것이었으나, 이홍장이 융자금의 배분을 관할하면 주로 철도 건설에 쓸 것이라고 믿었다. 잉글리스는 수개월 동안 베이징에서 지내며 1890~1891년에 어떻게든 결론에 도달하려고 애썼다. 그는 미국-독일 기업연합이 4.5퍼센트의 이자와 2.5퍼센트의 융자 주선료를 조건으로 준비하고 있다고 상하이에 전신을 보냈다. 이자와 원금 상환은 은으로 하도록 했다. 회사의 동업자 중 하나인 존 맥그레고John Macgregor는 이것을 믿을 수 없다고 생각했다. 중국의 통화는 은을 기준으로 했지만 은 가격이 금에 비해 줄곧 하락하고 있었기 때문이었다. 이런 조건으로 융자를 하려면 더 많은 담보물과 보증이 필요했지만, 베이징의 호부가 한 제안에는 이에 대한 언급이 전혀 없었다.[2]

1　Edward LeFevour, *Western Enterprise in Late Ch'ing China*, 1970, p.118.
2　Ibid., p.119.

모든 문제가 모호했고, 조정과 관리들 사이에서 흘러나오는 소문이 너무 다양하고 많아서, 회사는 정보 수집 작전과 믿을 만한 정보를 제공하는 관리에게 뇌물을 주는 작전을 병행했다. 회사는 베일에 싸인 조정 내 중국 관리의 권력, 우선권, 그리고 특히 영향력 서열에서 누가 어떤 위치를 차지하는지 알고 싶어 했다. 권력 서열이 높거나 그 범위 안에 있는 관리들을 상대하고, 권력 서열 밖에 있거나 밀려난 관리에게 시간과 돈을 낭비하지 않는 것이 매우 중요했다. 이것이 잉글리스가 할 일이었다. 맥그레고는 '정보 수집을 위해 고위 관리들과 유대를 맺은 공로'를 만족스럽게 언급하며 잉글리스의 노고를 치하했다. 그는 '긴 기다림과 협상 끝에 가시적 성과가 나올 것'이라는 희망을 드러냈다.[3]

하지만 아무런 성과도 없었다. 자금 모집에서 매우 중요한 역할을 담당할 런던의 메시슨사는 은으로 융자금을 지급할 준비가 되지 않았다. 1890년 7월 잉글리스는 이러한 결정을 통보받았다. 이때 그는 청 조정이 은 외의 다른 방식으로 자금을 빌리지 않으리란 것을 알게 되었다. 조정에서 금은 배제되었다. 러셀사, 덕화은행德華銀行, Deutsche-Asiastische Bank, 그리고 프랑스 컨소시엄이 미국-독일 기업연합과 동일한 조건으로 은으로 계산해 융자할 준비가 되어 있었다. 자딘사는 홍콩상하이은행HSBC과 우호적인 협정을 맺어, 자딘은 베이징에서, 홍콩상하이은행은 이홍장이 있는 텐진에서 설득하기로 했다. 상호 협조하되, 만일 양측 중 어느 한쪽이 이홍장 혹은 다른 관리를 설득하는 데 성공하면, 융자금의 3분의 2는 해당 회사에서 처리하고, 나머지 3분의 1은 다른 곳에서 처

3   Ibid., p.119.

리하도록 협정을 맺었다. 자딘사는 이홍장의 형 이한장李翰章에게 금으로 6.5퍼센트의 이자를 내고, 50년에 걸쳐 상환하는 조건으로 은 3,000만 냥의 융자를 비밀리에 제안했는데, 합의의 엄격한 조항을 어긴 것은 아니지만, 아무튼 합의 정신에서는 벗어난 것이었다. 자딘사의 제안은 1주일도 채 지나지 않은 7월 21일 거절당했다.[4] 거절 이유는 금으로 융자할 경우 4.5퍼센트의 이자면 어디서든 충분히 융자 가능하다는 것이었다. 아마도 이 거절은 자딘사와 홍콩상하이 은행의 미래 관계를 생각하면 오히려 더 나은 일이었다.

잉글리스는 베이징에서의 업무에 공을 들였고, 나중에 좋은 결과가 있을 것이라는 기대와 희망을 가지고 있었으나, 결국 아무런 수확을 얻지 못했다. 그는 회사를 대신해 도움이 될 것으로 생각한 관리들(정말 도움이 되었을까?)을 매수하기 위해 가끔 소액 융자를 해주었다. 베이징의 호부가 1884년 자딘의 융자 조건이 환율을 고려할 때 지나쳤다고 주장하자, 잉글리스는 난관에 봉착했다. 그는 회사를 대표해 호부의 주장에 반박했고, 1884년 이후의 금-은 교환 비율의 변화를 그 근거로 제시했다.[5] 그는 지치지 않는 열정으로 싸움을 계속했다. 1891년 순친왕이 사망하자, 잉글리스는 잠재적 후임자들을 대상으로 이화양행즉, 자딘메시슨이 제안한 은 3,000만 냥 규모의 융자 건에 대해 바쁘게 로비했다. 그중 경친왕慶親王이 가장 가능성이 높은 후임자로 보였다. 잉글리스는 베이징의 정보망을 이용해 경친왕의 서신 사본을 확보했고, 누가 그를 방문했고, 그가 자딘의 융자 및 철도 사업 등에 어떤 태도를 보이는지를 알아내려

---

4 Ibid., p.120.
5 Ibid., p.121.

고 애썼다.

당시 은 3,000만 냥의 '대규모 융자', 은 500~700만 냥의 해군아문海軍衙門 융자, 그리고 액수 미상의 호부의 융자 등, 총 3건의 융자가 논의되고 있었다. 첫 번째와 두 번째 융자 건은 하나로 합쳐졌고, 세 번째 건은 호부가 자신의 차입금에서 해군비용을 충당하기로 했다. 회사는 잉글리스에게 이 두 건의 융자를 지원할 수 있다는 제안을 전달하도록 했다. 호부의 융자금액은 은 500만 냥으로, 6.5퍼센트의 이자원금 불포함는 파운드로 지급하고 청 조정이 보증하는 조건이었다. 호부의 관리들은 이 조건에 회의적이었다. 대규모 융자 건은 해당 관리가 10퍼센트에 해당하는 은 300만 냥을 수수료로 요구했다. 맥그레고는 이것을 '터무니없는 착취'라고 생각했다. 그는 3퍼센트, 즉 은 9만 냥까지를 '선물'로 지급하도록 인가했고, 가능하면 금액을 더 낮추도록 지시했다. 자딘사는 이처럼 경쟁이 심하고 불확실한 사업에서 더 싸게 입찰할 가능성이 높았던 러셀사가 파산한 지금의 기회를 최대한 활용하도록 잉글리스를 압박했다. 1891년 10월 청 조정은 융자 협상 건을 새해 혹은 그 이후로 연기했다.

좌절과 실패가 이어졌다. 1892년의 첫 몇 개월 동안 중국 무역은 심각한 침체를 겪었고, 경제 전망은 갑자기 어두워졌다. 러셀사가 가장 큰 타격을 입었다. 이 회사는 자딘사만큼의 긴 역사를 가지고 있었다. 러셀사는 1839년 자딘사와 덴트사가 광저우에서 취했던 노선에서 벗어나 아편 무역을 포기했다. 러셀사는 본부를 마카오로 옮겼고, 이후에 다시 홍콩으로 이전했다. 러셀사는 가장 큰 상업 은행인 런던 소재 베링은행Baring Bros.과 강력한 유대를 맺고 있었고, 인도에서 파운드 어음이 통용되자 거주 외환 중개인의 자격으로 통상항구에 자리를 잡았다. 1846년 이후 러셀사의 주 사무소는 상하이에 있었으나, 결국 오리엔탈은행Oriental Bank에 의해 외환 사업에서 배제당했다. 러셀사는 1850년부터 40년이 넘게 자딘사와 유사한 사업을 했고, 운송, 보험, 은행, 수출입 무역, 그리고 철도 부분에서 경쟁했다. 1887년 러셀사는 자딘사보다 더 저렴한 가격에 청 조정과의 철도 융자를 성사시켰다. 하지만 더 저렴하게 융자해 주는 것이 늘 좋은 결과를 가져오지는 않으며, 실제로 이것이 회사 파산의 이유였을 수도 있다. 물론 주된 이유는 자딘사가 수년 동안 피해 왔던 일, 즉 특정 상품(이 경우는 설탕)에 과도하게 투기했기 때문이었다.

러셀사의 파산 후, 이어 오리엔탈은행의 파산과 통상항구의 사업에서 핵심적 역할을 하던 홍콩상하이은행 중개상의 파산이 이어졌다. 급박한 위기 속에 자딘사는 회사의 재정 상태에 관한 보고서를 회람시켰다. 1892년 6월 윌리엄 케직은 뉴욕에 있는 자신의 대리인들에게 편지를 통해 '동양에서의 무역이 한동안 얼마나 손해가 컸는지'를 인정하고, 자딘사의 상황에 대해 자세히 설명함으로써 그들의 불안을 완화시키려 했다. 그는 회사의 대차대조표에 860만 미국 달러가 자본으로 표시되어 있다고 했다. 이 자본 중 750만 달러는 즉시 현금화가 가능한 유동자산이었고, 이는 '어떤 돌발 사태에도 안정을 되찾기 충분한 액수'였다. 그는 뉴욕은행협회New York Bankers' Association가 회사에 매긴 신용 등급이 꽤 안전한 수준이라고 말을 이어갔다. 회사의 운전 자금은 100만 달러가 넘었고, 모두 금으로 확보하고 있었다. 이 액수는 한 회사가 준비금으로 갖추어야 할 조건을 충분히 충족하고 있었다. 케직은 런던의 메시슨사가 보유한 엄청난 자산에 대해서는 언급하지 않았다. 그의 보증은 중국 회사와 관계된 것이었고, 상당한 설득력을 가졌던 것으로 보인다.[6] 하지만 중국 무역에 관여한 모든 기업에 영향을 미친 경기 침체로 인해, 향후 3년간 융자 건에 관한 협상이 중단되었다. 이 협상은 1894년 이 모든 상황을 변혁시킬 청일전쟁이 일어나기 바로 전날 저녁에서야 재개되었다.

다른 서양 무역회사와 마찬가지로, 자딘메시슨 또한 유럽인의 시각에서 볼 때 기이하고 좀처럼 이해하기 힘든 중국 조정을 상대해야 했다. 중국은 1862년부터 자안태후慈安太后와 자희태후 두 명이 집정했다. 당시 자안태후는 25세로 함풍제咸豊帝의 황후였고, 자희태후慈禧太后, 1835~1908는 함풍제의 '후궁'이었다. 두 사람은 어린 동치제同治帝를 대리해 성년이 될 때까지 섭정했는데, 그녀들은 쿠데타와 유사한 사건을 통해 섭정의 지위를 획득했다.[7] 어린 황제는 자희의 친아들이었으므로, 만주 황실의 가법에 따라 그녀도 황자를 낳지 못한 자안태후와 함께 섭정의 권리를 얻었다. 자안태후는 상냥하지만 능력이 없는 사람이었다. 황제의 후궁자희은 엄청난 능력과 결단력을 가진 여자였고, 영국의 엘리자베스 1세 Elizabeth I나 러시아의 예카테리나 2세Catherine the Great of Russia에 버금가는 존재였다. 그녀는 47년간 중국의 실제 통치자였다. 1873년, 성년이 된 동치제가 친정에 나선 지 2년 만에 붕어한다. 많은 사람들이 동치제가 살해당했다고 생각한다. 자안태후는 1881년에 사망했는데, 그녀의 사인에 대해서도 소문이 무성했다. 자희태후가 살해한 것이라는 설도 있었다. 하지만 위의 두 사건 모두 구체적인 증거는 없다. 인간은 특별한 원인 없이 자연사하기도 하고, 그 죽음으로 인해 망자와 가까운 누군

---

6   Maggie Keswick(ed.), op. cit., pp.191~192.
7   복잡한 세부 사항은 *The Cambridge History of China* 제10권, 1부, pp.419~422에 묘사되어 있다.

가는 이득을 얻기도 한다. 물론 그럼에도 불구하고 두 사람의 죽음에 여전히 강한 의혹이 남는 것은 사실이다.

자희태후는 청나라 황제가 지닌 무소불위의 권력을 물려받았다. 그녀는 청의 황제들처럼 대단한 독재자였다. 그녀는 황제처럼 오래전부터 광대한 제국을 관리해 온 문무백관을 완벽히 통제하고 마음대로 다스렸다. 여자는 실제로 황좌에 앉을 수 없었기 때문에 '막후'에서 통치할 수밖에 없었지만, 황제의 모든 실권을 손에 쥐었다. 그녀는 마음대로 관직을 수여하고, 승진시키고, 박탈할 수 있었다. 그녀는 관리의 품계를 강등시키거나, 북부의 거친 이리伊犁로 유배 보내거나, 재산을 몰수하거나, 사형시킬 수 있었다. 이처럼 방대한 나라를 다스리려면 막강한 권력이 필요할 수밖에 없다. 각 성의 도독都督은 황제를 대신해 지역을 다스리며 강력한 권력을 행사했다. 그들이 맡은 성에서 아무런 문제가 발생하지 않고, 서태후가 사치스런 생활을 유지할 수 있도록 충분한 자금을 조정으로 보낼 수만 있다면, 그들은 방해받지 않고 호화로운 생활을 영위할 수 있었다. 만일 동란, 폭동, 혹은 반란이 일어나는 경우 총독이 모든 책임을 져야 했고, 사안에 따라 재산 몰수, 유배 혹은 사형시킬 수 있었다.

여러 차례 죽을 고비를 넘기고 살아남은 서태후의 목표는 자신의 권력을 유지하는 것이었다. 그녀의 통치에는 다른 목적이 없었다. 그녀는 엄격하게 전통을 고수해야만 권좌에 남을 수 있다고 믿었고, 이는 가능하다면 서양 야만인들이 벌이는 모든 주도적인 사업에 저항해야 함을 의미했다. 경제성장, 생활 수준 향상, 산업 팽창, 통신 개선 등 서구 세계가 소위 '진보'라고 하는 모든 개념이 베이징의 화석화된 조정에서는 아무런 의미를 갖지 않았다. 중국이 살아남으려면 서양의 압력에 어느 정도 양보할 수밖에 없었지만, 가급적이면 적게 양보해야 했다. 서양 무역 상들은 자신들의 정신적 기준에서 완전히 빗겨나가는 중국의 태도를 이해하기 어려웠다. 통상항구에 있는 중국 자본가들은 서양의 생각을 공유하는 것처럼 보였기 때문에 그들의 입장에서 조정의 태도는 더더욱 이해하기 어려웠다. 한 세대 전, 애버딘 경Lord Aberdeen이 '이상한 왕국'이라고 불렀던 나라를 제대로 파악할 필요가 있었다. 아울러, 앞에서 언급했듯이 해안의 상업, 운송 등의 사업을 하는 해안 세계와 내륙 세계 사이의 심각한 차이를 깨닫는 문제이기도 했다. 중국 내륙은 광대하고, 많은 인구가 거주하며, 외국인을 혐오하고, 문맹이 많고, 불가사의한 측면을 많이 가지고 있었다. 중국 조정의 입장에서는 돈벌이에 혈안이 된 유럽과 미국의 오만한 상인이나 상하이의 신흥 중개상보다 자신들의 중원이 훨씬 더 중요했다.

청 왕조가 진보적 변화에 보인 엄청난 저항은 사실 중국 역사에 흔히 나타나는 특징 중 하나이다. 태평천국의 난과 염군捻軍의 난은 중국 조정을 송두리째 흔들어놓았다. 청 조정이 생존한 것은 반란군이 승리하면 무역 시장이 더 어려우리라 판단한 야만인 군대의 도움 덕분이기도 했다. 하지만, 야만인들의 위협은 여전히 남아 있었다. 여러 상황에도 불구하고, 베이징 조정은 세계와 격리된 채 위풍당당하고 만족스러운 분위기에서 그럭저럭 생존했고, 차츰 과거의 영광을 회복하고자 했다. 서방 군사력의 도움이 있긴 했지만, 만일 유교적 지배 계층의 단합과 결단력이 없었다면 불가능했을 것이다. 유교적 지배 계층은 황제 통치의 존속을 위해 존재하는 과거의 '중국 구시대 교육을 받은 인물들'이지만, 태평천국의 난과 염군의 난을 진압해 왕조의 지위를 회복시키고 심지어

왕조의 '정치'를 되살리는 데 성공한 증국번이나 이홍장 같은 유력 대신들을 배출해내었다.[8]

여러 차례 전쟁에서 패하고, 이러한 패배로부터 어떠한 교훈도 받아들일 능력이 없었다는 점을 고려하면, 청제국의 생존은 놀라운 일이었다. 1839~1842년의 제1차 아편전쟁에서 중국의 육군과 해군은 영국에 대패했는데, 영국은 거의 사상자가 없었던 반면 중국은 엄청난 사상자를 냈다. 1856~1860년의 제2차 아편전쟁에서 영-프연합군 또한 비슷한 결과를 냈다. 중국이 전쟁에서 산만하고 무기력한 모습을 보였기 때문에 1885년 프랑스가 베트남을 합병하는 결과를 초래했고, 그로 인해 프랑스는 인도차이나 제국을 만드는 발판을 마련할 수 있었다. 이러한 좌절과 실패는 1894년 청일전쟁에서 최고에 달했다. 또 한 번 청의 군대가 현대식 군사기술 앞에 무기력하다는 사실이 전 세계에 드러났다. 청일전쟁의 주요 쟁점은 조선의 종주권을 다투는 것이었고, 일본이 모든 전투에서 승리했다. 이 결과는 전혀 놀랍지 않은데, 그 이유는 서태후가 1860년 영-프연합군이 불태워버린 원명원圓明園을 재건하는 데 모든 군비를 써버렸기 때문이다. 중국 군대는 대포의 몸체만 있고 정작 싸움에 쓸 포탄이 없어서, 포탄 모양의 목재에 색칠해 실물처럼 위장했다. 이것은 결코 '자강'의 좋은 본보기가 아니었다.

서양의 무역상들이 상대하고 이해해야 할 권력자가 중국의 조정과 대신만 있는 것은 아니었다. 정부, 특히 자딘사의 경우 영국 정부의 정책이 중국의 무역 증진과 밀접한 관련이 있었다. 영국의 '제국주의 팽창'

---

8 *The Cambridge History of China* 제10권, 1부, p.477.

이 이루어진 다른 지역에서는 정치적, 전략적, 그리고 상업적 동기가 뒤섞여 있었다. 하지만 중국의 경우는 통상이 유일한 목적이었다. 두 차례의 '아편전쟁'은 주로 중국 시장을 세계 무역 시장에 개방하기 위해 일어났고, 이러한 목적은 영국의 코브던Cobden 같은 진보적이고 반제국주의 인사조차도 받아들인 것이었다. 이것은 빅토리아 중기 자유 무역주의의 한 부분이었다. 루더퍼드 올콕 경Sir. Rutherford Alcock은 '오늘날 영국의 이해관계가 무엇이고, 우리 정책의 유일한 목적이 무엇인지 설명할 필요도 없다. 양자가 분명치 않다면 우리는 온 세계에 명백히 밝혀야 한다. 시암오늘날의 태국, 중국, 그리고 일본에서 (…중략…) 유일한 목적은 바로 통상이다'라고 적었다.[9]

이것은 영국의 독점적 지위를 밀어붙이려는 문제가 아니었다. 그 반대로 엘긴 경은 텐진조약을 협상할 때 '영국 정부는 영국인이 중국의 무역 시장에서 어떠한 독점적인 이점도 차지할 생각이 없으며, 구체적으로 말하면 영국이 무역을 통해 얻을 수 있는 모든 혜택을 다른 모든 나라와 공유하기를 바란다'[10]는 점을 명심하도록 지시받았다. 이를 통해 자유무역과 '문호 개방'을 서양뿐만 아니라 중국과 일본에도 도움이 될 평화와 진보를 위한 만병통치약으로 여기던 19세기 서양 세계관의 한 측면을 엿볼 수 있다. 따라서 영국 외교관과 영사들은 중국 내 독점적 특혜를 확보하려고 노력해선 안 되었다. 영국의 장기적 이익을 위해서 중국 조정이 무역 장벽을 제거하고 재정 시스템을 개혁하도록 독려하는

---

9 D.G.M. Platt, *Finance, Trade, and British Foreign Policy*, 1968, p.265. Alcock, 『거부의 자본 (*The Capital of the Tycoon*)』, 1863, 제2부, p.352에서 인용.

10 Ibid., p.265.

제13장_ 철도와 정부   307

것이 곧 영국 무역의 전체 이익에 부합하는 것이었다. 중국 내륙시장을 개방시키기 위해서는 내륙의 수로와 철도 건설을 위한 항해 시설을 확보하는 것이 필요했다. 이는 중국 무역 전체에 도움이 될 만한 조치였다. 그리고 분명히 누구보다도 영국 무역상에게 도움이 되는 조치이기도 했다. 왜냐하면 1880년까지 영국 무역상이 전체 중국 무역 시장의 5분의 4를 차지하고 있었기 때문이다. 하지만 이것은 독점, 관세, 면허 덕분이 아니라 자유롭고 제한이 없는 시장에서 효율성과 경쟁력을 갖춘 덕분이었다.

영국 정부의 문호 개방과 자유방임주의에 대한 신념은 영국 회사들이 개별적으로 진행하는 사업에 대한 정부 차원의 지원도 단호히 배격해야 함을 의미했다. 영국 관리가 다른 나라와 영국 무역의 증진에 유익한 여건을 조성하도록 설득하는 문제와 아무리 간접적이라 하더라도 특정 기업의 일에 개입하도록 설득하는 것은 전혀 다른 문제였다. 영국 외무부는 1880년대 중반까지 중국에 파견한 대표들이 특정 기업의 일에 개입하지 못하도록 명확히 지시했다. 베이징 소재 영국 공사관은 1875~1876년 자딘사의 상하이-우송 철도사업이나 1883년 제안한 중-영 상하이 방적공장 설립에 아무런 지원도 하지 않았다.[11] 물론 자딘사가 제안한 두 사업 모두 법적 근거가 취약하긴 했다. 하지만, 설령 법적 근거가 충분했다 하더라도 영국 정부의 도움을 받지는 못했을 것이다. 법적 문제가 발생하지 않은 중국 내 다른 지역에서도 영국 외무부는 동일한 태도를 취했다. 특히 철도 건설에 관해서는 더욱 그러했다. 이는 영국 정부

---

11 제3장 참조.

가 철도 건설을 반대해서가 아니라, 국가의 공식 개입을 피하려 했기 때문이었다.

영국 외무장관들이 원한 것은 청 왕조의 유지, 자유무역, 그리고 국적에 관계없이 상업 경쟁에 있어서 (현대적 용어를 쓰자면) '공평한 경쟁의 장'이었다. 그리고 그들이 원하지 않은 것은 중국 왕조의 붕괴와 정치적 분할이었다. 그 다음으로 원하지 않은 것은 열강이 중국에서 정치와 관계없이 경제적으로 '영향권'을 나누는 것이었는데, 훗날 이 우려는 실제로 일어났다. 중국의 무역 시장에서 영국은 선봉에 있었으나, 손실만 있고 이익은 없는 상태였다. 만일 서양 열강들이 문호 개방이라는 규칙에 따라 움직이기를 거부한다면, 영국 정부도 보조를 맞출 수밖에 없었다. 그렇게 하지 않으면 영국이 많은 무역 기회를 잃게 될 것이었다.

예상할 수 있듯이, 첫 번째 위기 신호는 프랑스에서 시작되었다. 청불전쟁淸佛戰爭 후, 프랑스는 1885년 6월 중국에 톈진조약에 서명할 것을 강제했다. 이 위기 신호에는 '특혜 관세 세칙, 특별대우, 전국 철도 건설권'이 포함되어 있었다.[12] 이는 중국뿐만 아니라 일본에까지 영향을 미칠 수 있는 위협이었고, 동양에서의 무역은 영국 정부의 입장에서도 방관하기에는 너무나 중요했다. 외교 대표들이 일본 정부로부터 양보를 얻어내기 위해 자국 정부의 힘을 활용하기 시작했다는 징표들이 속속 나타났다. 수상과 외무장관을 겸직하던 솔즈베리 경Lord Salisbury은 지금까지 영국 상업 외교의 상징이던 중립주의를 포기하기로 결심한다. 그는 도쿄에 파견된 대신에게 '외국 대표가 간섭해 영국의 상업적 이해관계

---

12 D.G.M. Platt, op. cit., p.271.

에 손해를 입힌다면, 영국의 이익을 우선 고려하라'[13]고 지시했다. 도쿄에서의 위협은 독일에서 시작한 것으로, 독일 대표들은 조만간 베이징에서도 활발히 활동할 예정이었다. 천조국天朝國. 중국의 양쪽 끝에서 취한 프랑스와 독일의 행동이 저지할 수 없는 경제적 분할을 촉발했고, 만약 자유무역이 여러 세력 범위로 갈라진다면 영국 외무부가 그중 가장 큰 세력을 차지할 수 있도록 세심한 주의를 기울일 필요가 있었다.

여기에서 그 이후에 발생한 복잡한 이야기까지 할 필요는 없다. 많은 전문가들이 당시의 '아프리카 쟁탈전'과 마찬가지로, 중국 역시 종국에는 열강에 의한 정치적 분열이라는 운명을 벗어나지 못하리라 예상했다. 하지만 중국은 오래된 문명과 엄청난 인구를 가진 제국으로 아프리카와 사정이 달랐다. 서구 열강들은 모두 중국의 분열을 원치 않았고, 유럽의 균형을 깨 미래의 예측 불가능한 결과를 야기할 수 있는 과정에 끼어들기를 원하지 않았다. 중국의 식민지화는 현실성이 없었다. 오히려 경제적 이해관계에 따라 여러 지역으로 분할하는 것이 더 현실적이었다.

중국의 경제적 분할은 1894년 청일전쟁 이후 시작되었다. 이듬해 시모노세키조약은 청 조정의 약점과 부패상을 온전히 드러냈고, 중국 시장에서 일본이 무서운 경쟁자로 부상했다. 일본은 포모사타이완와 랴오둥반도를 합병하고, 중국에 엄청난 배상금을 요구했다. 러시아, 독일, 프랑스 3국 연합 대표는 일본 정부에 더 많은 배상금을 받고 랴오둥반도를 포기하도록 설득했다. 3국 연합의 간섭에 일본 정부는 분개했고 그 영

---

13 Ibid., p.272 인용.

향은 오래 지속되었다.

시모노세키조약으로 중국은 세계의 모든 무역국에 문호를 개방하게 되었다. 곧 경제적 세력 범위 쟁탈전이 개시되었다. 1897년 독일은 자오저우만膠州灣의 석탄공급기지에 대해 99년간의 임차권을 획득했고, 러시아는 동일한 조건으로 뤼순항旅順, Port Arthur을 임차했다. 이듬해, 프랑스는 남부의 항구도시 광저우만廣州灣의 임차권을 협상했다. 영국은 북부의 항구도시 웨이하이威海, 그리고 미래에 훨씬 중요한 자산이 될 쥬룽九龍 북쪽 약 200평방 마일의 홍콩의 신계新界, New Territories에 대한 임차권을 확보했다.[14]

1900년이 되자, 중국 내 열강의 세력 범위가 어느 정도 확정되었다. 러시아는 몽고蒙古와 중국 동북 지역을 차지했고, 일본은 조선과 푸젠을, 독일은 산둥山東을, 영국은 부유한 양쯔강 유역을, 프랑스는 광둥 남부를 차지했다. 가장 중요한 것은 해안지역이었다. 당시의 지도를 보면, 세력 범위가 내륙으로 깊숙이 들어가 러시아 국경에 맞닿아있는 것을 볼 수 있는데, 사실 서양의 관리와 무역상들은 인구가 많고 먼 거리에 있는 내륙 깊숙한 곳까지 잘 들어가지 않았다. 중국인 대부분이 외국인을 직접 만나지는 않았으나, 그렇다고 그들이 미지의 침입자들을 증오하지 않은 것은 아니다.

1898년은 중국이 유럽의 세력 범위에 따라 나누어진 해였다. 동시에 서태후가 베이징에서 다시 권력을 잡은 해이기도 했다. 1889년 그녀의

---

14 이것은 1997년에 홍콩의 미래가 위태했던 이유이다. 섬 자체와 쥬룽 지역은 각각 1843년과 1860년에 영구적으로 합병된 영국 식민지였지만, 나중에 중국에 귀속되어야 할 신계가 없이는 발전 가능성이 없다고 간주되었다.

조카이자 어린 황제가 성년이 되었다. 상호 치하와 존경의 예를 표한 후, 어린 황제는 숙모의 섭정 사직을 수용하고 친정親政을 하게 되었다. 그는 나약하고 무능한 인물이었지만, 청일전쟁 패배 후 중국이 혁신되어야 함을 깨달았다. 혹은 황제가 아닌 그의 측근들이 깨달은 것일 수도 있다. 아무튼 그로 인해 '변법자강운동變法自彊運動'[15]이 일어났다. 하지만 보수세력의 반발로 변혁에 마침표를 찍었고, 서태후가 다시 권력을 잡았다. 서태후는 나약한 조카를 황제의 자리에서 끌어내려 사실상 가택 연금시켰고, 그가 내린 모든 칙령을 무효화시켰다. 황제는 화를 면했으나 그의 측근들은 사형에 처해졌다. 서태후는 10년을 더 통치하다가 황제와 같은 해인 1908년 세상을 떠났다. 그러는 사이 조정은 공상적이고 알맹이 없는 칙령과 각서를 공표했고, 이는 모두 현실과 동떨어진 내용이었다. 피터 플레밍Peter Fleming의 말을 빌리자면, '칠면조의 거만한 헛소리로 멀리서 들려오는 천둥소리를 삼키려는' 것이었다.[16]

열강이 중국을 세력 범위에 따라 나누었으나, 그로 인해 자딘메시슨이 무역 시장에서 직접적인 영향을 받은 것은 아니다. 회사의 사업 활동은 이미 여러 해 동안 영국의 조계지가 된 상하이, 양쯔강 유역, 남부로 이어지는 여러 성에 집중되어 있었다. 남부의 성에는 광둥이 포함되어 있었는데, 광저우는 여전히 중요한 통상항구이자, 무역 물자의 집산지였다. 결론적으로 말하면, 무역은 세력 범위의 경계를 넘어 이루어질 수

---

15 [역주] 변법자강운동(變法自彊運動)은 1898년 강유위(康有爲)와 양계초(梁啓超)가 일본의 메이지유신을 본받아 단행한 개혁운동이다. 광서제(光緒帝)의 전폭적인 지원을 받아 입헌군주제 실시, 과거제 폐지, 군제 개혁 등을 실시했으나, 서태후를 중심으로 한 보수세력의 반격으로 103일만에 실패로 끝난다. 백일유신(百日維新)이라고도 한다.
16 Peter Fleming, *The Siege at Peking*, 1959, p.32.

있었고, 열강들도 소위 '종주국'의 권리를 주장하기 모호했으며, 그 권리를 행사하기 힘들었다. 융자 사업도 영향을 받지 않았다. 흔히 이해하기 어려운 이런저런 이유로 융자계획이 베이징에서 수용되기도 하고 거절되기도 했지만, 융자를 제안한 사람들이 속한 세력 범위에는 영향을 미치지 않았다.

열강의 경제 세력 구획 분쟁에서 가장 중요한 것은 철도건설권 취득이었는데, 지리적 관련성도 중요했지만 재정적으로도 중요한 의미가 있었다. 철도 건설을 반대하던 중국 조정의 입장은 청일전쟁 후 완전히 사라졌다. 청 조정은 쓰러지기 직전이었으므로 반대할 여력이 없었다. 청일전쟁 패배 후, 일부 관리는 중국의 현대화를 위해 노력했다. 양강 총독兩江總督 장지동張之洞은 전쟁이 종식되기 전, 자딘메시슨에 금으로 100만 달러의 융자를 요청했다. 중국 해관총세무사海關總稅務司, Chinese Maritime Customs가 보증하고, 6퍼센트 이자를 지급하겠다고 약속했다. 회사는 동의하고 싶었지만, 런던의 메시슨사가 전쟁에서 누가 승리할지 기다릴 것을 고집했다. 이는 충분히 이해할 만한 결정이었다.[17]

장지동이 외국에서 융자를 받아 베이징-한커우漢口 노선을 건설하려 한다는 소문이 떠돌았으나, 중국 관료사회에서는 무엇이 사실이고 무엇이 거짓인지 확실치 않았다. 어쩌면 중국 경제와 군사 발전을 위한 대규모 시도의 전조前兆일 수도 있었다. 심지어 중국 조정이 시모노세키조약 체결로 불리한 상황에 있는 동안에도 제임스 케직은 유명한 선교사 티머시 리처드Timothy Richard를 고용해 장지동과 협상하도록 했다. 이것은

17 Edward LeFevour, op. cit., p.126.

철도건설을 반대하는 청 조정의 입장이 점차 약해지고 있는 고무적인 조짐처럼 보였다. 모리슨Morrison은 토지측량을 준비했고, 전장鎭江의 도대는 조정의 긍정적인 답변을 이미 얻었으니, 가능한 한 빨리 작업이 이루어질 것이라고 알려주었다. 그는 은 500만 냥의 융자도 부탁했다.

이제 회사가 중국 조정과 거래해야 하는지, 아니면 지방 정부와 거래해야 하는지 하는 문제가 불거졌다. 이것은 각국의 독점적 영향권에 맞서는 문호 개방이라는 중요한 쟁점을 불러일으켰다. 적당하게 개혁된 조정을 지지해 모든 국가를 위한 자유무역을 실시하는 것이 좋을까? 아니면 이러한 자유무역이 현실성이 없음을 인정하고, 지방 자치정부를 지지해 경제적 이익에 최선을 다하는 것이 좋을까? 전자는 막강한 권한을 가졌던 로버트 하트 경Sir. Robert Hart이 선호하는 정책이었다. 홍콩상하이은행 역시 영국 정부의 권유에 따른 것인지 동일한 태도를 취했다. 일본은 청 조정이 외국의 융자를 받아야만 지불할 수 있는 거금의 손해배상을 요구했다. 홍콩상하이은행은 케직에게 '최대한 지방정부의 융자를 거절하시오. 본 은행은 베이징 조정의 3천만에서 5천만 파운드의 배상금 융자 건에 전력하기'를 희망한다고 전했다. 케직은 거액의 배상금 융자 건이 '사상누각'일 수 있다고 회의적이었다. 그는 '청 조정이 성의 총독들에게 수천만 달러 규모의 긴급 자금을 모금하도록 재가하거나 명령하는 것이 훨씬 더 중국적일 것'이라고 생각했다. 그리하여 케직은 런던의 메시슨사에 홍콩상하이은행의 '중앙'정책을 따르느니, 차라리 직접 장지동과 교섭해야 한다고 전했다. 그는 중국이 국가적 존엄성이 없으므로 융자교섭을 하려면 상당한 시간이 소요될 것이고, 만일 러일전쟁이라도 발생한다면 아마 이를 빌미로 계약을 이행하지 않을 수 있다

고 말했다.[18]

중국 황제가 베이징에서 퇴위하고 장지동과 그의 형이 이끄는 지방 도독이 신정부를 조직할 것이라는 자딘사의 판단은 틀렸다. 제임스 케직은 장지동과 그를 지지하는 세력이 너무 강력하므로, 소문만 무성한 베이징의 거금의 융자 건을 수주하려는 하트Hart의 정책이 실패하리라 생각했다. 하지만 시모노세키조약 이후, 몇 달 사이에 권력의 균형추가 이홍장에게 기울었다. 황제와 조정의 주요 대신인 이홍장이 청일전쟁의 패배로 인해 신뢰를 잃었으므로, 황제나 이홍장이 살아남지 못할 것이라고 생각한 케직의 가정은 너무나 당연한 것이었다. 하지만, 그들은 살아남았다. 조정은 이들을 교체할 움직임이 전혀 없었고, 거금의 배상금 융자를 위한 협상은 자딘사가 예측한 난징이 아니라 베이징에서 진행되었다.

청 조정의 완강한 보수주의의 재집권은 자딘사의 역사에 중요한 발전을 가져왔다. 윌리엄 케직이 홍콩상하이은행의 이사로 선출된 1877년 이래, 홍콩상하이은행과 자딘사의 관계는 우호적이었다. 그렇다고 해서, 두 기관의 핵심 인물들이 모든 일에 의견의 일치를 보인 것은 아니었고, 각 기관의 사업들은 완전히 독립적으로 이루어졌다. 자딘사에서 윌리엄 케직이 차지하는 위상과 홍콩상하이은행에서 토마스 잭슨Thomas Jackson이 차지하는 위상은 비슷했는데, 두 사람은 1895년 두 기관의 이해를 위해 더 긴밀한 협력이 필요하다는 데 견해를 같이했다. 이것은 자딘사가 난징에서 기울인 노력이 허사가 되었으므로 홍콩상하이은행과 협력해 베이징의 융자 건에 지분을 확보하도록 전력을 다해야 한다는

---

18 Ibid., p.128.

회사의 결정과 부합했다. 제임스 케직은 '공동 대리인으로서 홍콩상하이은행과 유대관계를 맺었고 (…중략…) 우리는 로버트 하트 경을 통해서 이러한 방향으로 노력할 것'이라는 메시지를 전달받았다. 자딘사가 추진하던 1,600만 홍콩달러 규모의 융자 건은 성사되지 않았다. 이 융자 건은 프랑스와 러시아 두 정부의 지원 아래 이루어졌고, 양국 정부가 보증을 섰다. 제임스 케직은 영국 외무부가 지원하지 않는다면 개인 기업이 복잡한 외교 교섭이 필요한 금융 거래에서 타국 정부와 경쟁할 수 없음을 확실히 깨달았다. 하지만 영국 외무부는 여전히 이 문제에 개입할 준비가 되지 않았다.

자딘사가 추진하던 융자 건은 성공하지 못했지만, 이를 계기로 자딘의 동업자들과 홍콩상하이은행의 이사들은 두 기관의 관계를 더 공식적으로 만들기로 결정했다. 과거 몇 년 동안 사업상 필요할 때마다 협력했었지만, 이제 쌍방의 활동 영역을 명확히 구분할 필요가 있었다. 1895년 가을, 자딘사와 홍콩상하이은행 간의 협의가 이루어졌다. 이 합의는 계약서와 같은 구속력은 없었으나, 중국의 무역 시장을 차지하기 위한 국가적 경쟁이 치열한 상황에서 서로의 역할에 대한 일련의 지침 같은 것이었다. 3년 후, 중영은공사中英銀公司, British-Chinese Corporation가 설립되었다. 이 회사는 법적으로 자딘사와 홍콩상하이은행이 공동으로 소유하는 새로운 형태로 철도건설권 개발과 취득을 목적으로 했다. 자딘사의 대표는 윌리엄 케직이고, 홍콩상하이은행의 대표는 런던 매니저 어웬 캐머런Ewen Cameron이었다. 자딘은 철도 건설과 철도차량 공급, 직원과 기술자 선발, 그리고 철도의 실제 운행을 감독하는 역할을 맡았다. 그리고 홍콩상하이은행은 필요한 자금을 제공하는 역할을 맡았다. 두 기관은 서로 상보적 관계였다. 그들은 반세기 이상 우호적 관계를 유지했다. 1898년 시작된 철도건설권 전쟁에서 덕신서보^{德臣西報}, China Mail는 중영은공사를 가리켜 '영국 정부가 선택한 앞잡이'라고 묘사했다.

제14장
세기의 전환

20세기로 접어들었을 때 자딘사의 정확한 손익을 알긴 어렵다. 앞에서 언급했듯이 1888~1907년간의 원장元帳, 회계장부, 그리고 일지들이 소실되었기 때문이다. 다만 자딘사의 영업상황이 상당히 좋았다고 추정할 수 있는데, 그렇지 않았다면 러셀사가 파산한 1891~1892년의 무역 위기에서 살아남기 힘들었을 것이다. 무역 위기가 끝나고 자딘사는 비교적 순탄하게 19세기를 보냈다. 회사가 중요한 지분을 보유하고 있던 상하이와 홍콩의 땅값이 상승하고 있었다. 청 조정도 더이상 철도건설을 반대하지 않았다. 청일전쟁 패배 후 조정은 늦게나마 현대식 무기의 필요성을 인식하게 되었다. 자딘사는 한동안 크루프사Krupp와 함께 무기 제조 분야에서 가장 큰 회사 중 하나인 암스트롱사Armstrong의 대리상을 맡아 유럽식 무기 제조업 확장에 관여했다. 1890년대 유능한 케직 형제의 경영 아래, 자딘사는 만족스러운 번영기를 누린 것으로 보인다.

이 시기 자딘사의 상하이 주재 직원들의 생활은 상당히 편안했다. 1860년대부터 그러했고, 상하이 외 작은 통상항구에서의 삶 역시 그러했다. 급료는 남아돌 정도는 아니었지만 넉넉했고, 연금 혜택은 없었지만 다른 혜택들이 제공되었다. 생활비도 저렴했다. 기후가 살기에 적절하지 않았지만, 개선된 위생시설과 의술의 발달이 질병으로 인한 사망이 많았던 19세기 초보다 훨씬 건강한 생활 여건을 뒷받침해 주었다. 파견 근무는 5년 계약이었고, 신입 직원은 첫 귀국 휴가를 떠나기 전까지 결혼이 허용되지 않았다. 귀국 휴가는 직원의 형편에 따라 1년까지도 신청할 수 있었다. 휴가 기간 6개월 동안은 급료가 지불되었고, 그 이후는 자가 부담이었다. 왕복 교통편 비용은 회사에서 지불했다. 귀국길은 P&O사의 선박을 주로 이용했고, 1900년 이후에는 편안하고 다소 사치스러운 교통수단이었던 시베리아 횡단철도Trans-Siberian Railway를 이용하기도 했다. 어느 경로를 택하든지 간에, 휴가 직원은 주중 영국 영사관 직원들과 달리 회사에서 비싼 특혜를 제공했다. 영사관 직원들은 인색한 영국 재무부의 오랜 전통 때문에 왕복 교통편 비용을 본인이 부담해야 했고, 부인과 부양가족이 있는 경우 700파운드까지 본인이 부담해야 했다.[1]

결혼 금지조치는 신입 직원의 경우 잦은 출장에, 예고 없이 단기간 근무지 이곳저곳을 옮겨 다녀야 했으므로 취해진 것이었다. 신입 직원들이 이 조치에 딱히 불만을 가졌던 것으로 보이지는 않는다. 젊은 신입들은 여러 가지 문제점을 충분히 인지한 채 파견 근무를 수용했고, 자신들

---

1 P.D. Coates, *The China Consuls*, 1988, p.89.

이 처한 상황도 잘 알고 있었다. 성욕을 충족할 수 있는 시설, 특히 상하이에 있는 시설들이 유명했다. 1877년 유럽 출신 창녀 30명, 그리고 그보다 훨씬 많은 중국인 창녀들이 있었다. 당시에는 중국인 연인을 두는 것을 아무도 이상하게 여기지 않았다. 결혼은 별개의 문제였고, 그녀들과 결혼하는 경우는 매우 드물었다. 일단 5년의 파견 근무가 끝나면 신입 직원도 가족을 중국 연안으로 데려올 수 있었으나, 아이의 학업 문제나 다른 이유로 인해 부부가 오랜 기간 떨어져 지내는 경우가 많았다. 시간이 지남에 따라, 이런 것들은 그다지 문제가 되지 않았다. 2세대 혹은 3세대 영국인들은 자신들의 공동체를 이루었고, 꽤 수준 높은 학교를 가지게 되었으며, 영국식 생활방식을 영위할 수 있었다.

통상항구에서 젊은 남자들의 삶은 인도 군대 막사에서 총각 군인의 삶과 유사했다. 모두 남자들이고 생활은 활기찼다. 승마, 사냥, 폴로, 경마, 사격 등 스포츠를 즐길 기회가 많았다. 상하이 인근에는 특히 꿩, 자고새, 멧도요새, 그리고 메추라기가 많았다. 통상항구의 젊은이들은 인도 군대의 총각 군인과 마찬가지로 이런 야외 활동을 매우 즐겼는데, 그들 대부분은 영국에서 이런 활동을 즐기거나 감당할 여유가 없었기 때문이다.

상하이에서는 호화로운 '티핀Tiffin, 점심'이 유행이었는데, 풍성하고 음식의 질도 좋았다. 다양한 찬 음료와 함께 포도주와 독주 등이 끊임없이 제공되었다. 많은 접대가 이루어졌다. 『타임즈Times』의 특별 통신원 윈그로브 쿡Wingrove Cooke은 다음과 같이 기술했다.

신입 동업자junior partner가 회사에 고용된 비단 검사원silk inspetor, 차 감별

사tea taster, 장부 정리인bookkeeper, 사무원clerks 등을 데리고 별도의 회식을 하는 경우, 회사는 회식을 위해 적어도 매달 1인당 50달러를 지불하고, 음식 값으로만 매년 직원당 200파운드가 넘는 돈을 지불했다. (⋯중략⋯) 중국에서 돈을 아끼기 위해 보잘것없는 음식으로 회식하는 사람은 전혀 찾아볼 수 없다. (⋯중략⋯) 가능하다면 회식 비용에 대해서는 당당한 태도로 무관심하게 대처해야 한다. 그들이 통제할 수 없는 일이고, 그렇다면 그냥 내버려 두는 것이 낫다. 체면을 차리려 애쓸 필요가 없다. 회사는 큰 이윤을 내고 있었으므로 지출이 커도 무관심했다.[2]

쿡은 문장 말미에 "하지만 '티핀Tiffin'은 나쁜 관습이다. 피할 수 있다면 피해야 한다"는 다소 비판적인 어조로 끝을 맺었다. 그들은 분명 사치스런 생활을 했다. 200파운드는 빅토리아 시대에 상당히 큰돈이었다. 일반적인 소매물가지수로 화폐 가치의 변동을 고려한다면 오늘날 8,000파운드에 해당하고, 다른 요인들을 더 고려한다면 아마 훨씬 더 큰 금액일 것이다. 예를 들어, 1900년 런던의 사보이 호텔에서 포도주를 마시지 않고 세 개의 요리가 나오는 코스로 저녁 식사를 하면 38펜스의 비용을 지불해야 하고, 1990년에는 28.75파운드를 지불해야 했다.[3] 상하이에서 '티핀'과 저녁 식사는 보통 수프, 생선, 메인요리entree, (뼈가 붙은) 고기, 사탕류, 카레, 샐러드, 치즈, 그리고 디저트로 구성되었다. 과식은 자주 과음을 동반했다. 의사들은 이러한 식사 습관에 한숨을 내쉬었으

2 Maggie Keswick(ed.), *The Thistle and the Jade*, 1982, p.35 인용.
3 다양한 상품과 서비스의 흥미로운 가격 비교를 위해서는 *Economist*, 1990년 12월 22일 자, p.126을 참조.

'티핀(Tiffin)'은 훗날 재중 미혼 유럽 무역상의 정식 모임으로 발전한다.
사진은 1900년대 초 텐진의 어느 겨울 '티핀' 구성원을 촬영한 것이다

나, 그럼에도 '적당한' 포도주, 즉 백포도주나 적포도주 6잔 정도 마시
는 것은 괜찮다고 주장했다.[4] 상업세계나 외교세계나 알코올 중독은 심
각한 문제였다. 일부는 알코올 중독이 중국인의 아편 중독보다 더 위험
하다고 믿을 정도였다. 중국 내 외국인들은 아편에 탐닉하지 않았다. 비
록 영국 법이 아편을 불법으로 규정하지 않았고 가끔 아편을 흡입하는
소수의 사람들도 있었지만, 대체로 아편은 사회적으로 수용해서는 안
된다고 여겨졌다.

　당시는 젊은 남자들이 많았다. 1851년 상하이에 약 350명의 영국인
이 거주하고 있었다. 40세가 넘은 영국인은 40명 미만이었고, 성인 여
성은 50명도 되지 않았다.[5] 통상항구에서 사교의 대부분은 클럽을 중심

4　P.D. Coates, op. cit., p.96.

으로 이루어졌다. 식민지나 속국을 포함해 영국과 교역을 하는 나라의
비공식적 상업지역에도 이러한 클럽이 전형적으로 널리 퍼져있었다. 크
기에 상관없이 모든 통상항구에는 상류층을 위한 '클럽'이 있었고, 영사
관 관리, 세관 감독관, 그리고 무역상들이 이러한 '클럽The Club'에 출입
했고, 동종 전문직이나 무역에 종사하는 하급 동료를 동반할 수 있었다.
'세관 클럽Customs Club'이라고 불리는 곳도 있었는데, 이곳은 경관, 세관
보조원관세 규정을 집행하기 위해 도착한 선박에 올라가는 세관 직원 등이 출입할 수 있었다.
클럽의 출입 자격은 1870년 결정되었고, 재중 영국인은 모두 매년 현지
영사관에 회비 5달러를 납부하고 등록해야 했다. 만일 '공인artisans'이라
면 1달러로 할인해주었다. 그러자 그럼 누가 '공인'이고 누가 아닌가 하
는 민감한 문제가 불거졌다. 당연히 연회비 1달러만 납부한 사람은 클
럽 회원이 될 수 없었다. 그렇다면 사회 계층이 낮지만 사교적으로 야망
을 가진 세관 보조원이 연회비 5달러를 내겠다고 한다면 어떻게 처리할
것인가? 반대로 신앙심이 깊고 맘씨 좋은 영사가 연회비 1달러만 받고
선교사를 회원으로 가입시킨다면, 그 선교사의 지위를 어떻게 판단해야
할까? 소식에 따르면 어떤 영사가 위의 방식으로 주교의 클럽 입회를 묵
인했다고 한다. 빅토리아 시대의 사회계급 관념이 중국으로 옮겨온 후,
매우 미묘하고 복잡하고 다양한 양상으로 변했다. 다만 여기서 말할 수
있는 것은 자딘사의 직원이 모두 5달러를 납부한 클럽 회원이었다는 점
이다. 최종적으로 위에서 언급한 사회 계층의 구분 문제는 재중 영국인
모두가 동일한 회비를 내는 것으로 결정되면서 완화되었다.[6]

---

5   Ibid., p.59.
6   Ibid., pp.160~161.

젊은 신입은 5년의 계약기간이 지나면 스스로를 '중국통中國通'이라고 생각했겠지만, 사실 상하이의 무역상들은 자신들만의 세계에서 살았고, 하인이나 노동자 외 중국인과 직접적인 접촉이 거의 없었다. 그들은 사업상 전적으로 중국인 중개상에게 의존했고, 그들과의 의사소통도 영어나 피진어pidgin[7]로 했다. 조약의 원래 목적은 중국 도시의 문호를 개방하고, 도시 내 치외법권의 조계를 허가하도록 만드는 것이었다. 하지만 실제로 광저우를 제외하면 거의 모든 조계가 도시 바깥의 교외 지역에 형성되었는데, 이는 도시의 소음, 오물, 악취, 그리고 바람도 없는 여름 열기를 피하기 위해서였다. 조계의 생활이 그리 쾌적한 것은 아니었지만 중국인 거주지역보다는 나았다. 하지만 그 결과, 자칭 '중국통'이라는 사람들은 사실 중국이나 중국어에 대해 아는 것이 거의 없었다. 그들 중 중국어를 배우려고 시도하는 사람은 거의 없었다. 중국에 거주하던 영국인의 중국어 학습 의욕은 포르투갈 도루Douro에 거주하던 영국 화주貨主들과 비슷했다. 1974년 혁명의 발발로 민족주의 정서가 촉발되어 포르투갈어 학습이 의무화되기 전까지, 영국인들은 전혀 포르투갈어를 배우려 하지 않았다. 중국어는 4,000개나 되는 한자를 학습하기 힘들었고, 동일한 한자도 성조에 따라 전혀 다른 뜻을 담고 있었으며, 발음하기도 훨씬 어려운 언어였다.

훗날 경의 작위를 받은 존 케직은 1929년 상하이로 건너갔는데, 그는 회사의 간부 중 최초로 중국어를 배운 인물이었다. 그는 다음과 같이

---

7 [역주] 영어·포르투갈어·네덜란드어 등 제한된 외국 어휘가 중국 토착 언어 어휘와 결합해 만들어진 혼성어이다. 영어의 business가 중국식 발음으로 굳어져 피진(pidgin)이 되었다고 한다. 주로 상거래에서 다른 언어문화권 사람들 간 의사소통을 위해 쓰였다.

적었다.

　나는 와이탄^{Bund}에 있는 사무실로 근무한 첫날 중국어를 배울 수 있는지 물어 보았다. 대반인 B.D.F. 베이쓰^{B.D.F. Beith}는 '좋은 생각입니다. 우리는 아무도 중국어를 배우지 않지만, 어쨌든 좋은 생각입니다'고 말했고, 나는 중국인 중개상에게 선생을 찾아달라고 부탁했다. 상하이의 영국 숙녀들에게 표준 중국어를 가르친 경험이 풍부한 베이징 출신의 늙은 학자를 소개받았다. 그는 영어를 한마디도 하지 못했고, 나의 중국어 실력은 불쌍할 정도로 나아지지 않았다. 하지만 적어도 그에게 베이징 억양은 확실히 배웠다.⁸

　대부분의 직원이 하루에 몇 시간씩 지겹게 암기하느니, 차라리 다른 일을 하는 것이 낫다고 느낀 심정을 이해할 수 있다. 외무부의 상관으로부터 늘 중국어를 배우라는 압박을 받았지만, 중국어를 배울 시간적 여유가 더 많은 영사관 직원들조차 중국어를 배우는 데 성공하지 못했다. 언어에 천부적인 재능을 지닌 소수만이 중국어에 유창해졌고, 정말 적은 수의 사람들만 그렇게 될 수 있었다. 중국의 하위 계층과 가장 밀접하게 접촉한 유럽인과 미국인은 바로 선교사들이었다. 이전 세대의 유명한 혹은 악명 높은 귀츨라프^{Gutzlaff}처럼 이들 중 한두 명은 중국어에 능통했다. 하지만 대부분은 그렇지 못했다. 중국어에 능통한 선교사들도 항상 사건과 분쟁을 야기하는 중국의 전통에 대해서는 오만한 태도를 보였기 때문에 중국인에게 인기가 없었다. 그리고 선교사가 없어도

8　Maggie Keswick(ed.), op. cit., p.205.

대부분 행복한 생활을 하는 유럽의 평신도들에게도 마찬가지로 인기가 없었다.

청 왕조의 마지막 대위기는 부분적으로는 선교사들의 열정 때문에 발생했다. 대위기란 바로 1900년의 의화단운동義和團運動, the Boxer Rising을 말한다. 이것은 북부에서 발생한 사건이라서 자딘사에 미친 영향은 크지 않았지만, 베이징 지사의 직원들은 피 말리는 시련을 겪었다. 또 이 사건이 청 조정에 지대한 영향을 미친 만큼, 자딘사의 역사를 이야기할 때 언급하지 않을 수 없다. 1900년 이후, 중국은 더 이상 과거와 같을 수 없었다.

의화단운동, 태평천국의 난, 그리고 과거 200년간 발생했던 민란은 대부분 비슷한 이유에서 일어났는데, 바로 인구과잉에 따른 빈곤이었다. 인구문제는 장시江西와 산둥山東의 대기근, 대운하의 몰락, 그리고 청일전쟁 후 재조직 중이던 청 전통 부대의 해산으로 인한 실직 사태가 더해져 악화되었다. 북부 가난한 문맹의 농민은 그들의 처참한 현실 이면에 숨겨진 사회경제적 원인을 이해할 수 없었다. 하지만 그들이 당면한 기근과 생계의 어려움은 분명했다. 태평천국의 난은 위와 동일한 이유로 발생했고, 의화단운동보다 규모가 더 컸으나, 그들의 타도 목표는 외국인이 아니었다. 당시 외국인들은 중국 내륙 깊숙이 진출하지 못한 상태였고, 1890년대에 와서야 비로소 중원지역 중국인들의 삶에 침투했다. 선교사의 수도 적었고, 철도도 없었다. 하지만 그로부터 30년 후 상황이 달라졌다. 통상항구에 있는 유럽인들의 사업이 북부 중국 농민의 삶에 특별히 영향을 미치지는 않았지만, 다른 외국인의 활동은 그들의 삶에 영향을 미쳤다.

가장 두드러진 것은 선교사들의 활동이었다. 선교사들은 열성과 무지로 무장해 중국 농민의 미신과 신앙 활동에 극단적으로 반대하고 나섰다. 1860년 로마 가톨릭의 보호자를 자처한 프랑스 정부는 모든 선교사의 권리헌장을 확보했고, 선교사의 권리는 외국 무역상의 권리를 넘어섰다. 외국 무역상들도 중국 내륙을 여행할 수 있었지만, 거주지는 반드시 통상항구에 있어야 했다. 하지만 선교사들은 중국 내륙 아무 곳이나 여행하고 거주할 수 있었다. 선교사들은 대지, 바람, 수신水神을 숭배하는 중국 농민들을 전혀 이해하지 못했다. 이런 민간신앙은 불교가 중국에 전파되기 훨씬 이전부터 존재했었고 토점土占과 관계가 있었다. 교회의 첨탑은 이런 신비한 신령들에게 특히 적대적이었으므로, 농민들은 매번 자연재해가 닥칠 때면 그 원인을 쉽게 선교사의 열성 행위 탓으로 돌렸다.

다음은 조상 숭배제사의 문제가 있었다. 조상 숭배는 유·불·도를 포함해 중국의 복잡하고 다양한 종교신앙에서 매우 중요한 요소인데, 가난한 사람뿐만 아니라 사회 모든 계층의 사람들이 당연하게 받아들이는 것이었다. 선교사들은 당연히 조상 숭배를 거세게 반대했고, 조상 숭배를 하지 않겠다는 선언을 기독교 개종의 필수 조건으로 내세웠다. 그러므로 개종한 중국인 신도는 마을의 사당에 향을 피우려 하지 않았고, 사당의 유지비용도 부담하지 않으려 했다. 이는 수백만 중국인의 단조롭고 답답한 삶에 활기를 불어넣는 전통 축제, 공연, 의식에 필요한 자금 조달에 부정적 영향을 끼쳤다. 프랑스가 후원하는 바티칸에 대한 반감이 상당히 컸기 때문에 개종자들, 특히 로마 가톨릭으로 개종한 중국인은 선교사와 함께 의화단운동의 첫 희생자가 되었다.

또 다른 문제는 철도 건설로 인한 백성들의 분노이다. 여기에는 경제적 이유도 있고 종교적 이유도 있다. 1900년 중국에는 3개의 짧은 철도 노선만 건설되었지만, 중국 내륙지역, 특히 북부지역에 더 많은 노선을 건설하기 위한 측량이 이루어졌다. 자딘사는 이 과정에 깊숙이 개입되어 있었다. 만일 철도 건설을 갑자기 멈추지 않는 한, 시간이 지나면 유럽의 철도망과 비슷한 철도 노선이 중국 전역을 덮을 것이 분명했다. 이것은 사회적 위협일 뿐만 아니라 정신적 위협이기도 했다. 사회적으로 봤을 때 설령 철도 확장이 장기적으로 경제성장에 도움이 된다하더라도, 단기적으로는 수천 명의 실직을 의미했다. 양쯔강의 증기선들도 동일한 이유로 중국인의 반감을 불러일으켰다. 민간신앙의 측면에서 보면, 철도 건설은 중국인의 조상 숭배에 위협이 되었다. 철도를 건설하는 과정에서 한두 군데의 묘지를 없애지 않고 철로를 건설하는 것이 불가능했다. 또 다른 문제는 야만인이 발명한 전신電信이었다. 중국인이 볼 때 바람에 흔들이는 전선이 만들어내는 신비한 울음소리는 각 방위의 신들을 방해할 것이 분명했다.

중국의 역사에서 기원, 지도자, 그리고 조직이 거의 알려지지 않은 비밀결사는 무수히 많았다. 1899년까지 의화단은 중국의 북부지역에 한정해 활동한, 상대적으로 눈에 띄지 않는 결사였다. 이들의 중국어 명칭은 의화권義和拳으로, 문자 그대로 번역하면 '의롭고 평화로운 주먹'이라는 뜻이다. 이들의 영어 명칭인 'Boxers'는 중국 내 주요 영자신문 상하이의 『자림서보字林西報, China Daily News』가 명명한 것이다. 의화권은 호신술인 권법 무술에서 유래했고, 단원들은 권술을 제대로 익히면 적에게 당하지 않고 능력을 키울 수 있다고 믿었다. 사실 이것은 예부터 중국에서 전하던 육체단련법의 변형이었다. 의화권과 동일한 것은 아니지만, 중국에서는 아침에 이런 운동을 하는 사람들을 쉽게 볼 수 있다. 이 비밀

결사의 영어 명칭은 이후 고착되었다.

반란을 처음 일으킨 것은 의화단이 아니라, 또 다른 비밀결사인 대도회大刀會, Big Swords였다. 1897년 두 명의 독일 선교사가 산둥에서 살해되자 독일군이 보복을 감행했고, 이에 분노한 대도회가 폭력으로 대응하면서 반란이 시작되었다. 독일군은 무자비하게 산둥성의 여러 마을을 불태워버렸다. 대부분의 비밀결사와 마찬가지로 설득하기 쉽고 미신적이었던 대도회는 적에게 당하지 않을 능력을 키워야 한다는 의화권의 말을 의심 없이 그대로 믿었다. 만약 의화권의 말처럼 신이 그들의 몸에 빙의해 창칼도 튕겨내어 지켜주었다면, 외국과 청군의 무기에 대항해 기의할 수 있었을 것이다.

어떤 지현知縣이 사술을 믿지 않아 군중들 앞에서 한 번 시험해보기로 했다. 그는 의화단 중 한 명에게 신령을 불러 빙의해 보라고 한 후 사형에 처했는데, 결과적으로 그는 목숨을 잃었다. 하지만 이러한 일에도 맹신도들은 그 의화단원 혹은 다른 의화단원의 죽음을 운이 나빴거나, 의식을 정확히 치르지 않은 탓으로 돌렸다. 의화단과 대도회는 중국 왕조를 멸망시키고, 모든 외국인을 쫓아내기 위해 결의하고 연합했다. 이 두 가지 목적은 얼핏 상충하는 것처럼 보일 수도 있다. 청 왕조가 야만인에게 우호적이지는 않았지만, 적어도 그들은 독일 선교사 사건처럼 외국의 개입을 야기할 만한 사건을 최대한 피하려 했다. 따라서 선교사들은 중국 관리가 마지못해 제공하는 보호일지라도 어느 정도 특혜를 누리고 있었다. 만일 이러한 일이 자주 발생한다면, 온갖 역경을 딛고 힘겹게 버텨온 정권이 복구의 희망 없이 붕괴할 수도 있었다.

하지만 서태후와 조정의 대신들이 어정쩡한 태도를 취하고 있다는 점이 드러났다. 각 지역의 관원들이 받은 칙령의 행간을 자세히 퇴고한다면, 의화단이 불법이긴 하지만 너무 과도하게 열성적으로 진압하는 것 또한 그다지 현명한 행동이 아니라는 숨은 의미를 읽어낼 수 있었다. 중국의 관리들은 외국인, 특히 선교사들을 혐오했다. 기아로 누렇게 뜬 사람들이 붉은색과 노란색의 선명한 옷을 입고 맨손으로 광적인 열성으로 충만해 산둥에서 반란을 일으켰다. 당시 산둥의 순무巡撫는 1898년 '백일유신'을 추진한 광서제를 배반했던 위안스카이袁世凱였다. 그는 처음에는 의화단에 단호히 대처했지만, 곧 자금성Forbidden City에서 불어오는 신호에 발맞추어 대처하기 시작했다. 그러자 반란은 수도가 위치한 성으로 퍼져나갔다. 의화단운동이 진행되는 동안 약 3만 명의 중국인 개종자, 대부분 로마 가톨릭 개종자들이 대량 학살당했다. 200명의 유럽 선교사들이 참수형을 당하거나 고문을 당하고 죽었다. 50명에 달하는 개신교 선교사의 아내와 아이들도 참수를 당했다.

1900년 초, 청 조정이 쓰는 언어의 섬세하고 불가해한 뉘앙스를 이해하는 사람들은 서태후가 의화단의 지지를 얻었고, 그들의 '반청복명反淸復明' 구호를 '부청멸양扶淸滅洋'으로 교묘히 전환시켰으며, 암암리에 그들에게 중국의 병력을 지원할 것임을 눈치챘다. 조정과 반란군이 힘을 합쳐 모든 외국인을 박멸하려고 나선 것이다. 베이징 주재 공관의 외교관들은 어떤 일이 일어나고 있는지 늦게서야 깨달았다. 왜냐하면 조정이 매우 교묘하게 이중적인 태도를 취했기 때문이었다. 타는 듯한 붉은 옷을 입은 의화단의 베이징 진입이 허용되었고, 6월 20일 독일 사절인 배런 폰 케틀러Baron von Ketteler가 총리아문으로 가는 도중 피살되었다. 여기서 중요한 것은 그를 죽인 자가 의화단원이 아니라 청의 군인이었다는 점이다.

의화단과 연합해 외교 면책특권을 가진 사람을 포함한 모든 외국인을 살해하려 한 조정의 의도는 중국의 기준으로 봐도 흉악한 것이었다. 공사관을 공격한 것은 범죄일 뿐만 아니라 커다란 실수였다. 그 공격으로 외국인 대량 학살에 성공했을지 모르지만, 그 여파는 공격이 실패했을 때만큼이나 비참해질 수도 있었다. 11개 강대국 대표들이 베이징에 모였다. 중국 정부가 저항하지 못할 만큼의 강력한 보복이 있을 것이 분명했다. 의화단이 세력을 떨치지 않은 중국의 중부와 남부지역의 총독과 순무가 눈앞의 반란에 공포를 느껴 베이징에 파병을 요청했다. 조정은 겉으로만 응하는 척하며 병력을 약속했으나, 실제 매우 적은 병력만 파견했다.

다른 동양의 도시들처럼 베이징에는 특정한 직종에 종사하는 사람들을 위한 특별 구역이 별도로 있었다. 은기장銀器匠을 위한 구역, 마구상馬具商을 위한 구역 등이 있었다. 청 조정은 외교단에도 동일한 원칙을 적용했다. 11개의 공사관이 약 4분의 3 평방마일을 차지하고 있었는데, 남쪽으로는 내성內城, Tartar City의 높은 성벽이 있었고, 북쪽과 서쪽에는 자금성이 있었으며, 동쪽으로는 내성의 성벽을 통하는 문으로 출입할 수 있는 도로가 경계를 이루고 있었다. 남북으로 연결된 얕은 운하가 이 지역을 가로지르고 있었다. 1900년의 사건들로 인해 외교관들은 이 지역을 자국의 병력으로 방어하고 자급자족하며, 스스로 제어할 수 있는 요새로 바꾸려 결심했다. 하지만 이것은 훗날 이루어지게 된다. 1900년 여름, 공사관들이 서로 인접해 있었으나, 주변에 방어진지가 없었다.

재중 기관과 외국 기업들이 훗날 공사관 구역Legation Quarter으로 알려진 이곳으로 자연스레 모여들었다. 자딘사는 이 구역의 남동쪽 구석에 사무실을 두고 있었는데, 이곳은 클럽의 바로 북쪽, 베이징호텔北京飯店의 남쪽, 그리고 독일공사관의 동쪽에 있었다. 홍콩상하이은행은 독일공사관 서쪽에 인접해 있었고, 영국공사관은 자딘사의 대각선 맞은편에 해당하는 이 지역의 북서쪽에 위치했고, 자딘사에서 직선거리로 약 400미터였다. 영국 공사관은 모든 공사관 중 규모가 월등히 컸다.

피터 플레밍Peter Fleming이 기술했듯이, '베이징 포위'는 폰 케틀러 살해 당일 늦게 시작되었고, 이때 외교단은 중국 조정의 호위하에 모두 텐진으로 떠나라는 황제의 최후통첩을 거절했다. 아마 이 최후통첩을 받아들였다면 사절단은 몰살당했을 것이다. 황제의 군대가 수수방관하는 동안 의화단이 외교관들을 대량 학살했을 수도 있다. 그날 오후, 의화단이 조정과 동맹을 맺었다는 점이 분명해졌다. 오후 4시 최후통첩이 끝나자 격렬한 공격이 시작되었다.

'베이징 포위' 사건에 대해 쓴 많은 저술이 있으므로 여기서 따로 기술하지 않겠다. 여러 저술 중 앞에서 언급한 피터 플레밍의 기술이 가장 훌륭하다. 과대망상적인 외국인 혐오증을 가진 서태후가 베이징에 공사관을 둔 모든 국가를 향해 선전포고를 했다. 그들을 둘러싼 포위는 가끔 폭우가 쏟아지긴 했지만 타오르는 더위 속에서 55일간 지속되었다. 모든 강대국이 참여하고 일본이 주도적 역할을 담당한 연합 군사작전이 시작되었고, 공사관을 둘러쌌던 포위망은 마침내 8월 14~15일에 누그러졌다. 자딘사의 사무소는 6월 20일 긴급히 구축한 주변 방어선 안에 있었지만, 엄밀히 말하면 방어선의 가장 언저리에 있었다. 그래서 나중에 전략적 후퇴를 감행했을 때는 방어선 바깥에 있게 되었다. 방어 활동에 참여하지 않은 사람들은 매우 불편한 상태로 영국 공사관에 수용되었다. 수용 인원이 60명에 불과한 건물에 900명이 머무르게 되었다. 음식과 물 공급은 겨우 연명하는 정도였고, 샴페인과 다른 알콜 음료는 많이 비축되어 있었다. 하지만 부패한 시체와 처리하기 힘든 오수의 악취는 끔찍했다. 담배 근처에도 가 보지 못했던 숙녀들도 이 끔찍한 냄새를 떨쳐내기 위해 담배를 피워야 했다. 다행히 시가와 담배가 충분히 비축되어 있었다. 그곳의 외국인들은 두 달 동안 거의 섭씨 38도에 육박하는 기온, 파리와 모기떼, 유탄과 포탄 파편의 위험, 언제 터질지 모르는 땅속 지뢰의 공포, 구조되지 못할 것이라는 두려움에 떨어야 했다.

표면적으로 보면 청의 군대와 의화단의 연합 공격으로 공사관의 임시적이고 견고하지 않은 방어선을 쉽게 뚫었으리라 생각할 수 있다. 하지만 당시 공사관을 포위했던 대신 영록榮祿은 서태후의 신임을 받긴 했지만, 그녀의 무모한 계획에 그리 열성적으로 동참하지 않았다. 그는 겉으로는 서태후의 계획에 따라 행동했지만, 자신의 지위를 이용해 그녀의 계획이 성공하지 못하도록 할 수 있었다. 명확한 증거는 없지만, 그가 이 사건에 반감을 가지고 있었다는 사실이 문서에 잘 나타나 있다. 로버트 하트 경은 그들의 포위가 실패로 돌아간 이유는 단 한 가지밖에 없다고 믿었다. '누군가 암암리에 우리를 보호했을 가능성이 있다. (…중략…) 그자는 아마 총명한 사람일 것이다. 만일 공사관을 파괴한다면 서태후와 청 왕조가 더 큰 대가를 치러야 할 것을 알았고, 그래서 상부의 파괴 명령과 실제 그 명령의 집행 사이에서 자신이 할 수 있는 것을 했을 것이다.'[9]

청 왕조는 확실히 살아남았다. 이 모든 사태에서 가장 특이한 점은 서태후가 자신의 권좌를 지켜냈다는 것이다. 영사관의 포위망이 해제되었을 때 그녀는 최측근 몇 명과 심지어 젓가락도 빌려야 할 정도로 짐도 챙기지 못한 채 황급히 수도를 빠져나갔다. 그녀는 농사짓는 부녀자로 변장했고, 명목상의 황제이자 자신의 조카인 광서제도 데리고 갔다. 두 달간의 피난길 끝에 베이징에서 남서쪽으로 1,100여 킬로미터 떨어진 시안西安에 도착했고, 그곳에서 임시 조정을 구성하고 겨울을 보냈다.

그 시기, 베이징은 혼란에 휩싸였다. 신분의 고하를 막론하고 대규모의 약탈에 참여했다. 당시 클로드 경Sir. Claude이 공사관의 방어군을 지휘하고 있었는데, 영국 군관의 기록에 따르면, 클로드 경의 아내 맥도널드 여사Lady MacDonald가 '중국 황궁의 재물 약탈에 참여했을 뿐 아니라, 상당히 열심히 활동한 사람'[10]이었다고 한다. 당시 상황에서 약탈은 피할 수 없는 문제였고, 약탈보다 더 중요한 문제는 도대체 누구와 해결책을 협상해야 하는가였다. 서태후와 광서제의 도주는 권력의 공백을 남겼고, 베이징에는 합법적인 정부가 없는 상태였다. 다만, 서태후는 도주전 이홍장을 전권대신全權大臣으로 임명했는데, 이는 매우 현명한 조치였다. 이홍장은 19세기 중국이 낳은 가장 유능한 정치가였다. 당시 이홍장은 양광 총독으로 그의 부임지는 베이징에서 가장 멀리 떨어져 있었고, 베이징 포위사건이 초래한 문제와 아무 관련도 없었다.

다른 남방의 도독과 순무가 이홍장을 강하게 압박했고, 이홍장은 조심스럽게 베이징으로 상경했다. 이홍장과 교섭한다는 것은 사실상 청황제의 합법성을 인정한다는 것이고, 또 그것은 서태후의 실권을 인정

9　Peter Fleming, *The Siege at Peking*, 1959, p.229 인용.
10　Ibid., p.243.

한다는 것을 의미했다. 하지만 연합국은 선택의 여지가 없었다. 기나긴 협상 끝에 평화조약이 체결되었다. 조약의 세부 내용은 이 책과 전혀 관련이 없으니 서술하지 않겠다. 1901년 서태후는 두 달의 여정을 거쳐 문무백관의 마중을 받으며 베이징으로 돌아왔다. 12월 매서운 추위가 몰아친 가운데 그녀는 국자감에서 정한 일시와 시간에 맞추어 도착했고, 문무백관과 처음으로 참석이 허락된 외국사절단이 지켜보는 가운데 당당히 종묘宗廟로 들어가 기복의식祈福儀式을 행했다. 놀랍게도, 그녀는 다시 7년간 중국을 지배했다.

1899년 자딘사와 홍콩상하이은행이 협력한 사업이 첫 결실을 맺었다. 그들이 합자해 소유한 자회사 중영은공사中英銀公司가 이홍장이 1890년대 초부터 구상했던 화북지역 철도망 건설권 입찰에 성공한 것이다.[11] 이홍장은 일본의 공격이 있기 훨씬 전부터 위협을 예견하고, 이에 대한 조치를 취하려 노력했다. 이런 조치 중 하나가 군대를 현대화하는 것이었다. 또 다른 조치는 전국적인 철도망을 건설하는 것이었다. 이는 현실적으로 성공할 가능성이 없었지만, 적어도 그가 다스리던 직예直隸에서 시범적으로 시행할 수는 있었다. 위의 두 가지 조치가 미처 성과를 이루기 전, 일본의 공격이 시작되었다. 이때까지 이홍장은 재앙을 가져올 전쟁의 승패에 영향을 미칠 만큼 두 가지 조치에서 충분한 성과를 이루지 못했다. 하지만 전쟁의 패배로 인해, 오히려 조정에 철도 건설이 반드시 필요하다는 점을 설득할 수 있게 되었다.

이홍장의 통솔 아래 새로운 철도를 건설하고 운영하기 위한 '철로총

---

11 은행과 자딘사의 협력 활동에 대한 설명에 대해서는 Maurice Collis, *Wayfong, The Hong Kong and Shanghai Banking Corporation*, 1965, pp.118~126 참조.

공사鐵路總公司, Imperial Railway Administration'라는 기구가 설립되었다. 베이징과 톈진을 잇는 길이 약 133킬로미터의 철도가 건설되었고, 이어서 톈진에서 하이허海河 어귀의 다구大沽까지 잇는 48킬로미터 길이의 노선도 건설되었다. 다시 다구에서 서북쪽으로 카이핑開平의 탄광과 제철소 단지를 통과해 북서쪽으로 약 234킬로미터 떨어진 만리장성이 시작되는 산하이관山海關, Shanghai Kwan까지 이어졌다. 원래 계획은 이 철로를 만주족의 발양지인 선양瀋陽, Mukden까지 이었다가, 남쪽으로 방향을 바꿔 잉커우항營口, Newchwang까지 확장하려 했다. 1899년쯤 이 계획을 완성할 자금이 바닥났다. 중국 정부는 스스로 철도를 건설하고 싶어 했다. 외국에 철도 건설권을 주는 것은 자국의 영도 침입을 초래할 수도 있었다. 하지만 일본이 시모노세키조약에 따라 요구한 배상금이 엄청나게 많았고, 세금 인상과 내부 신용으로 자금을 조달하는 것이 어려웠으므로, 청 조정은 스스로 자금을 조달하려는 계획을 포기하거나, 아니면 위험을 무릅쓰고 외국의 융자를 통해 자금을 확보해야 했다.

다른 현실적인 대안은 없었다. 철도는 국가 방위와 경제 발전을 위해 매우 중요했다. 청 조정은 선양과 잉커우를 잇는 노선의 철도건설권을 대가로 230만 파운드를 융자하겠다는 중영은공사의 제안을 수용했다. 이 융자의 담보는 이홍장이 이미 건설한 베이징-산하이관 노선의 철도였다. 만약 채무를 이행하지 못할 경우, 융자 조건을 충족할 때까지 중영은공사가 재정적 이익을 위해 철도 운영권과 인근의 자산에 대한 권리를 가지도록 했다. 홍콩상하이은행은 융자건을 성사시킨 대가로 46,000파운드의 수수료를 받았다. 자딘사는 철로, 철도 차량, 장비 등의 구매를 대행해 이윤을 담겼다. 의화단이 일망타진될 때까지 계약이 마무리되지 않았다. 이홍장이 이 계약을 확인했고, 얼마 지나지 않아 세상을 떠났다.

러시아는 중국의 동북 지역, 특히 만주滿洲를 자신들의 영역의 일부라고 간주했기 때문에 영국이 이 지역의 철도 건설권을 획득했다는 사실에 분개했다. 세기의 전환기에, 각국은 중국의 미래를 두고 격렬한 충돌을 벌였고, 자딘사는 비록 정치와 엮이는 것을 원하지 않았으나 이러한 갈등은 중국에서 활동하는 영국계 기업에 영향을 미칠 수밖에 없었다. 전제주의 러시아는 공격적으로 대외 확장 중인 강국이었고, 지난 세기동안 유라시아 대륙에 방대한 식민 제국—유럽에서는 독일과 합스부르크군주국에 의해 봉쇄—을 건설했다. 아시아에서 러시아인들은 여러해에 걸쳐 중국의 주권을 잠식하고 있었다. 영국 정치인들은 러시아가 인도에도 야심을 갖지 않을까 걱정하고 있었다. 영국의 걱정이 다소 과장되었을 수는 있으나, 러시아가 중국에 위협이 되는 것은 확실했다. 중국을 향한 러시아의 야심은 영국의 외교 정책에서 중요한 요소였다. 인도 침략에 대한 두려움, 크림반도에 대한 기억, 그리고 최근 1878년 근동近東지역의 위기가 더해져, 양측은 콘스탄티노폴리스를 두고 전쟁에 돌입할 뻔하기도 했다. 시베리아 횡단 철도가 건설된 후, 러시아는 단 한나라를 제외하고 가장 신속하게 베이징까지 군대를 파병할 수 있게 되었다. 러시아보다 빨리 군대를 보낼 수 있는 나라는 바로 일본이었다. 1894~1895년 청일전쟁에서 일본이 중국을 대패시켰음에도 불구하고 일본의 군사력은 흔히 과소평가되었다. 하지만 영국은 일본을 과소평가하지 않았다. 1902년 1월 30일 영국 외무장관은 영국과 일본이 극동지역에서 평화를 함께 보장하자는 취지로 연합방위조약을 체결했다. 이것은 '화려한 고립'이라는 전통적인 영국 외교 정책에서 크게 벗어나는 것이었다. 또한 이것은 영국 행정부가 러시아 확장주의의 위협에 놓인 중국 무역 시장을 매우 중요하게 인식했음을 명확히 나타내는 것이었다.

자딘사는 1903년까지 추가 진행된 철도 사업에 개입하지 않았다. 그때 중국 조정의 핵심 대신은 위안스카이袁世凱였다. 그는 믿을 수 없는 보수적 기회주의자였고, 청 왕조가 붕괴한 후 중화민국中華民國의 초대 대총통이었다. 이 시기 그는 서태후가 조정에서 가장 총애한 인물이었는데, 서태후가 철로 건설에 대한 태도를 바꾸었으므로 위안스카이 또한 철로건설을 추진하려 했다. 당시 제시된 계획은 영국 영향권의 중심부에 있는 상하이와 난징을 연결하는 영호선寧滬線을 건설하는 것이었다. 러시아도 이 노선의 건설권을 수주하려 했으므로, 중영은공사 역시 부득이하게 정치판에 개입하게 되었다. 당시 러시아는 영토를 확장하려는 야심을 가지고 있었는데, 랴오둥반도의 임차권을 얻으면서 전략적으로 중요한 부동항不凍港인 뤼순항Port Arthur을 확보했다. 이 지역은 과거 시모노세키조약 후 러시아가 프랑스 및 독일과 힘을 합쳐 강제로 일본에게 중국으로 반환하도록 만든 항이었다. 반환 이유는 외국 강국이 베이징에 너무 가까운 지역을 차지하는 것이 바람직하지 않다는 것이었다. 일본이 매우 화를 냈고, 이는 충분히 그럴만했다. 만약 러시아 기업연합이 상하이-난징 노선의 건설계약을 따낸다면, 러시아가 중국에서 가장 무역하기 좋은 지역에서 영국을 몰아낼 기회를 갖게 될 수도 있었다. 이 지역은 1898년의 이익 분할 과정에서 영국의 영역이라고 비공식적—법적으로는 아니지만— 으로 합의된 지역이었다. 중영은공사로서는 매우 다행스럽게도, 중국 정부는 이미 동북지역에서 러시아의 위협을 받고 있는 상황에 이런 위협을 양쯔강 지역까지 확장시킬 생각이 없었

1908년 자딘메시슨이 건설한 상하이-난징 노선의 개통일

으므로, 1903년 철도건설권을 과거처럼 중영은공사에 발주했다. 마찬가지로 홍콩상하이은행이 금융대리인 역할을 맡고, 자딘사가 구매대행을 맡았다.

1904년 7월, 홍콩상하이은행은 런던에서 3,250,000파운드 규모의 융자금을 마련했는데, 10년 만기, 액면가 97파운드, 5퍼센트 수익률의 채권을 발행해 조달했다. 이러한 조건이 황제의 칙령으로 재가되었고, 이 소식은 베이징에 주재하던 영국 대신에게 전달되었다. 청 조정이 원금과 이자를 보증했고, 상환 담보로 철도 수입과 자산을 최우선으로 처분할 권리를 내세웠으며, 또 철도 수입은 면세 혜택을 약속했다. 100파운드짜리 채권 구매자에게는 융자 기간에 해당하는 50년 동안 철도 순익의 해당 몫을 받을 권리를 주었다. 채권모집 설명서에는 영국 주재 베이징 공사관 상무관의 '상하이-난징 철도는 분명히 훌륭한 투자가 될 것입니다'라는 참여 독려의 말이 인용되었다. 철도는 차, 면, 그리고 비단 산업의 중심지를 통과하게 될 것이고, '승객들의 탑승 시간은 약 30시간쾌속 증기선을 타고 갈 때 걸리는 시간에서 8시간으로 단축될 것이며, 현재 1주가 걸리는 화물도 24시간 안에 도착하게 될 것이다'.[12] 청 조정이 경쟁 회사의 철도 건설을 허용할 리 만무하므로, 운송료로 경쟁할 상대는 나타나지 않을 것이다. 홍콩상하이은행과 자딘사는 잠재적으로 수익이 큰 독점권을 소유하게 되었고, 이 노선을 관리할 5명의 이사 중 3명은 중영은공사에서 지정하고, 나머지 2명은 중국철로총공사가 지정했다.

상하이-난징 노선의 융자건을 둘러싼 협상 과정은 영국 관료사회와 재중 영국 기업 간의 전통적 관계의 커다란 변화를 상징적으로 보여준다. 영국 정부의 '불개입'의 원칙은 더이상 유효하지 않았다. 베이징 주재 영국 대신은 매우 구체적인 보장이 담긴 황제의 칙령을 받았고, 이것을 영국 외무부에 전달했다. 영국 상무관은 런던에서 채권모집 설명서에 공개적인 지지를 표현할 수 있도록 허가받았다. 이러한 일은 10년 전이라면 상상도 할 수 없는 일이었다. 사실 영국 정부는 1885년 도쿄에서 있었던 독일의 압박에 대한 솔즈베리 경Lord Salisbury의 결정의 연속선상에서, 만일 중국에서 다른 강대국들이 영국의 이익을 위협한다면, 영국도 반드시 동일한 방법으로 그들에게 대응하리라 결정했다. 이제 느긋하게 앉아서, '자연스럽게' 경제적 요인들이 스스로 작동하도록 내버려 둘 수 없었다. 영국 무역에 있어서 중국이 세계에서 가장 중요한

---

12 P.D. Coates, op. cit., p.122.

지역은 아니었지만, 러시아나 다른 경제 제국주의 국가에 양보해서는
안 될 만큼 중요한 지역이었다.

1898년 영국의 외무장관 솔즈베리 경은 벨기에가 러시아-중국은행
Russo-Chinese Bank과 연합해 제안한 베이징-한커우 노선의 철도 건설 계
획에 격렬히 반대했다. 그는 1898년 6월 9일 베이징의 영국 대신에게
보낸 서신에서 '이런 성격의 철도건설권은 단순히 상공업 활동에 그치
는 것이 아니라, 양쯔강 지역에서 영국의 국익에 반하는 정치적 행위이
다'라고 적었다. 동일한 인물에게 보내는 6월 23일 자 서신에서 그는 영
중은공사의 난징-상하이 철도 사업을 최우선 순위에 두고, 또 다른 영
국 회사인 베이징 기업연합Peking Syndicate의 광업 면허를 두 번째 순위에
두며, 영중은공사가 후원하는 또 다른 잉커우 노선 확장을 세 번째 순위
로 둘 것을 촉구했다. 영국 정부의 이러한 움직임은 다른 외국 강국들을
양쯔강 지역에서 밀어내는 데 효과적이었다.[13]

영중은공사를 통해 자딘사가 개입한 여러 철도 융자 건 중 두 건은 언
급할 가치가 있다. 이 두 건의 융자는 1904~1905년 러일전쟁이 끝난
후 이루어졌다. 일본의 승리로 끝난 전쟁의 결과에 영국의 각 계층의 인
사들이 모두 만족했다. 당시 그들은 일본이 머지않아 러시아를 대체해
극동지역에 위협이 되는 강대국이 될 것이라고 예상하지 못했다. 1907
년 영중은공사가 청 조정으로부터 광둥에서 새로 임차한 홍콩의 신계新界
까지 가는 노선의 철도건설권을 수주했다. 계약 조건은 상하이-난징 철
도영호선의 계약 조건과 유사했다. 융자금은 150만 파운드였고, 액면가

13 D.G.M. Platt, op. cit., p.285.

95파운드인 채권을 발행해 자금을 조달했다. 양광 총독이 토지 징수를 책임졌는데, 효율적인 철도 건설에 방해가 되지 않는다면 최대한 총독의 요구에 따르라는 지시가 있었다. 1908년 홍콩상하이은행은 텐진에서 푸커우浦口로 가는 노선을 건설하기 위해 500만 파운드 규모의 융자금을 모았다. 이번에는 중영은공사가 개입하지 않았다. 이 노선의 일부가 독일 영향권통과하고 덕화은행德華銀行이 이 사업에 관여했으므로, 중영은공사가 개입하는 것이 적절하지 않았다. 하지만 영중은공사는 1908년 서태후가 서거하기 이전, 마지막 철도건설권을 수주한 회사였다. 이 철도 노선은 상하이에서 닝보寧波까지 연결되었고, 융자는 150만 파운드 규모였다.

마르크스 레닌주의에 근거해 경제 제국주의를 언급한 담론과 문장은 수없이 많다. 자딘메시슨은 이런 경제 제국주의 활동에 참여한 회사의 전형으로 손꼽히기도 한다. 1993년 1월 자딘메시슨은 홍콩 민주주의의 발전을 지원한다고 의심받아 중국 정부로부터 강한 압력을 받았다. 중국 정부는 회사의 지원이 사회주의를 전복하고, 중국에 자본주의를 다시 세우려는 정직하지 못한 방법이라고 생각했다. 필연적으로, 중국 정부는 다시 아편 무역, 1842년과 1860년의 '불평등' 조약, 그리고 1898년의 철도건설권 쟁탈 전쟁을 언급했다.

경제 제국주의 이론은 산업 강대국에서 자본주의가 점차 '발전'할수록 자본가가 축적한 자본이 국내 시장에서 소화할 수 있는 범위를 넘어서게 되고, 그로 인해 자본가들은 잉여자금을 투자할 출로를 국외에서 모색하게 된다는 것이다. 국가 간 경쟁을 제한하기 위해 자본가의 통제를 받는 국가는 정치적 지배력을 이용해 '저개발' 국가의 특정한 지역에서 관세, 원료 공급원의 보호, 철도 및 운용비용의 차별적 혜택 등의 중상주의 정책으로 투자 독점권을 확보한다. 런던, 유럽, 그리고 미국의 금융권에서 가하는 재정적 압박으로 추진되는 정치적 지배력이 반드시 실제적 통치권을 의미하는 것은 아니다. 물론 그렇게 되기 쉬웠고, 실제로 그렇게 된 예도 있다. 그것은 정식적인 식민지일 수도 있고 아닐 수도 있다. (공식적인 제국뿐만 아니라 비공식적인 제국도 존재할 수 있다.) 라틴 아메리카를 예로 들면, 이곳이 정식 식민지인가 하는 것을 떠나, 기존의 사회와 경제구조가 붕괴하자 강대국에 의한 통제—레닌에 따르면 항상 해로운 결과를 초래하는—가 법적으로는 아니었지만, 실질적으로는 이루어졌다. 이 이론을 중국에 적용한다면, 중국은 영국, 미국, 그리고 독일이 영토를 합병하거나 괴뢰정부와 보호국을 세울 가능성이 가장 높은 나라였다. 이런 나라들은 어떤 정의를 따르더라도 가장 '선진화'된 자본주의 국가였다. 사실 가장 확장주의를 추구하는 나라는 가장 덜 '선진화'된 러시아와 일본이었다. 이 두 나라는 최근에서야 봉건주의에서 탈피했고, 잉여자본을 전혀 가지지 못했다. 하지만 산업혁명에 늦게 적응한 프랑스와 더불어 일본과 러시아도 중국 내 영토 소유권을 주장하고, 특혜 요구에 가장 앞장섰다. 앞에서 언급했듯이, 영국과 미국은 줄곧 자유 무역과 문호개방을 찬성해왔다.

영국 정부는 1898년 철도건설권 분쟁에 합류하지 않을 수 없었다. 하지만 솔즈베리 경은 중국의 경제적 분할은 막을 수 없지만 영토 분할은 막으려고 했다. 처음 독일의 태도는 양면적이었으나, 곧 베를린에서 '식민주의' 정책을 주장하는 무리로 인해 산둥반도를 그들의 영역으로 요구했다. 하지만 독일의 산업계는 뛰어난 경쟁력을 갖추고 있었기에 중국 전역에서 공평한 경쟁을 선호하는 경향을 보였다. 이런 견해가 상당히 보편적이었다. 1901년 영국과 독일은 중국에서 영토 분할을 주장하지 않기로 합의했다. 중국의 유명한 한 역사가는 아마도 이 합의로 인해 중국이 분할될 운명을 피했으리라고 추측했다.[14]

사실, 영국은 레닌주의가 말한 경제 제국주의 정책에 관여하지 않았고, 자딘사 혹은 중국에서 활동했던 영국의 경쟁 회사들도 이런 비난을 받을 짓을 하지 않았다. 솔즈베리 경과 그의 후임자들은 실제로 철도건설권과 융자에 영중은공사가 입찰하도록 지원했지만, 이는 단순히 런던이나 다른 곳의 압박을 받는 개인 회사를 도와주기 위해서가 아니라 근본적으로 다른 나라의 경제 제국주의에 대항하는 정치적 조치의 일환이었다. 플랫Platt이 설명했듯이, 양쯔강 지역을 차지한 영국의 정치적 입지는 개인 자본을 끌어들여야만 공고해질 수 있었다.

영국 사기업이 중국 정부가 발주한 철도건설권, 광산 채굴권 등에 열을 올린 것은 사실 영국과 중국 간 국가 외교와는 무관했다. 영국 주재 베이징 공사 맥도널드MacDonald가 확보한 권리가 영국 자본가들이 감당할 수 있는 것보다 훨씬 컸다. 영국 자본가가 정부의 협조를 요구해 각종 권리를 획득하고 이윤을 얻은 것이 아니었다. 영국 정부가 제국의 정치적 이익과 영국 무역의 전체 권익을 위해 중국에게 권리를 요구해 얻어냈고, 나서려고 하지 않던 런던금융계에 협조를 요구한 것이었다.[15]

---

14 Jack Gray, *Rebellions and Revolutions in China from the 1800s to the 1990s*, 1990, p.122.
15 D.G.M. Platt, op. cit., p.284.

아마도 마르크스-레닌주의를 신봉하는 열성 지지자를 제외하고는, 위의 저명한 경제 역사가의 주장을 뒤집기는 힘들 것이다.

제15장
20세기의 자딘메시슨

1906년 11월 22일 회사의 법적 지위가 크게 변화했다. 자딘메시슨 Jardine Matheson&Co. Ltd.이 합자회사에서 유한책임회사로 탈바꿈했고, 합자회사의 동업자들은 이사가 되었다. 하지만 과거의 조직체계는 대부분 유지되었다. 1905년 설립자의 마지막 조카 로버트 자딘 경Sir. Robert Jardine 이 80세의 나이로 죽었다. 그와 우호적인 관계를 유지하던 71세의 윌리엄 케직William Keswick은 자신 못지않게 중국 상황에 정통한 고위 이사이자 소유주를 잃게 되었다. 회사의 소유권과 대주주 자격은 이제 37세에 불과한 로버트 경의 아들에게 넘어갔는데, 그의 이름도 로버트였다. 그는 중국에 대해 무지했고, 중국 사업에 관심도 없었다. 부친처럼 중요한 정책이나 고위 인사의 임명과 같은 중요한 문제에 대한 최종 결정권을 가졌지만, 그의 통제력은 허울일 뿐 실질적인 것이 아니었다.

1908년 런던의 메시슨사Matheson&Co.는 자딘메시슨의 선례를 본받아 유한책임회사로 전환했다. 19세기 중반부터 메시슨사는 차츰 자딘사와 밀접한 관련을 맺어 왔다. 메시슨사는 영국의 석탄, 금속, 기계류, 그리고 음료류의 대중對中 수출업무와 중국의 차, 비단 등을 수입하는 대리상 역할을 통해 모회사인 자딘의 성장에 크게 기여했다. 메시슨사는 중국 정부 및 철도 사업을 위한 융자 건을 런던에서 성사시키고, 중국에 파견할 직원 선발에도 핵심적인 역할을 담당했다. 두 회사는 성심껏 협력하고 많은 사업을 동업해 처리해 왔으나, 늘 의견이 일치한 것은 아니었고 법적으로 독립된 회사로 남았다. 분명히 두 회사의 소유권을 통합할 근거는 있었다. 1900년이 되자, 런던 메시슨사의 동업자 중 메시슨 가문 사람은 아무도 없었으나, 회사의 중요지분은 여전히 그들이 가지고 있었다. 1912년 자딘은 메시슨 가문이 소유한 주식을 매입해 최대 주주가 되었고, 나머지 주식은 케직 가문이 가지게 되었다. 3월 9일, 윌리엄 케직이 세상을 떠났다. 그가 죽기 전, 자딘사의 연례 총회에서 대반인 데이비드 랜데일David Landale은 앞으로 실무 이사들은 상하이에서 거주하게 될 것이고, 회사의 본부는 이제 홍콩이 아니라 런던의 사무소가 될 것이라고 발표했다. 그리고 이 조치는 새 소유주 로버트 뷰캐넌 자딘 Robert Buchanan-Jardine의 승인을 받은 것이라고 부언했다.

1912년 대반이 된 데이비드 랜데일은 회사뿐만 아니라 자신을 위한 통찰력도 있는 인물이었다. 1909~1910년 자동차 수요가 급증하면서 자동차용 타이어 생산에 필요한 고무의 수요도 전 세계적으로, 특히 미국 시장에서 급증했다. 랜데일은 상하이 외국 무역상들과 함께 상하이에 투자했고, 특히 고무 분야의 주식에 크게 투자했다. 당시 그는 외국상공회의소Foreign Chamber of Commerce의 회장이었고, 영국-자바 자산사 Anglo-Java Estates Limited를 설립했다. 그의 상업 활동 중 일부는 비난받을 행위로 보이지만, 배금주의가 팽배하던 당시의 분위기를 고려한다면 투기행위의 도덕적 잣대를 가늠하기 어려웠고, 또 진정으로 세태를 비난하는 사람과 단순히 경쟁에서 뒤처져 앞서 나간 이들을 비난하는 사람을 구분하기 어려웠다. 호황은 6개월간 지속되었다. 그리고 1910년 7월 고무 가격이 폭락했다. 적어도 8개의 중국 은행이 파산했다. 분명히, 1911년과 1912년의 수익을 본다면아래 참조 회사는 제때 발을 뺐다. 그리고 데이비드 랜데일도 적시에 투자금을 회수했음을 충분히 짐작할 수 있다.

1907~1908년 이후부터는 자딘사의 기록에 누락된 부분이 나타나지 않는데, 아마도 유한책임회사로 바뀌었기 때문일 것이다. 1907~1908년의 수익은 800,000홍콩달러이고, 이듬해는 1,700,000홍콩달러에 달했다. 1910~1911년은 수익도 손실도 없었다. 1911년부터 1914년 사이의 수익은 800,000홍콩달러에서 1,200,000홍콩달러에 머물렀다. 하지만 유럽전쟁이 놀랄만한 이익을 안겨주었다. 1915~1916년의 수익은 5,300,000홍콩달러였고, 1916~1917년은 4,500,000홍콩달러였으며, 향후 3년간 연 평균 3,100,000홍콩달러의 수익을 남겼다. 전쟁기간 자딘사의 이익이 증대한 이유에 대해서는 아래에서 논의하겠다. 여기서는 호황기가 그다지 오래 지속되지 않았다는 점만 언급하겠다. 이렇게 몇 년에 걸쳐 큰 수익을 거두기는 쉽지 않았다. 회사는 제2차 세계대전이 끝난 후에야 다시 호황기를 누리게 된다.

1914년에 이르자 중국의 정치적 상황이 크게 변하였다. 1904~1905년의 러일전쟁이 아시아 지역에서의 힘의 균형을 바꾸어놓았다. 이 전쟁은 아시아 국가가 유럽 국가를 패배시킨 첫 사례로 미래에 중요한 함의를 지니고 있다. 아시아에서 백인은 더이상 군사적으로, 해상에서도 우위에 있어 감히 도전할 수 없는 상대가 아니었다. 일본이 선전포고도 없이 러시아의 극동 함대를 공격하고 패배시킨 것을 세계가 놀라움 속에서 지켜보았다. 이것은 진주만의 전조前兆였다. 이후 일본이 뤼순항을 점령했고, 대마도해협에서 도고 헤이하치로東郷平八郎 해군 제독이 증기선으로 세계의 반 바퀴를 돌고 온 러시아의 발트 함대를 포탄으로 공격해 침몰시켰다. 운송 사업에서 일본 정부의 적극적인 지원을 받는 일본 국적의 회사들과 경쟁하기 점차 힘겨워졌지만, 전쟁이 자딘사에 즉각적인 영향을 미치지는 않았다. 일본의 경제적 제국주의가 자딘사와 스와이어사를 포함한 대중무역에 종사하는 서양 회사의 이익에 심각한 영향을 준 것은 이보다 훨씬 뒤, 즉 제1차 세계대전과 제2차 세계대전 사이의 일이다. 하지만 1912년에 이미 일본 무역의 절반을 차지하는 대중무역에서 일본 선박이 모든 운수 책임을 맡고 있었다.

1908년 서태후와 허수아비 황제가 세상을 떠나자, 청나라는 곧 종국을 맞는다. 아시아의 입헌군주국 일본이 러시아라는 독재적이고 여러 언어를 쓰는 군주국에 승리를 거두었기에, 청 왕조는 더이상 지탱할 수 없었다. 헌법 제정과 의회 설립의 요구를 거절할 수 없었고, 소수의 만주족 지배층이 중국을 통치하는 것에 대한 합법성을 상실했다. 허수아비에 불과한 청 왕조의 마지막 황제 부의溥儀는 1912년 2월 12일 황위를 포기하도록 설득당했다. 쑨원孫文 박사를 임시대총통으로 하는 중화민국中華民國의 설립이 공포되었다. 쑨원은 하와이에서 자란 중국인으로 홍콩에서 의학 학위를 받은 인물이었다. 그는 영구적으로 총통직을 맡겠다고 주장하지 않았다. 만주족 조정과 각 성의 혁명 세력들이 원한 사람은 어리석게도 중국의 '북해North Seas'군을 만든 위안스카이袁世凱였다. 1913년 10월 헌법의 초안이 제정되기 전, 위안스카이는 이미 대총통이 되었고, 그렇게 모호한 상황에서 2년간 자리를 꿰차고 앉았다. 그동안 그를 지지했던 정치 계층은 차츰 그에 대한 신망을 잃어갔다.

1915년 말, 위안스카이는 독재적 과대망상에 빠진 나머지 스스로 황제가 되기로 결심한다. 중국을 자신들의 보호국으로 만들기 위해 일본이 고집한 '21개 조약'으로 인해 위안스카이의 권위는 땅에 떨어졌다. 그는 일본의 요구 조건을 수용할 수밖에 없었는데, 아마도 별다른 선택권이 없었을 것이다. 영국, 프랑스, 그리고 러시아는 유럽전쟁에 몰두해 있었고, 단지 일본만이 동맹국Central Powers[1]에 대항하는 연합군의 일원으로 사실상 중국을 자신들이 원하는 대로 할 수 있었다. 위안스카이가 황제를 칭한 후 그를 비난하는 목소리가 높아졌고, 결국 황위에 오른 지 수개월 만에 퇴위를 강요받았다. 이보다 더 심한 치욕은 없었을 것이다. 위안스카이는 황위를 포기한 후, 1916년 6월 6일 56세의 나이로 사망했다. 이어서 10년간 중국은 군벌할거軍閥割據의 시대가 도래한다. 1918년 베이징 정부가 동맹국을 향해 선전포고를 했으나, 전세에 아무런 영향을 미치지 못했다. 마치 크림전쟁 말기에 이탈리아 피에몬테Piedmont의 수상이 평화협정에 끼기 위해 러시아에 선전포고를 한 것과 유사했다.

처음에는 이러한 혼란이 자딘사와 경쟁사들에게 별다른 영향을 미치지 않았다. 자딘사의 경우, 중국에서 가장 중요한 곳은 상하이였다. 자

---

1 [역주] 동맹국(Central Powers)은 제1차 세계대전 중 연합국에 대항해 함께 싸웠던 오스트리아, 독일, 헝가리 등을 포함한다.

딘사는 살아남은 외국 무역회사 중 가장 큰 규모였다. 와이탄Bund 27번지에 소재한 자딘메시슨중국명 이화양행의 사무실에서는 항구가 내려다보였는데, 그 항구를 건설할 때 회사가 도움을 준 바 있었다. 자딘사에 필적할 경쟁사는 버터필드 스와이어사가 있었는데, 이 회사는 프랑스 조계의 와이탄에 사무실을 두고 있었다. 상하이에는 공공조계와 프랑스 조계法租界2란 독특한 제도가 있었다. 그 목적은 각 외국 회사와 상하이 주재 외국인을 효율적으로 보호하고, 북양군벌의 통제를 받지 않으며, 중국 내전으로부터 가능한 한 효과적으로 거리를 두기 위함이었다. 자딘사는 상하이-홍커우 부두회사Shanghai&Hongkew Wharf Company, 3개의 방직공장, 한 개의 비단 견직공장, 한 개의 양조장, 한 개의 보험회사, 그리고 한 개의 중요한 운송회사를 운영하고 있었다.

1914년 제1차 세계대전이 발발하자, 처음에는 런던의 메시슨사에서 특히 불안해했다. 그래서 1906~1920년간 이사 C.H.로스C.H. Ross는 '은행들이 나흘 동안 문을 닫고, 주식시장은 무기한 폐장한다'라고 적었다. '무역은 완전히 중단되고 (…중략…) 모든 상업 거래 서류는 사실상 쓸모없어졌다.' 메시슨 지분을 사들인 후 경영을 맡았던 헨리 케직Henry Keswick은 스코틀랜드 사단의 3대대에 합류했다. 전쟁동안 로스가 자리를 차지했다. 독일과 오스트리아의 경쟁사가 사라진 것이 회사에 도움이 되었고, 1906년 이후 다양한 상품으로 경영의 다각화를 시도한 것도 도움이

2　[역주] 상하이에는 2개의 조계, 즉 공공조계와 프랑스조계가 있었다. 공공조계(公共租界)는 영국과 미국의 조계를 중심으로 유럽의 열강들이 공동의 행정과 무역 및 생활을 영위하던 곳이다. 열강들은 연합관리기구인 상하이공부국을 설립해 국가 속의 국가인 조계를 운영했다. 프랑스 조계는 한자로 흔히 법조계(法租界)라고는 부르는데, 1849년부터 1943년까지 존재했다. 여기서 법(法)은 프랑스의 음차이다.

되었다. 운도 좋아서 1914~1918년에 낙하산용 비단, 조명탄, 그리고 폭약통 등의 생산품이 중요한 전략적 가치를 가지게 되었다. 게다가 유명한 '영국 방한코트British Warm'[3]는 중국 북부의 낙타 털로 만든 제품이었다. 물론 부정적인 측면도 있었다. 자딘사는 일부 직원을 소위 '대나무라이플Bamboo Rifles'이라 불린 중국노공려中國勞工旅, Chinese Labor Battalions[4] 쪽에 파견해야만 했다. 더 심각한 것은 1918년 회사 선박 중 하나인 쿠상호Kutsang가 어뢰를 맞고 많은 인명피해가 발생한 사건이었다. 하지만 재정적으로 회사는 앞에서 밝힌 수치에서 보듯이 정말로 순탄했다. 회사의 역사에서 이 시기의 순이익이 가장 컸고, 전쟁으로 인해 사망한 직원 수도 많지 않았다. 10만 자딘 직원의 대부분은 군복무의 의무가 없는 사람들이었다. 그중 9명이 사망했고, 자딘의 방계인 인도-중국 증기항해회사Indo-China Steam Navigation Company의 직원 12명이 죽었다.

전쟁의 종식은 승리한 쪽을 지지한 회사에 잠시지만 강력한 행복감을 안겨주었다. 전쟁은 사람들의 생활에 크든 작든 고통을 가져다 주었다. 죽은 자를 위한 애도가 필요했고, 상처 입은 자는 치료가 필요했으며, 멈추었던 일은 다시 시작해야 했다. '전쟁으로 전쟁을 종식시키는 것'이 얼마나 어리석은 생각인지는 차치하고, 적어도 이 모든 과거에 이별을 고한 것은 사실이다. 휴전과 함께 종군했던 자딘사의 직원들도 복직하거나 귀국해 결혼했다. 1914년 이전 짧은 실무경험이 전부인 자딘의 '신

---

3 [역주] 제1차 세계대전 때 영국 육군 사관들이 착장한 더블 브레스티드의 방한용 코트. 폴로코트를 군복에 채용한 스타일로, 깃모양은 피크트 라펠, 어깨에 견장이 달린 것이 특징이다. 기장은 무릎 길이나 무릎 위로 짧은 털외투 스타일이 일반적이다.
4 [역주] 제1차 세계대전 때 영국군 소속의 중국노공부대로, 주로 유럽 서부전선에서 협약국을 위해 목숨을 바친 중국 노공(勞工)을 지칭한다. 이 부대는 주로 화물의 운수, 참호 파기 등 노동력을 제공했다.

입직원'들은 육상에서, 해상에서, 그리고 공중에서 4년 동안 생사를 넘나들며 국가를 보호했다. 하지만 이들을 다시 무역의 길로 들어서게 만들기란 결코 쉬운 일이 아니었다. 이들의 마음을 누그러뜨리고 새 직원을 선발하는 데에는 요령과 지략이 필요했다. 물론 전쟁 후 돌아온 직원들에게 합리적인 보상금을 주는 것도 잊지 않았다.

헨리 케직은 건조가 끝나지 않은 해군 구축함을 구입해 증기 요트로 개조하고, 차 운송 쾌속 범선 중 가장 유명한 배의 이름을 따서 커티 사크호Cutty Sark라고 명명했다. 헨리 케직은 이 증기 요트를 타고 스코틀랜드의 스트랜라Stranraer에서 출항해 홍콩, 상하이, 중국 북방의 각 항구와 일본에 있는 지점에 들렀다. 그는 회사에 활력을 불어넣을 필요가 있다고 판단했다. 케직은 9개월의 항해 끝에 파나마 운하를 경유해 귀국했다.[5] 현재로서는 그가 어떤 근거로 자딘사의 각 지점이 생기 없고, 모험심이나 진취적인 태도가 부족하다고 판단했는지 알 수 없다. 전쟁 기간 중 회사가 얻은 막대한 수익이 빈둥거리며 쉽게 돈을 벌려고 하는 결과를 낳았을 수도 있다. 실제로 이러한 태도는 휴전 이후 승리국의 사업 세계에서 꽤 일반적으로 볼 수 있었다. 유쾌하지 않은 일이 곧 닥쳤다. 1919~1920년 회사는 3,400,000홍콩달러에 달하는 수익을 냈지만, 1920~1921년에는 1,400,000홍콩달러의 적자가 났다. 자딘사가 유한책임회사로 바뀐 후 기록한 최초의 적자였다. 이 손실이 재앙의 수준은 아니었다. 1921~1922년에 다시 100,000홍콩달러의 수익을 회복하고, 이듬해 수익이 4,300,000홍콩달러로 증가했다. 1923~1924년과 1924~

---

5   Maggie Keswick(ed.), *The Thistle and the Jade*, 1982, p.45.

1925년에는 수익이 다소 감소했지만, 각각 2,400,000홍콩달러와 1,800,000 홍콩달러로 만족할 만한 수준이었다. 그럼에도 불구하고 위의 수익 변동은 과도한 자만심을 떨어내기에 충분했다. 자유의 대가처럼 수익의 대가는 '끊임없는 경계심'이다.

회사의 역사에서 가장 재정적으로 성공한 기간 동안 대반을 맡아 회사를 경영한 데이비드 랜데일David Landale은 6년의 임기를 마치고 1918년 퇴임했다. 그의 후임은 윌리엄 자딘 박사의 누이의 후손인 존 존스톤 John Johnstone이었다. 런던의 최고 이사는 헨리 케직이었고, 그는 막 세계 일주를 마치고 귀국했다. 회사는 중국에서 새로운 상황에 직면했다. 1920년 자딘사는 과거 어느 때보다도 많은 수의 지점을 갖고 있었지만, 중국의 무역 및 경제 상황은 전혀 안정적이지 않았고, 특히 상하이에서 서양 무역상들의 지위는 불확실하고 논란이 많았다.

세 개의 먹구름이 드리우고 있었다. 우선 일본의 야망이 중국과 중국에 거주하는 외국 무역상에게 점점 위협이 되었다. 둘째로 중국 정부의 통치가 무질서하고 불안정했다. 끝으로 중국의 민족주의가 상하이의 공공조계와 프랑스 조계를 위협하고 있었다. 외국인들이 통상항구에서 누리던 치외법권의 혜택이 조만간 공격받게 될 것이 분명해졌다. 이 특혜는 만주족 조정이 약해서 생겨난 것이었고, 군벌 정권은 더 약했기 때문에 만주족 조정이 사라진 후에도 이 특혜를 계속 제공했다. 이런 특혜는 민족주의 감정을 자극하는 명백한 국가적 모욕이었다.

대부분의 서양인은 중국의 제도가 이대로 유지될 수 없다는 것을 알았다. 니콜라스 클리포드Nicholas Clifford는 『제국의 망가진 아이들Spoilt Children of Empire』이라는 상하이에 관한 훌륭한 연구의 서문에서 당시의 상하이와 1990년대의 홍콩이 서로 닮은 점이 있다고 지적했다. 물론 상하이는 실제로 식민지가 아니었지만, 전체적으로 영국의 통제 아래 있었고, 이러한 통제로 인해 상하이가 번성하게 되었다. 식민지 통치가 없었다면 홍콩이 오늘날처럼 상업적으로 발전하지 못했을 것이고, 상하이도 공공조계가 없었다면 상업적으로 크지 못했을 것이다. 이 두 곳은 모두 중국의 도시들이다. 홍콩은 1997년 반환이 명시되었지만, 상하이 공공조계는 명확한 반환기한이 적시되지 않았다. 하지만 생각이 있는 서양인이라면 누구나 1920년대 이미 이러한 제도가 무한정 지속되지 않으리란 걸 틀림없이 깨달았을 것이다. 그렇다면 문제는 어떤 방식으로 이를 대체할 것인가 하는 것이었다. 이는 1997년 홍콩 반환 직전 사람들이 가졌던 문제의식과 동일하다. 이 두 도시의 상업적 성공의 유일한, 심지어 주된 공헌을 한 존재가 외국인이라는 의미가 아니다. 이곳의 상업적 성공은 중국인의 날카로운 통찰력, 활기, 진취적인 정신에서 비롯된 것이다. 물론 일부 외국인들이 많은 돈을 벌었지만, 외국의 지배, 혹은 어느 정도의 지배가 미친 실질적인 효과는 중국인들의 천부적인 사업 재능을 부패하고 답답한 베이징의 관료주의로부터 보호하는 것이었다. 베이징의 관료주의는 청 왕조 때처럼 중화인민공화국 체제에서도 여전히 억압적이다.

통상항구가 몇몇 중국인에게 절대 다른 지역에서는 이루지 못할 치부致富의 기회를 제공했으나, 부를 이룬 이는 중국 전체, 심지어 통상항구에서조차도 극히 소수에 불과했다. 대부분의 상하이 주민들은 쓰러질 것 같은 허름한 빈민가에서 살았고, 이런 빈민가는 좁고 지저분한 도로로 얽혀 있었다. 상하이 거주민의 생활환경이 농민보다 더 좋았는지는 논쟁의 여지가 있다. 많은 사람이 농촌에서 상하이로 몰려든 이유는 돈을 벌 수 있다는 꿈을 좇아온 것도 있었으나, 그 이면에는 기아, 홍수, 군벌의 유린을 피하거나 농촌 생활의 불안정 등의 원인도 있었다. 중국인들은 이미 빈부격차에 익숙해져 있었다. 중국인 중에는 유럽인에 뒤지지 않을 만큼 부유한 중국 은행가, 상인, 그리고 선주들이 있었다. 빈부격차는 그들 삶의 한 부분이자, 중국 제국의 특징 중 하나이다. 중화민국 시기 이 문제가 크게 나아질 것이라 기대한 중국인은 없었다.

하지만 중국 지성인의 의식이 변하고 있었고, 그들은 상하이에 거주하는 유럽인의 부와 그들이 누리는 특혜에 분노해 적개심을 가졌다. 부유한 중국인들은 자신의 부를 공개적으로 드러내는 것을 조심하는 경향이 있다. 중국 제국에서 부를 공개적으로 드러내는 것은 늘 위험했고, 그 전통은 오래되었다. 하지만 유럽의 무역상이나 그 직원들에게서는 이러한 조심성을 찾아볼 수 없었다. 그들은 근본적으로 철새 같은 존재였고, 인도에서 '영국의 지배'를 담당했던 백인 관료와 사업가들보다 더 스쳐 지나가는 사람들이었다. 인도에 주재한 영국인들은 종국에는 영국으로 귀국할 의사가 있었지만, 그들이 인도에서 머문 시간은 대다수의 중국 주재원과 비교했을 때 훨씬 길었다. 당연히 중국 주재 영사와 중국 세관 업무처럼 예외적인 경우도 있었다. 하지만 일반적으로 말하면, 상하이에 거주하던 외국 무역상들의 목적은 이곳에서 가능한 한 빨리 부를 축적하고, 그 돈을 가지고 귀국하는 것이었다. 걸출한 익명의 한 영국인은 1929년 자신의 입장을 다음과 같이 요약했다.

나의 목적은 최대한 짧은 시간 내 많은 돈을 버는 것이다. 만일 더 나은 투자

방식이 없다면, 토지를 중국인에게 임대하고, 30~40퍼센트의 이자로 그들을 위해 집을 지어준다. 나는 2, 3년 만에 떼돈을 벌어 이곳을 떠나기를 바란다. 이후에 상하이가 불타버리든지, 홍수로 쓸려 내려가든지 나와 무슨 상관이 있겠는가?[6]

위는 중국 학자 하진린夏晉麟, Ching-lin Hsia이 영문 단행본 『상하이의 지위The Status of Shanghai』 1929에서 인용한 '상하이에서 가장 영향력 있는 인물 중 한 명의 솔직한 견해'이다. 이 정도로 솔직함을 드러낸 것은 드문 경우지만, 그의 견해 자체는 그리 특별한 것이 아니었다.

그렇다고 하더라도 상하이나 다른 통상항구에 거주하던 모든 외국 무역상들이 공공심이 없었다거나 완전히 이기적이었다고 생각해서는 안 된다. 홍콩에서처럼 자딘사의 구성원들은 지역 정부의 활동에도 참여했었다. 1929년 중국에 도착해 상하이 자딘사에서 근무하게 된 존 케직경은 '자딘사는 상업 활동의 최전선에 있고, 자딘 구성원은 공직에서도 지도적인 역할을 담당하고 있다. 내 조부와 그의 형제, 내 부친과 그의 형은 회사에 몸담고 있을 때 모두 상하이공부국上海工部局, Municipal Council of Shanghai의 의장직을 맡았었다. 홍콩의 경우 회사의 임직원 중 한 명은 홍콩의 행정회의Executive Council와 입법회Legislative Council에서 봉사하도록 요청받는다'[7]고 썼다. 위의 사실은 홍콩이 영국의 식민지였으므로 그리 놀랄 일은 아니지만, 영국 상인이 타국에서 의장직을 맡는다는 것은 상당히 드문 일임이 분명했다.

---

6   Betty Peh T'i Wei, *Old Shanghai*, p.219.
7   Maggie Keswick(ed.), op. cit., p.205.

다만, 상하이공부국은 세계 각국의 지방 정부와 달랐다. 1920년대까지 상하이공부국의 이사는 토지 소유자들이 참가한 복잡한 복수식 투표 제도로 선출했는데, 외국인만 가능했고 중국인은 배제되었다. 상하이공부국은 원래 영국인 6명, 미국인 2명, 독일인 1명으로 구성되었다. 전쟁 후 독일인이 축출되었고, 그 자리에 일본인이 들어왔다. 내부의 다툼만 없다면 영국인들이 완전히 통제권을 장악하고 있었다. 1925~1926년 상하이에서의 분란 이후, 상하이공부국은 늦게나마 선거 자격과 이사회 의석수를 확대해 중국인을 받아들였다. 1928년 최초로 중국인 이사가 선출되었지만, 영국의 통제력은 여전했다. 상하이공부국은 1920년대의 일상 대화에서 '상하이 시장'으로 알려진 스털링 페센덴Stirling Fessenden이라는 상냥한 미국 변호사를 의장으로 선정했다. 하지만 그는 영국인보다 더 영국적이어서 허수아비에 불과하다고 알려졌고, 그의 의장 선출이 미국인의 관심사를 충족시켜주지 못했다. 한 미국인은 공공조계가 '런던 탑Tower of London이나 웨스터민스터사원Westerminster Abbey에 불과하지, 진정한 국제적 공동체가 아니다'라고 불평하였다.[8]

상하이의 공적 업무와 상업 활동에 있어서 자딘사의 중요성은 훗날 작위를 받은 시드니 바톤Sidney Barton이 1922년 상하이 총영사로 임명됨으로써 더 높아졌다. 그는 1904년 자딘사의 동업자 중 한 명인 알렉산더 파머 맥유언Alexander Palmer MacEwen의 딸과 결혼했다.[9] 그는 1911년부터 베이징 소재 영국 공사관에서 비서로 일했는데, 당시 유명한 타임즈Times의 특파원 G.E.모리슨G.E. Morrison은 그를 두고 '중국에서 영사 업무를 한

---

8   Nicholas R. Clifford, *Spoilt Children of Empire*, 1991, p.33 인용.
9   1894년에 임명을 받았고, 1901년에 퇴임했다.

것 이외에는 전혀 경험이 없고, 아내의 영향을 많이 받는 편협한 남자'[10] 라고 묘사했다. 그가 정말 그런 인물이었는지는 알 수 없지만, 바톤 여사가 활발한 인물이었던 것은 분명했다. 그녀는 1928년 4등급 대영제국훈장을 받았고, 1937년에는 남편이 1926년부터 1936년까지 대사로 있었던 에티오피아의 아디스 아바바Addis Ababa에서 행한 사회복지 활동으로 3등급 대영 제국 훈장을 받았다. 아마 G.E.모리슨이 바톤의 능력을 과소평가했을 수도 있다. 『국가인명사전Dictionary of National Biography』에 따르면, '그는 자신의 능력이 닿는 데까지 최선을 다해 영국의 이익을 지키는 데 매우 가치 있는 봉사를 했다. 이것 때문에 그는 영국인 공동체에서 아주 인기가 있었으나, 중국의 관리들은 그를 몹시 싫어했다'고 한다.[11]

　1924년 이후 상하이의 정치적 상황은 나날이 불안정해졌다. 그해 여름 상하이 통제권을 두고 장쑤江蘇와 저장浙江 군벌 간 전쟁이 발발했다. 가을에 전쟁이 잠시 소강상태로 접어들었으나, 상하이 부근의 통신은 단절되었고, 대량의 난민이 공공조계로 밀려 들어왔다. 상하이 공공조계 자체는 심각한 위협을 받지 않았지만, 상하이 교외 지역에서는 대규모 약탈과 소동이 벌어졌다. 겨울에 전쟁이 재개되었고 2월에 다시 불안한 평화가 찾아왔다. 중국 내 영국 회사를 대표하던 중국협회China Association 의 상하이 지부가 자신들의 안전과 상하이의 중립 보장을 위해 열강의 군사 개입을 요청했다. 공공조계 내의 군사 개입은 까다로운 국제법상의 문제와 얽혀 있었다. 상하이 주재 각국의 영사들은 동의하지 않았지만,

---

10　Nicholas R. Clifford, op. cit., p.34 인용. 시드니 바톤 경(Sir. Sidney Barton, 1876~1946) 은 1929년부터 1936년 이탈리아의 정복 때까지 에티오피아 제국에 파견된 대사였다.
11　*Dictionary of National Biography 1941-1950*, 1959, p.65.

베이징 사절단에게 중국 군대의 조계 침입을 방어하기 위한 군대 파병을 요구했다. 베이징 영사관은 그럴 필요가 없다고 여겼다. 미국 공사 J.G. 슈어만J.G. Shurman은 비개입을 찬성하면서도, 다른 한편으로는 미국 국무원에 상하이 방위 문제를 수수방관하면 안 된다고 경고했다. 하지만 열강들은 결국 방관하기로 결정했다.[12] 상하이 프랑스 조계의 경계 지역에는 병기고가 있었고, 엄청난 세금을 거둬들이는 상하이 정부는 크고 작은 군벌들의 먹잇감이었다.

내전은 무역에 불리한 영향을 끼쳤다. 30평방 마일의 상하이 지역이 폐허가 되었다. 기반시설이 입은 피해는 상당했다. 많은 외국 회사와 중국 회사들이 파산의 위기에 몰렸다. 영국산 직물이 상하이의 창고에 쌓여 있었으나, 내륙의 상인은 자금도 없고, 상품을 받을 수단도 없었다. 자딘사는 두 해 연속으로 적자를 겪었다. 1925~1926년에 1,200,000 홍콩달러, 그리고 1916~1927년에 700,000홍콩달러 규모의 적자를 보았다. 하지만 1927~1928년에 다시 흑자로 돌아섰다.

몇 년 동안 상하이뿐만 아니라 회사 활동의 다른 중심지인 홍콩과 광저우에서도 많은 일이 일어났다. 5월 30일, 국수적 공산주의 중국 역사에서 외국인이 가한 압제의 상징으로 오래 기억될 사건이 발생했다. 이 사건은 역사의 흐름을 바꾸어놓았는데, 바스티유 습격 사건과 암리차르 대학살 사건Massacre of Amritsar과 비교되기도 한다. 그날 토요일 오후, 시크교도로 구성되고 영국 장교가 지휘한 경찰 분견대가 난징가의 시위대를 향해 발포했다. 이 발포는 시위대가 즉각 해산해야 한다는 경고 후

---

12 Nicholas R. Clifford, op. cit., p.90 인용.

10초 만에 이루어진 것이었다. 암리차르 대학살 사건이나 수 개월간 끝없이 이어진 군벌의 살육에 비하면, 사상자의 규모는 적은 편이었다. 이 사건으로 11명이 사망하고, 20명이 부상당했다. 군벌의 살육은 중국인 내부의 문제였다. 이에 반해, 외국인들이 소수의 중국인을 쏴 죽인 것은 다른 문제였고, 중국 전역에서 격분을 불러일으켰다. 게다가 5월 30일의 시위가 상하이의 국제법정Mixed Court에서 재판 중인 학생들의 석방을 요구한 것이어서, 중국인들의 반감이 더욱 심해졌다.

국제법정은 상하이에만 존재하는 기이한 기관이었다. 이곳은 상하이 공공조계에서 중국인과 외국인이 개입된 민사와 형사사건을 다루기 위해 1864년 설립되었다. 이 법정에는 중국인 치안판사와 외국인 배석판사가 있었다. 1911년 혁명 이후, 이 법정은 외국인이 개입되지 않은 사건에 대해서도 관할권을 갖게 되었는데, 법적 타당성은 의심스러웠다. 이 법정은 사실상 상하이공부국 부속기관으로 인식되었고, 중국인은 이곳을 상하이공부국만큼이나 중국의 위신을 모욕하는 곳이라 여겼다. 쑨원의 추종자들, 그들의 경쟁자인 공산주의자들, 다양한 급진적 학생 집단뿐만 아니라 중국 상인과 토지 소유자들 모두 분개하고 있었기 때문에, 이 기관의 폐지는 시위대의 흔한 구호가 되었다. 잠시이지만 이들의 연대는 상하이의 총파업을 이끌어냈고, 중국의 많은 지역이 혼란에 휩싸였다. 광둥에서는 5월 30일 사건보다 훨씬 더 나쁜 사건이 발생했다. 6월 23일, 황푸군사학교의 생도를 포함한 민족주의 시위대가 영국 및 프랑스 선원들이 보호하는 영국 및 프랑스 조차지 사몐沙面을 경유해 행진한 것이다. 발포가 시작되었고, 중국인 31명과 외국인 1명이 사망했다. 중국은 외국인 선원들이 이 사건을 일으켰다고 주장했고, 외국인들은 중국 생도들의 잘못이라고 주장했다. 어느 주장이 진실이든지 간에, 이 사건으로 인해 중국 무역 시장은 다시 피해를 입었다. 광저우 국민정부의 지지 아래, 화남지역에서 영국인에 대한 총파업을 선언했고, 홍콩까지 퍼져나갔다. 16개월 동안 지속된 파업으로 인해 자딘사는 막대한 손실을 입었다.

이제 중국의 북부지역을 제외하면 군벌의 시대는 막을 내리고 있었다. 그 결과, 조계를 폐지하라는 요구가 거세졌다. 군벌들은 이에 대해 크게 신경을 쓰지 않았지만, 군벌을 대체할 두 세력, 즉, 국민당과 공산당은 서로를 불신하는 상황에서도 '치외법권'이라는 외국인의 특권에 대해서는 함께 적개심을 불태웠다. 1925년 3월 12일 쑨원이 사망하자, 그의 비서실장이자 황푸군사학교 교장 장제스가 그의 뒤를 이었다. 이 단계에서 소련은 장제스를 선호했다. 실제로, 스탈린은 제2차 세계대전이 발발하고 나서야 비로소 국민당을 반대하고 공산당 편으로 돌아섰다.

장제스는 광저우에 국민정부國民政府를 세우고, 국민당과 공산당 연합군 10만 명을 이끌고 북진해, 1926년 군벌들을 물리치고 한커우漢口에 기반을 마련했다. 장제스는 중국 내 조계 지역의 철폐를 공언했다. 1927년 초, 장제스는 한커우의 영국 조계를 돌려받는 데 성공했다. 영국 정부로서는 중국군이 이미 조계 지역을 점령하고 있었으므로 다른 방도가 없었고, 중국의 민족주의 정서를 자극하지 않기 위해 국민정부와 우호적인 관계 수립을 원했으므로 조계를 반환할 수밖에 없었다. 이러한 '항복'은 상하이의 외국인 공동체를 자극했다. 하지만 영국 외교부는 대부분의 조계 지역을 중국이 통치하도록 반환해야 한다고 생각했다. 단, 상하이는 예외였다. 이 정책에 찬성하고 관련 비망록을 작성한 외교관 존 프랏John Pratt

은 1927년 1월 15일에 다음과 같이 적었다.

> 상술한 내용은 상하이 조계에 적용되지 않는다. 상하이 공공조계上海公共租界
> 는 외국인 3만 명과 중국인 150만 명이 거주하는 대도시로, 규모 면에서 인근
> 상하이 현성縣城을 넘어선다. 상하이 공공조계를 중국 정부에 반환하는 것은
> 큰 문제이다. 상하이공부국의 연간 예산만 해도 중국의 여느 성의 연간 예산
> 보다 크다.[13]

1926년 가을, 국민혁명군이 상하이로 접근해올수록 런던은 긴장했
고, 상하이 공공조계는 공포에 휩싸였다. 두 가지 위험 가능성이 있다.
하나는 1924년에 그랬던 것처럼 중국군대가 상하이 조계 진입을 시도
할 수 있다는 것이고, 또 다른 하나는 공산당이 1925년에 그랬던 것처
럼 파업을 선동해 공장 가동을 중단시킬 수 있다는 것이다.

1월 15일 시드니 바톤과 여러 상하이 주재 영사들이 만나 현지에서
발생 가능한 폭동을 진압하고 조계 지역을 방어하는 데 필요한 4,000~
5,000명 규모의 연합군을 결성하는 데 합의했다. 중국 주재 영국해군
제독 레지널드 터이어힛 경Sir. Reginald Tyrwhitt은 만일 국민혁명군이 동시
에 진입한다면, 그 정도의 병력으로는 부족하고 최소한 2만 명은 필요
하다고 판단했다. 다른 대안은 외국인을 모두 철수시키는 것이었다. 바
톤은 체면은 차치하고라도, 현실적으로 모든 외국인을 철수시키기는 힘
들었다. 1927년 1월 17일, 영국 내각은 어떤 일이 있더라도 상하이 공

---

[13] Ibid., p.182 인용.

공조계를 방어해야 한다고 결의했다. 만일 미국과 일본이 망설인다면 독자적으로라도 움직이려고 했다. 영국은 한커우에도 상당한 사업 투자를 했지만, 상하이의 투자 규모가 훨씬 더 컸다. 상하이 공공조계는 투자의 문제뿐만 아니라 아시아에서 영국의 위상 문제에 관한 것이었다. 만약 상하이 방어에 실패한다면 인도에 어떤 영향을 미치겠는가? 상하이는 영국 제국의 일부분이 아니고, 상하이 공공조계도 전적으로 영국의 것은 아니었지만, 만일 이번에 항복한다면 그 파급 효과는 중국 해안을 벗어나 더 넓은 지역까지 미칠 수 있었다.

물론 이는 재중 영국 상인공동체의 공감을 얻었다. 영국 상인들은 오랫동안 외무부가 영국인의 권익을 보호하는 데 소극적이라고 여겼으므로, 이 사건을 계기로 강경노선으로 입장을 선회한 데 환영을 표했다. 주로 영국인으로 구성된 '상하이 방위군'이 1927년 11월에 도착했다. 4월 초, 장제스의 군대가 상하이 현성을 손에 넣었고, 상하이는 국민정부의 통치하에 놓였다. 장제스는 수도를 한커우에서 난징으로 옮겼지만 상하이 공공조계를 점령하려는 의도는 없었다. 방위군과 황푸강에 정박한 외국 군함만으로도 공공조계의 진입을 제어하는 효과가 있었다. 장제스의 목표는 치외법권을 철폐하는 것이었으나, 현재 상하이의 세수를 효과적으로 통제할 수 있게 된 상황에서 눈앞의 이익을 좇는 데 조급해 더 큰 이익을 놓치는 우를 범하고 싶지 않았다. 그는 평화적인 방법으로 조계를 반환받기를 원한다고 했고, '장제스 장군은 목적을 달성하기 위해 무력을 사용하지 않을 것이다'라고 했다. 결국 몇 년에 걸쳐 9개국이 평화적으로 치외법권을 포기했다. 1931년 영국, 미국, 프랑스 3국이 유사한 외교적 합의에 도달했을 때, 일본이 만주満洲를 침공하면서 모든 계획을 엉망으로 만들었다. 마침내 1943년이 되어서야 3국은 공식적으로 상하이 조계를 포기한다.

회사의 재정 상태가 좋아지기 시작했다. 1926~1927년 7만 홍콩달러의 적자를 내긴 했지만, 이듬해에는 그만큼의 흑자로 전환했고, 1928~1929년에는 1백만 홍콩달러의 순익을 남겼다. 이는 짧은 소생기에 불과했고, 이어서 1929~1931년 대공황이 발생해 전 세계 경제에 부정적인 영향을 미쳤다. 그리고 일본이 중국 침략을 개시했다. 일본의 침략은 중국 내 유럽인의 사업에 더 심각한 타격을 입혔다. 아무튼 소생기 동안 자딘사는 번영해 과거 어느 때보다 많은 지점과 사무실을 두게 되었다. 중국에는 한커우, 톈진, 푸저우, 칭다오青島, 산터우汕頭, 이창宜昌, 창사長沙, 충칭重慶, 난징, 니우좡牛莊, 하얼빈哈爾濱, 우후蕪湖 등에 지점을 두었고, 일본에는 고베神戶, 요코하마橫濱와 타이베이(당시 타이완은 일본의 지배를 받음)에 지점을 두었으며, 뉴욕에도 분점을 두었다.

국민혁명군이 군벌을 토벌하고 전국을 통일했다. 상하이 통치에 커다란 변화가 생겼지만, 오히려 재중 외국인 공동체에 유리해졌다. 외국인들에게는 국민당보다 공산당의 위협이 더 컸는데, 장제스가 동맹 세력인 공산당과 확실히 결별하면서 그 위협이 사라진 것이다. 1927년 4월 12일, 국민당이 상하이에서 대규모 '숙청'을 진행했고, 공산당원 수백 명이 처형당했다. 이로 인해 공산당은 이후 20년간 무력화되었다. 국민당은 자본주의를 반대하지 않았고, 오히려 자본주의의 혜택을 누리기를 원했다.

존 케직 경은 회사의 신입으로 1929년 1월 1일 영국을 떠나 뉴욕으로 파견되었고, 미국에서 2~3개월을 보냈다. 자딘의 뉴욕지사는 차, 모피, 가죽, 비단을 거래했다. 뉴욕지사는 샌프란시스코에서 뉴욕을 오가는 특별 열차를 운영했는데, 중국에서 수입한 동유桐油를 운송하기 위한 것이었다. 당시 동유는 니스varnish를 만드는데 필요한 중요한 재료여서 가격이 비쌌다.[14] 하지만 그들이 가장 주력했던 상품은 역시 차茶였다. 존 케직은 펜실베이니아로 갔는데, 그곳에는 자딘사에 큰 빚을 진 폴란드인 소유의 비단 공장이 있었다. 그는 그곳에서 밴쿠버를 경유해 상하이로 향했다. 훗날 윌리엄 경Sir. William이 된 그의 형 W.J. '토니Tony' 케직이 그를 마중 나왔고, 즉시 그를 자신의 요트로 데려가 주말 동안 함께 도요새를 사냥했다. 월요일이 시작되자 그는 회계부서로 발령이 났는데, 이유는 '사업은 돈이고, 돈은 장부이다. 회계직원은 기업의 전체 상황을 손바닥 보듯이 훤히 알 수는 능력을 터득' 할 수 있기 때문이었다.[15]

회사는 요즘 용어로 '대기업conglomerate'이 되었다. 회사는 다양한 상품을 중국에서 전 세계로 수출했다. 푸젠에서 해외로 차를 수출하는 것이 주된 사업 영역이었다. 뉴욕지사와 관련해 앞서 언급한 상품 외에도 씨앗, 식용유, 그리고 달걀 등도 취급했다. 상하이에는 비단 공장 1곳, 가죽 압착 및 포장공장 1곳, 냉동 계란노른자를 처리하는 저온 저장공장 2곳, 그리고 면, 황마, 모직 공장 등이 있었다. 한 곳의 비단 공장, 한 곳의 가죽 압착 및 포장 공장, 두 곳의 달걀노른자를 저온 저장하는 공장, 그리고 면, 황마, 그리고 모직품을 직조하는 공장들이 있었다. 자딘은 우연히 맥주 양조업에도 발을 들였다. 맥주 양조장을 가진 한 독일 회사가 자딘사에 차 구입 비용으로 현금 대신 양조 설비를 대신 지급하기로

---

14 Maggie Keswick(ed.), op. cit, p.204.
15 Ibid., p.205.

합의한 것이다. 이 설비가 상하이로 운송되었다. 그 결과 필스너Pilsener 종류의 맥주인 이화맥주Ewo Beer가 탄생했고, 사람들에게 꽤 인기를 얻었다.[16]

자딘사의 또 다른 중요한 사업은 운송이었다. 1881년 윌리엄 케직이 설립한 인도-중국 증기항해회사Indo-China Steam Navigation Company는 서류상으로는 독립적인 공기업이었지만, 실제로는 자딘사와 밀접한 관련이 있었으므로 자딘사의 일부로 간주되었다. 이 회사의 활동 영역은 해안 노선에만 국한하지 않고 중국 내륙의 운하 깊숙이 침투했다. 1920년 쯤, 회사는 양쯔강을 타고 올라가 바다에서 2,200킬로미터 이상 떨어진 충칭까지 증기선을 운영했다. 존 케직 경은 운송이 '회사 영업에 매우 중요한 분야'라고 서술했다. 1937년 일본이 중국을 침략해 전체적인 상황을 바꿔놓을 때까지는 그러했다.

1928년 일본이 북부지역의 군벌 중 한 명인 장쭤린張作霖이 탄 기차를 폭파해 승객 모두가 사망했을 때, 일본의 제국주의 야망의 전조가 드러났다. 베이징과 만주의 정세가 매우 불안정해졌다. 장제스의 군대는 베이징까지 진격하긴 했지만, 그곳에 기반을 두는 것을 선호하지 않아 수도를 난징으로 옮길 것이라고 공식 발표했다. '대사령관'으로 불리던 장쭤린의 피살로 자딘사는 난관에 봉착했다. 자딘사는 만주에서 상당한 규모의 농업 및 기타 기계류를 거래하고 있었고, 또 이곳은 원료가 가장 풍부한 지역이기도 했다. '젊은 사령관少帥'으로 불리던 장쭤린의 아들 장쉐량張學良이 베이징에 자신의 정권을 세웠다. 문제는 그가 자딘사의 부

---

16 Ibid., p.207.

채를 갚을 의향이 있는가 하는 것이었다. 1931년 존 케직은 젊은 임원이자 아마도 중국어를 조금 할 줄 알았기 때문인지 베이징으로 가서 부채를 회수하는 가망 없는 임무를 떠맡았다. 그는 중국의 전형적인 방식에 따라 면담을 갖기 전 몇 주를 기다려야 했다. 그리고 그의 인내심에는 보상이 따랐다. '젊은 사령관'은 아주 깔끔하게 일처리를 했고, 이에 자딘사와 상하이에 거주하던 외국인들이 놀랐다.[17]

같은 해, 중국 역사상 가장 큰 자연재해가 발생했는데, 전례를 찾아보기 힘들 정도의 큰 홍수였다. 말 그대로 전대미문의 홍수였다. 존 케직은 베이징에서 대기하던 중 잠시 상하이로 호출된다. 그는 장쉐량의 비행기를 타고 상하이로 돌아왔는데 400킬로미터의 거리를 날아가는 동안 땅이라곤 볼 수 없을 정도로 온통 물바다였다. 이 끔찍한 재앙으로 약 600만 명이 사망했다고 한다. 자딘사는 국제구호 지원에 역할을 다했고, 존 케직은 물자 운송을 협력하는 업무에 배정되어 영국, 일본, 그리고 중국의 선박을 이용해 양쯔강 상류로 식량 운송을 책임졌다. 홍수가 얼마나 심각했던지, 자딘의 한커우 지점에 '범선을 자딘사의 굴뚝에 묶어 고정해서는 안 된다'라는 안내문을 붙일 정도였다.[18]

1930년대 초반, 중국의 정치적·경제적 정세는 불안정했다. 이 두 가지는 밀접하게 연결되어 있어서, 정치적 안정 없이 경제가 번영하기 어려웠고, 경제적 번영 없이는 정치 역시 파벌 투쟁으로 치닫기 쉬웠다. 중국은 사실상 적어도 세 개의 적대적 지역으로 나뉘어 있었다. 하나는 주요 도시를 차지하고, 중부와 남부의 육상 및 해상을 통제한 국민당 정권

17 Ibid., p.208.
18 Ibid., p.210.

이었다. 다른 하나는 북부지역에서 서로 경쟁적 관계에 있으면서 만주로 침투해 들어오는 일본과 대립하던 군벌들이었다. 나머지 하나는 서쪽의 내륙 깊숙한 지역에 공산당이 소비에트구라고 칭한 곳이었다. 이 마지막 세력이 최후의 승자가 되었지만, 1927년 4월 12일 상하이 쿠데타가 일어날 당시에 공산당의 승리를 예측한 사람은 아무도 없었다.

상하이는 여전히 상업의 중심지였으나, 1930년의 정세는 자딘사가 본부를 홍콩으로 이전할 정도로 불안정해졌다. 현재 가장 두드러진 위협은 일본이었다. 일본은 제국주의의 정복과 상업적 정복의 길을 나섰고, 이러한 야욕은 1941년 12월 진주만Pearl Harbor에서 최고조에 달한다. 일본의 위협으로 인해 자딘, 스와이어, 그리고 상하이 소재 외국 회사들이 여러 해 동안 중국에서 철수했다. 1930년대는 중국이 아니더라도 어떤 곳에서도 무역하기 쉽지 않았다. 지역적으로는 일본의 위협이 있었지만, 세계적으로는 1929년에 시작된 경기 침체의 위협이 있었다. 빨라도 1935년 이전까지는 경기가 회복될 기미가 보이지 않았다. 1930~1931년 자딘사는 120만 홍콩달러 규모의 적자를 기록한다. 그 다음 회계연도에 상황이 개선되어 110만 홍콩달러의 순익을 남긴다. 하지만 그 후 3년 동안 연이어 30만 홍콩달러, 70만 홍콩달러, 그리고 50만 홍콩달러의 적자를 남긴다. 그러다 1935~1936년 회사의 순익이 흑자로 돌아섰고, 줄곧 흑자를 남겼다.

일본인들은 그들에게 인구 과잉의 문제가 있다고 믿었다. 이런 인식의 이면에는 1930년대 일본 정부가 취한 대외 침략 정책이 자리하고 있었다. 일본의 인구가 매년 백만 명씩 증가하는 상황에서 일본 본토에서 생산되는 식량으로는 수급량을 조달하기 힘들었다. 식량 수입 비용은 산업 수출로 충당해야 했지만, 산업 수출을 하려면 원료를 수입해야 했다. 게다가 산업 수출에 필요한 연료인 석탄이나 기름 자원이 일본에서는 생산되지 않았다. 일본의 유일한 수출 품목은 비단이었으나, 이에 대한 수요는 경제대공황 때 붕괴했다. 1920년대 일본 정부는 국제적으로 옳다고 인정된 자유무역정책, 금 본위 고수, 긴축통화정책, 그리고 공공비용 절감 정책을 따랐다. 하지만 1920년대가 끝날 무렵, 이것이 잘못되었다고 확신했다.

그리하여 완전히 정반대의 노선을 걸었다. 금 본위 원칙을 포기하고 엔화의 가치를 하락시켰고, 공공지출―주로 군비軍備―을 증가시켰다. 당시 일본은 해외 이민이 미국의 할당제와 호주의 '백호주의白濠主義'[19]로 인해 제한되자, 일본 해군과 육군의 주도로 해외에 일본이 통제하는 경제적 영향권을 만들려는 정책을 추진하게 된다. 이보다 앞선 1931년, 일본 관동군은 명확하지 않은 이유로 중국의 동북 3성을 점령한 후, 괴뢰정권인 만주국滿洲國을 수립한다. 이어 부의溥儀를 만주국의 허수아비 황제로 복위시켰는데, 그는 일찍이 1912년 어린 소년이었을 때 황위에서 물러났던 인물이었다.

중국 정세의 전반적인 불안에 동북쪽의 상황까지 더해져 상하이 등지의 외국 무역상들은 갈수록 불안해졌다. 영국 상인들은 과거보다 더 악착같이 특권을 뺏기지 않으려 했다. 조약에서 보장한 상하이 공공조계上海公共租界가 마치 중국 무역을 지속할 수 있는 관건인 듯했다. 외국인 거주자들

---

19 [역주] 백호주의(白濠主義)는 백인만의 오스트레일리아를 주장한 호주의 이민 정책으로, 1901년부터 1978년까지 지속되었다. 오스트레일리아에서 대규모 금광이 발견된 후, 아시아계 노동자들의 이민이 증가하자, 유색인종의 이민을 제한하는 이민규제법을 실시하게 되었다.

은 잠재적 군사 위협에 대응하기 위해 상하이 의용군Shanghai Volunteers이나 그 예하부대隷下部隊인 상하이 기병대Shanghai Light Horse를 모집했다. 하지만 과연 이들이 일본 군대에 효과적으로 맞설 수 있을지는 의심스러웠다.

상황이 점차 불안정해지자 화폐貨幣 문제가 발생했다. 1931년 초, 국제연맹League of Nations 사무총장의 요청으로 중국에 온 저명한 영국 경제학자 아서 솔터 경Sir. Arthur Salter은 영국의 은 본위 제도를 벗어나 지폐 제도를 채택하라고 충고했다. 당시 이 충고는 수용되지 않았지만, 5년 후 중국 정부는 영국 재무부의 프레더릭 리스-로스 경Sir. Frederick Leith-Ross이 제의한 유사한 충고를 수용했다. 당시는 유명 외국인이 흔히 자문으로 초빙되던 시기였다. 나중에 유럽연합EEC, 후에European Union이 됨의 창립자가 된 장 모네Jean Monnet는 중국 철도 재정과 법률 제도를 개혁하는 데 필요한 자문을 의뢰받았다. 1929년 미국 국무부는 남아프리카의 리처드 피담Richard Feetham을 초빙해 상하이 공공조계의 개혁을 제안하도록 의뢰했다. 이들 자문을 포함해 많은 인사들이 자딘의 고위 인사들과 면담을 진행했고, 그들의 환대를 받았다. 자딘사는 풍부한 경험을 바탕으로 한 정보를 보유한 중요한 자원이었고, 회사의 임원진은 자주 자문 의뢰를 받았다. 비록 그들의 의견이 모두 수용된 것은 아닐지라도 말이다.

이 단계에서 아무리 많은 의견을 제시했더라도 상하이의 풍전등화 같은 미래나, 국공내전, 일본의 침략 위협이라는 현실은 달라지지 않았을 것이다. 리처드 피담은 라이어널 커티스Lionel Curtis와 옥스퍼드 올 소울스 대학All Souls College의 고상하지만 현실성이 결여된 사회개혁가들의 독려 하에 세 권으로 된 상하이 조계 정세보고서를 집필했다. 하지만 그가 주장한 논거 대부분이 외국인 거주자로부터 수집한 것이었고, 결론에서도 조계의 중국 반환기한에 관한 내용을 찾아볼 수 없었다. 그의 보고서는 중국에서 수용할 수 없는 내용이었다. 게다가 그는 중국 정부의 행정관리의 무능과 약점을 끝없이 지적하고 있어, 더더욱 수용하기 힘들었다.[20] 상하이의 '외국' 혹은 '서양' 공동체는 당연히 이 보고서의 내용에 만족했다. 만일 보고서의 내용대로 실행된다면 조계의 현 상황에 새로운 활력을 가져올 것이라 믿었다. 자딘을 포함한 회사들은 이 보고서에 반대할 이유가 없었다. 보고서의 내용에는 짧지만 상하이 공공조계 제도를 유지해야 한다는 건의가 있었고, 그들의 생활과 사업의 번영은 바로 공공조계에 의지하고 있었기 때문이다.

하지만 1930년대 초반은 자딘사나 상하이의 무역상들에게 좋은 시기가 아니었다. 세계적인 경기 침체로 모두가 타격을 입었다. 행정 비용을 절감하고, 고용인원을 줄여야 했다. 유럽 출신 직원의 고용은 일시 중단되었고, 남은 직원은 급료의 5퍼센트를 삭감해야 했다. 서방세계가 전반적으로 이와 비슷한 일을 겪었다. 영국의 공무원들은 급료의 10퍼센트를 삭감해야 했고, 상황이 더 나쁜 사기업의 경우 삭감률이 더 높았다. 대규모 해고도 단행되었다. 1935~1936년에는 무역시장이 전반적으로 되살아났고, 그 결과 자딘사의 수익성이 호전되었다. 기억해야 할 점은 세계적인 물가 하락과 생계비 하락을 고려할 때, 당시의 급료 삭감은 오늘날 보는 것처럼 그다지 심각한 것은 아니었다는 것이다.

일본이 중국 동북 3성을 점령하고 '만주국'이라는 괴뢰국을 수립하자, 중국 정부는 국제연맹에 제소하고 선전포고 없이 전쟁에 돌입했다.

---

20 Nicholas R. Clifford, op. cit., p.272 인용.

1931~1932년에 상하이에서 격렬한 전투가 벌어졌고, 자베이閘北 대부분이 잿더미로 변했다. 1932년 3월 상하이 인근에 정박한 순양함 켄트호Kent에 승선한 영국 해군 총사령관 켈리Kelly 제독이 휴전을 중재했다. 상하이 공공조계는 이번 전투에서 일본군의 위협을 받지 않았는데, 조계 지역에 영국인과 마찬가지로 외국인의 신분으로 머물던 일본인이 많았기 때문이었다. 국제연맹은 일본의 만주국 수립이 국제법을 위반한 것이니, 미국과 영국 측에 군대를 파병해 일본의 행위를 제재해 줄 것을 요청한다. 이 부분은 본서에서 다루는 내용의 범위를 벗어난다. 일본은 국제연맹의 판결을 무시했고, 이는 국제연맹의 종말을 알리는 징조였다. 이 시기 국제연맹은 기사회생의 가능성이 없는 것은 아니었으나, 겨우 조직만 유지하는 수준에 불과했다.

일본과 영국 정부, 그리고 일본과 상하이 영국 무역상의 관계사에서 정말 의아한 점은 영국 측이 진정한 위험이 어디에 도사리고 있는지 전혀 알아차리지 못했다는 것이다. 영국인들은 일본의 침략 야욕보다 장제스와 중국의 민족주의를 더 염려하고 있었다.

영국군 참모총장들은 정부측에 영국이 독일, 이탈리아, 그리고 일본을 상대로 동시에 전쟁을 치를 수 없다고 자문해주었다. 또한 설령 일본에 동조하는 나라가 없다 할지라도 영국이 미국의 도움 없이 일본과 싸워 이길 가능성은 전혀 없다고도 말했다. 미국인들은 만주국의 불법적 지위와 일본 침략의 부당성을 비난하는 데 목소리를 높였다. 하지만 미국의 비난이 그저 말뿐임을 안 영국 정부는 일본과 휴전상태를 유지하기를 원했다. 중국 내, 특히 상하이에 대규모 투자를 한 상황에서 영국은 장제스와 국민당이 훨씬 더 즉각적인 위협이라고 판단했다. 도쿄 주재 영국 대사 프랜시스 린들리 경Sir. Francis Lindley도 이러한 입장을 강력하게 지지했다. 그는 '아시아에서 가장 강력한 국가이자, 우리에게 피해를 줄 힘을 갖춘 일본'과 다투지 말 것을 외무장관에게 요청했고, 일본의 선의를 얻어내는 것이 '주마등처럼 사라질 중국 정치인의 선의'를 얻는 것보다 더 중요하다고 말했다.[21] 외무부의 아시아 담당 부서장 빅터 웰즐리 경Sir. Victor Wellesley은 '영국은 만주국의 지위에 관한 관심보다 일본과 우호적 관계를 유지하는 데 더 큰 관심을 가진다'[22]는 점에 동의했고, 이러한 정서는 상하이에 거주하던 서양인도 공감했다. 중국 내부 투쟁 중인 두 세력국민당과 공산당 모두 상하이 거주 외국인에 대해 적개심을 내보였다. 공산주의자들은 자본주의를 완전히 몰아내려고 했고, 민족주의자들은 자본주의를 완전히 몰아내지는 않겠지만 외국 자본주의자들을 무시했고 그들과 공감하려 하지 않았다. '유일한 차이는 공산주의자는 외국 자본주의자들을 죽일 것이고, 민족주의자는 그들에게 표를 사서 고향으로 돌아갈 기회를 제공할 것'[23]이라는 점이었다.

당시 영국은 일본의 '대동아공영권大東亞共榮圈'[24]이 일단 성공하면 상하이의 외국인이 입는 피해가 국민당이나 공산당이 승리하는 것보다 훨씬 더 크리란 것을 알지 못했다. 지금 보면 영국의 이러한 태도는 자기만족을 위한 낙관으로 보이지만, 당시로서는 이해 가능한 것이었다. 1931~1932년 일본이 상하이를 침략한 후에도 영국과 미국 사업가들은 여전히 일본

---

21 R.A.C. Parker, *Chamberlain and Appeasement*, 1993, p.39 인용.
22 Ibid., p.39 인용.
23 Ibid., p.274 인용.
24 [역주] 대동아공영권(大東亞共榮圈)은 제2차 세계대전 시 일본이 아시아의 여러 나라를 침략하며 내세운 정치 슬로건이다. 요지는 아시아 민족이 서양의 식민지배로부터 해방되려면 일본을 주축으로 한 대동아공영권을 구축해 아시아에서 서양 세력을 몰아내야 한다는 것이다.

이 내세운 법제와 질서가 그들이 추구했던 '위대한 상하이', 즉 공공조계의 범위를 확장해 난징정부의 통제를 완전히 벗어나 독립하리란 야망 실현에 도움이 된다고 판단했다. 그래서 일본이 마치 경찰처럼 다루기 힘든 중국을 잘 대처해 줄 것이라는 환상을 품었다. 하지만 1937년 전쟁이 발발하자 그 환상은 사라졌다. 일본이 중국을 침략했고, 상하이 공공조계는 법적으로는 아니지만, 실질적으로 일본의 지배를 받게 되었다.

(하) : 1930년 즈음, 한커우의 자딘메시슨 윤선공사의 선박장
(우) : 오스왈드 벌리(Oswald Birley)가 그린 로버트 호퉁 경 (何東, Robert Ho Tung). 그는 자딘메시슨과 약 67년간 동업 관계를 맺었다. 그는 조지 버나드 쇼(George Bernard Shaw)와 놀라울 정도로 닮았다. 두 사람은 각자가 속한 직업 세계와 모국에서 존경받을 때 서로 만난 적이 있다.

이런 사태에도 불구하고, 외국인 대부분은 일상과 다름없이 식사하고, 밤에는 술을 마시고 춤을 추었으며, 낮에는 테니스나 폴로를 즐겼다. 그들은 과거 어느 때보다 자주 클럽을 찾았다. 과묵한 하인들이 테이블 사이를 미끄러지듯 지나다녔고, 근면한 바텐더는 손님들에게 전통적인 칵테일을 제공했다. 존 케직은 이를 두고 '흥미롭고 다소 비현실적인 생활'[25]이었다고 적었다. 항구는 무역을 위해 개방되었다. 하지만 자딘사는 한커우와 충칭의 항로를 오가는 데 어려움을 겪었다. 중국 정부가 일본군이 강을 거슬러 침입해오는 것을 막기 위해 양쯔강 중류 지역에 선박을 무더기로 폭파해 막아버렸기 때문이다. 이 항로는 화중華中 무역의 동맥이었다. 자딘사는 봉쇄선 안팎의 경계에 선박을 정박하도록 했고, 전직 영국 해군 잠수함 장교를 고용해 샛강을 탐색해 물길을 찾아내게 했다. 화물은 다시 움직이기 시작했고, 회사는 샛강을 통해 영국 외교관들을 동력선에 승선시켜 상하이에서 한커우까지 수송했다.

청일전쟁이 불편을 초래하긴 했지만, 무역에 엄청난 타격을 주지는 않았다. 자딘사는 1935~1936년 순익이 40만 홍콩달러였고, 1936~1937년에는 150만홍콩달러까지 증가했다. 다음 해의 순익은 170만 홍콩달러였고, 1938~1939년에는 290만 홍콩달러까지 증가한다. 전쟁 기간, 중국과 일본은 통신사용을 금지했다. 화중 지역의 무역상들은 사업상 통신 연락을 해야 했는데, 무선 통신의 부재는 그들에게 상당한 불편과 타격을 안겨주었다. 자딘사는 언제나 머리를 쓸 줄 알았다. 그들은 곧장 상하이 경주 비둘기클럽Shanghai Racing Pigeon Club에 가입했다. 비둘기들

25 Maggie Keswick(ed.), op. cit., p.212.

이 중요한 세부 사항이 적힌 종이를 다리에 묶어 날랐다. 경쟁사들은 '한 마리의 경험이 부족한 어린 비둘기가 한 중국 찻집에 물을 마시려고 내려앉을 때까지' 자딘사가 어떻게 늘 한발 앞서 사태를 처리했는지 알지 못했다. 존 케직이 썼듯이 '그 비둘기가 잡혔고, 우리도 잡힌 꼴이 되었다'.[26]

전쟁은 언제나 사업적인 통찰력이 있는 사람들에게 기회를 제공했다. 일본 육군은 맥주를 엄청나게 좋아했다. 일본 육군이 중국의 시골을 향해 진격한 후 폐허와 파괴의 흔적을 남겼고, 동시에 200만 개에 달하는 엄청난 수의 빈 맥주병도 남겼다. 이것은 '이화맥주' 회사가 필요로 하는 것이었다. 자딘사는 미국 돈 2센트를 주고 빈 병을 구매했고, 가난한 소작농들에게 빈 병을 주워 자신들에게 팔도록 독려했다. 이화맥주의 경쟁사들은 빈 병을 수입해야 했는데, 병 하나당 10센트를 지불했다.[27] '이화맥주'가 번영한 것은 당연했다.

1930년대 말, 점차 암울해지는 국제 경제 상황에도 불구하고, 자딘사는 여전히 이윤을 남겼다. 일본은 유럽의 전쟁에 즉각적으로 개입하지 않았다. 일본은 이미 중국 내 주요 전략 지역과 상업 중심지를 손에 넣은 상태였다. 상하이 공공조계와 프랑스 조계의 외국인들은 일본의 묵인하에 존재했다. 일본이 적절하다고 생각할 때 언제든지 그들을 몰아낼 수 있었다. 외국인들은 그곳에서 희망을 가지고 살았고, 일본군은 그들을 쫓아낼 능력은 충분했으나 그래야 할 필요를 느끼지 못할 뿐이었다. 자딘사와 다른 기업의 직원들은 정부나 군 복무를 위해 유럽으로 돌

---

26 Ibid., p.214.
27 Ibid., p.214.

아갔다. 상대적으로 나이가 많은 직원들은 남아서 긴장된 상황을 완화하기 위해 할 수 있는 일을 했다. 남은 직원 중에는 존 경의 남동생 W.J. 케직Tony도 있었다. 그는 상하이공부국上海工部局의 의장이었다. 1941년 오랫동안 수입보다 지출이 많아지자 일본인의 반대에도 불구하고 부득이 세금을 인상할 수밖에 없었다.

상하이 경마장에서 개최된 회의에 납세인들이 모두 소집되었다. 토니 케직은 세금 인상을 발표해야 하는 불편한 임무를 맡았는데, 발표 때 일본 납세인협회장 하야시 유키치林由吉가 자신의 호주머니에서 권총을 꺼내 연단에 있는 토니 케직을 향해 두 발을 발사했다. 매우 추운 날이었고, 케직은 모피로 테두리를 한 외투를 포함해 매우 두꺼운 옷을 입고 있었다. 발사된 탄환이 그의 갈비뼈를 스쳐 지나갔다. 회의는 소동으로 끝이 났다. 케직은 구급차에 실려 옮겨졌고, 곧 회복되었다. 여러 해가 지난 후, 한 파티에서 그는 '제가 마지막으로 연설할 때 총에 맞았었지요'[28] 라고 웃으며 말했다. 나중에 개최된 납세인 회의에서 세금 인상안이 통과되었다. 영국과 여전히 외교 관계를 맺고 있던 일본은 당황해 반대하지 못했지만, 실패한 암살자 하야시는 일본에서 영웅으로 환영받았다.[29]

1941년 12월 8일, 일본 항공모함을 출발한 비행기들이 진주만을 공격했다. 이제 세계는 결코 예전의 모습으로 돌아갈 수 없었다.

---

28 1993년 11월 30일 자, *Daily Telegraph*, "Story in 'Peterborough'".
29 Maggie Keswick(ed.), op. cit., 1982, p.215.

제16장
전쟁과 그 여파

일본의 진주만 공격은 자딘메시슨과 중국 내 모든 외국 기업의 사업에 일시적이지만 재앙 수준의 영향을 미쳤다. 1937년 이후 일본은 상하이와 다른 통상항구에 대한 실질적 통제권을 쥐고 있었지만, 서방의 주요 열강들과 여전히 외교 관계를 유지하며 겉으로 웃으면서 비수를 숨겼다. 1939년 유럽에서 전쟁이 발발한 후에도 이런 상황은 그대로 유지되었다. 모든 공식 절차가 관례대로 행해졌다. 상하이 공공조계의 특권도 서류상으로는 여전히 남아있었다. 하지만 진주만 공습이 이러한 겉치레에 종지부를 찍었다.

대부분의 중국 기업과 마찬가지로 외국 기업도 전쟁 과정에서 경제를 통제하기 위해 징발되었다. 전쟁 미참여국 출신의 외국 거주민의 이동과 활동이 엄격히 통제되었다. 자딘메시슨의 직원은 '적국 외국인'으로 분류되었고, 이들에 대한 감시와 제약은 갈수록 더 심해졌다. 미국인은 미국을 뜻하는 A, 영국인은 영국을 뜻하는 B, 네덜란드인은 네덜란드를 뜻하는 D, 그 외 기타 국적의 외국인은 X로 표시된 붉은 완장을 차도록 해 구분했다. 프랑스의 양면적 입장 때문에 프랑스인은 완장을 차지 않아도 됐고, 프랑스 조계는 공공조계보다 좀 더 나은 대우를 받았다. 상하이 프랑스 조계의 식당과 오락장에는 '미국인과 영국인 출입 금지' 팻말이 내걸렸다.

유대인에 대한 대우는 특이했다. 러시아와 일본 간의 조약 덕분에 러시아 태생의 유대인은 '비非적국 외국인'으로 간주되었다. 독일에서 탈출한 무국적 유대인은 더 운이 좋았다. 아마도 히틀러와 상의는 하지 않았겠지만, 그들은 독일인으로 간주되었고 또 비적국 외국인의 범주에 속했기 때문에 독일과 이탈리아인에게 부여되는 특별한 혜택을 누렸다. 1943년 초, 위의 조치로 인해 자딘메시슨의 일부 직원과 기타 '적국 외국인'으로 분류된 이들이 집단수용소에 격리되었는데, 뜻하지 않은 행운이 찾아왔다. 전쟁이 발발하기 전 자동차 및 철도차량 제조업으로 자딘사와 거래하던 독일의 오렌스타인 코펠사Orenstein&Koppel가 정치적 이유로 유대인이었던 중국지사장 한스 번스타인Hans Bernstein을 해고했다. 자딘사는 그가 확실한 아리아 혈통이라고 항의했다. 그리고 번스타인이 해고되자 자딘은 즉시 그를 고용했다. 일본이 중국을 점령한 기간에 번스타인은 독일 국적이라는 자신의 특권을 이용해 자긴 돈을 모두 털어 상하이 수용소에 갇힌 자신의 친구들에게 음식과 편의를 제공했다. 이는 도움을 받은 사람이라면 결코 잊지 못할 위험하고, 고귀하며, 아량 있는 행동이었다.[1]

유일하게 상업 활동을 지속하는 '사무소'는 아직 점령당하지 않은 충칭重慶에 있었고, 충칭은 장제스의 국민당이 임시수도로 삼은 곳이었다. 이곳은 H.H.레녹스Lennox가 관리하는 1인 사무실이었는데, 레녹스는 강을 내려가는 사람을 통해 상하이에 남아 있는 회사 동료들과 몰래 연락을 취했고, 그중 일부 직원은 갖은 방법을 써서 충칭으로 피신시키기도 했다. 또 다른 직원 H.H.토드Tod는 인도의 뭄바이에 소형 윤선 대행소를 열어 몇 척 남지 않은 자딘사의 선박 거래를 책임졌다. 당시 충칭에는 회사에 가장 중요한 인물인 존 케직이 있었는데, 그는 중국에서 영국특수작전부대Special Operations Executive를 책임지며 공무 수행 중이었다. 그는 훗날 마운트배튼 경Lord Mountbatten의 보좌진으로 발령이 나, 동남아시아 사령부의 연락장교이자 중국 전담 정치고문이 되었다. 영국 외무부는 케직의 임명을 탐탁지 않아 했다. 마운트배튼 경은 외무부가 파견한 참모보다 케직을 더 중용했다. 전시 중국에서의 영미관계에 관한 연구로 권위 있는 역사가 크리스토퍼 손Christopher Thorne은 다음과 같이 언급했다.

수많은 관계자와의 인터뷰와 기록 증거를 통해 마운트배튼이 정치고문 에슬러 데닝 경Sir. Esler Dening보다 케직의 충고에 훨씬 의존했다는 사실을 분명히 알 수 있다. 케직의 중국 문제 대한 접근법은 외무부의 접근법보다 '강경'했다. 외무부는 케직의 강경한 입장과 그와 자딘사의 관계를 불편해했다. 게다가 외무부의 아시아 사무 담당 관리들은 데닝의 능력과 보고를 높이 평가하고 있었다.[2]

1 Maggie Keswick(ed.), *The Thistle and the Jade*, 1982, p.216.
2 *Allies of a Kind*, 1978, p.548 주석.

이 맥락에서 '강경'이라는 의미는 장제스를 달래기 위해 전후 이행 불가능한 약속을 반대하는 노선을 뜻했다. 그렇다고 치외법권을 다시 주장하려는 것은 아니었다. 치외법권은 당연히 포기해야 한다는 데 일반적으로 동의하고 있었다. 미국 정부는 적극적이었고 영국 행정부도 찬성하는 입장이었다. 게다가 1931년 치외법권 포기 조약을 앞두고 있던 터라 케직과 밀접한 관계에 있던 중국협회China Association도 찬성할 수밖에 없었다. 1943년 초, 영국과 미국은 정식으로 치외법권을 포기했다.

치외법권은 치외법권이고, 장제스와 그의 부패하고 무능한 정권을 지지했던 미국이 영국에게 쥬룽九龍, 심지어 홍콩까지 반환하라고 요구한 것은 또 다른 문제였다. 치외법권 포기를 위한 협정에 서명하자, 중국 정부는 1898년, 1899년 동안 영국에 임대한 쥬룽 북쪽의 신계新界에 대해 훗날 문제를 제기할 권리를 확보하게 되었다. 이것은 분명 홍콩을 되찾기 위한 사전 작업의 첫걸음이었다. 루즈벨트Roosevelt는 여러 차례 영국이 홍콩을 포기하고, 홍콩을 국제적인 자유 무역항으로 만드는 것이 훌륭한 조치라고 밝혔다. 영국 외무부 내부에도 찬성하는 목소리가 있었다. 하지만 영국의 중국협회는 강하게 반대했다. 1943년 처칠Churchill은 테헤란회의에서 루즈벨트와 스탈린Stalin에게 '전쟁 없이는 영국에게서 아무것도 빼앗아갈 수 없다'[3]는 확고한 입장을 전달했다. 영국의 장관들은 미국이 이 문제에 관해 왈가왈부하는 것에 분개했다. 손Thorne은 1945년에 있었던 다음의 대화를 인용했다.

---

3 Maggie Keswick(ed.), op. cit., p.31 인용.

루즈벨트 대통령   저는 영국인에게 불친절하게 대하고 싶지 않습니다
만, 1841년 영국이 홍콩을 손에 넣었을 때, 홍콩을 매
입해 취득한 것이 아니었지요.

올리버 스탠리 Oliver Stanley **식민청 장관**   대통령님, 글쎄요, 그때가 멕시코
전쟁이 있었던 때 아닌가요?[4]

처칠   (또 다른 상황에서 천명하기를) '저는 대영 제국을 와
해시키려고 영국 수상이 된 것이 아닙니다.'[5]

하지만 일본의 진주만 공습 후 몇 달 지나지 않아, 대영 제국의 동아
시아 식민지는 이미 와해의 조짐을 보이고 있었다. 처음 사라질 식민지
는 홍콩이었다. 자딘메시슨과 모든 재중 영국 기업의 이익을 따졌을 때,
그 영향은 상하이가 점령되었을 때보다 더 심각할 것이었다. 영국 행정
부는 홍콩 방어에 있어 오랫동안 행동력을 보여주지 않았다. 1937년 행
정부 참모들이 홍콩에 주둔하는 4개 대대에 더해서 추가 병력을 보낼지,
아니면 전쟁이 발발할 때 추가 병력을 보낼지 여부로 논쟁을 벌였다. 그
리고 현재의 병력으로 부족하다는 데 의견이 일치했다. 1938년까지 홍
콩 주둔군 지휘관을 맡았던 바살러뮤Bartholomew 소장은 최소한 사단 정
도의 규모가 필요하다고 주장했다. 사단 규모가 아니면 전투를 해봤자
소용이 없다는 것이다.

그의 후임인 A.R.그라셋Grassett 소장은 낙관적이었다. 그는 일본이 러
시아 해군과 육군을 무찔렀던 러일전쟁의 선례를 무시했고, 여느 영국

---

4   Ibid., xxii쪽 맞은편.
5   1942년 11월 10일 런던 시장 관저에서의 연설에서 인용.

군인들처럼 일본인을 열등한 민족이라고 믿었다. 일본이 삼류 중국 군대와 맞붙는다면 이기겠지만, 자신들과 싸운다면 당연히 패배할 것이라고 믿었다. 하지만 1941년 봄, 자신의 고문들보다 더 현실적이었던 처칠은 주둔군을 보강하기보다는 '상징적인 규모'로 축소하는 것이 더 낫다고 생각했고, '우리는 방어할 필요가 없는 지역을 방어하기 위해 자원을 낭비하면 안 된다'[6]고 했다. 하지만 영국으로 근무지를 옮긴 그라셋 장군은 집요하게 로비를 했고, 행정부를 통해 처칠을 설득해 두 개 보병대대만 더 파병해도 전세에 엄청난 차이가 있을 것이라고 했다. 11월 중순, 용감하지만 거의 훈련되지 않은 캐나다 2개 대대 병력이 쥬룽에 상륙했다. 한 병사는 '언제 우리가 이 빌어먹을 황인종과 맞붙어 싸웁니까?'[7]라고 질문했다.

이 당시 프랑스와 네덜란드는 이미 투항했고 그들이 통치하던 아시아 식민지는 고립되었다. 영국이 처음 세웠던 홍콩, 말레이반도와 싱가폴 방어 계획도 수정되어야 했다. 영국이나 기타 국가들이 더이상 이곳을 보호할 여유 병력이 없었기 때문이다.

홍콩은 희생시켜도 무방한 곳이었으므로, 애초에 캐나다 사병을 쥬룽으로 파병해서는 안 되었다. 홍콩의 유일한 가치는 일본이 환태평양 지역에 새로운 제국을 건설하려는 시도를 잠재적으로 지연시키는 것이었다. 마지막 순간까지도 영국은 일본 정부가 이처럼 무모하고, 치명적인 선택을 하리라 생각하지 않았다. 그러는 동안, 유럽인과 부유한 중국인

---

6 Oliver Linday, *Lasting Honour*, 1978. 이 저서는 홍콩 몰락을 다룬 가장 권위 있는 저서이다. 많은 저작들이 이 책을 근거로 했다.
7 Ibid., p.13.

은 상당히 편안한 생활을 누렸는데, 이 두부류는 당연히 빈곤계층과 거주공간이 달랐다. 자딘메시슨, 스와이어, 홍콩상하이은행 등의 직원은 하위직이라도 자동차 1대와 하인 2명을 두었다. 부유층이 거주하던 빅토리아 피크Victoria Peak의 가정에는 최소한 요리사 1명, 유모 1명, 정원사 1~2명, 하급 노무자 1명, 그리고 잡일꾼 1명이 있었다. 호텔과 드레스코드가 엄격한 레스토랑의 영업이 번성했다. 밤에는 밴드가 연주하고, 손님들은 춤을 즐겼다. 근무시간도 길지 않았다. 주말에는 경마, 폴로, 골프, 테니스를 치거나 멋진 푸른 만에서 수영을 즐길 수 있었다. 어둠이 내려앉으면 언제나 브리지 카드놀이를 즐길 수 있었다. 요리는 맛있었고, 술은 풍부했다. 신계로 쳐들어오는 침입자를 막기 위해 상징적으로 세운 초소들과 제대로 보수하지 않은 작은 요새의 형세는 '술꾼들의 방어선Gin Drinkers Line'이라고 불릴 만큼 엉망이었다.

되돌아보면, 당시 홍콩에 거주하던 영국인들은 마치 꿈속 세계에서 살았던 것처럼 보인다. 하지만 그들이 청교도처럼 살고 방종을 피했다고 해서 앞으로 맞이할 사태에 차이가 있었을까? 분명히 차이가 없었을 것이다. 다만, 한계가 분명했을지라도 민간인들이 전쟁에 대비하기 위해 노력했다는 사실을 잊으면 안 된다. 1941년 초, 홍콩은 징병제를 시행했고 55세 이하의 영국 국적 거주민이 징집되었다. 징집된 이들 대부분은 홍콩지원보위군香港志願保衛軍, Hong Kong Volunteer Defence Force에 합류했다. 이들은 숙련공에서부터 대반에 이르기까지 각 사회 계층에서 왔고, 그중에는 중국인, 프랑스인, 러시아인, 스칸디나비아인, 미국인도 있었다. '미국은 당시 중립국이었으므로, 미국인 징집병은 순수하게 자원한 것이었다.'[8]

55세 이상의 노병 중 참전을 원하는 자들끼리 특수 연대를 조직했다. 창립자는 광저우의 유니언 보험회사Union Insurance Company의 회장 A.W. 휴스Hughes 대령이었다. 이들을 '휴스 부대Hughesiliers'라고 불렀다. 일본이 공격했을 때 휴스 대령은 업무차 영국에 있었다. 그가 없는 동안 자딘 메시슨의 대반 J.J.패터슨Patterson 소령이 지휘권을 물려받았다. 그는 입법부Legislative Council의 고위 의원이자, 제1차 세계대전에서 파견업무의 공을 인정받아 여섯 차례나 표창을 받는 등의 공적을 남겼다.[9] '휴스 부대'는 노령에도 불구하고 전투에서 두드러진 역할을 수행할 운명이었다.

일본군은 12월 8일 아침 홍콩과 진주만을 동시에 공격했다. 홍콩에 지원군이 올 것이라는 희박한 희망마저 완전히 무너졌다. 일본이 바다를 완전히 장악했고, 하늘도 장악했다. 일본은 그들의 우수한 공군력을 활용해 홍콩의 카이탁啓德 공항 활주로에 세워둔 몇 대 안 되는 낡은 영국 공군 비행기를 섬멸했다. 공격을 감행한 일본 38사단의 규모는 방위군의 수와 비슷한 12,000명이었으나, 일본군은 더 거칠었고, 흉폭했으며, 무정했고, 첨단장비로 무장했다. 그들은 전장에서의 죽음을 명예로, 포로가 되는 것을 치욕으로 여겼다. 일본군이 지상 전투에 능했던 반면, 영국군은 그렇지 못했다. 일본군의 박격포 조준율은 매우 정확했으나, 방위군은 그렇지 못했다. 영국 정규 주둔군은 홍콩에 오래 머무르는 동안 사치스럽고 안일한 생활에 빠져 기강이 해이해져 있었고, 새로 도착한 캐나다 보병은 용감하나 훈련이 부족했다. 더 잘 훈련된 부대, 혹은 '특수부대'를 파병했다 하더라도 홍콩함락을 1주 정도 늦추는 역할 이

---

8   Oliver Linday, op. cit., p.19.
9   Ibid., p.91.

상은 기대할 수 없었을 것이다. 홍콩의 뒷거리에는 배신자와 스파이가 활개 쳤고, 홍콩은 따먹기 좋은 잘 익은 자두 같았다.

곧 일본군은 '술꾼들의 방어선'을 뚫었다. 12월 11일, 홍콩 주둔군 책임지휘관 몰트비Maltby 장군은 신계와 쥬룽에서 부대를 철수할 것을 결정했다. 1주간 무차별 공중 폭격과 육상에서의 포격을 퍼부은 후, 12월 18일 저녁, 드디어 일본군이 홍콩에 상륙했다. 방위군이 용감하게 싸웠지만, 더 이상의 저항은 민간인 학살만 불러올 뿐이었다. 영국 방위군은 크리스마스에 정식으로 항복했다. 이 전투에 대한 더 이상의 기술은 생략하겠다.

영국의 항일 사적 중 '휴스 부대'에 관한 것이 적지 않다. 노령으로 구성된 이들은 전기회사Electric Company의 자원병 44명과 중국전력회사China Light&Power Company의 자원병 33명으로 구성된 소대와 함께 북항北港, North Point의 발전소를 호위하는 임무를 부여받았다. 그들은 쥬룽이 함락되자 홍콩섬으로 후퇴하기 위해 노력했다. 일본의 돌격선이 북항에 상륙하자, '휴스 부대'는 자신들이 최전선에 고립된 것을 알았다. 가장 가까운 지원군도 2킬로미터 떨어져 있었다. 영국 측은 지원군을 파병하려 시도했으나 성공하지 못했다. '휴스 부대'는 패터슨의 지휘 아래 완강하게 저항했으나, 12월 19일 오후 4시경 탄약이 모두 떨어지고 적군에 압도되었다. 역사가 올리버 린제이Oliver Lindsay의 권위 있는 설명 중 아래의 내용은 인용할 가치가 있다.

'휴스 부대' 전투의 대단한 점은 전투원들이 나이에 굴복하지 않았을 뿐만 아니라, 영국이 후방에서 새롭게 방어막을 형성할 시간을 벌어주었다는 것이다. 그들이 보여준 용기는 실로 놀라웠다. 그들은 구조나 병력 지원의 희망이 사라진 상황에서도 고립된 위치에서 끝까지 싸웠다. 오늘날 이미 잊힌 작은 협곡에는 무성하게 풀이 자랐고, 그사이에 숨겨진 총탄의 흔적과 황량한 요새만이 일본군이 홍콩을 침략했을 때 있었던 처절했던 전투를 말없이 상기시켜 준다. '전투 중 실종'된 긴 명단은 이들의 용기를 잘 보여준다. 생존자가 없으므로, 이들의 공적을 소상히 기록할 수 없을 뿐이다.[10]

몰트비Maltby 장군은 훗날 전보戰報에 '이들이 적군에 맞서 싸우며 지연해준 시간이 우리에게 매우 소중했다'고 적었다. 궁극적으로 승리한 적군을 상대로 시간을 지연한 것이 어느 정도의 가치가 있었는지 평가하긴 어렵지만, 적어도 일찌감치 항복한 것보다는 분명히 적에게 더 큰 피해를 안겼다. 전쟁은 이익과 손해를 따지기 힘들다. 끝까지 맞서 싸운 사람들은 자신들의 용기가 전쟁의 결과에 어떤 영향을 미쳤는지 알지 못한다. 영국의 전쟁사에서 홍콩의 방위전은 일본이 싱가포르를 점령한 상황과 선명한 대비를 이룬다. 그로부터 몇 주 후 발생한 전투에서 싱가포르는 싸우지 않고 투항했다.

전쟁 포로와 수용소에 갇힌 민간인은 이제 기한을 알 수 없는 비참한 신세로 전락했다. 가끔 희망이 비치기도 했지만, 그들의 비참한 신세는 점점 열악해지는 환경 속에서 3년 반이나 지속되었다. 앨런 리드Alan Reid 는 『엉겅퀴와 옥The Thistle and the Jade』에서 '전쟁 포로나 민간인 피수용자는 홍콩에서 좋은 대우를 받지 못했다'[11]고 썼다. 리드는 시종일관 가벼

---

10 Ibid., p.92.
11 Ibid., p.47.

운 필체로 써 내려갔으나, 사실 그들은 매우 잔혹하게 다루어졌다. 일본 군은 잔인한 점령군이었다. 국가는 변할 수 있다. 오늘날의 독일은 히틀러 시대와 다르고, 현재의 일본도 도조 히데키^{東條英機} 시대와 다르다. 하지만 이 두 정권이 보여준 잔혹함과 혐오스러움은 역사적 사실이고, 잊어서는 안 되고 용서해서도 안 된다. 홍콩섬 남부의 스탠리^{Stanley} 반도에 수용되었던 자딘메시슨의 생존자들은 결코 잊지 못할 것이다. 이들은 원자폭탄이 일본을 항복시킨 1945년 8월까지 그 끔찍한 수용소에 갇혔던 1,300명 중 소수의 생존자들이었다. 자딘메시슨의 중개상 헨리 로^{Henry Lo}가 비밀리에 돕지 않았다면 그들의 상황은 더 나빴을 것이다. 헨리 로는 회사 내 중국인 직원의 도움을 받았다. 이런저런 이유로 일본인이 수용소로 보내지 않은 사람들은 큰 모험을 감수해야 했다. 홍콩의 중국인은 유럽인보다 더 나쁜 대우를 받았고, 만일 피수용자를 돕다가 발각 되면 즉시 처형되거나, 고문 후 처형될 가능성이 높았다. 다행히 어느 나라의 군대라도 포로수용소를 지키는 데 군 최고의 병력을 투입하지 않는다. 일본군의 경계가 항상 철저한 것은 아니었다.

처음 스탠리의 수용소 내부는 혼란에 빠져 있었다. 일본군은 수용소 외부에 보초를 세웠고, 점차 줄어드는 보급품을 완벽히 통제하고 있었다. 하지만 그 외는 피수용자들이 알아서 하도록 내버려 두었고, 수용소 안의 혼란에 전혀 신경 쓰지 않았다. 자딘메시슨의 이사 D.L.뉴비깅^{Newbigging}이 수용소의 질서를 회복하는 데 큰 역할을 했다. 구금된 영국인들은 처음에는 홍콩 정부에 극도의 분노를 드러냈으나, 차츰 일본이 공격하기 전날 '식민청 장관^{Colonial Secretary}'으로 홍콩에 도착한 F.C.김슨 경^{Sir. Gimson}의 지도를 받아들였다. 홍콩 총독 마크 영 경^{Sir. Mark Young}과 몰트비 장군이 어디에 감금되었는지 알 수 없었으므로, 김슨이 영국 대표인 셈이었다. 그는 미출간 일기에 개인적 소회를 기록했는데, 그의 일기는 올리버 린제이Oliver Lindsay가 홍콩의 비극에 관해 쓴 두 번째 저서 『태양이 질 때At the Going Down of the Sun』1982의 집필에 유용한 정보를 제공했다. 이 저서에서 뉴비깅Newbigging은 특별한 찬사를 받았다. 뉴비깅은 턱없이 부족한 공급식량을 공평하게 배분하는 일을 맡았다. '그는 인내심, 상상력, 그리고 이해력을 보여주었고, 피수용자들은 그와 그의 조력자들에게 큰 빚을 졌다. 그와 그의 조력자들은 헌신적으로 봉사했다.'[12]

홍콩 전투 기간, 혹은 그 이후에 자딘메시슨 직원 12명이 사망했고, 6명이 부상당했다. 그중 사망자 5명과 부상자 6명은 자딘메시슨의 계열사인 인도-중국 증기항해회사ICSN의 직원으로 구성된 조선소 방위군Dockyard Defence Company 소속이었다. 그들이 탄 배는 적기의 폭탄을 직접 맞았는데, 그중 2척이 격침되고, 4척은 일본군에게 포획당하지 않기 위해 배에 구멍을 뚫어 침몰시켰다. 전쟁 기간 중 자딘메시슨 직원 19명과 ICSN의 직원 35명이 죽었다.

1942년 2월 14일, 일본 수송선을 공격한 ICSN의 무장상선 리우호Liwo가 싱가포르 인근의 해전에서 일본 전함에 의해 침몰했고, 일본 수송선도 이어 침몰했다. 승선원 토마스 윌킨슨Thomas Wilkinson 대위가 사후에 빅토리아 훈장Victoria Cross을 받았고, 스탠턴Stanton 대위는 수훈장 Distinguished Service Order을 받았다. 2명은 공로훈장Distinguished Service Medal 을, 1명은 무공훈장Conspicuous Gallantry Modal을, 6명은 표창을 받았다.

---

12 Ibid., p.155 인용.

1951년 토니 케직Tony Keswick은 윌킨슨의 빅토리아 훈장을 대영 전쟁박물관에 기증했다. 하인드호프 커닝엄 자작 함대Fleet Viscount Cunningham of Hyndhope의 해군 제독이 박물관을 대신해 훈장을 인계받았다. 그는 케직의 기증을 두고 '우리는 리우호가 귀사의 직원이 지휘하고, 귀사의 직원들이 승선했다는 데 자부심을 느낍니다. 이는 두 번의 세계대전에서 민간 상선Merchant Navy이 세운 가장 두드러진 공적이며, 저비스 베이호Jervis Bay와 라왈핀디호Rawalpindi에 견줄 만합니다'고 말했다.[13]

1945년 8월 6일 미군 비행기가 첫 번째 원자폭탄을 히로시마에 투하했고, 3일 후 두 번째 원자폭탄을 나가사키에 투하했다. 8월 15일 일본은 연합군의 최후통첩을 받고 결국 항복했다. 영국 정부는 홍콩에서 영국 장교가 직접 일본의 항복을 받아야 한다고 결정했다. 이를 위해 8월 30일 미국-영국 태평양 함대에서 해군 책임자 하커트Harcourt 소장이 해군 조선소Naval Dockyard에 상륙했다. 하지만 9월 16일까지 일본의 공식 항복문서를 받지 못했다. 이는 중국이 요구한 항복 절차를 영국이 거절했기 때문이었다. 영국은 중국, 미국, 캐나다 대표 모두 항복문서 서명식에 참여할 수 있지만, 반드시 하커트가 2명의 일본 고위 관리가 서명한 항복문서를 받아야 한다고 주장했다. 현재 홍콩의 자딘 기록보관소에는 항복문서의 서명에 사용된 붓펜 중 하나가 전시되어 있다.

전쟁포로와 피수용자들은 일본이 항복문서에 정식으로 서명하기 전부터 이미 집단수용소를 벗어났다. 그들은 남루한 옷을 입은 채 야위어 병

---

13 저비스 베이호와 라왈핀디호는 둘 다 무장한 상선으로서 가망이 없는 승산에도 불구하고 독일 전함에 맞서 싸웠으며, 1940년 11월 5일과 1939년 11월 23일에 각각 침몰하였다. 저비스 베이호의 페겐(Fegen) 선장은 사후에 빅토리아 훈장을 받았지만, 라왈핀디호의 케네디(Kennedy) 선장은 충분히 받을 자격이 있었으나 동일한 훈장을 받지 못했다.

들었고, 머리는 빗질을 하지 않아 지저분한 상태였다. 많은 사람들이 질병을 앓고 있었다. 이질, 결핵, 각기병, 그리고 영양실조가 만연했다. 하지만 그들은 자유의 몸이 되었고, 패터슨Paterson과 뉴비깅Newbigging 같은 중요 인물을 포함해 자딘메시슨의 직원들도 건강이 좋지 않았다. 하지만, 회사를 다시 일으켜 세워야 했다. 그들은 수용소를 벗어나자마자 다시 사무실을 열었다. 어떤 사람은 열쇠공에게 돈을 주어 금고실의 문을 강제로 열게 했는데, 놀랍게도 금고실에는 어느 직원이 일본의 공격이 시작되었을 때 선견지명을 가지고 보관해둔 위스키 두 상자가 있었다. 그들은 놀라고 또 기뻤다. 『자딘메시슨─간략사Jardine Matheson&Company : a Historical Sketch』의 저자들은 '어려운 상황에서 일부 사람들의 침착한 대응이 실로 놀라웠다. 그리고 그들이 발견한 술은 "겨우 버번"이었으나, 어려운 상황에서 술 종류를 까다롭게 고를 수 없었다'[14]고 기술했다. 회사의 역사로 본다면, 그 술이 '스카치'(위스키)였더라면 더 좋았겠지만, 위스키를 엄청 좋아하는 일본인이 그 술 상자를 찾아내지 못한 것이 다행이었다. 만일 일본인이 그 술 상자를 찾아냈더라면, 분명 통째로 마셔버렸을 것이다.

마운트배튼 경은 존 케직을 홍콩으로 보내, 회사 본부와 하커트 제독 및 충칭에 있던 수상 대리인 카턴 드 위아트Carton de Wiart 장군 간의 연락 업무를 맡겼다. 카탈리나 비행기를 타고 마드라스Madras를 출발해 홍콩까지 꼬박 24시간이 걸렸다. 존 케직과 동행한 인물은 식민청의 데이비드 맥두걸David MacDougall이었는데, 그는 하커트 제독 휘하에서 민간

---

14 *Jardine Matheson & Company : a Historical Sketch*, p.63.

행정부를 돕는 업무를 맡게 되었다. 민간 행정부가 신속히 수립되었지만, 홍콩은 여러 달 동안 암울하고 지저분한 상태였다. 식량 공급량은 여전히 부족했고 거리에 쓰레기가 쌓였으며, 주택과 사무실은 약탈당했다. 삼합회와 다양한 갱단이 안전을 위협했고 경찰은 무능했으며 교통은 한심스러웠다. 국제 통신은 아직 복구되지 않았고, 유명했던 항구는 침몰한 배들로 가득 찼다. 케직은 런던 외무부에 사직서를 제출하기 전 미리 자딘메시슨이 과거의 영광을 되찾을 수 있도록 첫 조치를 취해 놓았다. 동시에 앨런 리드가 공식적인 운송 업무를 재정비했고, 늘 그랬듯이 효율적으로 일을 처리했다. 당시 식량 수입이 부족한 상황을 고려할 때 그의 임무는 매우 중요했다. 홍콩은 금방 회복됐고, 회사도 점점 제자리를 찾아갔다. 1941년부터 런던에 두었던 본부를 홍콩으로 다시 옮겨왔다. 무역에서 수익이 생기기 시작했다. 1947~1948년 회사의 순익은 429만 홍콩달러 규모였다. 1947년 8월 30일, 매일 정오가 되면 예포禮炮를 쏘던 관례가 재개되었다.

가장 큰 문제는 앞으로 중국에서 앞으로 어떤 일이 벌어지는가였다. 자딘메시슨은 오랫동안 중국의 사업을 상하이에 의존해왔다. 전쟁이 끝나자, 중국은 장제스 군대와 모택동이 이끄는 공산당으로 양분되었다. 양측은 일본 침략자에 대항해 연합전선을 펼치기보다 각각 독립적으로 대항했다. 일본을 공통의 적으로 증오하는 동안은 서로에게 적대적 행동을 하지 않았다. 히로시마와 나가사키에 원자폭탄이 투하된 후, 이제 양측이 휴전할 근거가 사라졌다. 미국의 폭격 덕분에 일본군이 중국 땅에서 사라진 것이다. 이제 양측은 승자를 가릴 때까지 싸울 수 있게 되었다. 지나고 돌아보면 이미 승패는 판가름이 났다. 국민당의 배후에 미국이 버티고 있었고 병력도 우위에 있었지만, 그들은 게으르고, 부패했다. 공산당은 이미 혹독한 장정長征[15]을 겪었고, 그들은 엄격한 기율에 청교도적 열성분자였다. 당연히 공산당이 국민당을 격퇴할 가능성이 더 높았다. 하지만 당시에는 결과를 예측하기 힘들었다.

자단메시슨은 상하이에서 활동을 재개했고 미래에 대해 그다지 경각심을 가지지 않았다. 내전이 몇 년간 계속되었지만 해안 지역의 외국인에게는 큰 영향을 미치지 않았기 때문이다.

1945년 존 케직이 영국에서 미국 본토와 호놀룰루를 경유해 상하이로 날아갔다. 전쟁 기간 얻은 그의 신부 클레어Clare는 군함을 타고 파나마 운하를 거쳐 마닐라에 도착했다. 그녀의 항해는 82일이 걸렸다. 존 케직은 상하이에 도착 후 집단수용소에 갇혔던 동료들이 이미 기력을 회복해 의기충천해 있는 것을 보았다. 가문의 3대가 모두 자단메시슨을 위해 일했던 J.L.쿠Koo가 그들에게 많은 도움을 주었다. 오랜 친구인 상하이 시장 우궈전吳國楨도 회사가 상하이에서 상업 활동을 재개할 수 있도록 적극적으로 협력했다. 그는 국민당 인사 중 드물게 부패하지 않은 인물이었다. 와이탄Bund 27번지에 소재한 자단메시슨을 필두로 홍콩상하이은행, 버터필드 스와이어, 쉘Shell, 사순Sassoons 등 유명한 유럽계 기업들이 금방 운영을 재개했다. 하지만 그들이 얼마나 빨리 다시 상하이의 사업을 접게 될지 당시에는 결코 짐작조차 하지 못했다.

존 케직은 유별나게 추웠던 1945년 상하이의 고통스러웠던 겨울을

---

15 [역주] 장정(長征)은 공산당이 국민당 군대의 공격을 받은 후, 소비에트구의 근거지를 포기하고 장시성(江西省) 루이진(瑞金)에서 산시성(山西省) 북부까지 국민당과 전투를 하면서, 1만 2000km를 걸어서 이동한 행군을 말한다.

기록했다. 전쟁 막바지에 일본군은 고철을 확보하기 위해 상하이의 모든 중앙난방 파이프를 징수했다. 존 케직은 중국 비단으로 덧댄 긴 가운을 입은 채 처량하게 사무실에 앉아 있었고, 가능한 한 손을 따뜻하게 덥히려고 양손을 옷소매 안으로 넣었다. 한 미국인 선원이 사무실로 걸어 들어와 부적절한 어법으로 '어이, 중국인, 케직이라는 사람이 어디 있나?'[16]라고 소리쳤다.

마오쩌둥이 명명한 인민해방군人民解放軍이 무서운 세력임이 금방 드러났다. 자딘메시슨의 직원들은 인민해방군이 국민당을 전복시킬 수 있다고 생각했지만, 그들이 중국을 통일할 것이라고는 믿지 않았다. 또한 소위 전통적인 중국인이 외국의 사상인 마르크스주의를 수용할 리 만무했다. 존 케직 경은 '우리가 얼마나 잘못 판단했는가!'라고 적었다. 다른 사람들도 잘못 판단하기는 마찬가지였다.

1947년 4월 인민해방군이 대규모 공격을 감행했고, 국민당 군대는 여름철 눈처럼 사라졌다. 1949년 1월 말, 인민해방군이 베이징을 점령했고, 5월에는 상하이를 점령했다. 그리고 10월 1일 중화인민공화국中華人民共和國, People's Republic of China의 수립을 선포했다. 12월 10일 장제스가 타이완으로 도망갔다. 1940년대 말, 자딘메시슨 상하이 지점은 여건이 되는대로 사업을 운영했지만, 갈수록 어려움이 가중되었다. 회사는 전반적으로 수익을 내고 있었고, 지역별로 명확히 구분하긴 힘들지만, 주로 홍콩의 사업에서 수익이 발생한 것으로 보인다. 상하이 지점은 인민해방군의 득세도 문제였지만, 국민당 정부가 화폐 통화에 대한 통제력

---

16 Maggie Keswick(ed), op. cit., p.217.

을 완전히 상실한 것이 더 큰 골칫거리였다. 국민당 정부가 발행한 금원
권金圓券은 공식적으로 미국 달러 가치의 4분의 1에 해당했다. 하지만
1949년 4월 초 암시장에서 1달러에 8만 위안에 거래되더니, 2주 후에
는 60만 위안, 급기야 5월 초에는 900만 위안에 거래되었다. 단기자금
의 이자는 1일 30퍼센트였다. 이러한 상황에서 사업을 운영하기란 불가
능했다. 1948년 여름 동안 상하이의 유럽계 회사들은 점차 불안해졌다.
이렇게 된 이상 연합전선을 형성하는 것이 현명하다는 판단 아래, 각 나
라의 상공회의소가 합류해 초국적 단체를 결성했다. 단체의 의장은 존
케직이 맡았다. 마오쩌둥은 모두를 공평하게 대우할 것이라는 성명서를
발표했다. 케직과 그의 동료들은 공산당의 집권이 국민당보다 낫다고
판단해 완전 철수를 반대했지만, 결국 자딘메시슨도 다른 회사와 마찬
가지로 필수인력을 제외한 모든 직원을 철수시켰다. 남은 직원들은 (과
거에는 더 많았지만) 약 1만 명에 달하는 중국인 직원의 권익을 보호하고,
동시에 800~1000만 파운드 상당의 회사 자산을 지키려 했다. 광둥, 텐
진, 한커우, 그리고 다른 통상항구의 지점에도 동일한 문제가 있었다.
그저 규모가 더 작을 뿐이었다.

5월 말, 상하이가 '해방'되었다. 27일 공산당 군대가 상하이 시내로
진입했다. 약간의 총격은 있었지만, 그렇게 심각한 저항은 없었다. 4월
23일 자딘메시슨에 입사한 젊은 청년 데이비드 미들디치David Middleditch
가 조부에게 보낸 편지에 당시의 상황이 생생히 기록되어 있다.[17] 5월 22
일 그는 다음과 같이 적었다.

---

17 Ibid., pp.223~235.

이번 달 13일 밤에 처음 총격 소리를 들었고, 마오쩌둥이 다음날 도시를 점령할 것이라는 소문이 자자했습니다. 주말 날씨는 매우 좋았습니다. 컨트리 클럽은 잔디 테니스 코트를 개방하고 회원들에게 딸기를 제공했고, 요즘 전시라그런지 분위기가 엄숙했습니다. 저는 일요일에 테니스를 10세트까지 쳤는데, 밤이 되니 전쟁이 사람의 심신을 가장 지치게 만든다는 생각이 들었습니다. (…중략…) 밤에는 상당한 포격이 있었지만, 상하이 중심지에는 포탄이 떨어지지 않았습니다. 국민당의 포함^{砲艦}이 강에서 공산당 군대의 접근을 막고 있습니다.

외국인의 생활에는 큰 변화가 없습니다. 우리는 여전히 즐길 클럽과 머물 집이 있습니다. 우리는 사무실로 출근하고 게임도 한답니다. 저는 이번 주에 두 차례나 야외에서 말을 탔습니다.

5월 28일

화요일 오전, 내전이 진행 중인 것이 확실해졌고, 국민당 군대가 훙차오^{虹橋}에서 서둘러 퇴각하는 모습을 보고 전쟁의 추이를 어느 정도 가늠할 수 있게 되었습니다. 저와 마이클 키즈^{Michael Keyes}를 제외한 모든 직원은 점심 식사 후 귀가하라는 명령이 떨어졌습니다. 우리는 화재에 대비해 방화대원으로 남았습니다. 오후에 소방설비가 완비되지 않아 서로 물을 뿌려대며 즐거운 시간을 보낸 후, 출납직원과 함께 5개의 상자를 들고 얼마 안 되는 금원권 5백억 위안을 수금하러 갔습니다.

그와 동료가 사무실로 되돌아왔을 때, '대반 중 한 명인 헥터 토드^{Hector Tod}와 영내에 아파트를 가지고 있는 케직 부부가 와 있었다. 후일

담이지만, 우리는 이후 그곳에 3일간 고립되었고, 서로를 상당히 자주 보게 되었다'. 그는 와이탄과 황푸강에서 아무런 소리도 듣지 못했고, 어떤 움직임도 없는 것에 놀랐고, '이는 상하이에서는 이전에 경험하지 못한 것으로 너무나 놀라웠다. (…중략…) 모든 게 끝난 것처럼 보였다'.

하지만 와이바이두차오外白渡橋[18] 지역에서 총격이 발생했기 때문에 전쟁이 완전히 끝난 것은 아니었다.

정오쯤 포성이 꽤 컸고, 케직 부부의 아파트에서 가진 점심은 마치 폰트Pont 만화에 그려진 영국의 가정 풍경 같았습니다. 우리는 아름다운 가구가 배치된 방 안에 앉았는데, 여러 개의 꽃병이 놓여 있었고, 카펫 위에는 강아지가 잠들어 있었습니다. 흰색의 장포長袍를 입은 침착한 중국 하인 세 명이 칵테일을 내왔고, 이어서 소고기구이와 요크셔푸딩, 그리고 담황색 파이가 나왔습니다. 100미터도 채 떨어지지 않은 곳에서 들리는 소총, 기관총, 그리고 박격포 소리가 너무 시끄러워 서로 대화를 나누기 어려웠습니다.

엉뚱한 곳에서 날아온 탄환이 케직을 가까스로 비껴간 사건 후, 식사 장소를 통신사무소Correspondence Office로 옮겼습니다. 존 케직은 훌륭한 칵테일 몇 잔을 만들었고, 그의 부인은 속기사의 탁자 위에 맛있는 음식을 차리고, 우아하게 식사를 진행했습니다. 중국의 두 세력 모두 우리에게 전혀 관심이 없었으니, 사실 우리가 진짜 위험에 처한 것은 아닙니다.

우리는 공산주의자의 손안에 있었는데, 지금까지는 우리를 잘 대해주었습니다. 공산당의 군대는 잘 훈련되어 있고, 예의 발랐으며, 지역의 중국인뿐 아

---

18 [역주] 1907년 쑤저우허(苏州河)가 황푸강(黃浦江)과 합류하는 지점 부근에 건설된 철교이다.

니라 외국인의 호의를 사려고 상당히 신경을 썼습니다. 평소와 다름없이 우리의 집, 사무실, 공장을 출입했고, 통행금지 조치까지 해제해 주었습니다. 이 모든 것이 너무 좋아서 오래 갈 것 같지 않습니다만, 그들이 당분간은 우리를 필요로 한다고 생각하기로 했습니다.

그의 판단은 옳았다. 새로운 정권은 자신들의 엄격한 감독을 수용하지 않는 한, 외국 회사가 중국에서 무역하도록 허용할 생각이 없었고, 언제든지 무역을 중단시키고 그들을 추방할 수 있었다. 외국인을 즉시 추방하지 않은 것은 나름의 편리함이 있어서였다. 베이징 억양이 들어 있는 상하이 사투리를 쓰는 케직은 국제연합의 구호재건단체United Nations Relief and Rehabilitation Administration로부터 50만 톤의 쌀을 시장 가격의 25퍼센트로 인수받았다. 구호재건단체는 효율성이 없었고, 이제 막 중국에서 철수하려는 참이었다. 이 일로 케직은 공산당의 신뢰를 얻었다.

신정부는 신속하고 효율적으로 신화폐를 발행했고, 물가와 임금을 통제했으며, 외국 무역도 엄격히 통제했다. 모든 외국 무역은 서양의 노동조합과 다른, 정부의 앞잡이에 불과한 '노동조합工會'을 통해서만 이루어졌다. 자딘메시슨에도 노동조합이 설립되었다. 이후 약 2~3년간 힘든 협상이 이어졌다. 이 시기를 두고 '인질 자본주의Hostage Capitalism'라 부르기도 한다. 소위 '인질 자본주의'란 모국으로 돌아가기를 원하는 외국 직원을 풀어주는 대가로 회사의 자산과 소유권을 넘겨받는 방식을 말한다. 아마도 새로운 정부는 단순하게 회사를 빼앗고 외국인을 추방할 수도 있었을 것이다. 하지만 이것은 국제법을 위반하는 조치였다. 만약 합법을 가장해 동일한 목적을 달성할 수 있다면 후자가 훨씬 낫다. 그리고 국가 경제를 재편하는 동안 외국 회사를 유지하는 데서 얻는 혜택도 있었다. 신정부는 외국 회사에 주주를 위해서가 아니라 중국의 이득을 위해 무역하도록 강요했고, 혼란을 최소화한 상태에서 공산주의 경제체제로의 전환을 모색했다.

자딘메시슨과 상하이의 외국 회사들은 매우 절망적이었다. 1950년 상하이의 생활은 이동의 자유가 없다는 점을 제외하면 그다지 불편하지 않았다. 음식, 음료는 풍부했고, 부릴 수 있는 하인도 많았다. 하지만 회사는 문을 닫거나 이윤을 남기는 무역을 할 수 없었고, 외국 직원을 귀국시킬 수도 없었으며, 국외에서 강세인 화폐를 송금받아 노동조합^{중국 정부이}요구하는 임금과 보조금을 지급해야 했다. 회사는 다양한 대응책을 고심했는데, 국외에서 중국으로의 송금을 중단시키는 것도 한 가지 방법이었다. 하지만 여러 회사 간 의견이 통합되지 않았고, 케직 가문 내부에서도 이러한 연대가 바람직한 것인지, 그리고 실제로 실행할 수 있는 것인지에 대한 의견이 나뉘었다. 당시 영국은 노동당이 집권하고 있었는데, 그들은 설령 행동을 취할 능력이 있다 하더라도 원조의 손을 내밀 것 같지 않았다. 또 다른 방법은 자딘메시슨의 주식을 헐값에 매각해 경영책임에서 벗어나거나, 중국 정부와 협상해 회사의 자산을 매각하는 것이었다. 중국 정부의 답변은 매입자가 없으므로 자산은 아무런 가치도 없다는 것이었다. 회사가 할 수 있는 일이라고는 손실을 최소화하고, 인건비를 줄이며, 새로운 사업을 거절하고, 수익성이 있는 선에서 무역을 하면서 철수를 준비하는 것뿐이었다.

신정부는 구정부로부터 심각한 재정적 경제 위기를 계승했고, 외환이 전혀 없던 신정부는 세금, 혹은 '자발적'^{실제로는 의무적인} '승전 채권^{Victory}

Bonds'의 방식으로 중국에서 살아남은 외국 회사의 마지막 돈까지 무자비하게 짜낼 준비가 되어 있었다. 1950년 6월 즈음에는 경제가 개선될 조짐이 보이기 시작했다. 선박 몇 척이 상하이항구로 들어왔다. 첫 번째 선박은 자딘메시슨의 모상호Mausang, 20세기 초 홍콩과 말레이시아 산다칸을 운행하던 증기선였다. 중국 정부는 엄격한 재정 정책을 완화했다. 케직과 그의 아내는 기차를 타고 베이징으로 갔고, 그가 이전에 구입한 낡은 중국식 안뜰이 있는 집에서 며칠간 지낼 수 있도록 허가받았다. 그러는 사이 한국전쟁이 발발했고 경제 전망은 다시 어두워졌다. 1951년 케직 부부는 출국 비자를 받았다. 회사의 자산을 처분해 채무를 갚기 위한 협상이 계속되었지만, 1954년 늦여름까지 타결되지 않았다. 120여 년이 지났고, 자딘메시슨은 마침내 중국 본토에서 완전히 철수했다.

역자 후기

　내가 이 글의 번역을 맡게 된 것은 2년 전, 19세기 남중국해에서 활약했던 해적과 그들의 해상권력에 대한 논문을 쓴 적이 있기 때문이었다. 18~19세기 남중국해 해적들은 바다에서 서구 열강의 무역선을 주로 약탈했는데, 그 대상이 바로 동인도회사 소속의 상선이나 자딘메시슨, 덴트사와 같은 무역상들의 선박이었다. 연구 시기와 대상이 겹치는 부분이 있다는 이유로 이 책의 번역을 맡게 되었으나, 번역 과정에서 여러 차례 곤혹스러움을 느낄 수밖에 없었다.

　먼저 번역을 하는 데 가장 번거로웠던 점은 19세기에 쓰였던 지명이나 용어들이 많았다는 점이다. 19세기에 사용했던 인도나 중국 지명의 경우 현재 발음과 다른 경우가 많았고, 특히 중국어의 경우는 광둥어로 발음되던 것을 외국인이 듣고 라틴어로 표기한 것이라서, 현재 중국에서 표준어로 쓰는 발음과 다른 것이 많았다. 예를 들어, 서양인들이 '보카 티그리스Boca Tigris'라고 부른 곳은 중국의 '후먼虎門'으로 아편전쟁 전후로 서양의 함대가 주강珠江을 따라 광저우로 진입하기 위해서는 반드시 지나야 하는 해협으로 그 양쪽에 군사 요새가 자리한 곳이었다. 그리고 향각무역상들이 아편 밀수를 위해 자주 고용했던 '탕카족Tankas'은 중국 남부 연안의 수상 거주민인 '단가疍家'를 이르는 말을 외국인들이 그대로 사용한 것이다. 책을 읽은 독자들은 이미 알겠지만, 이 책에는 상당히 많은 동서양의 인명, 지명, 산천명 등이 등장한다. 독자가 이해하기 쉽도록 일일이 현재 중국과 일본 등지에서 쓰는 표현을 찾아 번역하되, 19세기 영어식 표현도 병기했다. 이는 결코 쉬운 작업이 아니었다. 그리고 고백하건대 가장 어려웠던 점은 무역과 경제 관련 번역이었다. 국가 간 무역에 대한 이야기를 다루다 보니 여러 나라의 화폐단위가 등장하고, 무역에서 환율의 환산과 대금의 지급방식 등에 대해 서술한 부분에서는 그저 원문에 충실해 번역했다고 고백할 수밖에 없겠다. 다만, 자딘메시슨이 간여한 중국과 일본의 역사적 사건을 다룰 때 독자들이 쉽게 이해할 수 있도록 상세히 [역주]를 달려고 노력했다는 점을 밝히고 싶다.

이 책의 원명은 *Jardine Matheson : Traders of the Far East*로 아시아무역을 통해 부를 축적한 자딘메시슨사의 역사를 통시적으로 고찰한 글이다. 이 글의 집필 목적은 자딘메시슨이 설립된 1832년부터 중국 본토에서 축출된 1954년까지, 약 120년이라는 시간에 걸친 기업의 치부致富의 역사를 보여주는 것이지만, 다른 측면에서 보면 청제국이 몰락하고 북양군벌의 할거와 국공내전이라는 혼란기를 거쳐 중화인민공화국이 성립하기까지 중국이 근대에서 현대로 이행되는 역사적 과정을 보여주고 있기도 하다. 시기적으로는 약 120년이라는 긴 시간을, 공간적으로 영국, 중국, 인도, 일본 등을 넘나들면서 동서양의 무역과 그로 인한 충돌을 그려내고 있다. 자딘메시슨이 동서양을 종횡으로 누비며 직조해낸 역사위에 19세기 서양인이 처음 맞닥뜨린 중국의 이질적인 정치, 경제, 법, 제도, 문화, 관습 등과 청제국을 바라보던 서양인의 인식의 변화 과정이 잘 드러난다. 다만, 이 책을 읽는 독자들은 저자가 참고로 한 자료 대부분이 서양의 자료이거나 영국 상인이 소장한 개인 문서이고, 이 글 자체가 자딘메시슨이라는 영국 기업의 입장에서 청제국 지배계층의 부패와 몰락과정을 이해하고 있다는 점을 염두에 둘 필요가 있다. 그런 점을 제대로 인지하기만 한다면, 이 책은 아시아의 근대사를 다양한 관점에서 바라볼 수 있는 시각을 독자들에게 제공해줄 수 있을 것이다.

이 책은 자딘메시슨사가 1954년 중국 본토에서 쫓겨나는 것으로 끝맺음하고 있다. 그러나 자딘메시슨은 현재 홍콩에 본사를 두고 있으며 현재까지도 아시아를 기반으로 한 세계 최대 국제기업으로 활약하고 있다. 이 책을 번역하고 난 후, 자딘메시슨이 홍콩으로 자리를 옮긴 후 중국의 문화대혁명과 개혁개방에 어떻게 대처해 살아남아 현재에 자리매김했는지 궁금할 수밖에 없었다. 필자가 서문에서 이 책이 다루는 시기를 1954년까지로 상정한 이유가 현재 중국에 있는 관련자들의 안전을 고려한 것이라고 했으니, 언젠가 안정적인 조건이 갖추어져 그 뒷얘기를 들을 수 있기를 바란다.

역자를 대표해서

김경아